비판 사회복지학(Critical Social Welfare) 총서 2

차세대 사회복지개론

Introduction to Social Welfare

천정웅 · 김용환 · 김승돈 · 박선희 · 박주현 공저

양서원

머리말

사회복지의 궁극적 목적은 사회구성원들의 삶의 질을 높이는 것이며, 기본적으로는 사회적 약자를 지원하는 일과 관련된다. 사회복지에 종사하려는 경우 해당 서비스 이용자들에게 최선을 다하고자 노력하게 될 것은 분명하다. 남과 다르게 더 좋은 서비스를 하려고 하면, 사회복지에 관한 기본 개념과 실천방법 등에 대한 개관적 이해는 매우 중요할 것이다. 사회복지개론은 이러한 사회복지 종사자들을 위한 입문서로서의 의미를 갖는다.

이 책은 바로 이러한 의미의 사회복지학에 대한 기본 이해를 제공하기 위해 준비된 것이다. 사회복지의 학문적 연구와 실천에 관한 지식을 개관하면서 사회복지학의 특성을 이해하는 것을 목적으로 한다. 사회복지의 개념과 학문적 정의, 동기를 이해하고, 사회복지의 역사와 가치 등에 대해 파악하고 사회복지의 발달과정에서 나타나는 이론적 철학과 관점 등에 대해 공부한다. 또한 실천학문으로서의 사회복지의 다양한 접근법과 분야, 영역, 정책과 실천 환경에 대한 논의들을 고찰하고, 대상별·주제별 실천 영역과 사업의 종류와 성격 등을 개관한다. 아울러 전문직으로서의 사회복지와 응용 지식과 개척 분야를 고찰함으로써 우리나라 사회복지의 전망과 과제를 이해하는 지식과 역량을 함양하는 데 기여하고자 한다.

이러한 인식에서 이 책은 공부하는 내용의 이해를 보다 쉽게 할 수 있도록 하는 데 관심을 두고 준비하였다. 이를 위해 책의 구조를 사회복지의 기초를 위한 부분(제1부)과 사회복지정책과 실천을 개관하는 부분(제2부), 주요 대상별 사회복지를 소개하는 부분(제3부), 사회복지의 주요 분야를 개관하는 부분(제4부) 및 사회복지의 응용지식과 영역(제5부)으로 크게 구분하고 해당 분야별로 주요 내용을 중심으로 2개 또는 4개 장씩을 배치하였다. 특히 사회복지의 주요 대상과 실천 분야별 내용은 지면 관계상 학생들이 대체로 많은 관심을 갖고 있는 것으로 제시하였다.

이 책의 구성은 전체 15개 장으로 5명의 저자들이 분담하여 집필하였다. 제1장 사회복지의 이해, 제6장 청소년복지는 천정웅 교수가 집필하였으며, 제2장 사회복지의 가치와 윤리, 제11장 정신보건복지와 실천현장, 제15장 영성과 사회복지는 김용환 교수가 맡아하였다. 또한 제9장 장애인복지, 제13장 사회복지와 인권, 제14장 사회복지와 중독은 김승돈 교수가 담당하였으며, 제5장 사회복지의 실천적 접근, 제7장 여성·가족복지, 제8장 노인복지, 그리고 제10장 다문화사회와 다문화복지는 박선희 교수가 집필하였다. 제3장 사회복지사의 전문성, 제4장 사회복지의 정책적 접근, 제12장 사회적기업과 사회복지는 박주현 교수가 맡아하였다.

집필자들이 기본적인 집필체제를 맞추고 분량 등을 지키려고 노력했지만, 각 장별 주제의 특성이 다르기 때문에 전체가 일관성을 갖도록 하기는 쉽지 않았다. 그럼에도 불구하고 이 책은 기존의 교재들에서 소홀히 하거나 최근에 새롭게 대두되고 있는 사회복지의 주요 대상과 실천 영역들을 포함하였으며, 특히 새롭게 조망할 필요가 있는 다문화복지와 관련한 내용은 물론, 사회복지의 응용 영역 또는 개척 영역으로 볼 수 있는 사회복지와 인권, 사회복지와 중독, 그리고 영성과 사회복지실천과 관련된 내용 등은 특별한 의미를 가질 것으로 생각된다. 그럼에도 불구하고 일부 주제의 경우 필자들의 집필시간 부족 등으로 더 좋은 자료들을 반영하지 못한 아쉬움도 있다. 사회복지개론서가 다양하게 발간되어 있는 현실에서 새로운 책을 꾸미게 된다는 사실 앞에서 독자들에 대한 최선의 예의를 갖추기 위해 노력하였지만, 과목의 성격상 많은 기 발간 저서들을 인용하고 연구 내용들을 정리하는 과정에서 혹시라도 인용이 누락되거나 출처가 명확하지 않는 점이 있을 수 있을 것이다. 부족하고 잘못된 내용들은 최대한 빨리 수정·보완하여 더욱 완전한 책이 되도록 노력할 것을 다짐해 본다.

이 책은 비판 사회복지학 총서의 두 번째로 발간된다. 비판 사회복지학(critical social welfare)은 사회복지와 관련한 개념과 내용이 만들어지는 사회·정치적 상황과 역사적 상황을 해석하는 데 초점을 두는 정치·사회학적, 또는 다른 비판적 접근을 지향하는 전공 분야의 이론과 연구들로 구성되는 연구 정향을 의미한다. 우리는 이 용어를 사회복지와 관련한 학문 분야에서 기존과 다른 접근과 비판적 담론 또는 기존과 유사하지만 최근의 내용을 포함하는 적극적 연구를 말하는 것으로 사용하고자 한다. 그러한 시도는 이 책의 편제와 서술의 구조는 물론, 서술 내용에서 필자들의 접근적 관점을 달리하는 점 등을 통해서도 나타날 것으로 기대한다.

Preface

이 책을 함께 저술한 5명의 저자들은 한국에서의 사회복지의 발전과정을 지켜보면서, 사회복지 이론과 정책을 연구하고 대학과 대학원에서 사회복지학을 오랫동안 가르쳐 왔으며, 청소년복지, 정신보건복지, 영성복지, 장애인복지, 다문화복지, 사회적 경제복지 등과 관련한 실천현장에서 일한 경험들을 가지고 있다. 저자들은 또한 한국과 미국에서 사회복지학은 물론 신학, 정치학, 청소년학 등을 공부하였으며, 대학의 사회복지 또는 관련 학과에서 교수로 일하고 있다. 각자가 가진 학문적 배경과 연구 경험을 바탕으로 사회복지학을 탐구함으로써 앞서 말한 새로운 사회복지학에 대한 시대적 요구와 기대에 부응하고자 노력하고 있다.

이 책이 이러한 의미에서 비판 사회복지학 시리즈로 발간되는 연구물들이 이론과 실천, 그리고 정책에서 새로운 변화를 요구하는 사회복지 분야의 기대에 부응하면서 사회복지학에 대한 기본 이해는 물론, 사회복지와 관련한 다양한 이론과 발전적 실천들을 담는 계기를 갖기를 희망한다. 끝으로, 독자 여러분의 많은 지도 편달을 기대하면서 비판 사회복지학 시리즈 발간을 위한 연구에 참여하고 있는 국내외의 교수들과 연구자들에게 고마움을 전하며, 이 책의 발간을 흔쾌히 맡아주신 출판그룹 양서원의 박철용 회장님과 직원 여러분께 필자들을 대신하여 감사의 마음을 전하면서 머리말에 대신한다.

2016년 2월
저자들을 대신하여
천정웅 씀

차례

Contents

차례

01 부

사회복지의 기초

제1장 사회복지의 이해

1. 사회복지의 개념과 중심테마

복지란 사회구성원 다수가 평안하고 만족스럽게 잘 지내는 상태를 의미하는 어의적 배경을 갖는다. 즉, 영어로 "welfare"는 "well"(잘)과 "fare"(지내다)가 합쳐진 단어로 이해되는 것이다. 프리드랜더와 앱트(Friedlander & Apte)는 사회복지를 국민의 복지를 도모하고 사회질서를 원활히 유지하는 데 반드시 필요하다고 생각되는 사회적 욕구를 충족시키는 입법, 프로그램, 급여(benefits)와 서비스를 포함하는 제도라고 정의한다. 다시 말해서, 사회복지는 가족체계와 시장체계의 붕괴로 보편화된 사회문제를 해결하고, 충족되지 않은 개인 욕구를 사회적으로 충족시켜주는 제도로 볼 수 있다.

한편, 사회복지가 사회사업(social work)이라는 용어와는 어떤 관계가 있는지를 살펴볼 필요가 있다. 미국사회복지교육협의회에서는 사회사업의 목적을 다음과 같이 제시하고 있다(김성이 · 조학래 · 노충래, 2006).

① 개인, 가족, 집단, 조직 그리고 지역사회가 삶의 과업을 성취하고, 이들의 고통을 예방 또는 감소시키며, 자원을 활용할 수 있도록 도움으로써 이들의 사회적 기능을 촉진 · 회복 · 유지 또는 향상시키는 것이다.

② 인간의 기본 욕구를 충족시키고 인간의 잠재능력 및 가능성의 개발을 돕기 위해 사회정책, 서비스, 자원 및 프

로그램을 계획 · 개발 · 수행하는 것이다.

③ 사회적 혹은 정치적 행동(위험에 처한 집단의 권익을 강화시켜주는 것 포함) 및 조직적 또는 행정적 옹호를 통해 앞에서 말한 사회정책이나 서비스, 자원, 프로그램을 추구하는 것이다.

④ 이러한 목적과 관련된 모든 전문적인 지식과 기술을 개발하고 시험하는 것이다.

한편, 사회복지의 중심테마(themes)는 다음과 같이 다섯 가지로 이해할 수 있다 (Morales, Sheafor, & Scott, 2010).

첫째, 사회적 향상에 대한 약속이다. 이는 모든 사람들을 위한 사회적 상호작용의 질을 개선시키는 것이 근본적으로 중요하다는 점을 믿는 것으로 사회복지의 핵심적 가치이다. 사회복지는 모든 사람들이 자신의 사회적 욕구충족을 위한 지원을 받을 기회를 가져야 한다는 입장을 갖는다.

둘째, 사회적 기능 증대를 목적으로 한다. 사회복지사는 사회적 향상이란 문제를 개선하는 것 이상의 어떤 것을 포함한다는 입장을 가져야 한다. 또한 사회적 향상이란 "문제"로 여겨지지 않는다 하더라도, 자신의 삶의 어떤 측면을 개선하기를 원하는 사람을 지원하는 것을 포함한다. 사회복지는 사람들이 다른 사람들과 사회적 제도와 상호작용을 하는 양식인 각자의 사회적 기능(social functioning)을 증대하도록 돕는 일에 관심을 갖는다.

셋째, 행동지향성이다. 사회복지는 실천하는 하나의 전문직이다. 사회복지사들은 사회적 이슈를 조사하는 것에 만족하지 않는다. 그보다는 오히려, 문제가 일어나지 않도록 예방하기 위해 행동하며, 변화할 수 있는 문제적 상황을 해소하고, 사람들이 변화될 수 없는 성가신 상황에 대처하도록 돕는다.

넷째, 인간적 다양성에 대한 존중이다. 사회복지가 맡고 있는 광범위한 변화를 효과적으로 가져오기 위해 사회복지는 다양성을 특징으로 하는 하나의 전문직이 되었다. 클라이언트들의 다양성, 지식과 기술의 다양성, 그리고 제공되는 서비스의 다양성 등을 포함한다. 실제로 사회복지사들은 형태, 피부색, 연령 등을 구별하지 않고 모두를 상대한다.

다섯째, 다재다능한 실천 관점이다. 사회복지사가 맡고 있는 광범위한 인간적 조건, 고용되어 있는 다양한 직무상황, 광범위한 제공서비스의 범주, 그리고 상대하는 다양한 대상자 등의 여러 상황은 사회복지를 하는 데 하나의 단일한 실천적 접근으로는 실현 불가능하다는 것을 알게 해 준다. 오히려 사회복지사는 클라이언트 개인과 클라이언트 집단들의 특수한 욕구를 충족시킬 수 있는 지식과 테크닉의 종합 저장소를 가지고 있어야 한다.

사회복지는 이와 같은 다섯 가지의 테마를 가지고 있는 전문직으로 이해된다. 그러나 중요한 것은 사회복지는 앞서 말한 어느 한 테마로만 이야기할 수 없다는 것이다. 모든 테마가 합쳐져서 사회복지사와 그 실천을 이해하기 위한 하나의 토대가 되는 것이다. 이런 점에서 사회복지는 일부 대상들만 편안하고 잘 먹고 잘 살 수 있게 해 주는 것으로 볼 수 없으며, 그렇게 하는 것을 복지라고 하는 것은 너무나 좁게 해석한 것임을 알 수 있다.

2. 사회복지의 3대 관점

사회복지의 접근에는 세 가지 관점이 있다. 즉, 잔여적 접근(residual approach), 제도적 접근(institutional approach), 발전적 접근(developmental approach) 등이 있다(Homan, 2007).

첫째, 사회복지에서의 잔여적 접근은 가족과 시장경제가 사람들의 복지적 욕구에 대한 일차적 책임을 지며, 사회복지는 틈새에 놓인 개인들을 위해 보충적인 서비스 안전망을 제공한다. 즉, 사회적 기능을 수행하지 못하는 계층에게 프로그램과 서비스를 시혜적으로 제공하는 것을 말한다. 이런 잔여적 개념에서 보면 청소년 복지서비스는 일반 정상적 가정의 청소년들에게는 필요하지 않다는 전제에서 출발하게 된다. 따라서 특정 집단에 시혜적으로 제공되는 정책 서비스들은 제한적이고 일관성이 없고 부정적으로 나타날 수 있다. 또한 이미 피해를 받고 있는 청소년들에게 개별단위로 지원함으로써 가족으로부터 해체되고 지역사회로부터도 소외되는 과정으로 이어지게 된다.

둘째, 제도적 접근은 복지노력을 사회문제에 대한 반응으로 보고, 이러한 문제들은 일반적으로 대부분의 사람들에게 영향을 미치고 있다는 것이다. 또한 이러한 접근에서는 서비스를 문제의 등급과 관계없이 클라이언트의 권리라고 본다. 제도적 프로그램은 일정하게 접근과 이용이 가능하고, 그것은 욕구에 대한 일차적인 자원으로 보여지기 때문에 참여로 인한 낙인(stigma)이 거의 없다.

다시 말해 제도적 개념은 정상적이고 일반적인 가족들도 현대의 복잡한 사회 속에서는 공동의 인간적 욕구를 가지고 있으며 수시로 도움을 필요로 한다고 보는 개념이다. 이 개념에서는 청소년과 가족들은 보호적·치료적 서비스는 물론 예방적 서비스를 받게 된다. 특히 이런 서비스를 받을 때 낙인이 찍히지도 않으며 가족구성원으로부터 해체되는 일도 없게 된다.

제도적 개념은 많은 보충적 서비스를 필요로 한다. 즉, 한 가족이 현재 생활을 영위하는 데 필요한 사회적 지지 서비스가 필요하다. 청소년복지를 예로 든다면 다양한 가족보호사업, 가족관리사업, 지역사회 연계사업, 야외활동 등 청소년들이 가족 및 지역사회와 관계를 맺게 하는 사업이 필요한 것이다. 이와 같이 제도적 개념의 청소년복지는 일부 청소년만을 보호하는 것이 아니라, 모든 청소년을 보호하는 사회적 유용성이 높은 개념이다(김성이 외, 2010).

셋째, 발전적 접근은 지역사회로 하여금 보다 나은 삶을 만들어 가는 사회복지제도의 설정을 가능하게 해 준다. 이 접근법을 사용하여, 서비스 전달은 문제 중심적 성향에서 벗어날 수 있다. 이 견해에 따르면, "사회가 반드시 문제를 해결하기 위해서뿐만 아니라 삶을 더 향상되게 하고, 인간발달을 충족하기 위해서 사회복지제도를 만들 수 있다"는 것이다(Dolgoff, Feldstein, & Skolnik, 1997: 139).

발전적 개념은 제도적 개념을 넘어 인간발달 또는 사회발전에 초점을 맞춘다. 제도적 접근도 사회문제를 전제로 하고, 그러한 문제를 예방하거나 교정하기 위해 사회복지제도를 마련해야 한다고 본다. 그러나 발전적 접근은 문제를 전제하지 않고 인간의 잠재력 발달과 삶의 질 향상을 목적으로 접근하는 점에서 근본적으로 차이가 있는 것이다.

예를 들면 지방정부의 공원관리 및 레크리에이션 부서가 다양한 프로그램들을 제공하고 있는데, 그것이 문제를 고치거나 결점을 극복하기 위한 것이라기보다는, 단지 사람들의 잠재력을 확장하고 삶의 질을 더 높이도록 하기 위한 것이 목적이라면 그러한 서비스 제공은 발전적 접근의 관점을 갖는다. 발전적 접근은 또한 앞서 언급한 공원관리 및 레크리에이션 부서의 사례처럼 개인에 초점을 가질 수도 있고, 가족의 강점을 구축하는 것과 같이 집단에 초점을 맞출 수도 있다. 또한, 주거나 일자리 마련을 위해 일하는 것과 같이 지역사회 수준의 접근을 가질 수도 있다(Homan, 2007).

3. 사회복지의 동기

일반적으로 사회복지는 인간의 욕구충족을 지원하려는 동기로부터 발전하였다. 그러나 인간의 욕구와 욕구에 대한 사회인식이 변화하기 때문에 사회복지의 동기 역시 다양하게 변화했다. 이 절에서는 여러 학자의 견해를 참고하여 측은지심, 상부상조, 종교적 의무, 정치적 배려, 경제적 이득, 이데올로기 명분, 전문직업적 동기를 포함한 일곱 가지의 가장 보편적이고 기본적인 동기들을 차례로 살펴본다(김상균 외, 2013: 89-124).

1) 측은지심

측은지심이란 '남을 불쌍하게 여기는 타고난 착한 마음을 이르는 말'이다(두산백과). 맹자의 사단설(四端說) 가운데서 나오는 말로 마음의 4단(측은, 수오, 사양, 시비 –의지적 확충작용에 의해 덕성으로 높일 수 있는 네 가지 단서) 중 하나이며, 인(仁)의 근원이다. "惻隱之心 仁之端也" 불쌍히 여기는 마음은 어짐의 극치이다(맹자, 공손추 편).

유사어로는 동정심이 있으며, 역지사지(易地思之)나 이심전심(以心傳心)은 측은지심과 연관성이 높은 말이다. 측은지심이 발동되었다고 해서 타인에 대한 원조행위가 곧바로 따라 나오는 것은 아니며, 측은지심에 의한 원조행위가 일상생활에서 자주 발생하는 것도 아니다. 오히려 감정이나 마음속의 생각 수준에서 머물다가 잊히는 경우도 많은데, 그런 경우에는 제삼자가 그 사람의 측은지심을 알아차릴 수 없다.

(1) 인간 본성으로서의 측은지심

성금기탁자, 의연금 출연자, 기부자, 독지가, 자선사업가 또는 사회공헌가, 소셜워커, 자원봉사자, 재능기부자 등 → 비교적 보편적인 동기

(2) 측은지심의 특징: 행위자의 순수성과 자발성

→ 도덕적 수준이 높다.

생각해 볼 점

: 대량의 도움(행위)이 필요한 경우? (행위의 희소성)
: 측은지심이 아닌 다른 동기는? 사회적 지위, 인정 등 (동기의 순수성)
: 측은지심에 대한 해석의 주의할 점은? 미국식 자본주의 내 거대 기부자
: 기간의 문제 (사회적 인정까지 오랜 기간 소요)
: 과연 사회복지라고 정의할 수 있는가? (자선 vs. 사회복지)
: 주는 자와 받는 자 (일방적 행위)

2) 상부상조

서로가 서로를 돕고 의지하는 형태를 상부상조(相扶相助) 또는 상호부조(mutual aid)라 일컫는다. 상부상조는 사회적으로 가장 오래되고 가장 보편적인 사회복지의 동기이다. 사회복지제도는 상부상조를 주기능으로 삼아 존재한다. 예를 들어 삼국시대에 이미 존재했던 것으로 알려진 두레, 계 혹은 서양의 길드(guilds), 노동조합 등이 있다.

표 1-1 길버트와 스펙트(Gilbert & Specht, 1974)의 사회제도 기능

사회제도	주요 1차적 기능
가족제도	사회화
종교제도	사회통합
경제제도	생산 · 소비 · 분배
정치제도	사회통제
사회복지	상부상조

출처: 남기민(2010)

상부상조의 전통은 오늘날에도 가족, 이웃, 노동조합, 공동체(community), 다양한 사회복지제도 등을 통해 여전히 중요한 사회복지의 동기로 작용한다. 그리하여 인간은 예나 지금이나 상호부조를 통해 경제적 지원뿐만 아니라 정서적 지지, 사회관계, 정보, 활동 등의 자원을 가족, 이웃 등과 공유하는 것이다.

표 1-2 상부상조의 전통과 사회복지의 동기

상부상조 중심으로서의 가족	• 전통적 농경사회에서 확대가족은 공동생산과 소비의 중심 • 가족구성원들의 복지 기능 담당 • 현대사회에서 가족의 상호부조 기능은 상당부분 약화 • 가족을 일차적 주요 사회제도 및 사회지지체계로 인식 • 가족의 상부상조 기능을 지원하기 위한 국가정책의 목적 ① 가족이 강한 구조를 유지함으로써 가족의 기능을 수행하도록 지원 ② 가족에게 건강한 성장, 생활환경을 제공함으로써 문제를 최소화 ③ 가족구성원들의 상호부조를 증가시켜 사회복지비용과 활동을 감소시킴
가족 이외의 상호부조 조직과 활동	• 비공식 부문: 동창회, 향우회, 문중, 계모임 등 • 공식 부문: 새마을 운동단체[1], 사회공동체[2] 등
현대사회와 공동체 활동	• 퇴니스(Tönnies)의 이론(게마인샤프트 → 게젤샤프트) ① 게마인샤프트(Gemeinschaft): 전통적 농경사회의 자연적 인간결합관계 ② 게젤샤프트(Gesellschaft): 산업사회의 계약적 결합관계 • 드러커(Drucker)는 현대인에게 필요한 공동체로서 도시공동체 및 비영리 사회조직 주장

1) 3대 기본 정신(근면, 자조, 협동)을 통해 향토의식과 상부상조의 정신 고취 의도를 파악할 수 있다.
2) 「국민기초생활보장법」(1999.9.7.)에 근거해 구성원의 3분의 1 이상이 국민기초생활보장 수급자로 조성되는 인위적 집단이다.

3) 종교적 의무

종교는 특정의 가치와 규범을 정당화하고 사회구성원들 사이의 공통 집단의식을 형성시킨다. 더욱이 종교는 일종의 절대신념 체계이다. 그래서 종교는 사회질서의 유지와 사회통합이라는 사회적 기능을 수행하는 것으로 알려져 있다. 또한 대부분의 종교가 교리로써 어려움에 처한 사람들에 대한 사회적 책임을 공통적으로 강조한다.

종교적 동기에서 비롯되는 자선은 받는 사람보다는 주는 사람의 행동과 태도에 비중을 두는 특성이 있다. 즉, 자선 행위를 통해 구원 혹은 속죄를 받고자, 혹은 신의 뜻과 명령을 이행하고자 하기 때문에 주는 사람의 종교적 믿음이 무엇보다 중요하게 작용한다. 한편, 선교 및 포교활동을 중시하는 종교계의 특성상 사회복지활동의 동기에서 선교의 동기를 배제하기 힘들다. 그리고 종교가 절대신념의 체계이다 보니, 종교적 의무감이 동기가 된 사회복지 행위에 있어 다른 종교에 대한 배타성이 작용하는 특징이 나타나기도 한다.

그러나 종교의 교리는 하나 같이 타인의 고통에 대해 인정으로 대할 것을 명령한다. 따라서 종교를 믿는 과정에서 교인들은 자연스럽게 사회복지를 접하고, 또 실천한다.

표 1-3 경전에 나타난 종교적 의무

유교: 『논어』의 인(仁). 인은 '어질다'는 뜻으로, 선(善)의 근원이 되고 행(行)의 기본이 되는 것을 이른다. : 민본주의와 민생안정에 기반을 둔 왕도정치, 즉 도덕정치의 이상 실현 불교: 인간구제의 종교이며 인간의 행복 및 사회평안을 바람 : 자비사상, 보시사상, 복전사상, 보은사상, 생명존중사상 기독교: 근본정신－이웃사랑(사회봉사의 실천을 일상생활화)

4) 정치적 배려

국가 혹은 정부는 정치적 배려 차원에서 사회복지정책을 발전시키기도 한다. 특히 현대사회의 민주주의 정치체제에서 사회복지정책이 정치적 목적으로 활용되는 경우가 많아지는 추세이다. 서민들의 표심을 잡는 데 사회복지 공약이 효과적이기 때문이다.

정치와 사회복지 사이의 중첩은 일차적으로 사회복지서비스 프로그램 재원조달과 관련하여 제기되는 정치적 과정들을 포함하고 있다. 어떤 사회복지 프로그램(예: 공직부조)들은 논쟁을 불러일으키는 정치적 주제이다. 특히 필수적인 사회복지 프로그램에 필요한 재원을 안정적으로 조달하는 것은 어느 나라에서든지 사회복지체제가 안고 있는 중요한 요소이다(Zastrow, 2010; 백종만 외, 2013).

또한 다양한 이해집단들이 타협과 협상을 통해 잠정적인 합의에 도달한 상태라고 일컫는 것은 사회복지정책의 수립과정이 정치적인 과정이라는 것을 의미한다. 사회복지정책의 수립과정에 대한 점증주의(incrementalism)를 강조하는 학자들은 정책결정이란 궁극적으로 합리성을 성취하려는 것이라기보다는 참여자들 간에 합의를 도출하려는 것이라고 주장하고 있다. 따라서 사회문제를 해결하기 위한 사회복지정책의 최종산물은 합의의 결과다. 그러나 그 합의에 도달하는 과정에는 상당한 힘(power)의 경쟁이 있다. 따라서 사회복지정책을 수립하는 과정에서 힘의 원천이 어디에 있으며 어떻게 배분되어 있는가를 파악하는 것이 중요하다(남기민, 2010).

(1) 정치적 권력의 획득과 유지

민주주의 정치체제에서 사회복지의 정치적 동기는 훨씬 더 노골화되는 것이 상례이다. 그 결과 복지 경쟁을 부추기는 긍정적 효과도 있는 반면에, 특정 정당에는 유리할 수 있으나 국민들에게 불리할 수 있는 사례가 나타나거나, 단기적으로는 국익에 도움이 되지만 장기적으로는 해악을 끼치는 사례가 등장할 수 있다.

(2) 사회불안의 회피

사회불안을 회피하기 위한 동기는 정치적 권력을 유지하기 위한 동기와 확연히 구분되기도 한다(예: 미국의 1960년대 시민권운동에 따른 제도 정비). 통치자의 입장에서 볼 때, 사회불안을 해소하는 방법은 당근 혹은 채찍이 있을 수 있다. 이 중 사회복지행위는 당근과 연결된다.

(3) 정치적 부산물로서의 사회복지

사회복지 프로그램과 서비스는 의도적 의사결정에 의하기보다는 다른 정책의 부산물로서 개발되기도 한다(예: 「국민기초생활보장법」).

5) 경제적 이득

사회복지의 정치적 동기와 경제적 동기는 공통적으로 감춰진 경우가 많다. 그러면서도 정치적 동기에 비해 경제적 동기가 사회적으로 인정받기 쉬운 경향을 보인다. 국가 혹은 정부가 경제적 이유를 우선적으로 고려하면서 사회복지 제도를 시행하면, 그것이 사회복지제도에 미치는 효과는 긍정적일 수도 있고 반대로 부정적일 수도 있다.

경제적 이익을 염두에 둔 동기가 사회복지와 연계되면서 사회복지제도 발전에 부정적 효과를 초래하는 경우, 흔히 인용되는 동기는 세 가지로 요약된다.

① 희소한 자원을 사회복지에 사용하면 자원의 효율성이 떨어질 수 있다.

② 사회복지제도는 인간으로 하여금 나태와 기만 등의 도덕적 해이를 조장할 수 있다.

③ 이타적 동기의 자선사업과 이기적 동기의 기업활동은 상생하거나 공존할 수 없다.

표 1-4 사회복지제도의 경제적 동기 세분화

사회문제 해결비용의 감소	• 사회복지 프로그램을 통해 사회문제를 경감하거나 제거함으로써 사회비용을 줄일 수 있다. • 사회문제의 직·간접적 비용 계산의 한계 • 사회문제와 사회복지 프로그램 간의 인과관계 분석의 어려움
사회문제가 경제에 미치는 악영향의 완화	• 생산적 고용 증진 • 사회복지는 투자로 이해되며 생산성의 향상으로 정당화 • 빈곤계층의 구매력 증진
경제적 부산물로서의 사회복지	• 경제적 과정의 사회복지제도에 대한 영향 • 사회복지제도의 성립 이후 확대 경향(대상자, 적용범위, 비용 등)
기업의 사회공헌활동	• 사회공헌: 자선적 성격에 한정 • 기업의 사회적 책임(CSR): 기업활동의 의무와 책임의 강조 • 기업시민정신: 기업의 성과에 따른 결과를 강조 • 기업의 사회적 책임범위에 관한 네 가지 모형: ① 생산성 우선주의, ② 계몽적 사리 도모, ③ 진보주의, ④ 윤리적 이상주의

6) 이데올로기 명분

이념 혹은 이데올로기(ideology)란 개인, 집단 및 문화의 특성을 규정짓는 사고방식이나 사고 내용을 의미한다. 이러한 이데올로기는 인간의 가치관과 깊은 관련을 맺는다. 가치관이란 사람들이 가지고 있는 자신과 세상에 대한 관점, 옳거나 바람직하다고 생각하는 것들, 선호하는 세상의 모습 등을 포함한다.

이렇게 다양한 생각들을 몇 개의 범주로 묶어 놓은 것을 이념모형(models of ideology)이라고 한다. 따라서 사회복지의 이념모형은 사회복지와 관련되는 어떤 주제에 대해 사람들이 갖고 있는 다양한 생각들을 분류한 것이다.

사회복지에서 중시되는 대표적 가치는 자유, 평등, 우애이다. 따라서 모든 사회복지 활동의 바탕에는 그와 같은 3대 가치가 최소한 조금씩은 연결되어 있다. 그러나 3대 가치 중 어느 부분을 특히 더 강조하느냐에 따라 차이가 난다.

표 1-5 사회복지 동기 관련 주요 이데올로기

이타주의 (altruism)	• 이기주의의 반대 개념 • 일방적 이전−사회적 교환(bounding) • 이타적인 면과 이기적인 면의 공존(어느 것을 더 강조하나?) • 인간의 자발성과 도덕성을 높일 수 있으나, 효과성 측면에서 상대적으로 허약함
평등주의 (egalitarianism)	• 차별의 반대 개념 • 무엇을 분배할 때 어떤 종류의 차별도 받지 않도록 해야 한다. • 세 가지 분류 ① 수량적 평등: 결과의 평등, 가장 적극적인 개념 ② 비례적 평등: 기준에 근거한 상이한 분배 방식, 형평 ③ 기회의 평등: 개량주의, 가장 소극적인 개념
인도주의 (humanitarianism)	• 인간의 존엄성 • 인본주의, 개발원조와의 차이 • 토니(Tawney) / 티트머스(Titmuss) • 서양의 경우, 전문직으로 자리 잡기 이전의 주요 동기

7) 전문직업적 동기

(1) 인간서비스

인간서비스(human services)란 우리 사회의 개인, 집단 또는 지역사회의 심신건강과 전반적인 복지향상 및 유지에 총력을 기울이는 서비스, 그리고 이와 관련된 직업 및 전문직들의 체계로 정의될 수 있다(Wastrow, 2013).

사회복지사와 같은 남을 돕는 전문가는 원조행위에 있어 전문가 자신이 핵심적인 도구가 된다는 공통의 특징을 갖고 있다. 그래서 그들이 제공하는 서비스를 인간서비스라고 부르고 있으며, 인간서비스는 박애를 필수요소로 삼는다. 또한 인간서비스를 담당하는 전문인들에게 일정 수준 이상의 윤리기준을 갖도록 한다.

(2) 전문가주의

모든 사회는 전문가들에게 전문적 활동을 할 수 있는 독점적 권한을 부여하는 대신 그들의 행위가 이기적인 것으로 변질되지 않도록 감시와 통제를 한다. 그런 과정에서 나타난 현상이 전문가주의(professionalism)라는 것이다. 그리하여 전문가들로 구성되는 배타적 집단은 인간서비스의 독점권을 부여받는 조건으로서, 윤리선언을 해야 하고 고도의 지식과 기술을 습득해야 하며 면허증 또는 자격증제도를 갖추게 된다.

전문가라는 호칭은 당사자들에게 여러 특혜를 부가하기 때문에 인기직종 또는 유망직종이라는 평판을 받기 쉽다. 사회복지 관련 직종들에 대한 관심이 증가되는 추세이다. 다른 전문직과 마찬가지로 사회복지전문직은 전문직업으로서의 동기를 가지며, 사회복지 전문직업적 동기는 사회복지사의 주요 동기가 된다. 즉, 전문직 종사자로서 앞에서 살펴본 인도주의적 혹은 종교적 동기와는 별개로 사회복지전문직의 철학과 윤리에 근거하여 사회복지서비스를 제공하며, 이에 상응하는 대가를 받게 된다.

참/고/문/헌

김상균 외(2013). 『사회복지개론』. 나남.

남기민(2010). 『사회복지정책론』. 학지사.

백종만 외(2013). 『사회복지개론』. CENGAGE Learning.

이용교(2006). 『디지털 청소년복지』. 인간과 복지.

이용교 · 천정웅(2009). 『청소년복지: 정책과 실천』. 인간과 복지.

이혜원 · 이봉주 · 김혜래 · 오승환 · 정익중(2008). 『청소년권리와 청소년복지』. 한울아카데미.

천정웅(2009). "적극적 관점의 청소년활동: 역량개발의 이론, 정책, 실천", 글로벌 청소년포럼 및 지역정책토론회 자료집. 보건복지가족부 · 대구광역시.

천정웅 · 이용교 편(2007). 『적극적 관점의 아동 · 청소년복지』. 인간과 복지.

최선화(2013). 『풀어쓴 사회복지기술』. 공동체.

Chapin, R. K.(1995). "Social policy development: The strengths perspective", *Social Work*, 40(4), 506-514.

Cheon, J.(2008). "Best practices in community-based prevention for youth substance reduction: Toward strengths-based positive development policy", *Journal of Community Psychology*, 36(6), 761-779.

________(2009). "Convergence of a strengths perspective and youth development: Toward youth promotion practice", *Advances in Social Work*, 9(2), 176-190.

Homan, M. S.(2007). *Promoting Community Change: Making it Happen in the Real World*. Pacific Grove, CA: Thomson Brooks/Cole.

Lee, J. A. B.(2001). *The Empowerment Approach to Social Work Practice: Building the Beloved Community*(2nd ed.). New York, NY: Columbia University Press.

Saleebey, D.(Ed.)(2005). *The Strengths Perspective in Social Work Practice*(4th ed.). Boston, MA: Pearson Education, Inc.

Weick, A., Rapp, C., Sullivan, W. P., & Kisthardt, W.(1989). "A strengths perspective for social work practice", *Social Work*, 34, 350-354.

제2장 사회복지의 가치와 윤리

사회복지사는 전문적인 지식과 기술·가치를 습득하기 위해서 노력해야 한다. 사회복지사에게 지식이 중요한 것은 자신이 아는 만큼 보고 이해할 수 있기 때문이다. 따라서 인간과 사회현상을 폭넓게 이해하려면 인문·사회과학 지식 향상을 위해 공부해야 한다. 또한 자신이 아는 것을 효과적으로 활용하여 서비스 이용자들을 돕기 위해서는 기술(skill)이 필요하다. 그러나 더욱 중요한 것은 윤리적인 가치관을 내면화하여 진실한 성품으로 서비스 이용자들의 삶의 질 향상과 행복 증진을 위해서 힘써야 한다는 것이다. 바른 가치와 윤리를 지닌 사회복지사는 서비스 이용자들을 대할 때, 해를 끼치지 않아야 할 뿐만 아니라 약속을 잘 지키고 존중하며 공경(恭敬)하는 마음을 지녀야 한다.

1. 사회복지의 가치

사회복지실천은 단순한 기술적 문제에 머무는 것이 아니라 모든 결정의 배후에는 결정에 참여한 사람들의 가치가 여러 과정을 거쳐서 개입하고 있기 때문에 사회복지실천은 이론이나 지식, 기술적 차원을 넘어서 철학적이며, 도덕적인 성격을 갖고 있다. 이는 사람의 의식구조는 그가 지닌 가치관에 뿌리를 두고 있기 때문이다. 여기서 중요한 것은 가치관의 핵심이

윤리의식이라는 점이다. 따라서 사회복지실천현장에서 사회복지윤리와 가치에 관한 개념 확립은 매우 중요하다. 사회복지는 가치중립이나 가치 편향적이 아니라 가치 지향적이다. 사회복지사는 다양한 상황과 사건에 관련될 수 있으며, 실천현장에서 윤리적 이슈와 딜레마에 적절하게 대처할 수 있어야 한다.

1) 가치의 개념

가치는 사회복지실천 활동의 기초가 되는 철학적 기반으로서 중요하다. 효과적인 사회복지실천은 어떠한 지식이나 개입방법만으로 충족될 수 없으며, 어떤 명백한 가치나 신념이 전제되어야 한다. 가치는 어떤 행동이 '좋고 나쁘며, 옳고 틀리며, 바람직하고 바람직하지 못하다'는 도덕적 판단의 기준인 동시에 어떤 상태가 행복하고 불행한가를 판단하는 기준이다(전재일 외, 2004). 즉 가치는 믿음과 같은 것으로 좋고 바람직한 것에 대한 지침이며, 적합한 행동의 선택에 대한 지침이다(Loewenberg, 1988).

사회복지의 기본 가치에 대해서 프리드랜더(Friedlander)는 인간의 존엄성 · 인간의 자율성 · 기회의 균등성 · 사회적 책임성을 언급하고 있으며, 사회복지실천의 전문적 가치에 대해서 학자들은 다양한 견해를 제시하고 있는데, 일반적으로 거론되는 가치로는 개인의 가치와 존엄성 · 개인에 대한 존경 · 변화 가능성에 대한 가치 · 클라이언트의 자기결정권 · 비밀 및 사생활보장 · 적절한 자원과 서비스제공 · 권한부여 · 동등한 기회보장 · 비차별성, 그리고 다양성의 존중 등이다(NASW, 1995).

(1) 전문직 가치의 범위

레비(Levy, 1973)는 실천가치에 우선하는 사회복지전문직 자체의 가치를 세 가지로 구분하여 설명하고 있다.

① 사람우선 가치: 전문직 수행의 대상인 사람 자체에 대해 전문직이 갖추고 있어야 할 기본적 가치관으로서 클라이언트를 개별화된 인간으로 보고, 능

력을 인정해 주며, 권한을 인정하는 가치관이다.

② 결과우선 가치: 사람에 대해 서비스를 제공했을 때, 초래하는 결과에 대한 가치관이다. 이는 사회가 개인의 발전을 위해 사회참여 기회를 동등하게 제공해야 하는 사회적 책임에 대한 믿음이다.

③ 수단우선 가치: 서비스 수행방법 및 수단과 도구에 대한 가치관이다. 사람은 존경과 존엄으로 다루어져야 하며, 자기결정 권리를 가져야 하고, 사회 변화에 참여하도록 북돋워져야 하며, 독특한 개인으로 인정되어야 한다는 믿음과 같은 것이다. 인간의 자율성으로 요약될 수 있는 수단우선 가치는 사회복지실천 과정에서 중요한 가치체계이다.

(2) 가치관에 대한 자기인식 증진

브릴(Brill, 1985)은 사회복지사로서 가치관에 대한 명확한 인식의 중요성에 대해서 다음과 같이 요약하고 있다.

① 자신의 가치관이 깊숙이 내면화되어 있음을 깨달아 그 기준에는 자신의 감정적 요소가 다분히 개입되어 있음을 인식해야 한다.

② 자신의 편견이 무엇인지 의식하는 데 최선을 다해야 한다.

③ 자신과 스스로의 가치관을 객관적이고도 현실적으로 평가하도록 노력해야 한다.

④ 이러한 평가에 근거하여 변화가 필요한 가치관은 변화하도록 노력하며, 클라이언트의 욕구를 충족시켜 줄 수 있다면 클라이언트 자신의 자유로운 생활양식을 허용하고 사회복지사 자신의 생활양식과는 서로 다르다는 사실을 분별해야 한다.

⑤ 사회복지사는 문학·예술·음악과 개인의 생활경험을 통해 가능한 한 여러 부류의 사람들과 접해 보고 그들의 생활양식·가치관을 이해하도록 노력해야 한다.

2) 사회복지실천과 가치

(1) 사회복지의 가치성

인간의 행동에는 반드시 일정한 목표가 있다. 그 목표는 가끔 자신이 속해 있는 집단이나 조직의 목표와 일치할 수도 있고 그렇지 않을 수도 있다. 인간은 누구나 오랜 시간과 특정한 공간을 거쳐 성장해 온 사고방식과 생활양식을 기준으로 자신의 행동이 나타나게 된다. 이와 같은 사고방식과 생활방식은 자신이 속해 있는 기존의 가치체계와 관련이 있다. 서구사회에 있어서 인간과 사회를 보는 가치관의 근원을 몇 가지로 정리할 수 있다.

① 인간의 기본적 가치로서 이웃에 대한 책임성을 원칙으로 하는 기독교적 가치관

② 모든 인간은 평등하며, 자유와 행복추구의 권리를 강조하는 민주주의 이념

③ 환경을 무시하고 인격만을 주장하며, 근면한 사람은 도덕적 인간이며, 쾌락을 죄악시하는 청교도적 가치

④ 자연의 진화과정에서 강자는 생존하고 약자는 도태할 수밖에 없어 강자의 사회가 출현 한다는 사회진화론

이상의 가치체계에서 인간 존엄성, 자유와 평등을 긍정적인 가치로 인정하는 대신에, 청교도의 논리나 사회진화론 등의 가치는 부정적인 것으로 생각하기 쉽다. 오늘날 이러한 가치는 서방국가의 발달적 원동력이 되고 있다. 즉 적극적이든 소극적이든 어떤 가치체계가 강하게 뒷받침함으로써 국가발전은 물론, 인간과 사회관계가 지속되며, 사회질서와 사회정의가 구현되는 것이다. 따라서 사회복지의 가치는 인간을 존중하며 인간의 복지를 어떻게 중요시하고 있는가를 결정하는 각 국가의 유력한 철학과 불가분의 관계에 있다. 이러한 맥락에서 유럽과 미국의 사회복지 철학을 네 가지로 제시하면, 인간의 존엄성, 자기결정권, 균등한 기회, 사회적 책임 등에 대한 확고한 신념으로 나타나고 있다(전재일, 1999).

프리드랜더(Friedlander, 1980)는 사회복지사업의 기본적 가치성을 다음과 같이 제

시하고 있다.

① 개인존중원리: 모든 사람은 인간으로서의 가치·품위·존엄 등이 있다.
② 자발성 존중원리: 개인이 무엇을 요구하고 그것을 어떻게 충족할 것인가는 개인 스스로 결정할 권리가 있다.
③ 기회균등원리: 모든 인간에 대해 균등한 기회를 제공해야 한다.
④ 사회연대원리: 사람들은 자기 자신, 가족 및 사회 등에 대해 책임을 진다.

이상에서 제시한 사회복지의 가치는 우선적으로 '모든 인간의 가치와 존엄'이고, 다음으로는 '자기결정, 자기충족 및 자기실현' 등으로 점차 구체화하고 있다. 따라서 사회복지의 가치는 개인주의적인 측면을 강하게 반영하고 있으며, 사회복지가 사회의 복지이기 이전에 개인의 사회적 복지임을 깊이 인식해야 한다고 강조하고 있다.

(2) 토착적인 사회복지가치

사회복지의 관점에서 우리나라의 전통적인 상부상조·인간존중·경노효친(敬老孝親)의 가치관은 지속적으로 계승·발전시켜 나가야 하며, 서구의 평등사상, 복지사상, 효율성 등의 가치관은 적절히 수용하여 토착적인 가치로 발전시켜 나가야 한다. 우리가 계승해야 할 전통적인 사회복지의 가치관은 다음과 같다.

① 인간존중의 사상

전통사상 가운데 홍익(弘益)인간 이념과 이도흥치(以道興治),[1] 신라의 광명이세(光明理世),[2] 화랑도의 세속오계 중 살생유택(殺生有擇), 불교 및 유교의 인간존중사상과 동학의 인내천사상(人乃天思想)에서 인간존중의 정신을 엿볼 수 있다. 인간존중사상은 「헌법」 제10조에 "모든 국민은 인간으로서 존엄과 가치를 가지며, 행복을 추구할 권리를 가진다. 국가는 개인이 가지는 불가침의 기본적 인권을 확인하고 이를 보장할 의무를 진다"고 명시되어 있다.

1) 이도흥치(以道興治)란 도(道)로서 나라를 다스린다는 뜻이다.
2) 광명이세(光明理世)란 밝은 빛으로 세상을 다스린다는 뜻이다.

② 상부상조의 공동체의식

한국사에서 상부상조(相扶相助)의 유형으로는 두레·품앗이·계·향약 등이 있다. 두레란 고래(古來)로 촌락 단위로 조직된 농민들의 상호협동체이며, 품앗이는 부락 내 농민들이 노동력을 서로 교환하는 노동협력의 양식이고, 계(契)는 부락주민들이 전통적 빈곤을 극복하기 위한 자생적 조직이다. 향약(鄕約)이란, 지역주민들의 순화(醇化)·덕화(德化)·교화(敎化)를 목적으로 한 지식인들 간의 자치적인 협동조직이다. 이러한 상호부조의 공동체의식은 우리나라의 전통적 가치관으로서 현대의 사회복지의 가치체계에도 잘 반영되어야 한다.

③ 자유와 평등사상

「헌법」에 명시된 바와 같이 자유와 평등은 사회복지 체계의 기본이 되는 정신이다. 이것은 국가존립이 개인의 자유와 평등을 보장하는 것을 기본으로 하고 있다. 자유는 경제적·정치적으로 어떠한 구속이 없이 자발적으로 활동하는 한편으로, 사회적인 측면에서 타인의 경제적·정치적 자유를 침범하지 않는 의무를 지닌다는 것을 말한다. 평등이란 「헌법」 제11조 제1항에서 "모든 국민은 법 앞에 평등하다"와 같이 모든 개인이 동등한 대우를 받는다는 의미이다. 사회복지는 자유와 평등의 정신 위에 성립될 수 있으므로, 자유와 평등의 이념은 사회복지 체계의 핵심적 기반이 될 수 있다.

3) 윤리의 개념

전문적 가치는 실천현장에서 윤리적 원칙들을 정립하는 지침을 제시한다. 윤리란 어떤 행동의 옳고 그름에 대한 판단으로, 사회복지 가치기준에 맞는 실천을 하였는가에 대한 판단기준을 제시한다(양옥경 외, 1995). 윤리는 어떤 행동이 도덕적으로 올바르며, 옳은 판단과 행동은 어떠해야 하는지를 다루는 개념이며, 사람들이 지켜야 할 행위규범 중 가장 기본적인 것이다. 다시 말하자면, 윤리란 사람이 사회관계에 있어서 사람으로서 마땅히 행하거나 지켜야 할 도리이며(문인숙, 1991), 인간이 관계하고 있는 여러 맥락 속에서 근간을 이루고 있다.

윤리를 언급할 때, 유사한 개념은 '가치'이다. 때로 사람들은 윤리에 대한 개념 정립에서 가치와 혼동하여 생각하는 경향이 있다. 그러나 윤리와 가치는 구분되는 개념으로써 가치는 하나의 추상적 개념이며, 윤리는 실천상의 가치로 볼 수 있다. 즉 가치는 윤리와는 다르게 바람직한 행동을 선택하는 데 있어 항상 지침으로서 작용하지는 않는다. 왜냐하면 개인의 행동이 개인의 가치와 모순되거나 사회가치를 반영하지 않기 때문이다(윤기영, 1997). 그러나 윤리란 인간의 행동을 통제하거나 규제하는 기준이나 원칙까지 포함하는 개념으로 일반적으로 타인에 대한 책임감에서 우러나오는 인간에 대한 기대를 말한다(문인숙, 1985). 가치와 윤리 개념을 비교하면 〈표 2-1〉과 같다.

표 2-1 가치와 윤리의 개념

내용	가치	윤리
개념	• 무엇이 '좋고 바람직한가?'에 관심 • 가정적인 개념으로 인간의 생각에 그침 • 인간이 마땅히 규범으로서 선호되어야 할 바람직한 것, 선한 것으로서 지향해야 될 신념이나 믿음 • 이상적, 추상적 목적이나 고수준의 상징성을 지님	• 무엇이 '옳고 그른가?'와 관계된 올바른 행위에 대한 물음 • 좋은 사고로 그치는 것이 아니라 행위로 실천될 때 의미가 있음 • 사회관계에서 마땅히 행하거나 기대되고 지켜야 할 도덕규범 및 도리로서 실천적이며, 행동의 구체적 · 현실적 목표에 대한 실천상의 기준

출처: Loewenberg & Dolgoff(1996)

2. 사회복지의 이념

이념이란 어떤 시대나 사회 또는 계급에 독특하게 나타나는 관념, 믿음, 주의(主義) 따위를 통틀어 이르는 용어라고 볼 수 있다. 사회복지실천에 있어서 바탕이 되는 이념과 철학적 배경은 사회복지발달사와 함께 매우 다양하게 발달해 왔음을 알 수가 있고, 여러 이념이 배경이 될 수 있다. 표면상으로는 인도주의와 이타주의의 이념으로부터 시작한 것으로 볼 수 있지만 근본적으로는 사회진화론에 영향을 많이 받았고, 다른 한편으로는 그 영향에서 탈피하고자 하는 노력도 보여왔다(양옥경 외, 2001).

사회복지 이념은 크게 두 가지로 나눌 수 있는데, 개인과 자유를 강조하는 자유주의형과 국가나 사회와 평등을 강조하는 사회주의형으로 나눌 수 있다(류종훈, 2011). 이러한 이념과 철학에 근거해서 사회복지서비스와 프로그램이 개발되었다고 볼 수 있는데, 사회복지실천의 역사 속에서 살펴볼 수 있는 이념과 철학적 배경에 대해서 핵심적인 내용을 중심으로 살펴보면 다음과 같다.

1) 인도주의

사회복지실천에서 최초의 이념은 자선조직협회(Charity Organization Society)의 우애방문원들의 철학이었던 인도주의(人道主義) 또는 박애사상이라고 볼 수 있다. 인도주의란 인간의 인격과 인간성을 존중하고, 평등사상에 입각하여 인종·종교·습관·국적 등을 초월한 인간애를 말한다.

박애사상(博愛思想)은 모든 사람을 평등하게 사랑함을 뜻한다. 우애방문원들은 기독교사상을 실천하고자 하는 중산층 이상의 사람들로서 가난한 사람을 대상으로 인도주의적인 구호를 제공하였다. 이후에 이들 우애방문원의 철학적 이념은 모든 사람을 차별이 없이 평등하게 사랑하고 봉사한다는 것을 의미하는 것으로서 사회복지실천의 기본정신인 이타주의(利他主義)에 근거를 두면서 사회복지실천의 기본적인 사상이 되었다.

초기의 자선조직협회의 우애방문원들이 주로 클라이언트를 위한 무조건적인 봉사를 제공하였다고 본다면, 현대의 사회복지사들은 클라이언트에 대한 전문적이고 선별적인 접근을 실시하고 있다고 볼 수 있다(양옥경 외, 2001).

2) 사회진화론

사회진화론은 다윈(Charles Darwin)의 자연과학적 개념이 사회과학적 요소에 첨가되어 파생된 것이라 볼 수 있는데, 자연법칙의 진화론을 사회법칙의 진화론에 적용시킨 것으로 볼 수 있다. 사회복지 측면에서 사회진화론을 적용한다면, 부자는 그들이 우월해서 부유층으로 살아남은 것이고, 반면에 빈곤한 사람은 게으르고 비도덕적인 열등한 인간이기 때문에 가난하게 살 수밖에 없다는 것이다. 이렇게 사람을 계층 짓는 것은 동식물 생태계의 적자생존의 법칙과 유사하다는 것이다. 그러므로 사회에 적합한 계층은 살아남고 그렇지 못하고 사회적으로 부적합한 계층은 사회에서 사라져야 한다는 관점인 것이다.

자선조직협회의 우애방문원들은 극빈자와 장애인들을 방문하여 자신이 믿는 기독교적 도덕과 생활을 강요하였고, 그에 맞추어 생활하도록 유도하였다. 따라서 클라이언트 각자가 가지고 있는 도덕관이나 가치관을 무시하고, 새로운 도덕 및 윤리를 따르도록 강요하였다. 만약 따르지 않은 경우 최소한의 도움만으로 거우 생존할 수 있는 수준의 도움을 주는 데 그쳤다. 이러한 면들은 현대 사회복지에서 빈곤층을 대상으로 실시하는 공공부조가 열등처우의 원칙(less-eligibility principle)에 기반하도록 영향을 미쳤다고 볼 수 있다. 열등처우란 국가의 도움을 받는 사람의 처우는 스스로 벌어서 생활하는 최하위 노동자의 생활보다 더 높지 않아야 한다는 원칙을 말한다.

3) 민주주의

민주주의 이념은 기본적 인권 · 자유권 · 평등권 · 다수결의 원리 · 법치주의 등을 기본원리로 한다. 사회진화론과는 달리 모든 인간은 평등하다는 것을 인정하고 있고 따라서 클라이언트도 대우받을 권리가 있고 본다. 이러한 민주주의의 등장과 함께 클라이언트에 대한 무조건적인 봉사정신이 약화되고 선택적 봉사철학이 강화되었다.

앞선 인도주의와 사회진화론 이념에 따라, 소위 우월한 중산층 봉사자가 열등한 사람인 클라이언트에게 제공한 무조건적인 봉사와 원조에서 벗어나 베푸는 자와 수혜자 간의 동등한 권리를 인정함으로써 수혜자인 클라이언트가 시혜의 여부를 결정하는 데 참여하도록 하는 사회적 움직임이 나타났다. 이는 후에 클라이언트의 자기결정권에 많은 영향을 미쳤다.

이러한 민주주의의 영향은 빈곤계층에도 나름의 가치관이 있으며 동등한 처우를 받을 권리와 빈곤에서 탈피할 동등한 기회를 제공받아야 한다는 인보관운동(settlement house movement)의 기본 이념이 되고 사회개혁으로 이어졌다. 또한 사회복지실천에는 빈곤에 대한 책임을 전적으로 클라이언트의 책임에 돌렸던 시각에서 벗어나 권리를 보장해 주지 못한 사회에도 책임이 있으며, 빈곤문제는 사회변화를 통해서 개선이 가능하다는 시각의 전환을 가져다주었다.

4) 개인주의

자유방임주의와 함께 등장한 개인주의는 경제뿐만 아니라 사회복지 분야에서도 자유시장의 경쟁원칙에 맡기는 자유방임주의적 정책으로 변화하게 하였다. 개인주의는 개인권리 존중과 함께 수혜자격 축소에 영향을 주었다. 즉, 개인의 권리와 의무를 강조하면서도 빈곤문제는 개인의 책임이라고 여겨 최소한 수혜자격 원칙을 도출하게 하였다. 이러한 개인주의는 사회복지실천에서 클라이언트마다 개별적 특성을 고려하여 원리와 방법을 다르게 적용해야 한다는 개별화를 중시하는 데 영향을 주었다.

5) 다양성

다양성은 '많은 양의' 또는 '여러 가지 성질'이라는 의미를 가지고 있으며(위키백과, 2012), 사회복지사와 클라이언트 사이에 존재하는 문화적·민족적·인종적·성적 경향성·성별 차이에 대해 민감하게 반응하는 것을 포함한다. 사회복지사는 실천현장에서 만나는 다양한 클라이언트 집단들의 행동, 태도 및 정서적인 면의 중요한 차이점에 대해 잘 알고 있어야 하며, 그에 대해 민감해야 한다. 사회복지사는 성공적인 결과를 성취하기 위해서 반드시 기본적인 틀을 초월하여 독특한 개인들을 원조할 때에 인종·성별·나이·종교·성적 취향·교육 및 다른 배경적인 특성들을 모두 고려해야 한다(배태순, 2009).

현대의 국제사회는 디지털 문화의 발달과 세계화(globalization)의 영향으로 전 세계를 바로 이웃으로 느끼는 심리적 거리가 가까워졌다. 따라서 지구촌 어디든 생물학적인 다양성(biodiversity)뿐만 아니라 문화적인 다양성, 다문화주의(multiculturalism)에 대한 수용이 높아지고 있다. 그러므로 사회복지실천에서도 다양한 계층에 대한 수용, 다양한 문제 및 접근 방식에 대한 허용, 그러면서도 독특성을 인정하는 개별화를 동시에 추구하는 실천의 방법을 따라야 할 것이다.

3. 사회복지의 실천윤리

1) 윤리가 중요시된 역사적 배경

(1) 가치의 발전

사회복지사는 사회정의와 공정성에 뿌리를 둔 규범적인 전문직이며(Reamer, 1999), 가치실천의 역사는 여러 단계를 거쳐 발전해 왔다. 리머(Reamer, 1999)는 가치실천의 역사를 4단계로 나누어 설명하고 있다.

① 1단계: 19세기말 사회복지실천이 하나의 전문직임을 선언하고 나섰던 때로, 자선조직협회를 통해 중산층의 도덕이 빈곤한 자들에게 강요되던 시기이다.

② 2단계: 인보관운동이 발전으로 시작, 빈곤한 자의 도덕성 결여보다 사회의 불공평함에 빈곤의 문제가 있음을 주장하면서 빈곤을 인식하는 사회가치의 변화를 주장하였다.

③ 3단계: 1940~1950년대에는 클라이언트 중심의 가치체계에서 전문직과 전문가의 가치체계로 중심이 옮겨졌으며, 클라이언트를 대하는 전문가의 가치관에 의문을 제기하면서 전문직 가치체계에 입각한 실천을 하도록 하는 윤리적 지침을 생각하게 되었다.

④ 4단계: 1960년대로 미국사회복지사협회에서 윤리강령을 공식적으로 채택하면서 시작되었다.

(2) 윤리의 등장

사회복지실천의 윤리가 본격적으로 시작된 것은 1970년대이며, 이때 윤리가 각광받게 된 이유는 다음과 같이 요약할 수 있다.

① 과학기술의 발전으로 다양한 형태의 윤리적 결정을 해야 하는 상황(장기이식 · 안락사 · 성감별을 통한 유산 등)에 놓이게 되자 이러한 문제들을 해결하기 위해서 사회복지사들의 개입이 필요하게 되었다.

② 사회가 성숙함에 따라 환자의 권리 · 피의자 권리 · 죄수의 권리를 인정하는 사회분위기에 힘입어 사회복지 대상자의 권리를 인정하자는 사회분위기의 영향을 받게 되었다. 사회복지 대상자의 권리인정으로 인한 다양한 형태의 윤리적 갈등이 발생하게 되자 이를 해결하기 위해서 윤리지침의 필요성이 대두되었다.

2) 사회복지실천의 주요 윤리

사회복지실천에서 요구되는 윤리는 곧 사회복지사가 준수해야 할 규칙이므로 이들 규칙을 구체적으로 살펴볼 필요가 있다. 이를 위해 1980년, 최초로 한국사회복지사협회가 제정한 사회복지사 윤리강령을 살펴볼 필요가 있다. 사회복지사 윤리강령에서는 인간의 존엄성 · 정의 · 공평 등의 가치를 추구하면서 균등하고 차별이 없는 서비스를 받을 클라이언트의 권리, 사회복지사 개인의 이익을 배제하고 전문적 지식과 기술개발을 위해 계속해서 노력할 것, 그리고 팀워크(teamwork), 전문인으로서의 책임성 등을 강조하고 있다.

그 내용에 맞춰서 사회복지사 실천의 주요 윤리를 살펴보면 다음과 같다(최옥채, 2006).

① 전문가로서의 품위 · 자질 · 책임: 사회복지사의 활동은 사회로부터 신임을 받고 있으므로 이에 걸맞은 인격을 갖추어야 한다. 나아가 자신이 실천한 업무에 자신감을 가지고 임해야 하며, 그 업무에 대하여 책임을 질 수 있어야 한다.

② 전문직의 가치 · 지식 · 기술: 사회복지사의 품위와 자질을 높이는 길은 우선 사회복지사가 갖추어야 할 지식과 기술이라 할 수 있다. 이 지식과 기술의 함양은 사회복지사로서의 가치관을 바탕으로 이루어져야 하고, 이러한 기반에서 전문가로서 자신감을 가질 수 있어야 한다.

③ 공공복지를 위한 성실성: 사회복지사의 활동은 매우 다양할 뿐만 아니라 다양한 전문 분야의 구성원들과 접촉하고 함께 일하기도 한다. 이때 사회복지사는 자신의 영리를 위해 한 치의 부정한 행위를 할 수 없으며, 오직 클라이언트의 삶의 질 향상과 공공복지 향상을 위해 힘써야 한다.

④ 클라이언트 권익 우선: 대부분의 클라이언트는 자신의 문제와 처해 있는 상황을 이유로 권리와 이익을 침해받고 있다고 해도 과언이 아니다. 따라서 사회복지사는 여러 관계 속의 활동에서 먼저 클라이언트의 권익보호와 옹호에 힘써야 한다.

⑤ 클라이언트의 자기결정권 존중: 사회복지사는 클라이언트의 문제를 해결하는 데 해결사로 군림하는 것이 아니고 문제해결을 할 수 있도록 돕는 것이다. 그러나 클라이언트는 스스로 자신의 문제해결을 위해 판단하고 결정할 수 있는 능력이 결여되어 있는 경우가 많다. 따라서 사회복지사는 클라이언트가 최선의 결정을 내릴 수 있도록 배려해야 한다.

⑥ 클라이언트에 대한 평등한 대우: 사회복지사는 클라이언트의 환경, 즉 그의 성 · 나이 · 사상 · 종교 · 지위 · 계층뿐 아니라 지역적 특성을 불문하고 클라이언트에게 합당한 서비스를 제공해야 한다.

⑦ 클라이언트의 생활에 대한 비밀보장: 클라이언트는 이웃과 정부를 포함한 사회로부터 도움과 서비스를 받아야 하는 처지에 있으므로 자신들의 사생활과 관련 정보가 노출되는 것을 용납하지 않는다. 그러므로 사회복지사는 이들과 관련하고 있는 실상들에 대한 비밀을 보장해야 한다.

⑧ 동료에 대한 존중과 신뢰: 사회복지사는 자신이 근무하고 있거나, 관계하고 있는 기관의 동료 · 하급자 · 상급자와 신뢰할 수 있는 관계를 형성해야 한다.

⑨ 동료나 기관의 부정에 대한 합법적 대응: 사회복지사는 동료나 기관의 부정한 행위에 대해서는 합법적 절차를 통해 해결해야 한다.

⑩ 사회복지 발전을 위한 협력적 참여: 사회복지사는 클라이언트와의 활동에 능동적이어야 할 뿐만 아니라 사회복지 발전을 위한 관련기관이나 단체와도 협력하는 데 적극적으로 참여해야 한다.

4. 사회복지와 윤리적 딜레마

1) 윤리적 딜레마의 개념

사회복지실천현장에서 대부분의 사회복지사는 클라이언트의 문제를 해결하는 데 있어서 다양한 가치갈등을 겪게 되고, 윤리적 결정을 해야 하는 상황에 직면하게 된다. 클라이언트의 문제를 해결하는 데 있어서 나타날 수 있는 가치 딜레마와 윤리적 갈등상황은 매우 다양할 수 있다. 사회복지실천에 임하는 사회복지사는 개인적 가치 · 전문적 가치 · 클라이언트와 클라이언트 집단의 가치 · 사회의 가치에 의해 영향을 받으며, 이러한 가치들 간의 갈등으로 인해 어려움을 경험하게 된다.

사회복지사가 겪게 되는 다양한 가치갈등의 유형은 다음과 같다.

① 가치상충은 윤리적 딜레마가 가장 빈번히 야기될 수 있는 상황이다. 자주 문제가 되는 것은 클라이언트의 자기결정이라는 가치와 사생활보호라는 가치 사이에서 어떤 윤리적 결정을 내려야 하는 상황이다.

② 의무상충으로 사회복지사는 기관에 대한 의무와 클라이언트에 대한 의무 사이에서 갈등한다.

③ 클라이언트체계의 다양성이다. 아동학대, 심각한 부부갈등, 가정폭력 등의 복합적인 문제를 가진 이혼부부의 자녀문제를 다룰 때, 사회복지사는 누가 클라이언트인가를 결정하는 데 어려움을 겪는다. 누구의 이익을 최우선적으로 고려하고, 어떤 문제에 먼저 개입해야 하는가를 결정하는 것은 어려운 일이다.

④ 결과의 모호성으로 사회복지사가 내린 윤리적 결정의 효과가 모호할 때, 사회복지사는 선택의 딜레마에 직면한다.

⑤ 힘 또는 권력의 불균형이다. 사회복지사와 클라이언트의 관계가 권력적으로 평등하지 않으므로 윤리적 딜레마를 일으킨다.

⑥ 경제적 이득과 관련된 윤리적 갈등, 이용자의 인권과 관련된 윤리적 갈등, 포괄적 책임과 관련된 윤리적 갈등, 개인적 가치와 관련된 윤리적 갈등 등이 발생한다.

이와 같은 다양한 요인으로 인해 가치갈등에 직면하게 될 때, 사회복지사가 가치갈등에서 벗어나기 위해서 고려해야 할 사항들은 다양하지만 사회복지사의 전문성을 높이기 위한 자기 이해라는 측면에서 사회복지사의 개인적 가치관과 전문적·사회적 가치관의 관계를 분명하게 인식하는 것은 매우 중요하다. 따라서 이러한 상황에서 가치딜레마(value dilemmas)를 극복하기 위한 방안으로 제시된 것이 사회복지사 윤리강령이므로 사회복지사는 사회복지사 윤리강령이 제시하는 윤리원칙을 잘 숙지하여 딜레마 상황에서 바람직한 선택과 결정을 할 수 있도록 노력해야 한다.

윤리적 문제들은 다음과 같은 질문을 갖는다. 즉, 주어진 상황에서 도덕적으로 마땅히 해야 할 옳은 일은 무엇인가? 그 상황에서 사회복지사는 비윤리적 행동을 어떻게 피할 수 있는가? 한편 윤리적 딜레마(ethical dilemmas)는 두 가지 이상의 가치가 상충하는 윤리적 갈림길에서 한 방향을 선택해야 할 때, 혹은 선택하고자 하는 각 대안들이 한 사람 혹은 여러 사람에게 바람직하지 못한 결과를 초래하게 될 때 발생한다.

이때 사회복지사는 어떤 것을 우선할 것인지 결정할 수 있어야 한다. 특정 사례와 관련된 윤리원칙과 법적 의무가 무엇인지 확인하는 것은 윤리적 의사결정의 첫 단계이다. 그러나 여러 개의 윤리원칙과 법적 의무가 적용될 수 있고 때로는 갈등을 일으킨다는 것을 확인하는 것만으로는 불충분하다. 이처럼 윤리적 의무가 서로 갈등적인 상황에서 사회복지사는 어떤 원칙이나 법적 의무를 우선해야 되는지 스스로 결정해야 한다(김용환 외, 2013).

2) 윤리적 의사결정 특성과 지침

(1) 윤리적 의사결정의 개념

윤리적 의사결정이란 사회복지실천 과정에서 발생하는 다양한 윤리적 딜레마를 해결하려는 목적에서 사회복지사가 선택할 수 있는 다양한 개입 행위의 대안들 가운데 가장 윤리적인 것과 관련하여 내리는 윤리적 선택 행위를 의미한다(Reamer, 1999).

(2) 윤리적 의사결정의 특성

가치갈등 상황에서 명확하게 윤리적인 의사결정을 한다는 것은 결코 쉬운 일이 아니다. 윤리적 의사결정의 특성을 살펴보자면 다음과 같다. 윤리적 의사결정은 사회복지사의 주관적인 가치의 반영이 아니라 기본적으로 이성적인 작업이며, 순간적인 판단이 아니라 일련의 단계로 이루어지는 하나의 과정이며, 윤리적 의사결정 과정에는 이성적 · 합리적인 요인과 함께 심리적 · 감정적인 요인도 영향을 미친다. 따라서 윤리적 의사결정은 체계적으로 이루어져야 하며, 주어진 사례와 관련된 가능한 모든 측면을 고려하기 위해서 조직화된 일련의 단계를 따르는 것이 중요하다.

윤리적 의사결정은 다양한 가치들 사이에서 이루어지는 일종의 절충이다. 사회복지사의 윤리적 결정은 단순히 올바른 것과 나쁜 것 사이에서 하나를 구별해내는 것과 같이 쉬운 경우는 거의 없고, 대부분의 경우 사회복지실천현장에서 부딪치는 현실은 두 가지 경우의 까다로운 사례 중 하나이다. 하나는 도저히 서로 양립할 수 없지만 둘 다 윤리적으로 존중되어야 한다고 판단되는 가치나 의무 가운데 꼭 하나만을 선택해야 하는 경우이고, 다른 하나는 서로 양립할 수 없으면서 동시에 둘 다 윤리적으로 바람직하지 못한 실천행위들 사이에서 하나를 선택해야 되는 경우이다.

윤리적 의사결정과정은 '결정 절차'와 '결정 원칙'이라는 두 가지 핵심적인 요소로 이루어진다. 윤리적인 의사결정과정의 근본적인 목적이 서로 경합하고 있는 가치나 의무들의 우선순위를 정하는 것이라는 점에서 볼 때, 이전의 두 가지 요소에 대한 분명한 이해는 필수적이다. 즉, 가치나 의무 사이의 우선순위를 합리적으로 판단하기 위해서는 가치와 의무 사이의 우선순위를 판단하는 데 이용할 구체적인 판단기준의 내용이 무엇인가에 대한 규정이 필요하며, 우선순위를 합리적으로 확인하고 판단해 나가는 데 요구되는 일련의 조직화된 과정, 즉 체계적인 절차가 필요하다.

윤리적 의사결정의 첫 번째 특성과 관련해서 언급한 바와 같이 윤리적 의사결정이라고 하여 주어진 사례의 윤리적인 측면만을 고찰하는 것은 아니다. 실제로 사회복지사가 직면하는 문제 상황의 사례들은 본질적으로 윤리적인 요소와 비윤리적인 요소가 혼재되어 있으며, 사회복지사가 내리는 윤리적인 판단 역시 상당부분 비윤리적인 요소에 의해 영향을 받게 된다. 이러한 비윤리적인 요소에 속하는 것으로는 사회복지실천과 관련된 다양한 연구에서 제공되는 경험적 지식을 실천이론과 사회복지사가 자신의 실천경험으로부터 얻는 선문적인 지식과 경험들이 있다.

사회복지 분야에서 이루어지는 윤리적 결정이 합리적·체계적인 기준과 절차에 의해 이루어지는 것이라고 해도 그 결정과정에는 필연적으로 의사결정자의 자유재량의 요소가 있다. 윤리적 의사결정은 이론의 여지가 없이 분명하게 주어진 원칙, 규칙, 규정을 주어진 사례에 기계적으로 적용하는 작업이 결코 아니다. 또한 윤리적 의사결정과정은 한 명의 의사결정자가, 예를 들어 해당 사례의 사회복지사가 혼자서 독단적으로 진행하는 것이 아니라, 이러한 결정에 영향을 끼칠 수 있거나 또 받을 수 있는 모든 당사자들이 전체적으로 참가한 결과이다. 그러므로 의사결정과정에서는 주어진 사례와 관련이 있는 다양한 당사자들이 참여하여 자기들이 가신 의견과 정보를 제출하여, 결정과정에 대해 반응하고 다른 선택을 제공하기도 하면서, 윤리적 의사결정과정을 둘러싼 주위환경을 변화시키기도 한다. 이처럼 윤리적 의사결정과정은 복잡하고 어렵다고 볼 수 있다.

3) 윤리적 딜레마 해결을 위한 준거틀

윤리적 의무가 서로 갈등적인 상황에서 어떤 원칙이나 법적 의무를 우선해야 되는지의 결정을 돕기 위하여 로웬버그와 돌고프(Loewenberg & Dolgoff, 1996)는 윤리원칙스크린(Ethical Principles Screen, EPS)에서 전문적 사회복지실천의 기본적인 윤리원칙을 위계서열 형태로 제시하고 있다.

어떤 실천상황에서든지 사회복지사는 관련된 윤리원칙과 적용되는 법적 의무를 먼저 확인해야 한다. 그런 다음 만일 갈등이 생기면 윤리원칙스크린에서 제시된 범주에 따라 분류한다. 최종적으로 상위 원칙에 우선권을 부여하고 그에 따라 행동하면 된다. 윤리원칙스크린은 윤리적 선택을 할 때, 우선순위를 정하는 것으로부터 도출되며, 기본적으로 일곱 가지 규준 원칙을 서열화하는 것이다. '원칙 1'이 가장 중요하고 '원칙 7'은 가장 덜 중요하다(B. 셰퍼 외, 2000, 김용환 외, 2013 재인용).

(1) 윤리원칙의 순위

로웬버그와 돌고프는 윤리원칙을 우선순위에 따라 일곱 가지로 제시하고 있다.

① 생명보호의 원칙: 생명보호가 가장 중요한 의무이다. 사회복지사는 클라이언트가 자신의 범죄를 신고해 감옥에 가게 한 사람을 살해하려는 사실을 알았다면, 다른 윤리적·법적 의무를 수행하지 못해도 잠재적 희생자를 보호하는 조치를 취해야 한다.

② 평등과 불평등의 원칙: 능력이 같은 사람은 동일하게 대해야 하지만 능력이나 권리가 다른 사람은 다르게 취급받을 권리가 있다.

③ 자율성과 자유의 원칙: 사회복지사는 클라이언트가 자율성과 독립성을 지니고 자유롭게 결정을 내리도록 도와야 한다. 그러나 독립적으로 행동하려는 클라이언트의 권리는 타인에게 해를 끼치는 행동을 할 권리와는 다르다. 예를 들어 아동학대나 남의 물건을 가로채는 행위는 인정될 수 없다.

④ 해(害)의 최소화 원칙: 사회복지사는 클라이언트에게 덜 해롭고 상황을 가장 쉽게 역전시킬 수 있는 방법을 선택해야 한다.

⑤ 삶의 질 원칙: 사회복지사는 개인과 모든 사람의 삶의 질 증진에 도움이 되는 방향으로 선택해야 한다.

⑥ 사생활과 비밀보장의 원칙: 사회복지사는 실천과정에서 모든 사람이 사생활을 보호받을 권리가 있음을 강조하는 결정을 해야 하며, 클라이언트에게 서비스를 제공하는 과정에서 비밀을 지켜야 한다.

⑦ 진실성과 완전개방의 원칙: 사회복지사는 클라이언트를 비롯한 다른 사람을 속이지 않고 정직하게 대해야 하며, 관련 정보를 완전히 개방해야 한다.

(2) 로웬버그와 돌고프의 의사결정 절차

- 1단계: 무엇이 문제인지, 문제를 일으키는 요인이 무엇인지 확인한다.
- 2단계: 누가 클라이언트이고 피해자인지, 지지체계와 다른 전문가 등 해당 문제에 관련된 사람과 단체는 누구인지 확인한다.
- 3단계: 사회적 가치, 전문가 가치, 클라이언트와 사회복지사의 개인적 가치 등 2단계에서 확인한 다양한 주체들이 주어진 문제와 관련해서 어떤 가치를 가지고 있는지 확인한다.
- 4단계: 주어진 문제를 해결하거나 최소한 문제의 정도를 경감시킬 수 있는 개입목표를 분명히 한다.
- 5단계: 개입수단과 개입대상을 하나하나 확인한다.
- 6단계: 확정된 목표에 따라 설정된 각 개입방안의 효과성과 효율성을 평가한다.
- 7단계: 누가 의사결정에 참여할 것인지를 결정한다.
- 8단계: 가장 적절한 개입방법을 선택한다.
- 9단계: 선택된 개입방법을 수행한다.
- 10단계: 선택된 개입방법이 수행되는 것을 검토하며, 예상하지 못한 결과가 나타나는지 살펴본다.
- 11단계: 결과를 평가하고 추가적인 문제들이 무엇인지 확인한다.

5. 사회복지사의 가치관 인식 훈련

사회복지사는 실천활동을 할 때, 자기 자신을 실천의 도구로 활용하게 되므로 자신의 가치관을 인식하기 위해서는 자기 자신에 관한 이해 및 가치관형성 훈련이 필요하다.

1) 사회복지사 자신의 이해

사회복지실천과정은 사회복지사 자신의 전문지식, 자질, 기술을 활용하여, 클라이언트의 문제를 해결하는 것이다. 사회복지사는 자신의 삶의 다양한 상황에 대해 어떤 태도와 마음가짐을 가지고 있는지를 이해하기 위해 상담가·슈퍼바이저·전공교수를 통한 점검, 역할극을 통한 점검, 성격유형검사(MBTI)를 통한 점검 등을 수행할 필요가 있다.

커노여(Cournoyer, 2000)는 사회복지사가 자신을 이해할 수 있는 방법으로 주위 상황의 평가·자존감 점검·타인 수용정도·책임이 있는 자기주장·자기통제의 정도·원가족분석을 통한 점검을 제안하였다.

브릴(Brill, 1997, 손광훈, 2009 재인용)은 휴먼서비스에 종사하는 전문가의 신체적·정신적·사회적·영적·지적 욕구를 강조하였으며, 〈표 2-2〉의 질문에 응답하면서 자기 분석을 통한 자신의 장단점·한계점, 극복해야 될 과제 등을 점검해 볼 수 있도록 하였다.

표 2-2 사회복지사의 자질 향상을 위한 질문

① 자신에 대해 어떻게 생각하고 느끼고 있는가?
② 자신의 기본적 욕구(신체적·정신적·사회적·영적·지적 욕구)를 어떻게 다루고 있는가?
③ 나의 가치관은 무엇이며, 이것이 나의 행동 및 타인과의 관계에 어떤 영향을 미치는가?
④ 내가 살고 있는 사회·직장과 어떻게 관계하는가?
⑤ 나의 생활양식은 어떠한가?
⑥ 나의 기본적인 철학관은 무엇인가?
⑦ 내가 상대하는 사람에게 나 자신을 어떻게 보여주고 있는가?

2) 사회복지사의 자기인식

사회복지사의 자기인식은 선입견, 편견, 자신의 경험을 이해하고 클라이언트에게 서비스를 제공하는 데 있어서 자신이 어떤 방해가 되는지 이해하는 것이다. 자기인식은 사회복지사의 업무능력을 향상시키고, 필요 이상으로 클라이언트에게 개입하는 것을 예방하며, 전문적인 관계형성에 도움이 된다. 사회복지사의 주변 상황 파악, 타인수용, 비차별적 · 비심판적 행동과 태도, 자기주장, 자기통제, 직관력, 자기노출, 전문적인 경계선 유지하기는 사회복지사의 자기인식을 위한 점검 요소이다. 코레이 등(Corey & Corey, 1998, 손광훈, 2009 재인용)은 자기인식을 위한 질문을 제시하고 있는데 그 내용은 〈표 2-3〉과 같다.

표 2-3 자기인식을 위한 질문

① 사회복지사가 가치상의 심판 없이 클라이언트와 솔직하게 상호작용이 기능한가?
② 사회복지사는 클라이언트가 사회복지사 자신의 신념과 가치를 받아들이기를 바라는가?
③ 사회복지사는 자신에게 스스로 진솔하며 동시에 클라이언트가 당신의 가치관과 다른 가치를 가질 수 있도록 자유를 허용하는가?
④ 사회복지사는 자신과 클라이언트 사이에 일어난 가치갈등으로 인해 다른 전문가에게 의뢰를 해야 할지를 어떻게 결정지을 것인가?
⑤ 사회복지사가 자신의 솔직한 관점을 클라이언트에게 내보이는 것이 클라이언트가 사회복지사의 가치관을 수용하도록 교묘하게 안내하는 것과 어떻게 다른가?
⑥ 사회복지사는 가치와 삶의 경험에 있어 클라이언트와 어느 정도 유사성을 필요로 하는가?
⑦ 특정 사안(낙태 · 아동학대 등 가치 수반적 문제)과 관련된 사회복지사의 입장은 무엇인가?
⑧ 사회복지사로서의 관점은 어디에서 발전된 것인가?
⑨ 사회복지사로서의 가치는 수정의 여지가 있는가?
⑩ 사회복지사 자신의 가치를 강요하지 않고 클라이언트에게 어떤 식으로 의사전달을 할 것인가?
⑪ 사회복지사의 가치와 신념체계가 클라이언트와 활동하는 데 어떤 방식으로 영향을 미치고 있는가?

참/고/문/헌

김용환 · 김승돈 · 안외자 · 양정안(2013). 『사회복지실천론』. 동문사.

김혜란 · 홍선미 · 공계군(2005). 『사회복지실천기술론』. 나남출판.

류종훈(2011). 『사회복지실천론』. 청목출판사.

박인혁(2009). 사회복지사의 자기효능감이 직무만족에 미치는 영향 연구. 호남대학교 대학원 석사학위논문.

박종일(2008). 사회복지사의 자기효능감이 직무만족에 미치는 영향에서 영적 안녕의 중재효과. 서울기독대학교 대학원 박사학위논문.

손광훈(2009). 『사회복지실천기술론』. 공동체.

______(2013). 『사회복지실천기술론』. 공동체.

양옥경(2004). 『사회복지윤리와 철학』. 나눔의집.

전재일 · 조운희 · 이성희 · 이준상(2009). 『사회복지실천론』. 형설출판사.

최옥채(2006). 『사회복지실천론』. 양서원.

현외성 · 최무열 · 최금주 · 마은경 · 김용환(2012). 『사회복지학의 이해』. 양서원.

大島侑 編(1987). 『社會福祉實習敎育論.』 海聲社.

Brill, N. I.(1997). *Working with People: The Helping Process*(6th ed.). NY: Longman.

Fergusan, E. A.(1969). *Social Work an Introduction*. philadelphia: J. B. Lippincott Company.

Fink, A, E., Wilson, E. E., & Conover, V.(1949). *The Field of Social Work*. New York: Holt, Rinehart & Winston, Inc.

Friedlander, W. A. & Apte, R. Z.(1980). *Introduction to Social Welfare*. New Jersey: Englewood Cliffs.

Furman, L., & Fry, S.(2000). "Clerics and social workers: Collaborators or competitors?", *Arete*, 24(1), 30-39.

Levy, C.(1973). "The Value Base of Social Work", *Journal of Education for Social Work*, 9, 34-42.

Loewenberg, F., & Dolgoff, R.(1996). *Ethical Decisions for Social Work Practice*. Itasca, K.L.: F. E. Peacock Publishers.

Reamer, F.(1999). *Social Work Values and Ethics*. New York: Columbia University Press.

Zastrow, C., 백종만 역(2010). 『사회복지개론』. 시그마프레스.

02 부

사회복지정책과 실천

제3장 사회복지사의 전문성

INTRODUCTION TO SOCIAL WELFARE

사회적 변화와 함께 사회복지의 욕구 증대와 양적 확대는 사회전반에 걸쳐 다양한 변화를 요구받고 있다. 특히 사회복지를 수행하는 사회복지사의 역할이 커져 가며, 수요자의 다양한 욕구에 대응하는 양질의 서비스를 제공하기 위해서는 그 어느 때보다도 사회복지사들의 전문성을 필요로 한다.

따라서 본 장에서는 전문직의 개념과 사회복지전문직의 조건을 살펴보고, 그에 따른 사회복지사의 활동 영역, 사회복지사의 역할과 자질을 이해하며, 우리나라 사회복지현황을 살펴보고자 한다.

1. 전문직과 사회복지인력

1) 전문직의 개념

오늘날 우리들은 특정한 분야에 익숙하거나 능숙한 사람을 보고 '전문가' 또는 '프로'라는 용어를 사용하고 있다. 의사 또는 변호사를 비롯하여 운동선수, 요리사, 마술사에게도 전문가라는 용어를 사용한다. 하지만 의사 또는 변호사에게 사용되는 전문가와 후자 그룹에서의 전문가라는 용어의 의미에는 현서한 상이성이 존재한다. 직업상의 활동이 갖는 숙련성은 유사하더라도 후자의 직업들에서는 배타성이 있는 독점적 혜택이 사회적으로 주어지지 않는다. 즉, 의사가 아닌 사람이 진료행위를 하게 되면 사회적 제재를 감수해야만 한다. 반면에 후자의 경우에는 숙련성과 능력만 인정받으면 활동할 수가 있다(박병현 · 배화숙, 2003). 이렇듯 전문직이란 다양하게 정의되고 있고 복잡하지만, 전문가가 배치되어 직무를 수행하여야 된다는 것이 사회적으로나 제도적으로 인정되고 있는 직무를 전문직이라 할 수 있다(김미옥 외, 2015).

전문직은 직업구성의 하부 단위의 하나로 인간 사회의 수많은 직업 가운데 일부분의 범주에 포함되는 직업이다. 전문직의 개념은 정적인 개념이 아니라 시대적 · 사회적으로 변천하는 것으로 상황에 따라 개념적 특징이 달라질 수 있다(박종우, 1994; 순덕기, 2010). 전문직은 어떤 특정 분야에 대한 전문적인 지식과 기술을 갖는 직업이고, 장기간의 집중적인 학문을 요하는 직업을 의미한다(조남신, 2013).

한국표준직업분류(KSCO)의 중분류에서 보건 · 사회복지직을 전문가 및 관련 종사자로 분류하고 있으므로 사회복지직에 종사하는 사회복지사를 전문직으로 인식하고 있다.

미국사회사업가협회(NASW, 1993)에서 발행한 사회사업사전에서는 전문직을 한 집단의 구성원들이 공유하면서 특정한 사회적 요구를 만족시키기 위해서 사용하는 가치(values), 기술(skills), 기능(techniques)과 신념(beliefs)의 체계라고 정의하였다. 한국사회복지사협회(2001)에 의하면 전문직이라 함은 전문조직을 활용하고, 공중에 대한 신념, 자기규제, 소명의식, 전문직 자율성을 지녀야 하고, 특수한 능력과 기술을 가진 실천가, 서비스 개발에 대한 관심, 개인적인 책임을 지녀야 한다고 명시하고 있다. 따라서 전문직은 높은 수준의 정신적 활동과 학문적 훈련, 경험적 훈련을 요하고(Zastrow, 1978; 박종우, 1994), 높은 학문적 지식체계와 전문적 기술을 갖고 사회적 권한과 지위를 갖는 직업이다(Fairchild, 1975, 조남신, 2013 재인용).

전문직의 속성에 대해 그린우드(Greenwood, 1980)는 체계적인 지식기반과 사회성과 윤리성을 기반으로 하는 서비스의 공공성, 서비스의 독점성, 전문직업적 활동을 할 때 독자적인 판단을 할 수 있는 자율성, 사회적 권위, 제도화된 교육, 전문가 조직을 통한 전문직 문화, 자격증 제도 등이라고 주장한다(순덕기, 2010). 밀러슨(Millerson)은 전문직의 필수요건을 이론에 근거한 기술, 훈련과 교육의 제공,

협회 회원들에 대한 능력 점검, 조직체, 전문적 행동강령의 준수, 이타적 서비스 등이라고 제시한다(김상균, 2013).

전문직이 일반적인 직업과 구별되는 것은 장기간의 교육과 훈련이 필요하고, 높은 학문적 지식체계를 기반으로 전문적 기술을 갖고, 사회적 권한과 사회적 지위를 갖는 것이다. 전문직을 일반직과 구분하는 기준은 일반인이 알 수 없는 전문지식, 직무 수행 시 관련 지식과 기술을 활용하여 자신의 판단에 의해 행하는 자율성, 자신의 명령에 대해 승낙을 기대할 수 있는 정도의 권위, 타인에 대해 관심을 갖는 이타성이다(Hudson & Sullivan, 1990, 조남신, 2013 재인용). 전문직과 비전문직의 비교는 〈표 3-1〉과 같다.

표 3-1 전문직과 비전문직의 비교

기본요인	전문직	비전문직
이론과 지식	추상적 이론	실용적 이론
권위성	고객의 판단이 불가능	고객 판단 가능
직업적 동기	이타적 동기	이기적 동기
직업적 자율성, 공동체의식	높음	낮음
대중으로부터의 인정	높은 인정	낮은 인정
직업문화의 소유	독특한 직업문화	특수문화 없음
훈련기간, 방식, 내용	장기, 세분, 상징훈련	단기, 미세분, 사물훈련
직업에 대한 헌신도	장기적	단기적
윤리규정	매우 발달	미발달

출처: Ritzer(1972: 54-63); 조남신(2013: 16)

한편, 리버만(Lieberman, 1968)은 전문직의 특징으로 다음과 같은 조건을 들고 있다. 첫째, 인간과 사회에 대하여 본질적으로 봉사하는 기능을 가진다. 둘째, 그 직무의 수행에 있어서 고도의 전문적 지식과 고차적인 지적 기술을 요구한다. 셋째, 장기간의 전문적 교육과 훈련을 필요로 한다. 넷째, 개인 및 직업집단 전체로서 자율성을 가진다. 다섯째, 그들의 행위에 대하여 사회적 책임을 져야 한다. 여섯째, 경제적 수입보다는 사회에 대한 봉사의무의 정신을 강조한다. 일곱째, 면허, 가입, 제명 등의 자체 규제권을 갖는 자율적 조직이다. 여덟째, 그들 자체의 윤리강령을 가진다(이종수, 2012, 김미옥 외, 2015 재인용).

이상과 같이 여러 학자에 의해 제시된 전문직의 속성과 특징에 비추어 볼 때 사회복지사는 장기간의 교육과정을 통해 전문적인 지식과 기술을 갖고 있으며, 사회가 전문직으로 인정하고, 전문가 조직으로 협회가 결성되어 있다. 그리고 사회복지사 윤리강령이 있으며, 국가 자격증을 보유하고, 공공서비스 업무를 담당하고 있다는 점에서 전문가이며, 전문직업인이라고 할 수 있다(조남신, 2013).

2) 사회복지전문직의 정체성

정체성(identity)은 어떤 존재의 본질적인 특성을 말하고, '전적으로 동일한 것', '자기 자신', '정체' 등을 의미한다. 정체성은 주관적이며 동시에 객관적이며, 개인적이고 동시에 사회적인 이중구조를 갖는다. 정체성은 다양한 환경의 변화 가운데서 가치, 행동, 사고, 기본적인 통합, 자기인식, 유일성을 지속적으로 유지하는 것을 말한다(박종우, 1994). 그렇기 때문에 정체성은 자신과 자신의 집단에 대한 동일시와 자기인식으로, 타인과 구분되는 자기의식의 감정이 타인과의 관계에서 동일시되며, 역사적으로 변해가는 활동력을 갖는 특성을 갖는다(정무성 외, 2005).

전문직업인으로 전문성을 확보하기 위해서는 전문적인 지식과 기술, 가치 이외에 전문직업적 태도, 즉 전문직 정체성이 확립되어야 한다(Hall, 1968). 전문직 정체성은 다른 전문직과 구별되는 특성과 전문직에 종사하는 사람이 스스로 전문직업인으로 인식하는 주관적 평가를 모두 포함한다(박종수, 1994).

사회복지사가 인식하는 주관적 평가의 기준은 전문직 속성에서 찾아 볼 수 있다. 대표적으로 홀(Hall, 1968)이 전문직 모델(professional model)에서 제시한 전문직의 속성을 들 수 있다. 홀(1968)은 전문직의 속성을 구조적 측면과 태도적 측면으로 분류하였다(순덕기, 2010 재인용). 구조적인 측면은 학교 설립, 전국적인 조직, 윤리강령, 전임적일 것 등이다. 그리고 사회복지사가 자신의 일을 보는 태도를 의미하는 태도적 측면은 전문조직 활용과 공공서비스에 대한 신념, 자기규제에 대한 신념, 직업에 대한 소명의식, 자율성 등이다.

사회복지사의 전문직 정체성은 실천현장에서 많은 의미를 포함한다. 우선 사회복지사가 자신의 직업을 전문직으로 인식할 때 자신의 일에 대한 만족도가 높고, 자신의 일에 보람을 갖는다(김진기, 2010). 이렇게 사회복지사의 전문직 정체성은 직무만족과 높은 관계를 갖고 있어서, 전문직 정체성 수준이 높으면 직무에 만족하게 된다(문영미, 2009; 임우현 외, 2009; 박경숙 · 유효정, 2010). 또한 전문직 정체성의 수준이 높으면 소진을 덜 경험하고(김정숙, 2010), 소진 수준도 낮아진다(이미진, 2012). 또한 전문직 정체성이 정립되어 있으며, 동료들과의 연대감과 구성원 간에 공유하는 가치 동일시로 공동체의식이 형성된다. 그래서 그 가치를 자신의 인생의 목표로 여기게 되므로 사회복지직을 평생직으로 삼고 헌신하게 된다(박승규, 2001).

2. 사회복지전문직의 조건

사회복지전문직이 갖추어야 할 내적 조건과 외적 조건을 정리하면 다음과 같다(엄기욱 외, 2014).

1) 전문직화를 위한 내적 조건

(1) 체계적인 이론과 기술

먼저 전문직은 직무수행에 사용되는 지식이나 기술이 전문적이고 체계적인 이론을 기초로 하고 있어야 한다. 이를 위해 전문직의 교육훈련은 일정기간 체계적으로 이루어질 필요가 있다.

사회복지 발전과정을 분석하면서 사회복지 고유의 시점이나 대상 영역을 명확화할 수 있는 원리체계를 가지고 있어야 한다. 생활문제의 실태를 객관적으로 평가하여 직접적 원인과 근본적 원인을 규명하고, 생활문제의 인과관계를 규명할 수 있는 진단적 지식을 가지고 있어야 한다. 또한 생활문제를 제도적으로 해결하기 위한 사회복지정책의 분석이나 종합적인 사회복지계획의 입안, 사회복지행정 및 운영에 관한 체계적 이론을 갖추어야 한다. 사회복지시설 및 기관의 자원, 서비스체계에 관한 지식과 사회복지서비스가 필요한 사람의 욕구에 근거하여 직접적·간접적 실천이론과 방법, 기술체계를 확립해야 한다.

현재 사회복지전문직을 위한 체계적인 이론이나 기술이 충분한 수준에 이르렀다고는 할 수 없으나, 전문적 실천활동에 대한 사회적 근거와 정당성 등은 확립되어 가고 있다.

(2) 사회적 승인

사회복지의 체계적 이론을 토대로 사회복지사가 가지고 있는 전문적 지식과 기술이 사회적인 유용성을 갖기 위해서는 사회나 법률에 의해 인지되고 승인되어야 한다. 사회복지 종사자는 클라이언트나 서비스 이용자의 일상적인 생활문제뿐만 아니라 개인적인 생활 등 기본적 인권과 관련된 업무에 관여할 수 있는 권한을 가지고 있으므로 사회적 승인이나 검증을 받지 않으면 그 직무에 종사하지 못하게 해야 하는 것이다. 구체적으로는 전문직에 걸맞은 자질을 갖추었다는 것을 증명하기 위한 공적인 시험을 실시하고 전문적인 능력이 있음을 증명할 수 있는 체계가 확립되어야 한다.

(3) 윤리강령

전문직의 본질적 속성에는 공공의 복지를 달성하기 위한 일정한 가치실현이 포함된다. 사회복지사에게는 사회로부터 위임받은 일정의 사명을 실행하기 위해 행동규범, 자기규제가 요구되는데, 이것이 바로 윤리강령이다. 사회복지전문직에 윤리가 요구되는 이유는 많은 클라이언트가 심각한 생활문제와 인권침해 등에 직면하고 있으면서도 스스로의 권리를 주장할 수 없는 상황에 놓여 있기 때문이다.

윤리강령에 포함되어야 할 기본 내용에는 첫째, 사회복지전문직의 업무가 영리추구의 목적으로 이용되어서는 안 된다는 것이다. 둘째, 사회복지전문직은 사회적으로 요구되는 사명을 수행하기 위해 정치의 지배로부터 독립적이고 그 구속에서도 자유로워야 한다. 셋째, 사회복지전문직이 고도의 지식과 기술을 배타적으로 사용하거나 자기 입장과 지위를 집단적으로 지키려는 경향은 엄격하게 제한되어야 한다.

(4) 전문직 단체의 조직화

전문직이 사명을 달성하기 위해서는 정치 등의 권력기구로부터의 외압이나 지시에 따라 행동하지 않고 독립적인 위치에 있어야 한다. 이를 위해서 상호 단결하여 독자의 판단과 행동의 가치기준을 가진 직능적 전문직단체를 조직화해야 한다. 특히 사회복지전문직의 경우 근무하는 직장의 규모가 작거나 열악한 경우가 많아 사회복지 직원의 역량 강화를 위한 자체 노력에는 많은 한계가 있다. 따라서 전문직 집단의 조직화를 통해 사회복지 전문성 향상과 개인의 역량 강화, 정서적 지지 등을 위한 노력이 필요하다.

2) 전문직화를 위한 외적 조건

최근 우리나라에서도 2007년에 사회복지사에 대한 정기적인 보수교육제도를 도입하여 매년 8시간의 보수교육이 의무화되었다. 또한 2011년에는 「사회복지사 등의 처우 및 지위향상을 위한 법률」을 제정하여 사회복지사 등의 처우 개선과 지위 향상을 위한 법률적 조치가 강구되고 있다.

(1) 노동조건, 노동환경의 개선

임금, 노동시간, 노동의 강도 등 직접적인 노동조건이 개선되어야 한다. 전문기술직으로서의 사회적 평가는 임금수준과 어느 정도 비례한다고 볼 수 있으며, 장시간에 걸친 근무시간과 과도한 사례 담당 등은 전문직으로서의 실천활동을 제약한다. 직장의 시설이나 설비와 같은 노동환경 조건이나 물리적 수단의 확충 정비가 이루어질 때 전문적인 기술발전을 도모할 수 있을 것이다.

(2) 조직과 운영의 민주화

사회복지기관의 민주적이고 개방적인 운영은 사회복지전문직에 대한 자율성을 증대시켜 전문성 향상에 기여한다. 예를 들어, 합리적·능률적 운영목표 아래 관료제적 지배와 복종, 규칙이나 절차와 같은 기계적인 움직임을 중시하게 된다면 사회복지전문직 종사자의 실천은 큰 제약을 받을 것이다. 따라서 수직적·폐쇄적인 운영체계의 변화를 위한 개인의 노력과 노동조합을 포함한 조직적이고 집단적인 노력이 있어야 한다.

(3) 연구, 연수체제의 확립

사회복지직원의 연구, 연수의 보장과 전문직 집단으로서의 자율성 보장이 요구된다. 특히 전문직으로서의 사회복지직은 일상적인 실천활동을 통한 실천기술의 축적 이외에 연수나 연구체계를 확립하면서 전문적 능력이나 기술을 함양해야 할 것이다. 직장 내외 연수를 실시하는 데 어려움이 없도록 합리적인 직원배치와 업무조정을 해야 하며, 연수에 대한 권리를 보장하고 자발적인 연구 환경조성에 대한 노력이 필요하다.

3. 사회복지사의 역할과 자질

1) 사회복지사의 역할

사회복지사는 개인, 집단, 가족, 조직 그리고 지역사회와 함께 일하게 되는데, 이 과정에서 상담, 옹호, 중개자, 조정자, 교육자 등 다양한 역할을 수행한다. 재스트로는 사회복지사의 역할을 다음과 같이 소개하고 있다(Zastrow, 2013).

(1) 조력자

조력자의 역할은 개인이나 집단을 도와 그들이 자신들의 욕구를 분명히 파악하고, 직면한 문제를 명확하게 확인하며, 해결 전략을 탐색하여 전략을 선택·적용함으로써 문제를 효과적으로 해결하도록 돕는 역할을 하는 것이다.

(2) 중개자

중개자(broker)는 개인이나 집단이 지역사회 내 서비스를 이용할 수 있도록 도와주는 역할을 수행한다. 따라서 사회복지사는 지역사회 내 다양한 기관 네트워크에 대하여 잘 알아야 한다.

(3) 옹호자

클라이언트나 시민집단에게 도움이 필요하나 기존의 기관들이 비우호적일 경우, 옹호자(advocate)는 능동적이고 지시적인 역할을 담당한다.

(4) 행동가

행동가(activist)는 사회의 부정, 불공평, 박탈 등에 관심을 두며 해결전략으로 투쟁, 직면, 중재 등을 사용한다.

(5) 중재자

중재자(mediator)로서의 역할은 편이 갈려 다툼이 일어난 경우에 타협을 찾아내고 서로의 차이점을 조정하여 상호 만족스러운 동의를 이루어내는 역할이다.

(6) 협상자

협상자(negotiator)는 쟁점을 두고 갈등을 빚고 있는 사람들이 서로 타협하여 상호간에 받아들일 수 있는 어떤 합의에 이르도록 돕는 역할을 한다. 중재자의 역할과 유사하게 협상은 양측이 공존할 수 있는 어떤 중간의 입지를 추구한다. 그러나 중립적인 역할을 하는 중재자와 달리 협상자는 어느 한 편의 입장에서 참여하게 된다.

(7) 교육자

클라이언트에게 정보를 주고 적응기술을 가르치는 역할이다. 교육가(educator)로서의 사회복지사는 관련 지식을 갖추어야 하며, 클라이언트에게 정보가 잘 전달되고 이해되도록 의사소통을 할 수 있어야 한다.

(8) 주도자

주도자(initiator)는 현재의 문제 또는 잠재적인 문제의 가능성이 있는 사안에 대하여 사회적 관심을 불러일으키는 역할이다. 이는 문제를 사전에 발견할 수 있다는 점에서 중요하다. 그리고 주도자는 문제에 대한 관심을 불러일으키는 것에 그쳐서는 안 되며, 이후에 필요한 역할을 수행해야 한다.

(9) 역량강화자

사회복지실천의 주목적은 개인, 가족, 집단, 조직 그리고 지역사회를 원조하는 과정에서 이루어지는 역량강화다. 역량강화(empowerment)는 환경을 향상시켜 그들의 강점, 대인관계와 사회경제적 · 정치적 강점과 영향력을 증대시키고자 하는 것이다.

(10) 조정자

조정자(coordinator)는 조직화된 방법으로 필요한 구성요소를 한 데 모으는 역할을 한다. 예를 들어 복합적인 문제를 가지고 있는 가족에게 가족구성원들이 가진 재정, 정서, 법, 보건, 교육 등의 여러 욕구를 충족시키기 위해서는 여러 기관이 함께 다양한 서비스를 해야 한다. 이때 한 기관의 사회복지사가 사례관리자로 여러 기관 간의 서비스 중복을 피하고 서비스들이 서로 상충하는 목표를 추구하지 않도록 예방하는 역할을 한다.

2) 사회복지사의 자질

사회복지사가 전문직으로서 업무를 수행하기 위해서 그들 나름대로 전문 인력으로서의 자질을 갖추어야 한다. 전문 인력으로서 사회복지사는 스스로의 판단에 의해 다음과 같은 역할을 수행할 수 있어야 한다.

① 체계적 이론과 전문적 기술이 필요하다.
② 전문적 권위와 권한이 있어야 함과 동시에 사회적인 인정이 있어야 한다.
③ 전문직의 규범과 전문적 문호가 요구된다.
④ 반드시 전문적 단계가 있어야 한다.
⑤ 지위획득을 위한 자격요건과 적절한 보수가 수반되어야 한다.

한편, 전문직에서 가장 중요한 요소가 가치와 지식 및 기술이라고 할 때 사회복지사가 전문가로서 자질을 갖추고 있는지 아닌지는 사회복지사가 바로 이와 같은 사회사업적 가치에 얼마나 투철하고 또한 얼마나 사회사업에 대한 고도의 지식과 기술을 겸비하고 있느냐에 달려 있는 것이다(배기효, 2014).

(1) 가치

사회복지사는 사회사업 전문직의 가치(values)에 투철해야 한다. 왜냐하면 이와 같은 전문직의 가치가 사회사업을 실천하는 데 사회복지사들에게 영향을 미치고 안내자 역할을 하기 때문이다. 사회복지사는 누구나 다 개인적 가치를 지니고 있다. 그런데 이 개인의 가치가 전문직 기치와 달리 명확한 체계가 서 있는 것도 아니고 항상 전문직 가치와 일치하는 것도 아니기 때문에 문제가 있다.

따라서 사회복지사들은 먼저 이와 같은 자신의 개인적 가치나 신념을 명확히 인식하는 것이 클라이언트에게 전문적으로 도움을 주는 데 있어 아주 중요하다는 것을 알아야 한다. 사회복지사가 사명감을 갖는다는 것은 사회복지사 개인의 가치를 사회사업 전문직의 가치에 접근시키는 논리적 결단의 행위라고 볼 수 있다.

(2) 지식

사회복지사에 의해 사용되는 지식은 광범위하고 다양하며 종합적이다. 따라서 사회복지사는 다음과 같은 지식적 기반을 필요로 한다(Johnson, 1995).

첫째, 광범위한 교양과목에 대한 기초지식이 요구된다. 인간사회 및 인간의 본질에 대해 좀 더 잘 이해하기 위해 사회학, 심리학, 교육학, 인류학, 역사학, 정치학과 같은 사회과학적인 지식이 요구되며, 과학적 사고와 인간의 육체적 측면을 보다 잘 이해하기 위해 자연과학적 지식이 요구된다.

둘째, 인간과 인간 간의 상호작용, 그리고 인간들이 기능하고 있는 사회적 상황에 대한 충분한 기초지식이 요구된다. 즉, 정서적 · 인지적 · 행동적 · 발달적 측면에서 인간을 이해하기 위한 지식이 필요하며 인간의 다양성과 그 다양성이 인간의 기능과 발달에 미치는 영향, 그리고 인간 상호작용에 대한 이해는 필수적이다.

셋째, 돕는 관계에서의 상호작용, 돕는 과정, 그리고 다양한 상황 및 체계에 적합한 다양한 개입전략에 초점을 둔 실천이론에 관한 지식이 요구된다. 이와 같이 지식에는 도움이 필요한 사람들에게 서비스 전달을 하기 위한 전문적 · 사회적 구조와 제도뿐만 아니라 더 적합한 욕구충족을 위한 서비스 구조를 적응시키고 발전시키는 방법도 포함된다.

넷째, 특수한 상황에서 특정한 클라이언트 집단과 더불어 사회사업을 하는 데 필요한 전문지식이 요구된다. 이 경우 개개 사회복지사들이 어떠한 지식을 선택하여 적용하느냐 하는 것은 사회사업실천 상황과 사회복지사 자신의 직업적 포부에 좌우된다.

(3) 기술

사회사업의 기술은 클라이언트의 욕구에 반응하여 클라이언트의 사회적 기능을 향상시키려는 목적으로 사회사업의 가치와 지식을 잘 조화시켜 이를 행동으로 옮기는 실천적 구성요소이다. 사회사업은 하나의 기술만을 갖고 있는 것이 아니라 다양한 상황에서 필요한 다양한 기술을 갖고 있다.

베어와 페더리코(Baer & Federico)는 사회사업은 네 가지 영역에서의 기술이 필요하다고 주장하고 있는데 이들은 ① 정보수집 및 사정기술, ② 전문적 자아를 발전시키고 활용하는 기술, ③ 개인, 집단 및 지역사회와 더불어 사회사업을 실천하는 활동 기술, ④ 평가기술 등이 있다. 이와 같은 기본적이고 핵심적인 기술들은 모든 사회복지사에게 필요하다(Johnson, 1992, 배기효, 2014 재인용).

4. 사회복지사의 주요 업무와 활동 영역

1) 사회복지사의 주요 업무

사회복지사는 「사회복지사업법」 제11조 제1항의 규정에 의하여 "사회복지에 관한 전문지식과 기술을 가진 자"로서, 보건복지부장관으로부터 자격증을 교부받은 자를 말한다. 사회복지사는 경제적, 심리적, 주변 환경에서의 문제를 가지고 있거나 문제가 있을 것으로 예상되는 대상자들에게 접근하여 대상자들이 겪고 있는 문제들을 파악하고 이에 대한 문제해결 방안 및 문제해결을 위한 여러 방법들을 대상자들에게 알려주어 직접 문제에서 벗어나도록 도움을 제공하는 일들을 하는 전문적인 직업이다. 또한 대상자들의 문제해결을 위해 여러 자원을 활용하여 문제를 해결해 주거나 대응방안을 제시해 줄 뿐만 아니라 지역 또는 주변 대상자에게 도움을 줄 수 있는 후원자, 자원봉사자들을 연계하여 지원하는 일들을 하는 사람들이다(이종복 외, 2014).

사회복지사는 봉사정신과 전문적 지식 및 기술을 습득하고 적용하며, 사회복지사 윤리강령을 준수함으로써 사회복지사의 정체성을 확립해야 한다. 사회복지사의 주요 업무는 다음과 같다(김윤나, 2013).

① 사회적·개인적 문제로 어려움에 처한 의뢰인을 만나서 그들의 상황과 문제를 파악하고, 어려움에 처한 사람들이 필요로 하는 서비스 유형을 판단하고 실행한다.

② 어떠한 문제를 처리하거나 해결하기 위해서 방안에 대한 자료를 수집하거

나 분석한다.

③ 재정적인 보조, 법률적인 조언 등과 같이 각종 사회복지 프로그램을 기획하거나 시행, 평가한다.

④ 공공복지서비스의 전달을 위해 대상자를 선정하거나 복지를 조치하고, 급여 제공과 생활지도 등을 수행한다.

⑤ 사회복지 자원봉사자 모집, 교육, 배치, 지도, 감독을 한다.

⑥ 사회복지정책 형성과정에 참여, 정책을 분석 · 평가하고 대안을 제시한다.

⑦ 정신질환자에 대한 개인력 조사, 사회조사 작업 진행, 정신질환자의 사회복귀진출촉진, 생활훈련, 직업훈련, 정신질환자의 가족에 대한 교육, 지도, 상담업무를 수행한다.

2) 사회복지사의 활동 영역

한국사회복지사협회는 사회복지사의 활동분야를 일반영역과 확장영역으로 구분하였다. 이를 구체적으로 살펴보면 다음과 같다(한국사회복지사협회, www.welfare.net).

(1) 일반 영역

① 공적 사회복지 영역

사회복지사업에 관한 업무를 담당하게 하기 위하여 시 · 도, 시 · 군 · 구 및 읍 · 면 · 동 또는 복지사무 전담기구에 사회복지사 자격증을 가진 사회복지 전담공무원을 두도록 규정하고 있다(「사회복지사업법」 제14조). 사회복지 전담공무원은 그 관할지역에서 사회복지를 필요로 하는 사람 등에 대하여 항상 그 생활 실태 및 가정환경 등을 파악하고, 사회복지에 관하여 필요한 상담과 지도를 한다. 관계 행정기관과 사회복지시설을 설치 · 운영하는 자는 사회복지 전담공무원의 업무 수행에 협조해야 하며, 국가는 복지 전담공무원의 보수 등에 드는 비용의 전부 또는 일부를 보조할 수 있다.

② 사회복지기관 및 시설 영역

사회복지 이용시설 또는 사회복지 생활(거주)시설에서 근무하는 사회복지사는 아동, 청소년, 노인, 여성, 장애인 등 사회적 약자를 대상으로 보호 · 상담 · 후원 등의 업무를 담당한다. 복지서비스가 필요한 사람에 대한 보호와 지원계획을 세워 대상자의 기초생활을 보장하고, 이들이 자립할 수 있도록 지원하고, 개별적으로 상담을 진행하면서 적합한 복지서비스를 연계해 주며, 돌봄과 후원 등의 다방면적인 지원활동을 수행하여 대상자의 삶의 질 향상에 도움을 준다.

③ 보건의료 영역(「의료법」, 「정신보건법」에서 규정)

- 의료사회복지(medical social worker): 병원이나 진료소에서 임상치료팀의 일원으로 근무하며, 질병의 직 · 간접적인 원인이 되고 치료에 장애가 되는 환자의 심리 · 사회적인 문제들을 해결하도록 도와주며, 환자가 퇴원한 후에도 정상적인 사회기능을 발휘할 수 있도록 환자와 그의 가족에게 전문적인 사회복지서비스를 제공한다.
- 정신보건사회복지(mental health social worker): 사회복지사 1급 자격증 소지자 중에서 정신보건분야의 전문적인 지식과 기술을 가지고 정신질환자의 개인력 및 사회조사, 정신질환자에 대한 사회사업지도 및 방문지도, 사회복귀 촉진을 위한 생활훈련 및 직업훈련, 정신질환자와 그 가족에 대한 교육 · 지도 및 상담업무, 정신질환 예방활동 및 정신보건에 관한 조사연구를 담당한다.

(2) 확장 영역

① 학교사회복지사(School Social Worker)

학생 개개인의 지적 · 사회적 · 정서적 욕구와 문제해결에 관심을 갖도록 도와주며, 이를 통하여 모든 학생이 학교에서 공평한 교육 기회와 성취감을 제공받을 수 있도록 사회복지의 다양한 실천방법을 활용한다.

② 자원봉사활동관리 전문가(Voluntary Activities Coordinator)

자원봉사자들을 모집, 배치, 상담, 훈련하고 자원봉사 활용 프로그램의 개발과 시행, 평가 등에 관한 업무를 담당한다.

③ 교정사회복지사(Correctional Social Worker)

현행 법무부 산하의 교정시설에 범죄인의 재활과 범죄 예방에 개입하고 있는 사회복지전문직은 교정사회복지사로 통칭되고 있다.

④ 군사회복지사(Military Social Worker)

군대 내의 의무직에 속하여 환자의 상담과 복귀를 위한 복지업무를 담당하는 것으로, 병과분류 764/의무병과 · 의무행정 · 사회사업으로 분류할 수 있다.

⑤ 산업사회복지사(Industrial Social Worker)

기업체에서 노동자들의 비복지적 문제의 개선을 위해 사회복지학의 전문지식을 활용하여 문제해결을 수행한다.

5. 우리나라 사회복지의 현황

1) 사회복지사의 자격

우리나라의 사회복지사에 대한 자격제도는 1970년 제정된 「사회복지사업법」에 "사회복지에 관한 전문지식과 기술을 가진 자에게 사회사업종사자 자격증을 교부할 수 있다"고 규정함에서 비롯되었다. 사회복지사에 대한 우리나라 최초의 법적 명칭은 '사회사업종사자'였고, 사회복지에 대한 대학에서의 학과 명칭은 '사회사업'이었다. 그러다가 1983년에 「사회복지사업법」이 개정되면서 '사회사업가' 또는 '사회사업종사자'의 명칭이 '사회복지사'로 변경되었다.

1983년에 개정된 「사회복지사업법」에서는 사회복지사를 1, 2, 3급과 같이 등급 구분을 하였다. 그러나 아무런 자격인정 시험도 없이 자격증을 교부한 것에 대한 비판이 일어났다. 그리고 전문성이라는 관점에서 1급 사회복지사의 자격수준을 높여야 한다는 주장과 동시에, 등급 구분에 있어 직무분담의 필요성도 제기되었다(장인협 외, 1999, 김상균 외, 2013 재인용).

그 결과, 사회복지 분야와 관련 분야의 학자 및 실무자들이 개선작업에 들어갔으며, 많은 논란을 거쳐 1998년 「사회복지사업법」의 개정 시 사회복지사 국가시험 제도를 도입하였다. 그리고 등급별 자격기준을 설정하였으며, 사회복지학 전공교과목과 국가시험 교과목에 관한 규정도 만들었다. 개정된 법률에 의하면, 2003년부터 사회복지사 1급 자격증을 국가시험에 합격한 자에 한하여 주도록 되어 있다.

사회복지사 1급은 대학교에서 관련 법령이 정하는 사회복지학 전공 및 관련 교과목을 이수한 학사학위 취득자, 대학원에서 사회복지학이나 사회사업학을 전공한 석사 또는 박사학위 취득자 등 국가 자격시험에 응시하여 합격하면 취득할 수 있다. 사회복지사 2급은 대학교 및 전문대학에서 사회복지학 관련 교과목을 이수하고 졸업한 자, 사회복지사 3급 자격증 소지자로 3년 이상 사회복지사업의 실무경험이 있는 자 등이 취득할 수 있다. 사회복지사 3급은 전문대학 졸업자로 보건복지부장관이 지정한 교육 훈련기관에서 12주 이상 사회복지사업에 관한 교육·훈련을 이수한 자 등이 취득할 수 있다(이종복, 2014).

표 3-2 사회복지사의 자격기준

자격등급	자격기준	자격증 발급
사회복지사 1급	• 국가시험에 합격한 자	보건복지부
사회복지사 2급	• 사회복지 관련 학위를 취득 • 사회복지학 전공 교과목과 사회복지 관련 교과목을 이수한 자 • 3급 자격증 소지자로서 3년 이상 실무경험이 있는 사람	한국사회복지사협회
사회복지사 3급	• 3년 이상 사회복지사업의 실무경험이 있는 자로서 보건복지부장관이 지정하는 교육훈련기관에서 일정기간 동안 교육훈련을 이수한 자	해당 기관

표 3-3 전공이수 교과목

구분	교과목	이수과목(학점)	
		대학원	대학·전문대학
필수 과목	사회복지개론, 인간행동과 사회환경, 사회복지정책론, 사회복지법제, 사회복지실천론, 사회복지실천기술론, 사회복지조사론, 사회복지행정론, 지역사회복지론, 사회복지현장실습	6과목 18학점 (과목당 3학점 이상)	10과목 30학점 (과목당 3학점 이상)
선택 과목	아동복지론, 청소년복지론, 노인복지론, 장애인복지론, 여성복지론, 가족복지론, 산업복지론, 의료사회사업론, 학교사회사업론, 정신건강론, 교정복지론, 사회보장론, 사회문제론, 자원봉사론, 정신보건사회복지론, 사회복지지도감독론, 사회복지자료분석론, 프로그램 개발과 평가, 사회복지발달사, 사회복지윤리와 철학	2과목 6학점 (과목당 3학점 이상)	4과목 12학점 (과목당 3학점 이상)

출처: 이종복 외(2013: 152)

2) 사회복지사의 현황

2014년 12월 말 현재 사회복지사 자격증 교부 수는 713,224명으로, 이 중 남성이 186,418명, 여성이 526,806명으로 여성이 35.4%로 남성보다 높은 비율을 차지하고 있으며, 1급 자격증이 총 116,894건(25.9%), 2급 총 583,404건(86.1%), 3급 총 12,926건(1.9%)으로 보고되었다(최일섭 외, 2014).

〈표 3-5〉에서 나타난 것처럼 1997년부터 2009년까지 사회복지사 자격증 총 교부건수는 꾸준히 증가 추세를 보이고 있다. 특이한 점은 사회복지사 1급 자격증 교부건수가 2002년을 정점으로 약간 감소하거나 보합세를 보이는 반면, 2급 자격증 교부건수는 꾸준한 증가 추세를 유지하고 있다. 이러한 현상은 대학교에서 사회복지학을 전공한 사람과 타 전공을 한 사람들 사이의 차이를 반영한 것으로 해석된다. 즉, 타 전공을 하면서 사회복지사 자격증 취득에 필요한 교과목을 이수한 후 사회복지사 2급 자격증을 취득한 사람들의 수는 꾸준히 증가하고 있다는 것이다. 이러한 추세는 우리나라에서 사회복지사의 전문성 논란에도 불구하고 사회복지사 자격증에 대해 관심을 가진 인구가 점차 증가하고 있음을 보여주는 자료이다.

표 3-4 사회복지사 자격증 발급

(기준: 2014. 12. 31, 단위: 건, %)

구분	성별		1급		2급		3급		합계	
	남	여	건수	비율	건수	비율	건수	비율	건수	비율
합계	186,418	526,806	116,894	25.94	583,404	86.09	12,926	1.91	713,224	100.0

출처: 최일섭 외(2014: 187-188)

표 3-5 사회복지사 자격증 발급(당해 연도): 급수별, 시 · 도별

(단위: 건, %)

구분	합계	증감률	1급	2급	3급
1996	2,658	–	1,373	343	942
1997	3,224	21.3	2,463	330	1,042
1998	4,151	28.8	2,463	330	1,358
1999	6,519	57.0	4,149	2,100	270
2000	7,154	9.7	4,423	2,492	239
2001	10,301	44.0	6,280	3,845	176
2002	16,730	62.4	10,487	6,073	170
2003	16,126	△3.6	5,319	10,492	315
2004	19,196	19.0	5,044	13,722	430
2006	33,315	31.4	5,055	27,871	389
2009	68,578	13.9	7,286	61,069	223
2014	75,606	△1.9	6,377	69,058	171
서울	14,612	△3.5	1,772	12,688	152
부산	4,729	△2.0	487	4,231	11
대구	4,821	2.6	394	4,425	2
경북	5,570	0.1	335	5,235	0

출처: 최일섭 외(2014: 186) 재구성

3) 사회복지사의 임금수순

사회복지사 자격증에 대한 관심의 지속적으로 증가함에도 불구하고 사회복지사의 임금수준은 다른 전문직에 비해서 낮은 편이다. 사회복지사 임금수준은 직

종에 따라서 차이가 나는데, 2014년 기준으로 생활시설복지사의 경우 평균 198만 원이었고, 이용시설복지사의 경우 평균 179만 원, 사회복지전담공무원의 경우 평균 247만 원으로 조사되었다(최일섭 외, 2014: 104). 사회복지사의 임금수준은 시설유형별로 약간의 차이를 보였다. 〈표 3-6〉에서 보는 것과 같이 시설유형별로 볼 때, 가장 높은 임금수준을 보여준 영역은 정신보건생활시설로서 232만 원이었다.

2014년도 기준으로 고용형태를 살펴보면, 생활시설복지사의 경우 '정규직'은 95.4%, '비정규직'은 4.6%로 나타났으며, 이용시설복지사의 경우 '정규직'은 80.9%, '비정규직'은 19.1%로 생활시설 사회복지사에 비해 비정규직이 상대적으로 많았다.

표 3-6 시설유형별 월 기본급 (기준: 2014년 12월 기준)

유형	생활시설					이용시설						
구분	노인	아동·청소년	장애인	정신보건	부랑·노숙인	노인	아동·청소년	장애인	정신보건	종합사회복지관	지역자활	부랑·노숙인
보수(만원)	198	185	200	232	209	172	149	193	196	178	164	158

출처: 최일섭 외(2014: 104)

이와 같이 사회복지사의 임금수준이 이전보다는 향상되고 있다고 볼 수 있지만, 여전히 과도한 사회복지사의 공급은 수요와 공급 구조를 왜곡시킬 뿐 아니라 사회복지사의 열악한 근무환경과 낮은 처우수준을 고착화하는 악순환의 고리를 형성하게 된다는 우려가 높다.

사회복지사의 처우 개선을 제도화시키고자 하는 노력의 일환으로 「사회복지사 등의 처우 및 지위 향상을 위한 법률」이 제정(2011. 3. 30)되어 2012년 1월 1일부터 시행되었다. 이 법은 사회복지사 등에 대한 처우를 개선하고 신분보장을 강화하여 사회복지사 등의 지위를 향상하도록 함으로써 사회복지 증진에 이바지하는 것을 목적으로 한다고 규정하고 있으며, 제3조 '사회복지사 등의 처우개선과 신분보장'에 관한 내용과 제4조의 '사회복지공제회' 설립에 대한 내용을 구체적으로 규정함으로써, 비로소 사회복지사 등의 처우향상과 지위향상을 위한 기반을 마련하게 된 것이다(배기효 외, 2014).

아직은 미비한 수준이지만 몇몇 지방자치단체는 사회복지사의 처우향상 등에 관한 조례를 정하여 운영하고 있으며, 또한 계획을 가지고 있는 것으로 파악된다. 향후 정부를 비롯한 지방자치단체는 사회복지사 개인은 물론 이용자의 권리향상과 양질의 서비스 제공을 위해 사회복지사의 처우 향상과 근로조건 개선을 위한 부단한 노력과 현실화를 통해 복지사회로 나아가는 기반 마련에 최선의 노력을 해야 할 것이다.

참/고/문/헌

김미옥 외(2015). “발달장애인 분야 사회복지사 전문성 함양을 위한 탐색적 연구－교육체계와 내용을 중심으로”, 『비판사회정책』, 49, 39-72.

김상균 외(2013). 『사회복지개론』. 나남.

김정숙(2010). 전문상담교사의 역할갈등과 소진의 관계에서 전문직 정체성의 역할 연구. 가톨릭대학교 대학원 석사학위논문.

김태성(1997). “사회복지학, 사회복지전문직, 그리고 사회복지 교육제도”, 『사회복지연구』, 9(1).

박경수・유효정(2010). “장애인 활동보조 코디네이터의 직무만족이 직업특성과 직업의식이 직무만족에 미치는 영향”, 『재활복지』, 43, 263-286.

박병현・배화숙(2003). “사회복지의 전문성 제고를 위한 과제” 『부산대학교 사회복지연구』, 12, 115-137.

박성희(2012). 사회복지사의 사회복지마인드 척도개발 및 타당화 연구. 서남대학교 대학원 박사학위논문.

박종우(1994). 사회사업가의 전문직업적 정체성 연구. 서울대학교 대학원 박사학위논문.

배기효 외(2014). 『사회복지학개론』. 창지사.

순덕기(2010). 사회복지 현장실습이 사회복지전문직 정체성에 미치는 영향에 관한 연구. 건국대학교 대학원 박사학위논문.

엄기욱・김순규・배진희・오세영(2014). 『사회복지개론』. 학지사.

이미진(2012). 전문상담교사의 전문직 정체성, 상담자활동 자기효능감과 소진 간의 관계. 아주대학교 대학원 석사학위논문.

이종복 외(2014). 『사회복지개론』. 양서원.

정무성・백은령・윤숙자(2005). “장애인복지관 종사자의 전문직업적 정체성 관련 요인 연구”, 『재활복지』, 9(1), 19-46.

조남신(2013). 사회복지사의 전문직 정체성에 영향을 미치는 요인에 관한 연구: 의료사회복지사와 학교사회복지사 비교. 인천대학교 대학원 박사학위논문.

최일섭・김제선・유재윤(2014). 2014년 사회복지사 통계연감. 보건복지부, 한국사회복지사협회. 한사협-2014-10-237.

한국사회복지사협회. www.welfare.net

Johnson, L. C.(1995). *Social Work Practice: A Generalist Approach*(5th ed.). Boston: Allyn and Bacon.

Zastrow, C., 백종만, 최옥채 외 편역(2013). 『사회복지개론』. 센게이지러닝코리아(주).

INTRODUCTION TO SOCIAL WELFARE

제4장 사회복지의 정책적 접근

1. 사회복지정책

1) 사회복지정책의 개념

(1) 사회복지정책의 정의

사회복지정책(social welfare policy)의 개념 또는 정의는 시대와 국가에 따라 그리고 개념을 규정하는 사람에 따라 다양하다. 국가별로 사회복지가 발전한 경로와 특성이 상이하기 때문에 각 나라별로, 시대에 따라서, 학자마다 사회복지정책을 정의하는 것이 달라질 수 있다. 사회복지정책은 사회정책 및 공공정책 등과 혼용되는 등 다양한 유사용어와 함께 사용되기도 한다(현외성 외, 2012).

사회복지정책은 '사회복지'와 '정책'의 합성어로서, 특히 '정책'에 대해서 티트머스(Titmuss)는 특정한 목적을 이루기 위해 필요한 행동에 대한 원칙, 칸(Kahn)은 지침(guide) 및 지속적인 계획(standing plan), 길버트와 스펙트(Gilbert & Specht, 1986)는 공사의 기간에 있어 행동의 방향이나 계획의 기초를 이루는 모든 결정과 선택이라고 정의하였다. 결국 정책이란 정책목표를 달성하기 위한 일련의 행동원칙이며, 의사결정의 지침이거나 행동의 방향을 나타내는 선택이라고 볼 수 있다(현외성, 2012; 김종명 외, 2013; 배기효, 2014).

마샬(Marshall, 1970: 11-15)은 사회정책이 정확한 의미를 지닌 전문적 용어는 아니지만, 그것은 시민에게 서비스 또는 소득을 보장하는 기능으로서 시민의 복지에 직접적 효과를 주는 행위이며 정부의 정책이라고 규정하였고, 칸(Kahn, 1973)은 사회복지정책을 사회복지 프로그램과 서비스 전달체계가 장기적으로 기초되는 원리와 관계가 있다는 사실을 강조하고 있다. 따라서 목표로서의 사회복지정책에도 다양한 관점과 이론이 있을 수 있으며, 이러한 정책은 계획·실천·평가 과정을 통해 수정·보완되어 가는 것으로서 사회는 언제나 유동적이기 때문에 어떤 경우에도 고정된 정책이란 있을 수 없는 것이라고 하였다. 박석돈 외(2008)는 사회복지정책을 인간의 존엄과 가치구현이라는 이념을 바탕으로 모든 사회구성원, 특히 사회적 약자의 기본적 욕구에 대응하기 위한 정책분야이며, 각종 사회문제해결을 목적으로 하는 사회복지제도, 프로그램 등을 통한 가치 배분활동이라고 하였다.

이상에서의 정의들을 종합해 보면, 결과적으로 사회복지정책의 정의는 서비스나 소득을 제공함으로써 시민들의 복지에 영향을 미치는 정부의 정책이며, 여기에 해당하는 핵심 프로그램은 사회보험, 공공부조, 사회복지서비스 등이라 할 수 있다(배기효, 2014).

(2) 사회복지정책의 영역

사회복지정책은 사회복지의 목적달성을 위한 방법, 절차 등을 명확히 하는 것으로서, 어디까지를 사회복지의 대상으로 생각하는가에 따라서 사회복지정책의 영역이 결정된다고 할 수 있다.

사회복지정책의 영역에 대해서는 그동안 많은 학자가 다양한 분류를 시도하였다. 예를 들면, 타운젠드(Townsend, 1975)는 사회복지정책의 영역을 소득, 건강, 교육, 주택, 사회서비스의 다섯 가지로, 디니토(Dinitto, 1995)는 소득, 영양유지, 건강, 사회서비스의 네 가지로 구분하였다. 반면, 티트머스(Titmuss)는 사회복지정책의 영역을 포괄적으로 해석하여 소득, 의료, 교육, 주택, 사회서비스, 조세정책을 포함하는 것으로 보았다. 본 장에서는 이와 같은 기존 학자들의 영역에 추가로 사법정책을 사회복지정책에 포함하였다. 해당 정책 영역에 포함되는 우리나라 사회복지정책 영역의 내용은 〈표 4-1〉과 같다.

표 4-1 사회복지정책의 영역과 내용

사회복지정책의 영역		사회복지정책의 내용
협의의 복지정책	소득보장정책	• 국민연금제도 • 고용보험제도(실업급여) • 산업재해보상보험제도 • 국민기초생활보장제도 • 기초연금제도 • 장애인연금제도
	의료보장정책	• 건강보험제도 • 노인장기요양보험제도 • 의료급여제도
	주거보장정책	• 저소득계층 대상 영구 임대주택제도
	사회서비스정책	• 아동, 노인, 장애인 등에 대한 개별 서비스
광의의 복지정책	고용보장정책	• 고용보험제도(고용안정과 직업능력개발사업) • 장애인의무고용제도
	교육보장정책	• 특수교육제도 • 통합교육제도
	조세정책	• 누진세 성격의 직접세를 통한 소득재분배 유도(소득세, 재산세, 법인세 등)
	사법정책	• 보호관찰제도, 갱생보호제도, 법률구조제도

출처: 권중돈 외(2013: 163); 김형태 외(2013: 209)

(3) 사회복지정책의 가치

사회복지정책의 가치에 대해서 많은 학자가 각각의 의견을 제시하였다. 예를 들면, 길버트와 스펙트(1986)는 평등, 형평, 적절성을, 윌딩과 조지(Wilding & George, 1975)는 자유, 개인주의, 평등을, 퍼니스와 틸턴(Furniss & Tilton, 1977)은 평등, 자유, 민주주의, 사회연대감, 생존권 보장, 경제적 효율성을 사회복지정책의 가치로 제시하였다. 이 중 몇 가지를 살펴보면 다음과 같다(문수열 외, 2013; 김명근 외, 2014).

첫째, 자유는 다른 사람의 간섭이나 의지에서 벗어날 수 있는 소극적 자유와 자신이 원하는 것을 할 수 있는 적극적 자유로 구분되며, 전자는 기회를, 후자는 능력을 강조한다.

둘째, 평등은 모든 사람에게 사회자원을 같게 배분하는 것으로서, 결과의 평등을 의미하는 수량적(산술적) 평등, 개인의 능력·가치·욕구에 따라 사회자원을 차등 배분하는 것을 의미하는 비례적 평등, 과정상의 평등을 의미하는 것으로서, 평등한 출발이나 평등한 위치에서 경쟁할 수 있도록 기회를 보장해 주는 기회의 평등으로 구분된다.

셋째, 효율성은 정책이 목표하는 대상자에게 자원이 얼마나 집중적으로 할당되었는지를 판단하는 목표(대상)효율성과 정책을 집행하고 운영하는 과정에서 투입되는 비용의 여부를 판단하는 운영효율성으로 구분된다.

넷째, 소득재분배란 개인 혹은 집단의 소득이 다른 개인 혹은 집단으로 이전되는 것을 의미하는 것으로, 고소득자의 소득이 저소득자에게 이전되는 수직적 재분배와 위험(질병, 실업, 산업재해 등)이 발생하지 않은 집단에서 발생한 집단으로 이전되는 수평적 재분배로 구분된다. 또한, 한 세대 내에서만 발생하는 세대 내 재분배와 세대 간에 발생하는 세대 간 재분배로 구분된다.

표 4-2 사회복지정책의 가치

구분	내용
자유	• 소극적 자유: 다른 사람의 간섭 또는 의지로부터의 자유, 기회의 측면 강조 → 자유주의 • 적극적 자유: 자신의 능력을 발휘할 수 있는 자유, 능력의 측면 강조 → 사회주의
평등	• 수량적 평등: 결과의 평등(욕구나 능력의 차이와는 관계없이 사회적 자원을 똑같이 분배하는 것) • 비례적 평등: 공평(욕구, 능력, 기여에 따라 사회적 자원을 상이하게 배분하는 것) • 기회의 평등: 소극적 평등, 상대적 평등(결과의 측면은 무시한 채 과정상 기회만 제공)
효율성	• 목표효율성: 정책표적의 효율성과 유사 개념으로, 정책의 목표 대상들에게 그 정책에 사용되는 자원이 집중적으로 할당되는 정도 • 운영효율성: 정책을 운영하는 데 있어 얼마나 적은 비용을 활용하는가와 관련됨

구분	내용
소득 재분배 분배	• 수직적 재분배: 서로 다른 소득집단들 사이의 소득이전을 말하는 것으로 부유층에서 빈곤층으로, 고소득자에서 저소득자로의 재분배를 말함(예: 공공부조, 연금과 의료보험) • 수평적 재분배: 소득과 관계없이 욕구가 큰 사람들에게 자원이 이전되는 것으로, 위험발생집단으로 지원되는 재분배를 말함(예: 실업급여, 산재보험, 가족(아동)수당 등) • 세대 내 재분배: 젊은 시절의 소득을 적립해 놓았다가 노년기에 되찾는, 즉 한 세대 내에서 이루어지는 재분배를 말함(예: 적립방식 연금) • 세대 간 재분배: 한 세대에서 다음 세대로의 소득의 이전을 말함(예: 기초연금)

2) 사회복지정책의 형성과정

사회복지정책의 형성과정은 학자들의 연구목적과 연구의 초점에 따라 명칭과 단계별 내용이 다양하지만 대부분 공통적인 내용을 담고 있다. 여기에서는 정책문제의 형성, 정책의제의 형성, 정책대안의 형성, 정책결정, 정책집행, 정책평가의 6단계로 나누어 설명할 수 있다(이종복 외, 2011; 현외성 외, 2012; 김형태 외, 2013).

첫째, 정책문제의 형성단계이다. 사회복지문제는 사회복지정책을 형성하게 하는 가장 중요한 요인이며 사회복지정책 형성의 핵심이다. 사회문제나 요구가 정책의제에 오르기 위해서는 정치적 논점으로 부각될 필요가 있다. 이처럼 사회문제가 이슈화되기 위해서는 공공의 관심을 끌어야 하고, 공공정책상의 논점으로 제시되어야 한다

둘째, 정책의제의 형성단계이다. 새로운 사회복지정책이 형성되기 위해서는 반드시 특정한 사회문제가 존재해야 하며, 그것이 사회적 이슈로 공중의제의 단계를 거쳐 정부의제에 올라가는 것이 일반적이다. 공중의제는 많은 사람의 관심의 대상이 되며 정부가 문제해결을 하는 것이 당연한 것으로 인정되는 사회문제를 말하고, 정부의제는 정부에서 해결을 위해 심각하게 고려하기로 공식적으로 밝힌 문제를 말한다.

셋째, 정책대안의 형성단계이다. 정책대안 형성과정은 먼저 정책문제와 상황을

파악하고 미래에 대한 예측을 통해 정책목표를 설정한다. 목표가 설정되면 정책수단으로서의 해결방법들, 즉 정책대안을 개발한다. 정책대안이 형성되면 여러 기준에 따라 대안들을 분석하고 비교·평가한다. 대안을 비교분석하는 대표적인 기준으로는, 기술적 실현 가능성, 정치적 실현 가능성, 효율성, 효과성, 사회적 형평성을 들 수 있다(한인영 외, 2010).

넷째, 정책결정단계이다. 정책결정(policy decision)이란 여러 정책대안을 비교분석하고, 정치적 정당 및 다양한 이해집단, 전문가 집단 간의 논의와 조정, 타협 등을 거쳐 최종적으로 권위를 가진 정책결정권자가 문제해결을 위한 여러 대안 가운데 하나를 선택하거나 우선순위를 결정하는 과정이다.

다섯째, 정책집행단계이다. 정책집행(policy implementation)이란 정책목표를 달성하기 위하여 결정된 사항들을 실행하는 활동이다. 사회복지 관련 정책집행에 있어서 가장 핵심적 역할을 담당하는 주체는 중앙정부 및 지방정부이지만, 경우에 따라서 정부가 민간에게 위탁하거나 자체적으로 민간부문이 주체가 되어 집행하기도 한다.

여섯째, 정책평가단계이다. 정책평가(policy evaluation)는 정책 활동에 관한 정보

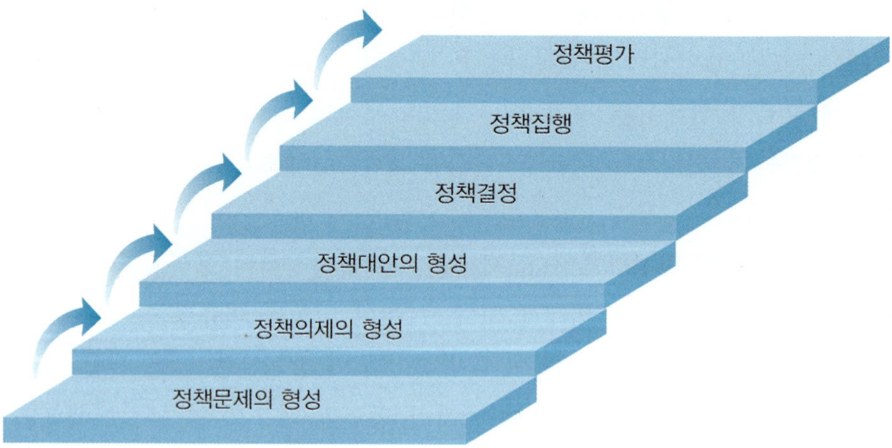

그림 4-1 사회복지정책의 형성과정

를 수집·분석 및 해석함으로써 정책목표 달성과 관련하여 그 가치를 판단하는 것이다. 정책평가는 앞으로의 정책결정을 위한 정보와 기존 프로그램을 개선하기 위한 정보를 제공한다. 또한 정책평가는 정책에 관한 이론 형성의 기초자료로 활용될 수 있다.

3) 사회복지정책의 분석틀

결정된 사회복지정책의 효과적인 집행 또는 전달과정에 대한 분석과 집행된 정책에 대한 효과성과 효율성 등에 내한 분석이 필요하다. 이때 사용되는 분석틀은 각 학자마다 그리고 관점마다 약간의 상이점이 있다.

길버트와 스펙트(1986)는 첫째, 사회적 할당, 둘째, 사회적 공여의 형태, 셋째, 전달의 전략, 넷째, 재원충당의 방법 등이 있다. 여기에서는 길버트와 테렐(Gilbert & Terrell, 1988)이 제시한 분석틀을 중심으로 살펴보고자 한다(박상하 외, 2013).

(1) 급여로 무엇(what)을 제공할 것인가

급여의 형태는 크게 현금, 현물, 증서(바우처), 기회 등이 있다. 사회복지 급여의 형태로서 현금으로 제공되는 경우는 국민연금, 공공부조의 생계보장비, 각종 수당 등을 들 수 있고, 증서는 정해진 일정한 용도 내에서 원하는 재화나 서비스를 자유롭게 선택 가능하고, 증서로서는 상품권, 식품권에서부터 의료보험증 등에 이르기까지 다양하다. 기회는 무형의 급여로 어떤 개인이나 집단에 대해 이전에는 부정되었던 급여에 대해서 접근을 가능하게 만드는 것이다. 예를 들어 장애인에 대한 운전면허 교부조항을 변경하는 것과 같은 것이다.

(2) 급여를 누구(who)에게 제공할 것인가

사회복지정책은 의도적인 재분배 문제를 주로 다루는데, 그 전형적인 문제는 누가, 무엇을, 어떻게 갖게 되는가에 있다. 이와 관련하여 누구를 서비스 대상자로 결정할 것인가의 자격기준에 관한 것이다. 급여에 대한 자격기준의 문제는 자격조건의 형태에 관한 문제이기도 하다. 급여의 수급자격 요건으로는 거주 여부, 거주 기간, 인구학적 조건, 기여의 여부, 근로조건, 소득수준 등이 있다.

(3) 급여를 어떻게(how) 제공할 것인가

사회복지정책을 통하여 제공되는 재화나 서비스는 그 종류나 영역이 다양하며, 다양한 재화나 서비스를 수급자에게 전달하는 방법 또한 다양하다. 중앙정부에서 급여의 자격, 급여 형태, 재원 등에 관한 모든 결정을 하여 전 국민을 대상으로 접근하는 경우가 있고, 어떤 경우에는 지방정부가 주체가 되어 제공되기도 하고, 때로는 중앙정부와 지방정부 혹은 정부와 민간 부문 사이에 다양한 형태의 혼합 체계로 제공되기도 한다.

(4) 어떻게 재원(resources)을 마련할 것인가

사회복지 재정의 주체로는 정부나 지방자치단체와 민간 사회복지단체를 들 수 있다. 따라서 사회복지 재원은 정부나 지방자치단체가 지출하는 공적자금과 민간 자금으로 나눌 수 있다. 공공부문 재원에는 조세로 구성되는 일반예산, 목적세 형태의 사회보장성 조세 그리고 조세비용이 있다. 민간 부문재원으로는 사용자가 부담하는 경우의 재원, 자발적 기여에 해당되는 기여금, 기업이 출연하는 재원 등이 있다.

2. 사회복지법제론

1) 사회복지법의 개념

사회복지법의 개념정의는 법의 존재형식에 따라 형식적 의미의 사회복지법과 실질적 의미의 사회복지법으로 구분할 수 있다(김기원, 2009; 현외성 외, 2012; 천정웅 · 김용환 · 김승돈, 2015). 형식적 의미의 사회복지법이란 외적 형식을 갖춘 제반 법규를 개념 규정하는 것으로, 주로 각국의 실정법상 사회복지와 관련된 법규의 모든 법들이 이에 포함된다. 우리나라의 경우 「사회보장기본법」상 '사회보장제도'로 규정하고 있는 사회보험, 공공부조, 사회서비스에 속하는 법률들과 「사회복지사업법」상 '사회복지사업'에 속하는 법률들을 형식적 의미의 사회복지법이라고 볼 수 있다.

실질적 의미의 사회복지법이란 법의 존재형식이나 명칭에 관계없이 법규범의 내용, 목적, 기능들이 사회정의, 사회형평, 사회통합, 인간다운 생활, 행복추구권 등과 같이 사회복지규범에 내재하는 공통된 법의 원리나 가치를 담고 있는 법규를 의미한다. 실질적 의미의 사회복지법은 사회복지법의 포괄 범위에 따라 넓은 의미의 사회복지법과 좁은 의미의 사회복지법으로 나눌 수 있다.

넓은 의미의 사회복지법이란 사회복지의 광의의 개념, 즉 현대 사회에서 전 국민의 물질적 · 정신적 · 사회적 기본 욕구를 해결함으로써 인간다운 삶을 영위케 하는 공사(公私)의 제반 사회적 서비스와 관련된 법률을 말한다. 좁은 의미의 사회복지법이란 사회복지의 협의의 개념, 즉 현대사회에서 스스로 자신의 생활을 영위하지 못해 사회적 도움을 필요로 하는 사회적 약자들에 대해서 제한적으로 사회복지 급여 및 서비스를 제공하는 노력의 총체를 규율하는 법규범으로 볼 수 있다.

좁은 의미의 사회복지란 보충적이며 잔여적 개념에 가깝고, 넓은 의미의 사회복지란 제도적이며 보편적 개념을 말한다.

2) 사회복지법 개념의 구성요소

사회복지법의 정의를 구성하는 특성적 요소들은 다음과 같다(천정웅 · 김용환 · 김승돈, 2015).

(1) 사회복지의 주체

요보호상태에 처한 국민은 국가와 사회가 책임지고 그들을 보호해야 한다. 사회복지법은 그 추구하는 법의 목적을 국가의 직접적 또는 간접적 관여를 통하여 실현하는 데 그 본질적 특징이 있으므로, 국민생활상의 문제를 국가가 개입하여 해결하는 것은 국가의 당연한 의무이며, 국가에 요구할 수 있는 사회구성원의 법적 권리이다. 그러나 국가의 의무라는 것은 국가가 개인의 모든 욕구를 다 충족시켜주어야 한다는 것을 의미하는 것은 아니다. 국민 개개인은 소득과 자산으로 자신이 처한 사회적 위험이나 요보호상태에서 벗어나기 위해서 노력해야 하는데, 그렇게 하고도 해결하기 힘든 부족분은 국가가 제도적으로 개입하여 해결해 주어야 한다는 것을 의미한다.

(2) 사회복지의 대상

사회복지법이 규정하고 있는 보호의 대상은 보편성의 원리에 의해 전 국민을 포괄해야 한다. 현대 사회복지의 개념이 양적·질적으로 확대되고 있는 추세로 잔여적 개념에서 제도적 개념으로 변화하고 있고 사후적 보호에서 예방적 보호를 중시하는 방향으로 사회복지의 질적 변화가 이루어지고 있으며, 다양한 문제가 특정인이나 특정계층에만 나타나는 현상이 아니므로 전 국민을 대상으로 사회적 보호가 이루어져야 하므로 사회복지의 대상은 전 국민이 되어야 한다.

(3) 사회적 위험과 요보호상태의 의미

사회적 위험이란 개인의 경제생활, 건강생활에 위협을 주는 생활상의 위험을 말한다. 사회적 위험은 현재의 소득상실뿐만 아니라 근로능력의 상실이나 약화로 인하여 발생될 것으로 예견되는 미래의 소득 상실까지 포함하는 개념이다. 요보호상태란 사회적 위험에 포함되지 않는 위험과 기타 건강상태나 최저수준의 경제생활을 영위하지 못하여 국가나 타인의 조력에 의지해야만 욕구를 충족시킬 수 있는 상태를 말한다.

(4) 보장과 보호의 개념

보장과 보호의 개념은 사회복지법 규정에 의한 사회적 보장과 보호를 의미한다. 사회적 위험이나 요보호상태에 있는 자는 자신의 자원이나 노력에 의해 그러한 상태에서 벗어날 수 없기 때문에 국가나 사회가 소득, 의료 및 사회적 서비스를 급여하여 인간다운 생활을 보장하는 것이다. 사회보장이나 보호는 사회적 위험이나 요보호상태로 전락한 자를 대상으로 하는 사후적 보장만을 의미하는 것이 아니라 사회적 위험에 직면하지 않도록 또는 요보호상태에 빠지지 않도록 사전적 · 예방적 보장과 보호조치까지를 포함하는 개념이다.

3) 사회복지법의 법원

사회복지법의 법원(法源)이란 사회복지와 관련하여 그 급여서비스의 내용, 서비스를 제공하기 위한 조직과 관리, 감독의 기준이 법률 등에 의하여 어떠한 형식으로 표현되고 있는가를 나타내는 것으로 사회복지법의 원천과 존재양식을 의미한다. 사회복지법의 존재양식은 표현방식에 따라 성문법과 불문법으로 나뉜다. 성문법에는 최상위 법규범인 헌법에서부터 법률, 명령(시행령, 시행규칙), 자치법규(조례, 규칙), 국제조약과 국제법규 등이 있다. 또한 불문법에는 관습법, 판례법, 조리 등이 있다.

성문법을 중심으로 살펴보면 다음과 같다(현외성 외, 2012; 천정웅 · 김용환 · 김승돈, 2015).

(1) 헌법

헌법은 국가의 기본조직과 통치작용의 원칙을 정하고, 국민의 기본권을 보장하는 규정을 가진 국가 최고의 기본법이다. 사회복지에 대한 국가의 책임이자 의무를 규정한 생존권적 기본권이 1919년 독일의 바이마르헌법에서 최초로 규정되었고, 우리나라는 제헌헌법부터 생존권에 관한 규정을 두고 있는데, 이는 사회복지법의 법원이자 기본 근거가 되는 것이다. 생존권을 규정한 것으로 「헌법」 전문, 제10조 인간의 존엄성과 행복추구권, 제31조 교육을 받을 권리, 제32조 근로의 권리, 제33조 노동기본3권, 제34조 인간다운 생활을 할 권리, 제35조 환경권, 제36조 혼인과 가정생활의 보호, 모성의 보호 및 보건권이 있다.

(2) 법률

법률이란 국민의 대표기관인 국회의 의결을 거쳐 제정·공포된 법을 말한다. 사회복지법의 법원으로서 법률은 실질적으로 사회복지의 구체적 내용을 규정하고 있는 대부분의 법규가 이에 해당한다.

(3) 명령

법원(法源)으로서의 명령은 국회의 의결을 거쳐 제정되는 법률에 반대되는 개념으로 국가의 법령으로서 국회의 의결을 거치지 않고 행정기관에 의하여 제정되는 것이다. 명령은 제정권자를 기준으로 대통령령·총리령·부령 등으로 구분할 수 있다. 사회복지실천 영역별 사회복지법의 운용에 있어 명령의 중요성은 사회복지 대상자의 범위가 확대되면서 사회복지법의 제·개정이 활발하게 추진되고 있으므로 행정기관의 신속한 대처와 실질적인 행정입법이 요청된다는 데에 있다.

(4) 자치법규

지방자치단체는 주민의 복리에 관한 사무를 처리하고 재산을 관리하며, 법령의 범위 내에서 자치에 관한 규정을 제정할 수 있다. 이와 같이 지방자치단체가 자치권에 기하여 제정하는 법령을 자치법규라고 한다. 자치법규에는 조례와 규칙이 있다. 지방자치단체가 제정하는 조례와 규칙이 사회복지에 관한 내용을 규정한 것이라면 이러한 자치법규는 마땅히 사회복지법의 법원성이 인정된다.

4) 사회복지법의 체계

사회복지법의 체계는 다음과 같다(김유성, 2002; 박경일 외, 2012; 현외성 외, 2012; 천정웅·김용환·김승돈, 2015).

(1) 사회보장기본법

「사회보장기본법」 제1조에서는 「사회보장기본법」의 목적을 세 가지로 규정하고 있다. 첫째, 사회보장에 관한 국민의 권리와 국가 및 지방자치단체의 책임을 정하고, 둘째, 사회보장제도에 관한 기본적인 사항을 규정함으로써, 셋째, 국민의 복지증진에 기여함을 목적으로 한다고 명시하고 있다. 사회보장은 모든 국민이 다양한 사회적 위험으로부터 벗어나 행복하고 인간다운 생활을 향유할 수 있도록 자립을 지원하며, 사회참여와 자아실현에 필요한 제도와 여건을 조성하여 사회통합과 행복한 복지사회를 실현하는 것을 기본이념으로 한다.

(2) 사회보험법

「사회보장기본법」 제3조 제2호는 "사회보험이란 국민에게 발생하는 사회적 위험을 보험의 방식으로 대처함으로써 국민의 건강과 소득을 보장하는 제도를 말한다"고 규정하고 있다. 사회적 위험에 대처하기 위해 우리나라는 국민연금, 고용보험, 국민건강보험, 산재보험 등의 사회보험을 운영하고 있다.

① 국민연금/특수직역연금제도

「국민연금법」은 국민의 노령·폐질 또는 사망 등 사회적 위험이 발생한 경우 가입자의 연금보험료를 주된 재원으로 하여 연금급여의 실시를 통한 장기적 소득보장을 함으로써 국민의 생활안정과 복지증진에 기여함을 목적으로 하는 법이다.

국민연금제도 이외의 공적 연금제도는 공무원연금, 군인연금 및 사립학교교직원연금, 별정우체국직원연금이 있으며 이 제도들은 「공무원연금법」, 「군인연금법」 및 「사립학교교직원연금법」, 「별정우체국법」이라는 특별법의 적용을 받는다. 국가와 특수한 관계에 있는 직역(직종)에 종사하는 사람을 가입대상으로 하는 연금제도이기 때문에 일반적으로 특수직역연금제도로 불리고 있다.

② 국민건강보험법

국민건강보험의 목적은 국민의 질병·부상에 대한 예방·진단·치료·재활과 출산·사망 및 건강증진에 대하여 보험급여를 실시함으로써 국민보건을 향상시키고 사회보장을 증진하는 것이다(제1조).

③ 산업재해보상보험법

근로자의 업무상 재해를 신속하고 공정하게 보상하며, 재해근로자의 재활 및 사회복귀를 촉진하기 위하여 이에 필요한 보험시설을 설치·운영하고, 재해 예방과 그 밖에 근로자의 복지 증진을 위한 사업을 시행하여 근로자 보호에 이바지하는 것을 목적으로 한다.

④ 고용보험법

실업의 예방, 고용의 촉진 및 근로자의 직업능력의 개발과 향상을 꾀하고, 국가의 직업지도와 직업소개 기능을 강화하며, 근로자가 실업한 경우에 생활에 필요한 급여를 실시하여 근로자의 생활안정과 구직활동을 촉진함으로써 경제·사회 발전에 이바지하는 것을 목적으로 한다.

(3) 공공부조법

공공부조법은 저소득 등으로 생활유지가 어려운 절대빈곤층에게 건강하고 문화적인 최저한의 생활수준을 보장하며, 경제수준의 향상에 상응하는 생활수준을 유지하게 하는 현대 복지국가의 목표를 달성하기 위한 직접적이며 최종적인 국가의 정책수단을 규정한 법이라고 할 수 있다.

① 국민기초생활보장법

생활이 어려운 사람에게 필요한 급여를 실시하여 이들의 최저생활을 보장하고 자활을 돕는 것을 목적으로 한다. 국민의 건강하고 문화적인 최저생활을 보장하기 위한 최후 수단일 뿐만 아니라 전체 사회보장제도의 내용 및 수준에 영향을 미치는 법이라고 할 수 있다. 사회보험제도와 함께 소득을 보장하는 제도로서 다른 소득보장제도가 그 기능을 발휘하지 못하게 될 때 최후로 소득을 보장하는 제도로서의 성격도 지니고 있다.

② 의료급여법

생활이 어려운 사람에게 의료급여를 함으로써 국민보건의 향상과 사회복지의 증진에 이바지함을 목적으로 한다. 보건의료 문제를 스스로 해결하기가 힘든 생활이 어려운 저소득층의 국민에게 의료급여를 실시함으로써 국민의 건강과 보건을 향상시키고 사회복지를 증진하는 데 목적을 두는 법이다. 「의료급여법」은 비용을 원칙적으로 국가가 부담하는 방식을 채택하는 데 「국민기초생활보장법」과 함께 공공부조법의 중심축을 이루는 사회권을 대표하는 기본법 중 하나인 법이다.

③ 긴급복지지원법

국민이 사망, 행방불명, 실직 등으로 소득을 상실하거나 가구구성원이 심한 장애나 질병 또는 부상을 당하거나 화재나 재난으로 주거를 상실하는 등의 사유로 긴급하게 생계유지가 어려운 소득계층을 발굴하여 생계, 의료, 주거비 등을 우선적으로 지원하고 사후에 지원의 적정성 여부를 판단하는 한시적 복지지원을 위해 제정된 법이다.

(4) 사회서비스법

① 아동복지법

아동이 건강하게 출생하여 행복하고 안전하게 자라나도록 그 복지를 보장하는 것을 목적으로 한다고 규정하고 있다. 이것은 구법인 「아동복리법」이 요보호아동을 위한 소극적 대책을 중심으로 입법된 것을 보완하여 요보호아동뿐만 아니라 일반아동의 건전한 육성을 위한 적극적 복지정책을 실시하려는 데 그 실질적 의의가 있다.

② 영유아 · 입양 · 성보호 관련법

「영유아보육법」은 영유아를 심신의 보호와 건전한 교육을 통하여 건강한 사회구성원으로 육성함과 아울러 보호자의 경제적 · 사회적 활동을 원활하게 함으로써 가족복지증진에 기여함을 목적으로 하고 있다. 「입양특례법」은 요보호아동의 입양에 관한 요건 및 절차 등에 대한 특례와 지원에 필요한 사항을 정함으로써 양자(養子)가 되는 아동의 권익과 복지를 증진하는 것을 목적으로 하고 있다. 「아동·청소년의 성보호에 관한 법률」은 아동·청소년의 성을 사거나 이를 알선하는 행위, 아동·청소년을 이용하여 음란물을 제작·배포하는 행위 및 아동·청소년에 대한 성폭력행위 등으로부터 아동·청소년을 보호·구제하여 청소년의 인권을 보장하고 건전한 사회구성원으로 성장할 수 있도록 함을 목적으로 하는 법률이다.

③ 청소년기본법

청소년의 권리 및 책임과 가정, 사회, 국가 및 지방자치단체의 청소년에 대한 책임을 정하고, 청소년육성정책에 관한 기본적 사항을 규정함을 목적으로 한다. 「청소년기본법」은 「헌법」 다음으로 효력을 가지는 청소년육성정책의 존재형식이며, 청소년육성정책에 관한 법률들의 기본법적 지위를 지닌다.

④ 건강가정기본법

가정은 개인의 기본적인 욕구를 충족시키고 사회통합을 위해 기능할 수 있도록 유지·발전되어야 한다고 규정함으로써 우선적으로 가정은 구성원 개인의 욕구를 충족시킬 수 있어야 한다고 말하고 있다.

⑤ 한부모가족지원법

한부모가족이 건강하고 문화적인 생활을 영위할 수 있도록 함으로써 한부모가족의 생활 안정과 복지 증진에 이바지함을 목적으로 한다.

⑥ 다문화가족지원법

다문화가정 구성원의 안정적인 가족생활을 통해 삶의 질 향상과 사회통합에 이바지함을 목적으로 한다.

⑦ 노인복지법

노인의 질환을 사전예방, 조기발견하고 질환상태에 따른 적절한 치료·요양으로 심신의 건강을 유지하고, 노후의 생활안정을 위하여 필요한 조치를 강구함으로써 노인의 보건복지증진에 기여함을 목적으로 한다고 규정하고 있다.

⑧ 저출산 · 고령사회기본법

저출산 및 인구의 고령화에 따른 변화에 대응하는 저출산 · 고령사회정책의 기본 방향과 그 수립 및 추진체계에 관한 사항을 규정함으로써 국가의 경쟁력을 높이고 국민의 삶의 질 향상과 국가의 지속적인 발전에 이바지함을 목적으로 한다.

⑨ 장애인복지법

장애인의 인간다운 삶과 권리보장을 위한 국가와 지방자치단체 등의 책임을 명백히 하고, 장애발생 예방과 장애인의 의료 · 교육 · 직업재활 · 생활환경 개선 등에 관한 사업을 정하여 장애인의 생활안정에 기여하는 등 장애인의 복지와 사회활동 참여증진을 통하여 사회통합에 이바지함을 목적으로 규정하고 있다.

⑩ 정신보건법

정신질환의 예방과 정신질환자의 의료 및 사회복귀에 관하여 필요한 사항을 규정함으로써 국민의 정신건강증진에 이바지함을 목적으로 한다.

⑪ 자원봉사활동 기본법

자원봉사활동에 관한 기본적인 사항을 규정함으로써 자원봉사활동을 진흥하고 행복한 공동체 건설에 이바지함을 목적으로 한다.

⑫ 사회복지공동모금회법

사회복지공동모금회의 공동모금을 통하여 국민이 사회복지를 이해하고 참여하도록 함과 아울러 국민의 자발적인 성금으로 조성된 재원을 효율적이고 공정하게 관리 · 운용함으로써 사회복지증진에 이바지함을 목적으로 한다.

3. 사회복지행정론

1) 사회복지행정의 이해

(1) 사회복지행정의 개념

사회복지행정은 사회복지(social welfare)와 행정(administration)의 합성어로 사회복지학의 한 분야로서 독특한 학문체계를 이루고 있다. 사회복지행정은 개념을 규정하기가 매우 어렵다. 그 이유는 행정의 한계가 명확하지 않으면 계속해서 행정의 내용이 넓어지고, 기능이 동태적(動態的)으로 변화하는 요인이 있기 때문이다. 행정이 다루는 영역을 기준으로 넓은 의미의 사회복지행정과 좁은 의미의 사회복지행정으로 구분하여 정의를 하면 다음과 같다(천정웅 외, 2015).

우선, 넓은 의미의 사회복지행정이란 '국민의 기본적 욕구 충족을 위한 목표를 설정하며, 이 목표달성을 위한 최적의 수단을 탐색하고 선택하는 일련의 활동'으로 정의된다(최성재 · 남기민, 2015: 17). 이러한 과정은 사회가 보유하고 있는 인적 · 물적 자원을 적절히 배부하여 최상의 성과를 도출하여 궁극적으로 국민의 복리를 진작시키는 정부 및 민간 사회복지조직들의 제반 행위들로 이루어진다.

반면, 좁은 의미의 사회복지행정은 하나의 실천방법으로 이해하여, '사회복지조직의 목표 달성을 용이하게 하기 위해 관리자에 의해 수행되는 상호의존적인 과업과 기능 및 관련 활동 등의 체계적인 개입과정'을 말한다. 즉, '사회복지정책을 사회서비스로 전환시키는 데 필요한 사회복지 조직과 관리의 활동들'을 사회복지행정이라 한다(Patti, 1983: 25).

사회복지행정은 현실적으로 미시적 관점 및 활동으로부터 거시적 관점 및 활동에 이르는 연속선상에 놓여 있으며, 가치와 지식과 기술의 연속선상에 중첩되어 있는 것이다. [그림 4-2]는 사회복지의 가치와 이념이 최종 대상자인 수혜자에게로 돌아가는 과정을 보여준다. 사회복지의 가치와 이념이 정책으로 전환되고, 이를 행정이라는 정부의 활동을 통해 실천으로 전환하여 대상자들에게 수혜가 돌아가게 된다. 이 같은 공공 및 민간부문의 조직과 관리활동을 사회복지행정이라 한다(조흥식 외, 2014: 178).

출처: 조흥식 외(2014: 178)

그림 4-2 사회복지행정의 개념적 범위

(2) 사회복지행정과 일반행정의 비교

사회복지행정은 사회복지와 관련된 조직에서 목표달성을 위해 인적·물적자원을 동원하는 협동적인 노력을 통해서 서비스 이용자들에게 질 높은 사회복지서비스를 제공하는 활동 및 중앙·지방정부의 복지 관련 공공복지행정을 포함하는 개념이라 할 수 있다(천정웅 외, 2015).

사회복지행정은 사회복지조직이 휴먼서비스 조직으로서 갖는 독특한 특성으로 인해 일반 행정의 원리를 그대로 적용하기가 어렵다. 사회복지조직은 그 원료가 인간이며, 직원과 서비스 이용자 간의 상호작용을 중시하며, 서비스의 효과성은 제도적인 측면이 아니라 인간가치의 측면에서 판단한다. 사회복지조직에 다양한 전문직종의 인력이 혼재하는 경우가 많아 내부적 목표설정과 이해관계자들 사이에 조정과 타협을 이루기가 매우 어렵고, 서비스 이용자의 지역사회, 정치·경제·사회적 변동 등의 환경영역으로 확대되어 다양한 지식과 관리기술이 요구되고 있다.

일반 행정은 사회복지조직뿐만 아니라 정부조직·기업조직·교육조직 등 모든 유형의 조직에서 수행된다. 따라서 모든 유형의 조직에는 행정이 존재하게 되고, 이때 공통적으로 적용되는 일반적·보편적 행정원리가 있다.

사회복지행정과 일반행정의 특징을 살펴보면 사회복지행정의 독특성을 명확하게 확인할 수 있다

표 4-3 사회복지행정과 일반행정의 특징

구분	사회복지행정	일반행정
행정의 대상	• 지역사회 취약계층의 인지된 욕구충족	• 전체 국민의 욕구충족
서비스의 종류	• 손상된 사회적 기능회복 • 클라이언트의 욕구와 필요에 맞는 사회적 · 개인적 자원제공 • 사회적 역기능 예방	• 국가 · 지방자치단체 유지 • 공공정책입안 집행 • 대민업무활동
행정의 집행	• 사회복지법인 조직 · 이사회 의결로 집행	• 해당 부서에서 집행
행정가의 책임	• 클라이언트, 지역사회와 연계 책임	• 국민 지역주민에 대한 책임
조직의 크기, 범위 · 구조	• 일반 행정보다 광범위	• 사회복지행정보다 소규모
프로그램 형태	• 법령에 위반되지 않는 범위에서 다양하고 광범위한 서비스 제공	• 법령이 정한 업무만 처리
자원 활용	• 사례관리로 공공 · 민간자원을 다양하게 활용	• 법령이 정한 부분에 한해서 사용
서비스 내용	• 사회복지와 사회사업에 관한 내용	• 공공서비스 내용(교통 · 주택 · 국방 치안문제)
행정참여도	• 사회복지시설의 모든 직원이 의사결정에 관여	• 직원에 따른 차별된 참여
재정문제	• 조직의 생존을 위해 적자 운영을 지양	• 법령에 따라 적자예산 가능
클라이언트	• 아동 · 청소년 · 노인 · 장애인 등 사회취약계층	• 모든 국민이 대상

출처: 이종복 외(2014: 31); 천정웅 외(2015: 27)

2) 사회복지행정의 가치와 이념

(1) 사회복지행정의 가치

사회복지행정은 가치지향적인 동시에 목표달성의 수단으로서의 전문 분야라는 이중적인 의미를 지니고 있다. 사회복지가 지향하는 인간의 존엄성에 관한 가치와 행정이 지향하는 능률이라는 가치가 함께 조화를 이루면서 존재하고 있는 것이다. 가치지향적인 개념으로서 사회복지와 관련된 가치는 인간의 존엄성이다. 또한 이를 구현하기 위한 전체적인 이념들로는 자유, 평등, 민주, 사회적 형평성 등을 들 수 있다.

첫째, 인간의 존엄성 가치이다. 사회구성원 모두가 인간다운 대우를 받을 수 있는 일정 수준 이상의 생활을 영위하여야 한다. 따라서 누구든 기본적 욕구가 충족되지 못하거나 그럴 가능성이 있는 경우, 이를 사회 또는 국가가 원조하여 인간의 존엄성을 지켜주어야 한다.

둘째, 자유의 이념이다. 자유의 이념은 클라이언트의 의견을 존중하고, 스스로 결정할 수 있도록 도와주어야 한다는 '개별화의 원리'와 '자기결정의 원리'라는 하위이념으로 구체화된다.

셋째, 평등의 이념이다. 사람의 능력은 각기 다르지만, 인간으로서의 가치나 존엄성은 모든 사람에게 절대적으로 동등하다. 사회복지행정은 상대적 빈곤감이나 박탈감의 차원을 넘어선 불평등의 실제를 시정함으로써 실질적인 평등을 보장한다.

넷째, 민주의 이념이다. 사회복지행정에 있어서 주체 및 대상은 전체 국민이어야 한다는 것이다. 사회복지행정의 과정은 민주적이어야 하고, 국민의 의사를 존중, 반영시켜야 하며, 국민에게 책임을 져야 한다. 그러기 위해서는 대외적으로 행정을 공개하고, 참여를 보장하며, 국민에 의한 통제가 가능한 행정이어야 하며, 부적절한 처우에 대해 구제제도가 확립되어야 한다.

다섯째, 사회적 형평의 이념이다. 사회복지행정서비스는 국민 모두에게 고르게 제공되어야 한다. 즉, 동일한 욕구를 가진 클라이언트는 동일한 서비스를 받아야 한다는 것이다. 그러나 현대 행정은 절대적인 형평이 아닌 상대적인 형평, 즉 사회적 형평의 개념을 받아들인다.

(2) 사회복지행정의 이념

사회복지행정의 이념이란 사회복지행정이 지향하는 최고의 가치와 기준을 의미한다. 사회복지행정의 이념은 사회복지활동에 있어서 사회복지행정가를 지배하는 가치로 사회복지정책을 사회복지서비스로 전환하는 행정과정의 기준이 되고 목표가 되며 실천적 방향을 제시한다. 일반적으로 사회복지행정의 보편적 이념은 효과성, 효율성, 공평성, 접근성, 책임성이 요구되며, 그 내용을 살펴보면 다음과 같다.

첫째, 효과성의 이념이다. 효과성이란 클라이언트의 욕구충족을 위해 사회복지조직에서 제공된 서비스나 프로그램이 문제해결에 있어 적절하고 효과적이었는지, 즉 목표의 달성 정도를 평가하는 이념이다.

둘째, 효율성의 이념이다. 효율성은 자원의 제한성을 전제로 최소의 자원으로 최대의 효과를 거두었는가에 관한 것으로, 자원이 제한된 사회복지서비스 공급에 있어서 중요한 가치라고 할 수 있다.

셋째, 공평성(형평성)의 이념이다. 공평성은 동일한 욕구를 가진 클라이언트가 동일한 서비스를 받았는가에 관한 것으로 서비스를 받을 기회와 내용뿐만 아니라 그 비용 등을 포함한다.

넷째, 접근성(편의성)의 이념이다. 접근성은 클라이언트가 사회적 서비스를 쉽게 이용할 수 있는가에 관한 것으로, 접근성을 높이기 위해서는 기관의 위치나 교통수단 등 물리적인 요소뿐만 아니라, 서비스의 내용, 서비스에 대한 홍보 등의 요소에 대해서도 고려할 필요가 있다.

다섯째, 책임성의 이념이다. 책임성은 사회복지행정이 충실하게 임하였으며, 집행과정에서 법을 준수하였는지를 묻는 행정의 가치이다. 일반적으로 사회복지행정의 책임성이란 프로그램 수행의 결과에 대한 책임과 함께 투입단계에서부터 산출단계까지의 과정에 있어서 정당성을 갖추어야 한다는 것이다.

3) 사회복지행정의 과정과 사회복지서비스 전달체계

(1) 사회복지행정의 과정

사회복지행정의 과정은 환경에 긍정적인 영향력을 발휘하고, 효과적인 서비스 전달을 위해 보다 많은 자원을 확보하고 효과적인 서비스 전달의 장애요소들을 제거하거나 최소화하는 방법을 찾는 것이라고 할 수 있다. 이러한 사회복지행정의 과정에서 관리자가 수행해야 할 과업의 내용으로는 기획, 조직, 인사, 지시, 조정, 보고, 재정, 평가이며 영어 알파벳 첫 글자를 따서 POSDCoRBE로 표현된다(Gulick & Urwick, 1966, 박상하 외, 2013: 166-167 재인용).

① 기획(Planning)

기획은 행정가가 수행해야 할 첫 번째 과정으로서 목표의 설정과 목표를 달성하기 위한 과업 및 활동, 과업을 수행하기 위해 사용되는 방법을 결정하는 단계이다. 과업을 달성하기 위한 방법은 변화하는 목표에 따라 달라질 수 있으며, 사회복지행정가는 변화하는 목표에 맞춰 과업을 계획하고 적절한 방법과 기술을 결정해야 한다.

② 조직(Organizing)

조직은 조직구조를 설정하는 과정으로, 작업이 할당되고 조정되는 공식적인 조직구조가 설정되는 과정이다. 조직구성에 있어서 구성원들에게 역할과 책임이 분명하지 않으면 직원 간 갈등이 초래되고 비효율적·비효과적인 조직이 되기 쉽다. 따라서 사회복지행정가는 구성원들에게 조직구조를 분명히 이해시켜야 한다.

③ 인사(Staffing)

인사는 직원을 채용하고 능력을 개발하여 근무의욕을 갖고 조직에 헌신할 수 있도록 동기를 부여하는 관리활동으로 사회복지행정 책임자는 직원의 임명뿐만 아니라 교육, 훈련, 직원의 적절한 활동환경의 유지에 대해서도 책임을 진다. 또한 협력적인 분위기 소성을 위해 특히 구성원 간의 민주적인 의사소통관계를 유지해야 한다.

④ 지시(Directing)

지시는 행정책임자가 기관을 효과적으로 운영하기 위해 구성원에게 업무를 부여하는 과정이다. 행정책임자에게는 합리적인 설정, 능동적인 관심, 헌신적인 태도, 직원의 공헌을 칭찬하는 능력, 책임과 권한을 효과적으로 위임하는 능력, 개인과 집단의 창의성을 고취하는 능력 등이 요구된다.

⑤ 조정(Coordinating)

조정은 조직 활동에서 구성원들을 상호 연관시키는 기능이다. 사회복지행정가는 부서 간, 직원들 간의 효과적인 의사소통의 망을 만들어 유지하고 조정해야 한다. 이를 위한 가장 일반적인 방법은 위원회를 만들어 활용하는 것이다. 위원에서는 프로그램, 인사, 재정 및 긴급한 문제 상황, 임시적인 활동 등을 다루게 된다.

⑥ 보고(Reporting)

보고는 사회복지행정가가 직원, 이사회, 지역사회, 행정기관, 후원자 등에게 조직에서 일어나는 상황을 알려주는 과정이다. 주요 활동으로 클라이언트의 개별인 사기록, 인사기록, 전반적인 기관활동의 기록 등을 포함하는 기록활동, 정기적인 감사활동, 조사연구 활동이 있다.

⑦ 재정(Budgeting)

재정은 조직의 목표달성을 위해 필요한 재정자원을 합리적이고 계획적으로 동원하고 배분하며, 효율적으로 사용·관리하는 과정이다. 사회복지조직은 재정을 투명하게 사용할 수 있어야 하고, 조직의 재정행정가는 현재를 포함하여 중·장기적인 재정계획을 수립해야 하며, 회계규정에 따라 재정운영에 대한 책임을 갖는다.

⑧ 평가(Evaluating)

평가는 기관에서 설정한 목표에 비추어 전반적인 활동의 결과를 평가하는 과정이다. 평가는 크게 효과성 평가와 능률성 평가의 두 가지 척도를 적용할 수 있는데, 클라이언트의 욕구나 문제의 해결에 적절했는지에 대한 서비스의 효과성 평가와 자원의 투입과 산출에 관련된 효율성 평가로 구분할 수 있다.

(2) 사회복지서비스 전달체계

사회복지서비스 전달체계(delivery system)는 사회복지서비스의 공급자와 소비자(client)를 연결시키는 조직적 장치이다. 즉, 사회복지서비스의 공급자 사이를 연결시키거나 공급자와 소비자 사이를 연결시키는 조직적인 체계라고 할 수 있다(최성재 · 남기민, 2005).

현대사회에서 사회복지서비스는 공식적인 조직을 통해서 전달되도록 법률에 의하여 규정되어 있다. 공적 사회복지서비스 전달체계는 국가 또는 지방자치단체가 운영주체가 된다. 각종 사회보험은 중앙정부 차원에서 전달되고 있으며, 공공부조와 사회복지서비스 전달체계는 중앙 및 지방자치단체에서 분담하는 형태를 취하고 있다. 사적 사회복지조직은 영리를 목적으로 하지 않는 주민조직과 사회복지법인, 재단법인 및 사단법인, 종교단체, 법정단체 및 기타 특수법인, 등록단체나 그 법인 또는 단체가 사회복지사업을 목적으로 운영하는 시설과 기관을 말한다(신복기 외, 2013).

공적 사회복지서비스 전달체계 및 사적 사회복지서비스 전달체계 유형의 장점을 살펴보면 다음 〈표 4-4〉와 같다.

표 4-4 사회복지서비스 전달체계의 유형과 장점

<table>
<tr><td rowspan="2">공공
사회복지서비스
전달체계</td><td>중앙
정부</td><td>• 속성상 공공재적 성격이 강한 것, 규모의 경제성을 갖는 서비스, 평등과 사회적 적절성의 달성을 위해 필요하다.
• 다양한 복지에 대한 욕구를 체계화하여 다양한 프로그램을 통합, 조정하거나 지속적이고 안정적으로 유지하기 위해 필요하다.</td></tr>
<tr><td>지방
정부</td><td>• 지역주민의 욕구를 중앙정부보다 더 효율적으로 해결할 수 있다.
• 지방정부 간의 경쟁논리에 의하여 재화의 가격과 개발이 용이하다.
• 창의적이고 실험적인 서비스 개발이 용이하여 수급자들의 변화되는 욕구에 적극 대처할 수 있다(재정자립도가 높은 지방정부의 경우).
• 수급자들이 정책결정에 참여할 기회들이 많아져 수급자의 입장이 반영될 가능성이 높아진다.</td></tr>
<tr><td>사적
사회복지서비스
전달체계</td><td colspan="2">• 정부제공 서비스 비해당자에 대한 서비스 제공이나 정부가 제공할 수 없는 서비스를 제공한다.
• 동일 종류의 서비스에 대한 선택의 기회제공으로 경쟁을 유발시킨다.
• 사회복지서비스의 선도적 개발 및 보급을 한다.
• 민간의 사회복지 참여 욕구를 수렴(예: 자원봉사 등)한다.
• 정부의 사회복지 활동에 대한 압력단체 역할을 한다.
• 국가의 사회복지 비용을 절약한다.</td></tr>
</table>

4) 사회복지행정가의 자질

(1) 사회복지행정가에게 필요한 지식

사회복지행정가는 기관의 효과적인 운영과 이용자에게 양질의 서비스를 제공하기 위해서 행정에 관한 적절한 지식을 갖추는 것이 중요하며, 이런 지식은 실천현장에서의 경험과 슈퍼비전의 과정에서 학습된 조직이 중요하다. 사회복지행정가가 갖추어야 할 중요한 지식은 다음과 같다(Skidmore, 1983; 한인영 외, 2010; 김형태 외, 2013: 198-200).

- 기관의 목표 · 정책 · 서비스 · 자원에 대한 지식
- 인간행동의 역동성에 관한 지식
- 기관과 관련된 지역사회에 관한 지식
- 기관에서 활용하는 사회복지방법론에 대한 지식
- 관리의 원칙 · 과정 · 기술에 관한 지식
- 사회복지 관련 전문 단체 · 협회들에 관한 지식
- 조직이론에 대한 지식
- 평가과정 및 기법에 관한 지식

(2) 사회복지행정가가 가져야 할 태도

사회복지행정가는 행정에 관한 실제적 지식과 더불어 자신과 직원, 지역사회와 필요한 관계를 형성하는 데 있어 전문가적 태도를 견지하는 것이 필요하다. 사회복지행정가의 전문가적 태도는 행정과정에 관련되는 인간의 감정이나 느낌이 혼합되기 때문에 중요성을 가진다. 사회복지행정가에게 요구되는 중요한 태도들은 다음과 같다.

- 개별 직원을 존중하는 태도
- 인간의 불완전성을 용인하려는 태도
- 최적의 업무환경과 분위기를 제공하려는 태도
- 개인의 가치와 기관의 가치를 조화시키려는 태도

- 변화에 대한 긍정적인 태도
- 기관의 성장과 발전을 최우선시하는 태도

(3) 사회복지행정가의 기술

사회복지행정가는 사회복지사로서 갖추어야 할 일반적인 실천기술 이외에도 행정가로서의 기술도 겸비해야 한다. 사회복지행정가에게 요구되는 기술은 크게 기능적 기술, 인간적 기술, 개념적 기술이 있다(황성철 외, 2007). 이러한 기술의 유형별 중요도는 관리자의 위계 지위에 따라 차이가 있다. 먼저 일선관리자의 경우 서비스이용자에게 직접적인 서비스를 전달하는 데 필요한 기술인 사례관리, 프로그램 관리, 재정과 정보 관리를 위한 기능적 기술이 가장 많이 요구된다. 최고관리자의 경우는 이러한 기능적 기술보다는 환경 변화에 능동적이고 신속하게 대처하기 위한 정책적 의사결정과 조직의 비전과 사명을 제시하는 개념적 기술이 더 많이 요구된다. 인간적 기술은 모든 수준의 관리자에게 항상 일정하게 요구되는 기술로 직원 간의 업무 조정과 갈등을 예방하는 사회관계기술을 의미한다.

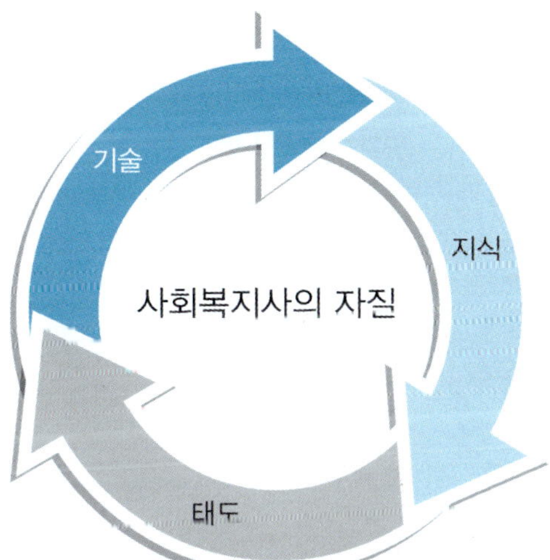

그림 4-3 사회복지사의 자질

참/고/문/헌

권중돈 외(2013). 『사회복지개론』. 학지사.

김기원(2004). 『사회복지법제론』. 나눔의집.

김명근(2014). 『사회복지개론』. 양서원.

김유성(2002). 『한국사회보장법론』. 법문사.

김형태 외(2013). 『사회복지개론』. 신정.

박경일(2007). 『사회복지정책론』. 공동체.

박경일 외(2012). 『사회복지학 강의』. 양서원.

박상하 외(2013). 『사회복지개론』. 양서원.

신복기 · 박경일 · 이명현(2013). 『사회복지행정론』. 공동체.

이종복 외(2011). 『사회복지개론』. 오래.

________(2014). 『사회복지행정론』. 정민사.

조흥식 외(2014). 『사회복지학개론』. 창지사.

천정웅 · 김용환 · 김승돈(2015). 『사회복지법제론』. 양서원.

최성재 · 남기민(2005). 『사회복지행정론』. 나남.

한인영 외(2010). 『사회복지개론』. 학지사.

현외성 외(2012). 『사회복지학의 이해』. 양서원.

황성철 · 정무성 · 강철희 · 최재성(2009). 『사회복지행정론』. 학현사.

Patti, R. J.(1983). *Social Welfare Administration: Managing Social Programs in A Developmental Context.* Englewood Cliffs, N. J.: Prentice-Hall.

Skidmore, R. A.(1983). *Social Work Administration: Dynamic Management and Human Relationships*. Needham Heights, MA: Allyn & Bacon.

제5장 사회복지의 실천적 접근

1. 사회복지실천의 정의

우리나라에서 사용하는 사회복지실천이라는 용어는 개별사회사업(social case work), 임상사회사업(clinical social work), 사회복지서비스(social welfare service), 사회사업(social work)이라는 용어와 유사한 사회사업실천(social work practice)이라는 용어와 동일한 것으로 사회복지와 사회사업이라는 단어가 모두 사회복지라는 용어로 쓰이면서 주로 사용되고 있다(현외성 외, 2012). 미국사회복지사협회(NASW)는 사회복지실천을 개인, 집단 또는 지역사회로 하여금 그들의 문제해결 및 능력을 향상 또는 회복시키고, 그들의 목표에 바람직한 사회적 상황을 만들어 가도록 돕는 전문적 원조활동으로 정의하였다. 핀커스와 미나한(Pincus & Minahan, 1973)은 사회복지실천을 사람과 자원체계 간의 연결과 상호 관계로 이해하였고 리치몬드(Richmond, 1992)는 개인 대 개인, 그리고 인간과 그의 사회환경 사이에서 의식적 조정을 통해 개개인의 인격발달을 도모하는 여러 과정으로 보았다.

사회복지사들은 사회적·관계적·상호작용 측면에서의 문제해결과 예방에 노력하는 클라이언트를 원조함으로써 그들의 사회적 기능을 향상시키는 네 주력한다(Barker, 1995). 더 넓은 관점으로 보자면 사회변화를 위한 옹호, 사회적 안전장치 구비를 위한 촉구활동, 사회적 배제를 배격하고 사회정의를 제고하는 다양한 노력 역시 사회복지실천의 핵심적 항목이다(정원철·박선숙, 2014).

2. 사회복지실천의 가치와 지식기반

사회복지의 기본가치에는 개인의 가치와 존엄성, 개인에 대한 존경, 개인의 변화가능성에 대한 가치, 대상자의 자기결정권, 비밀보장과 사생활보장, 적절한 자원과 서비스 제공, 대상자에게 권한 부여, 동등한 기회보장, 비차별성, 다양성의 존중 등이 있다(양옥경 외, 2005). 로웬버그(Loewenberg)는 전문직의 중심가치를 제시하였는데 첫째, 사회복지사의 전문적 관계는 개인존중과 인간존엄에 바탕을 두고 구축되며, 클라이언트의 참여, 가치 존중 및 수용, 비밀보장, 정직성, 갈등을 다루는 책임성 등의 가치에 의해 증진된다. 둘째, 사회복지사는 클라이언트의 선택 권리, 서비스 계약 권리, 서비스 개입을 인정하는 권리를 존중한다. 셋째, 사회복지사는 사회제도가 보다 인본주의적이며 인간의 요구에 반응하는 제도가 되도록 하는 데 기여한다. 넷째, 사회복지사는 다양한 인구집단이 가진 고유한 특성을 존중하고 수용하는 데 솔선한다. 다섯째, 사회복지사는 질 높은 실천을 위해서 전문적 지식과 기술을 끊임없이 연마하고 자신의 윤리적 행동에 책임을 진다(김성천 외, 2013). 사회복지실천의 가치는 사회복지사가 추구해야 할 가치로서 〈표 5-1〉과 같이 학자에 따라 다양하게 제시되고 있다.

표 5-1 사회복지실천의 가치

학자	사회복지실천의 가치
Pumphrey (1959)	① 사회복지가치와 문화 안에서 작용하는 사회정의, 사회변혁 및 인간욕구 등에 관한 가치, ② 사회복지실천 전문직 안에서 작용하는 가치를 해석·실행하는 방식이나 윤리적 행동을 장려하는 방법 등에 관한 가치, ③ 클라이언트의 가치체계에 반응하고 이해하려는 사회복지사의 노력과 관련된 가치
Levy (1973)	① 인간에 대한 개념적 가치, ② 인간을 위한 결과적 가치, ③ 인간을 다루는 수단적 가치
Zastrow (1995)	① 인간의 존엄성과 개인의 독특함 존중, ② 자기결정권에 대한 클라이언트의 권리존중, ③ 비밀보장, ④ 클라이언트의 변화 가능성에 대한 인정, ⑤ 잠재능력실현의 기회 제공

사회복지 가치의 역할은 사회복지실천에서의 기본적 임무와 목표를 제시하고 사회복지사 혹은 사회복지조직체가 구체적 실천 활동에서 어떠한 종류와 성격의 사회적 관계들을 형성해 나가야 할지를 제시해 주며, 다양한 대안 중 바람직한 개입실천방법을 선택하는 데에도 직접적인 영향을 미친다. 또한 개입실천과정에서 초래되는 다양한 윤리적 교착상태(딜레마)와 윤리적 갈등을 분석하고 해결하는 이론적 자원의 역할을 하며, 문제 상황과 관련 있는 윤리적 원칙을 확인하고 이들 사이의 우선순위를 정하는 윤리적 의사결정론의 원칙들을 도출하는 데 도움을 준다.

사회복지실천에서 필요한 지식기반은 크게 다섯 가지로 분류할 수 있다(Hepworth et al., 2006). 첫째, 인간의 성장과 발달 및 욕구를 이해하고 생태체계적 관점을 이해하기 위한 인간행동과 사회환경에 관한 지식, 둘째, 사회적·경제적 정의의 원칙에 입각하여 정책에 영향을 미치고 정책을 형성하고 분석하는 정치적·조직적 과정을 이해하기 위한 사회복지정책과 서비스에 관한 지식, 셋째, 보다 넓은 환경 속에서 살아가는 클라이언트체계의 강점과 능력 그리고 자원에 초점을 둔 사회복지실천 방법에 관한 지식, 넷째, 과학적이고 분석적이며 윤리적인 접근법을 사용하여 실천지식을 형성하는 연구방법에 관한 지식, 다섯째, 경험적이고 실천에 기반을 둔 지식을 갖추며 전문적 능력을 향상시키기 위한 실습 등으로 나눌 수 있다.

콤튼과 갤러웨이(Compton & Galaway, 1989)는 사회복지실천에서 필요한 지식으로 ① 인간행동과 발달에 관한 지식, ② 의사소통에 관한 지식, ③ 집단과정에 관한 지식, ④ 개인, 집단, 지역사회에 영향을 미치는 문화적 요인에 관한 지식, ⑤ 인간관계에 관한 지식, ⑥ 지역사회에 관한 지식, ⑦ 자기 자신에 관한 객관적 통찰, ⑧ 개입과정에 관한 지식, ⑨ 조직 행위와 기관의 행정적 과정에 관한 지식, ⑩ 일반적 조사방법 및 프로그램 평가에 관한 지식 등을 제시하였다.

3. 사회복지실천의 원칙

사회복지실천의 과정은 기본적으로 사회복지사와 클라이언트의 관계에서 이루어지며 사회복지실천의 성공적 결과를 위해 다음과 같은 원칙으로 이루어지는 것이 바람직하다(Biestek, 1957).

1) 개별화(individualization)

개별화의 원리란 클라이언트가 가지고 있는 독특한 자질을 인정하고 이해하여 보다 나은 적응을 하도록 각기 다른 방법을 적용하여 도움을 주어야 하는 것을 말한다. 이 원리는 인간은 개별적이며 동일한 인간으로서가 아니라 개인 차이를 가진 인간으로서 취급되어야 한다는 인간의 권리에 기초를 두고 있는 것이다.

개별화 원칙의 철저한 적용은 사회복지사가 주의 깊게 탐색하고 확인하고 결과에 대해 환류하고 예외적인 사실에 민감하고 신중하게 그리고 개별적으로 대처할 때 가능하다. 모든 인간이 개별적으로 취급되기를 원한다는 기본적인 욕구에 바탕을 둔 것이므로 모든 클라이언트는 다른 사람과 다르며 각 클라이언트의 감정, 사고, 행동, 독특한 생활양상, 경험 등은 각기 존중되어야 할 권리가 있다(양옥경 외, 2005).

무엇보다 사회복지사는 개별화를 위해 첫째, 인간에 대한 편견이나 선입관으로부터 벗어나야 한다. 편견과 선입관 때문에 진단적인 과정에서 클라이언트에게 이전부터 가지고 있었던 인과관계의 패턴을 강하게 행사할 수 있기 때문이다. 둘째, 사회복지사는 인간행동의 패턴에 대한 지식을 가져야 한다. 지식은 중요한 사실을 입수하고 진정한 실태를 발견함에 있어서 사회복지사를 안내하는 역할을 한다. 셋째, 사회복지사는 경청하고 관찰하는 능력을 가져야 한다. 클라이언트가 이야기할 필요가 있다면 사회복지사는 경청할 필요가 있다. 특히 얼굴, 눈, 손, 자세 그리고 언어의 주저에서 정서의 비언어적인 표현을 보는 것은 사회복지사로 하여금 클라이언트의 개성을 이해하는 데 도움이 된다. 넷째, 사회복지사는 각 클라이언트를 관찰할 때 클라이언트의 현재 있는 곳에서부터 출발하여 클라이언트의 보조에 맞추어 진행해야 한다. 다섯째, 사회복지사는 인간의 감정을 들여다보는 활동능력을 가져야 한다. 여섯째, 정서적으로 관여하기는 하나 계속해서 관점을 유지하는 능력을 갖추어야 한다.

한편 개별화를 클라이언트에게 전달하기 위한 실제적인 수단으로서 클라이언트가 자신의 입장을 이해받고 있다고 느끼게 하는 자세한(세심한) 배려, 자신의 비밀이 존중되고 있음을 느낄 수 있는 면접의 내밀성(면접에 있어서의 프라이버시), 약속을 지키는 것, 기록된 사례의 기록을 재검토하는 면접을 위한 준비, 클라이언트가 현재 능력에 따라 조사, 진단, 치료에 관여하는 클라이언트의 참여, 클라이언트의 계속적인 발전과 변화에 따라 사례의 목표와 방법을 수정하는 융통성 등을 갖출 필요가 있다.

2) 의도적 감정표현(purposeful expression of feelings)

의도적인 감정표현이란 클라이언트가 자신의 감정을 자유롭게 표현하도록 하는 것, 특히 자신이 비판받게 될지도 모르는 감정들을 자유롭게 표현하게 하는 것이다. 사회복지사는 클라이언트가 자신의 감정을 표현하는 일을 막거나, 비난하지 말고, 자유롭게 감정을 표현하는 욕구를 인식하는 것이다. 뿐만 아니라 클라이언트가 자유롭게 감정을 표현하는 것이 치료목적으로 유용한 경우에는 사회복지사는 클라이언트의 그와 같은 감정을 오히려 적극적으로 자극하고, 촉진시켜 자유로운 감정표현을 극대화시키고 클라이언트가 표현한 많은 것을 적극적으로 경청해야 한다. 사회복지사와 클라이언트와의 관계에 있어서 의도적인 감정표현의 원리는 클라이언트가 스트레스나 긴장으로부터 해방되고, 자기의 문제를 보다 명확하게 그리고 보다 객관적으로 인식할 수 있도록 원조하기 위해 필요한 기본 원리이다.

의도적 감정표현은 건설적인 제한 내에서 인식되어야 할 필요가 있는데, 이 제한은 각 사례에서 사회복지과정의 목적을 증진시키기 위하여 면접의 방향을 유지하는 데 도움이 된다. 클라이언트의 감정표현에 따르는 제한점은 첫째, 사회복지기관 안에서 처리될 수 없는 감정, 둘째, 클라이언트가 표현할 준비가 되지 않은 감정, 셋째, 사회복지사에게 책임을 전가하는 감정표현, 넷째, 사회복지사의 관심을 끌거나 수용을 시험하는 감정표현 등이다.

3) 통제된 정서적 관여(controlled emotional response)

사회복지사가 클라이언트의 표현된 감정에 민감성과 이해, 그리고 적절한 반응으로 대하는 것을 통제된 정서적 관여라고 한다. 클라이언트의 감정에 대한 사회복지사의 반응은 사회복지사의 언어, 표정, 행동을 통해 전달된다. 이때 사회복지사는 진실되고 일치적인 태도를 보여줌으로써 클라이언트의 문제에 진심으로 돕고자하는 태도가 전달되도록 하여야 한다. 이와 같은 통제된 정서적 관여가 적절히 이루어지기 위해서는 의도적으로 자신의 감정을 자각하고 통제할 수 있도록 사회복지사는 끊임없는 자기인식과 자기훈련의 과정을 거쳐야 한다.

사회복지사는 통제된 정서적 관여를 위해 민감성, 감정이입적 이해, 의도적 반응을 갖출 필요가 있다.

첫째, 민감성은 인간의 존엄성에 기초하고 있는 것으로서, 클라이언트의 감정을 관찰하고 경청하여 파악하는 것을 의미한다. 언어적으로 직접 표현하지 않더라도 사회복지사는 클라이언트가 무엇을 생각하고 행하고자 하는지에 대하여 감각적으로 파악하고 적절히 대처해야 한다. 말의 속도나 주저함, 어조, 거동, 안색, 복장, 손놀림, 얼굴표정 등은 클라이언트 감정의 단서가 되므로 이에 대한 민감한 관찰이 중요하다.

둘째, 감정이입적 이해는 사회복지사가 전문가로서 클라이언트와 그의 문제와 관련된 감정의 의미를 이해해야 함을 의미한다. 이해는 계속되는 과정으로 클라이언트의 주관적 경험과 감정을 인지하고 이것이 클라이언트에게 주는 의미를 알고자 하는 것이다. 사회복지사는 클라이언트가 경험한 내용들의 성격을 파악하며, 클라이언트의 경험이 클라이언트 자신에게 어떠한 영향을 미치고 있는지의 의미를 민감하고 정확하게 이해하고, 그의 세계를 클라이언트의 입장에서 감정이입적으로 이해해야 한다.

셋째, 의도적 반응이란 클라이언트의 감정적인 변화에 호응하여 적극성을 유지하도록 하는 것이다. 반응은 반드시 언어로 표시될 필요는 없다. 반응은 외면적인 표현, 즉 언어 혹은 얼굴의 표정, 말하는 상태, 행동 등을 통해서 클라이언트에게 의사전달된다. 내면적인 반응은 사회복지사가 의도적으로 클라이언트의 감정과 동일화하는 것으로서 사회복지사가 클라이언트의 감정을 분담하는 것이다.

4) 수용(acceptance)

다른 사람을 존재하는 그대로 수용한다는 것은 클라이언트가 비록 사회복지사에게 불쾌하더라도 또한 호감을 주지 못한다 하더라도 혹은 공격적인 행동, 적대적인 행동, 의존적인 행동 등 어떠한 행동을 취한다 하더라도, 또한 감추고 솔직하게 이야기하지 않는다 할지라도 그 사람을 존재하는 그대로 받아들인다는 것을 의미한다. 이와 같은 태도는 정중함, 인내심, 경청하려는 의지를 통해서 그리고 클라이언트가 불평을 하고 부당한 요청을 하는 등 자기 자신을 어떠한 모양으로 표현하든 그것을 비평하고 용납하지 않는 것이 아니라는 것으로 설명할 수 있다.

수용은 첫째, 인식하는 것이다. 즉, 사회복지사는 그가 수용하는 것을 객관적으로 보지 않으면 안 된다. 둘째, 수용을 치료적으로 이해하는 것이다. 즉, 사회복지사는 수용의 대상을 야기시킨 원인과의 관계에서, 클라이언트 당사자에게 주는 의미와의 관계에서, 그리고 각 개인적인 사례에 있어서 사회복지실천 과정의 목적과의 관계에서 관찰하지 않으면 안 된다. 셋째, 수용을 관련된 현실로서 승인하는 것이다.

5) 비심판적 태도(the non judgemental attitude)

비심판적 태도는 클라이언트를 한 인간으로서 심판하는 것은 기본적 권리에 반대되고 치료적으로 해롭다고 하는 시삭에 기초를 둔 일종의 비언어화된 원초적인 확신이다. 사회복지사의 비심판적인 태도가 효과적이기 위해서는 클라이언트에 의해서 그것이 느껴지지 않으면 안 된다. 클라이언트는 사회복지사 자신이 비심판적 태도를 느끼고 있는 경우에만 그것을 느낄 수 있다. 사회복지사의 비심판적인 태도는 자기 자각과 심판된다는 것에 대한 클라이언트의 감정에 대한 사회복지사의 민감성인 것이다.

비심판적 태도를 위해 사회복지사는 그 자신 속에 있는 편견과 선입견을 인식하고 통제할 필요가 있다. 편견과 선입견은 사회복지사가 비심판적인 태도를 가지고 그것을 클라이언트에게 전달하는 데 있어서 하나의 방해물이다. 또한 사회복지사가 모든 가능적인 문제를 제쳐두고 클라이언트의 문제를 이해한 것 같이 조급하게 행동하는 것은 그 문제에 대해 이야기하려는 클라이언트를 실망시킬 수 있다. 클라이언트는 자기 나름대로 자기의 스토리를 이야기하는 것이 자유스럽다고 느낄 때, 그리고 사회복지사의 주의를 충분하게 받을 때 자신과 사회복지사와의 관계가 자기를 존경하지 않았던 이전의 다른 사람들과의 관계와는 다르다는 것을 느끼게 된다.

6) 클라이언트의 자기결정(client self-determination)

사회복지실천 전 과정에 걸쳐 클라이언트 개인의 권리와 욕구를 실현하기 위한 클라이언트의 자기결정 원칙이란, 클라이언트가 모든 의사결정과정에 참여하여 스스로 선택하고 결정하는 자유를 누리는 것을 뜻한다. 사회복지전문직의 가장 확고한 신념 중의 하나는 인간은 누구나 스스로 결정할 수 있는 능력을 가지고 있기 때문에 어떠한 경우에도 클라이언트 자신의 자기결정에 관한 권리를 어느 누구도 클라이언트 자신이 아닌 타인이 대신 행사할 수 없다는 것이다.

이 원칙에 따라 사회복지사는 클라이언트의 권리를 존중하고 클라이언트의 욕구를 인정하며 그 잠재적인 힘을 자극하고 실천할 수 있도록 원조한다. 그럼에도 불구하고 클라이언트의 지적 능력이나 수용 능력이 긍정적이며 바람직한 결정을 할 수 있는지에 따라서 자기 결정의 원칙이 제한을 받을 수 있고, 사회제도나 법률, 윤리적인 규범 그리고 사회복지 기관의 기능 등에 의해서도 제한을 받게 된다. 사회복지실천에서 클라이언트의 자기결정권리와 그것을 행사할 수 있게 원조하는 사회복지사의 역할을 분명히 앎과 동시에 자기결정원리의 실현을 제한하는 한계점을 아는 것은 중요한 일이다.

7) 비밀보장(confidentiality)

비밀보장이란 사회복지사가 클라이언트의 동의 없이는 클라이언트에 대한 정보를 누설하지 않는다는 윤리원칙을 말한다. 사회복지사는 클라이언트를 돕기 위한 전문적 관계 속에서 습득한 정보에 대해 비밀을 보장해야 하며, 그러한 정보들을 클라이언트나 정보 제공자의 동의 없이 제삼자에게 공개하지 말아야 한다. 왜냐하면 클라이언트는 사회복지사가 비밀을 보장해 줄 것이라고 기대하고, 정보를 제공하며, 이러한 기대가 충족될 때 전문적 관계의 기본이 되는 신뢰관계가 형성될 수 있기 때문이다. 만일 비밀보장에 대한 믿음이 없다면 사회복지사와 클라이언트 사이에 신뢰관계가 형성될 수 없으며, 효과적 결과를 기대할 수도 없다.

비밀보장의 범위는 단순히 사회복지사가 클라이언트와의 전문적 관계에서 획득한 정보에 국한되지 않는다. 대부분 더 광범위하나 어떤 경우에는 그 범위가 축소되기도 한다. 대개의 경우 비밀보장의 범위는 다음과 같다. 첫째, 비밀보장의 대상이 되는 정보는 사회복지사와 클라이언트 사이의 언어적 의사소통 내용만이 아니라 비언어적 의사소통 내용과 그에 대한 사회복지사의 전문적 판단까지 포함한다. 둘째, 비밀보장의 의무 기한은 사례가 종결되거나 클라이언트가 사망한 후에도 지속될 수 있다. 셋째, 비밀보장의 의무는 항상 절대적인 것은 아니며 상황에 따라 다른 가치가 우선시되는 상황이 있을 수 있다. 넷째, 비밀보장의 의무는 특정한 상황에서 법에 의해 해지될 수 있다.

4. 사회복지실천의 과정

1) 접수(intake)

접수란 문제를 가진 사람이 사회복지기관을 찾아왔을 때 사회복지사가 그의 문제와 욕구를 확인하여 그것이 기관의 정책과 서비스에 부합되는지의 여부를 판단하는 과정이다(양옥경 외, 2005). 클라이언트가 기관의 서비스를 제공받기에 적절하지 않거나 다른 종류의 서비스를 원하는 경우에 접수 담당자는 클라이언트에게 가장 적절하다고 판단되는 지역 내 다른 기관의 서비스를 찾아서 클라이언트가 최선의 서비스를 받을 수 있도록 노력한다. 사회복지사는 클라이언트의 문제, 욕구와 기대를 확인하고 클라이언트에게 기관의 서비스에 대한 정보를 제공하여 서비스 수혜 여부를 결정하게 한다. 클라이언트의 자기결정권을 최대한 존중하되, 서비스를 거부할 자유가 없는 비자발적 클라이언트일지라도 여건이 허용되는 한도 내에서 법적 강제규정 이외의 사항에 대해서는 다양한 선택권을 허용하는 것이 권한부여를 경험하는 일이 된다. 사회복지사와 클라이언트의 관계형성은 기관을 찾는 클라이언트들이 일반적으로 보이는 두려움과 양가감정을 해소하기 위해 상호 간 긍정적인 신뢰관계를 형성함을 말한다. 사회복지사는 클라이언트와 라포(rapport)를 잘 형성하고 변화에 대한 양가감정을 잘 다루도록 하여 클라이언트가 변화를 추구하도록 동기부여해 줄 필요가 있다(현외성 외, 2012).

2) 자료수집 및 사정(assessment)

자료수집은 개입 가능성을 판단하고 개입에 도움이 될 수 있는 자료를 마련하는 것이며, 클라이언트의 문제를 이해, 분석, 해결하는 데 필요한 자료를 모으는 것을 말한다. 사회복지사는 자료를 수집하면서 문제를 분석하고 분석과정에서 필요로 하는 정보를 수집한다. 자료수집은 클라이언트가 작성한 서식, 클라이언트의 자가보고를 비롯하여 클라이언트의 구두 보고, 비언어적 행동과 상호작용에서 관찰된 것, 부수정보, 심리검사 등이 모두 활용될 수 있다.

사정은 클라이언트의 문제와 장점, 위기상황이 무엇인지를 파악하고 어떤 원인때문인지를 인간행동과 사회환경을 설명하는 이론들을 적용하여 수집하고 정리된 자료를 분석하고 심사숙고하여 문제를 규정해 내는 것이다. 사정은 개입과정 내내 진행되는 지속적인 과정이면서 동시에 계속적인 과정의 산물이다.

3) 목표설정 및 계약

사회복지사는 클라이언트와 함께 문제에 대해 우선순위를 결정하고, 이에 근거하여 문제해결을 위한 목표설정을 하게 된다. 목표는 클라이언트의 능력을 충분히 고려하여 현실적이고 구체적인 것이어야 한다. 목표설정 후에는 계약서를 작성한다. 계약서에는 문제의 정의, 목표, 사회복지사와 클라이언트의 역할, 사회복지사와 클라이언트가 만날 시간, 장소, 횟수, 기간, 비용 등의 내용이 포함된다(박경일 외, 2012).

한편, 목표를 설정할 때에 고려해야 할 지침으로 ① 목표는 자발적 클라이언트가 바라는 결과와 관련된 것이이야 하며, ② 비자발적 클라이언트를 위한 목표는 동기부여적인 것이 포함되어야 한다. ③ 목표는 명확하고 측정 가능한 용어로 정의되는 것이 좋으며, ④ 목표는 날성 가능하여야 한다. ⑤ 목표는 사회복지사의 지식과 기술에 상응하여야 하고, ⑥ 목표는 성장을 강조하는 긍정적인 형태로 기술되는 것이 좋다. ⑦ 사회복지사의 가치나 윤리에 맞지 않는 목표에 동의하지 않으며, ⑧ 목표는 기관의 기능과 일치하여야 한다(Hepworth et al., 2006).

4) 개입

개입은 초기단계를 마친 후 사정과 목표설정 그리고 계약의 단계를 거쳐서 결정된 바에 따라 구체적으로 실천에 옮기는 과정이다. 개입단계는 실제 변화를 일

표 5-2 개입의 유형

직접적 개입	간접적 개입
• 클라이언트와 직접 관계하면서 변화 추구 • 개인, 가족이나 소집단 체계 자체의 변화나 주변 환경과 연결된 개인, 가족, 소집단의 기능과 관련된 것 • 정서, 인지에 개입하는 기술 • 행동 변화 기술 • 문제해결 향상 기술	• 클라이언트를 돕기 위해 클라이언트 외의 개인, 소집단, 조직 또는 지역사회에 주의를 기울이는 행동 • 사회적 지지체계 개발 • 서비스 조정에 관련된 활동 • 프로그램 계획과 개발 • 환경조정, 옹호, 자원 개발

으키는 단계로 문제해결을 위한 구체적 변화전략을 수립하고, 개입활동에 대한 효과 여부를 설정된 목표에 비추어 계속적으로 평가해가며 개입과정에서 일어나고 있는 변화가 지속될 수 있도록 점검한다. 개입의 유형에는 개인, 가정, 집단의 변화를 위해 이들을 대상으로 하는 직접적 개입과 개인, 가정, 집단의 변화를 위해 이들을 둘러싼 체계나 환경에 개입하는 간접적 개입이 있다.

5) 평가와 종결

평가와 종결은 사회복지실천 과정의 마지막 단계에 해당한다. 평가는 개입의 목표가 달성되었는지, 그리고 그 변화가 개입에 의한 것인지를 알아보는 과정으로 평가는 과정평가, 결과평가, 실무자평가로 구분된다. 종결은 사회복지사와 클라이언트 사이의 분리의 경험이며, 그에 따르는 다양한 감정이 개입되어 있다. 이러한 감정은 성취한 성공의 정도, 사회복지사와의 애착의 정도, 클라이언트의 과거경험상 중요한 타인과의 분리경험, 그리고 종결의 유형에 따라 매우 다양하다. 종결단계에서 사회복지사가 원조관계와 과정을 어떻게 마무리를 짓느냐 하는 것은 클라이언트가 공식적 종결을 거친 후 원조과정에서 획득한 진전 상태를 유지하고 계속해서 성장해 가는 데 크게 영향을 미친다.

5. 사회복지실천의 접근방법

1) 개별사회사업

(1) 개별사회사업의 정의

개별사회사업은 사회복지실천방법 중 가장 먼저 개발된 것으로 개인을 대상으로 하는 실천형태이다. 리치몬드(Richmond, 1922)가 개별사회사업을 인간과 그 사회환경 사이에서 의식적인 조정을 통해 개개인의 인격발달을 이루어가는 과정들이라고 한 것은 가장 고전적인 형태의 정의라고 할 수 있다. 펄만(Perlman, 1974)은 개별사회사업이란 사회적 기능 수행 중에 나타나는 개인의 문제를 효과적으로 대처하기 위해 사회복지기관 또는 전문기관에서 활용하는 하나의 과정이라고 보았다. 펄만은 사회복지실천의 구체적 대상으로서의 사람(person), 그 사람은 반드시 문제(problem)를 가지고 있으며, 그러한 문제를 가진 사람을 도와주기 위해서 일정한 장소(place)에서 일정한 과정(process)을 거치면서 업무가 진행되어야 한다는 차원에서 사회복지실천의 구성요소를 4P의 개념으로 제시하였다.

개별사회사업의 실천에는 생활보호 업무, 저소득층 자활보호 대상의 자활과 관계된 업무, 재가복지 업무, 독거노인 상담, 실직자를 위한 구직 활동 또는 직업훈련 원조 활동, 가출청소년에 대한 상담, 자살충동을 가진 사람에 대한 상담, 학대아동과 그 가족에 대한 보호서비스 상담, 병원 진료가 필요 없는 뇌졸중 환자에 대한 장기요양서비스 상담, 미혼모 상담, 입양상담, 학교 부적응 학생 상담 등이 포함된다(김성천 외, 2013; 윤선오 · 김우호, 2014).

(2) 개별사회사업의 주요 개입모델

① 심리사회적 모델

홀리스(Hollis) 이론을 중심으로 발전한 이 모델은 심리치료의 실천을 위한 접근법으로서 인간과 그의 사회행동에 대한 생리 · 심리사회적 지식을 포함한다. 심리사회적 모델은 개인 · 집단 · 가족관계라는 환경에서 개인의 인격과 행동, 상황을 개인적 만족뿐만 아니라 그들의 고유한 가치와 목표 및 사회의 가용자원이라는 준거틀 안에서 기능할 수 있는 방식으로 바뀌도록 돕는 것이다. 이 모델은 클라이언트를 상황과의 상호작용 속에서 보고자 하는 '상황 속의 인간 유형' 관점이며, 클라이언트의 개별적 욕구에 따라 치료를 개별화하기 위한 것이다(Turner, 1978).

클라이언트에 대한 직접적 개입의 방법으로 첫째, 클라이언트는 자기가 자유롭게 생각해낸 어떤 사실이나 혹은 추론적인 면접기법의 지원을 얻어 생각해낼 수 있는 어떤 사실에 대해서 자기의 감정을 발산토록 격려 받음으로써 정화효과를 가져오게 되며, 억압된 적의의 감정을 경감케 된다. 둘째, 클라이언트에게 수정적 관계의 기회를 제공하는 것이다. 셋째, 클라이언트에게 자신의 기억을 검토할 수 있게 하는 것이다. 이로써 개인내부의 정신적인 힘의 균형이 변화함으로써 심리사회적 기능은 현저히 향상되고 적응양식이 내면으로부터 변화하는 것이다(Hollis, 1964).

표 5-3 심리사회적 치료과정

치료단계		치료 수행
초기 단계	과업	• 클라이언트에게 계약 이유를 이해시키기 • 클라이언트와의 관계 확립하기 • 치료에 클라이언트 참여시키기 • 치료 시작하기
	심리사회적 조사	• 환자에 대한 이해와 합리적인 치료를 위해 정보수집과 관찰한 사실을 분류
	진단	• 개입계획 구상－능력평가, 역동적 · 원인론적 진단, 유형화
중기단계		• 목표와 치료계획 세우기 • 목표에 따른 실제 수행
종결 및 사후지도		• 종결 및 사후지도－클라이언트의 의견 존중하여 이루어짐

② 인간중심모델

'클라이언트중심 모델'이라고 불리기도 하는 인간중심모델은 미국의 심리학자인 칼 로저스(Carl Rogers)에 의해 1940년대에 체계화된 것으로 당시 개인치료의 중심 기류였던 지시적이고 정신분석적인 접근법에 대한 반동으로 생겨난 것이다. 클라이언트중심 모델에서는 정상이든 비정상이든 모든 인간은 각자의 계속적인 성장에 궁극적 관심을 갖고 있으며, 인간은 누구나 이와 같은 계속적인 성장을 위한 잠재능력을 갖고 있다는 인간관을 가정하고 있다. 따라서 상담 혹은 심리치료란 개인 속에 이미 존재하고 있는 잠재능력을, 제약되고 왜곡된 상태로부터 해방시킴으로써 충분히 기능을 발휘할 수 있는 인간으로 성장하도록 원조하는 것으로 본다(현외성 외, 2012).

표 5-4 인간중심모델의 인간에 대한 기본가정

- 모든 인간은 자신이 중심이 되어 있는 끊임없이 변화하는 경험의 장에서 존재하고 있다. 이러한 개인의 세계는 유기체에 의해 경험되는 모든 것을 포함한다. 오직 인간만이 이러한 세상에 대한 자신의 경험을 완전히 그리고 온전히 인식할 수 있다.
- 유기체는 경험되고 지각되는 장에 대하여 반응한다. 이 현상의 장은 개인에게는 '현실'이다.
- 유기체는 현상의 장에서 조직된 전체로서 반응한다. 유기체는 자기를 실현하고 경험하는 자기 자신을 고양하고 유지하려는 기본적인 욕구를 지니고 있다.
- 인간의 행동은 현상의 장 속에서 경험되는 유기체의 욕구를 만족시키려는 목적 지향적인 것이다.
- 인간의 행동을 이해하는 중요한 수단은 개인 자체의 내적인 틀을 이해하는 것이다.
- 유기체에 의해서 적용되는 행동의 대부분 방식은 자기개념(self-concept)과 일치한다.
- 심리적 부적응이란 유기체가 중요한 자신의 감각적 경험들을 수용하지 못하고, 결국 이를 자기구조의 틀 속에 상징화, 조직하할 수 없을 때 발생한다.
- 개인의 자기개념과 타인의 경험 사이에 모순이 발생할 때 불안이 초래된다. 이러한 불안은 종종 이상적 자기와 현실적 자기 모순의 결과이다.
- "완전히 기능하는 인간은 모든 경험에 대해서 개방적이며 방어적이지 않다." 그러한 사람은 자신을 완전히 수용하며 타인에게 무조건적 · 긍정적 관심을 표현할 수 있다.

③ 인지행동모델

인지행동모델에서는 인지가 정서적 반응과 행동에 영향을 미친다고 보기 때문에 문제행동, 개인적인 고통과 근심은 비합리적이고 경직된 사고와 비현실적이고 근거없는 신념에 의한 것이라고 정의한다. 또한 인간은 내적 심리상태나 외적인 환경적 영향에 의해서만 행동하는 것도 아닌 개인적 · 환경적 · 인지적 영향력 사이의 끊임없는 상호작용에 의해 행동한다고 보는 상호결정론적 입장이다. 따라서 인간의 행동을 이해하기 위해서는 행동주의 혹은 인지주의만으로는 한계가 있으며, 환경과의 맥락 속에서 인간을 이해하는 인지행동적 시각이 필요하다(김도진, 2015).

인지행동모델은 사회적 · 행동적 역기능과 삶에 대한 잘못된 생각이 인지체계에서 비롯되었다고 보기 때문에 인지재구성을 통해 클라이언트의 문제를 해결하고자 한다. 인지재구성은 첫째, 외부세계에 대해서 가지고 있는 잘못된 개념, 비현실적 기대 및 잘못된 생각을 변화시키고, 둘째, 자기 자신에 대한 비합리적 서술을 수정하며, 셋째, 문제해결능력 및 의사결정능력을 배양한다. 넷째, 자기통제 및 자기관리능력을 함양시키는 것을 기본전략으로 하고 있다(박경일 외, 2012).

인지행동모델의 기본 가정에는 '잘못된 생각 때문에 반사회적 행동을 한다', '인간은 환경의 영향을 받아 행동한다', '잘못된 인지와 행동은 치료될 수 있다' 등이 있다. 문제를 야기시키는 잘못된 가정과 사고의 유형을 확인·점검하고 재평가하여 수정하도록 격려하고 원조하는 것이 인지행동이론에 입각한 치료과정이다. 이 접근에 포함되는 치료적 하위접근에는 행동치료, 인지치료, 합리정서치료, 현실치료, 인지행동치료가 있다(양옥경 외, 2005, 김도진, 2015 재인용).

인지행동모델의 특징으로 첫째, 통찰보다는 구체적으로 드러나는 행동의 변화에 더 강조점을 두며 상담의 단기모델을 지향한다. 둘째, 교육적 방법을 적극적으로 활용하므로 상담자에게 강력한 교사의 역할을 요구한다. 내담자 스스로가 사고와 신념을 찾고, 규정하고, 평가하고 행동변화를 계획하도록 가르친다. 셋째, 상담과정은 과업지향적이고 문제해결 중심으로 진행되며 상담자가 적극적이고 지시적으로 상담의 전체과정을 주도해 나간다. 넷째, 문제해결 과정에서 인지, 정서, 행동을 모두 다루며 치료적 과제를 부여하여 상담과 심리치료의 효율성을 증진시키고 내담자 스스로 자신의 삶을 꾸려가는 독립성을 키우도록 한다(박훈정, 2015).

④ 과제중심모델

1970년대 초반 리드와 엡스타인(Reid & Epstein)에 의해 개발된 과제중심모델은 시간 제한적인 단기 치료에 대한 관심이 고조되면서 짧은 시간 안에 문제를 해결하는데 도움을 주는 단기 상담의 치료 접근 중 하나이다. 다양한 이론 및 기법과 통합될 수 있는 개방적이고 다원적인 실천체계로 이루어져 있기에 특정 이론이나 개입 기법에 국한되지 않으며, 오히려 다른 접근법들에 의해 그 가치나 이론, 기법들이 발전될 수 있었다(Reid, 1991). 과제중심모델은 계획된 단기성, 치료 초점의 특정화, 계약의 사용, 고도의 구조성, 내담자의 활동에의 강조, 경험적인 방향 등의 특성이 있다. 이를 구체적으로 살펴보면 다음과 같다.

첫째, 짧은 시간 동안에 상담을 한다는 상담자와 내담자의 초기 상호 동의를 필요로 하면서 계획성 있게 문제를 해결하는 방향으로 이루어진다. 둘째, 내담자의 욕구를 강조하면서 내담자 스스로 자신의 문제를 파악하고 성공적인 해결책을 찾고 잘 안다고 가정한다. 셋째, 내담자가 자신의 문제를 해결할 수 있는 욕구와 가치를 가지고 상담자와 내담자의 상호 동의, 이를 위한 계약을 한 후 과제중심 모델의 개입 과정을 조직하는 절차, 단계, 규칙들을 제공하는 고도의 구조성을 가진다. 넷째, 표적 문제를 해결하기 위한 과제를 정하면 활동과 행위를 통해 이를 해결할 수 있다고 보기 때문에 내담자가 활동을 해야 함을 강조한다. 다섯째, 내담자의 활동을 강조하다보니 상담자 역시 내담자의 과제 수행을 위한 활동, 즉 직접적인 지시와 격려, 지지를 하는 활동을 많이 한다. 여섯째, 막연한 내용을 가지고 내담자를 위한 활동을 하는 것이 아니라 객관적이고 보편적인 경험지향성의 방향으로 모든 것이 이루어지는 특징을 가지고 있다.

과제중심모델에서 문제를 해결하는 주요 수단에는 효과적인 문제해결을 위하여 자원을 제공하는 것, 사회기술과 문제해결 기술을 습득하도록 돕는 것, 과제를 수행하는 것 등이 있으며, 진전이 만족스럽지 못하거나 문제의 성격이 달라진 경우에는 계약의 내용을 변경하여 재계약할 수 있다. 목표를 달성하고 표적문제를 해결했을 때는 개입을 종결하고 필요한 경우 추수지도를 한다. 과제중심모델의 개입과정을 시작단계, 중간단계, 종결단계별로 정리할 수 있다(Epstein, 1992).

그림 5-1 과제중심모델의 개입틀

2) 집단사회사업

(1) 집단사회사업의 정의

트레커(Trecker, 1972)에 따르면 집단사회사업이란 사회복지의 한 방법으로서 사회복지기관 안에 있는 집단에 소속한 개인이 프로그램 활동을 할 때 그들의 상호작용을 지도하는 사회복지사에 의하여 도움을 받고 그들의 욕구와 능력에 따라서 타인과의 관계를 맺도록 성장의 기회를 가진 경험을 주며 개인, 집단 및 지역사회의 성장과 발전을 도모하는 것이라고 하였다. 집단 경험을 통하여 내담자에게 서비스를 제공하는 방법으로 비슷한 문제를 경험하고 있는 개인들로 구성된 집단 구성원 상호 간 교류를 촉진함으로써 그 과정에서 발생하는 역동성을 활용해 집단 구성원들을 변화시키고 집단 공동의 목표를 성취하는 실천방법이다(김성천 외, 2013).

(2) 집단사회사업의 유형

집단을 자연집단, 치료집단, 과업집단, 자조집단으로 나눌 수 있다(윤선오 · 김우호, 2014). 첫째, 자연집단은 사건, 개인 간의 친분, 또는 성원들 상호가 지각한 욕구 등에 의하여 자발적 형태로 함께 모인 집단이다. 둘째, 치료집단은 성원들이 사회 · 정서적 욕구를 충족시키는 집단을 의미한다. 치료집단은 집단들의 목적에 따라 다시 교육집단, 성장집단, 교정집단, 사회화집단으로 구분할 수 있다. 셋째, 과업집단은 조직이나 기관의 문제에 대한 해결책 모색, 새로운 아이디어 개발, 효과적 원조 전략 수립 등의 과업수행을 목적으로 하는 집단을 말한다. 넷째, 자조집단은 전문가가 간접적인 역할을 수행하며, 집단을 이끌어 가는 실질적인 역할은 자조집단의 성원이 한다. 사회복지사는 물질적 지지 제공, 다른 체계와의 연결, 자문, 지지 제공 등의 역할을 한다.

표 5-5 치료집단의 분류

구분	특성
교육집단	• 성원들 자신과 그들의 사회에 관하여 학습하는 성원들을 돕는 것 • 강의, 토론, 경험을 통한 교육
성장집단	• 성원과 타인에 대한 사고, 감정, 행동을 인식, 확대, 변화시키려는 것 • 성원의 잠재력, 인식, 통찰력의 발전
교정집단	• 성원들의 행동을 변화시키고 그들의 개인적 문제를 처리하거나 개선, 재활을 도움 • 행동변화, 행동변화 개입을 통한 교정, 재활, 대처, 문제해결
사회화집단	• 성원들의 사회적 기술과 사회적으로 수용되는 형태의 행동을 효과적으로 수행할 수 있도록 학습하는 것을 도움 • 의사소통과 사회기술 향상, 프로그램 활동, 구조화된 연습, 역할 연습을 통한 대인관계 향상

(3) 집단사회사업에서 사회복지사의 역할

집단 내부에서 사회복지사는 집단 전체의 역동성을 변화시키기 위하여 개입하고 집단구성원의 변화를 원조한다. 또한 집단 외부에서는 기관의 정책이나 집단 활동에 필요한 자원을 확보하는 등 집단이 기능하고 있는 환경에 영향을 미치기 위해 개입한다. 집단사회사업에서 사회복지사는 조성자(enable), 중개자(broker), 중재자(mediator), 옹호자(advocator), 교육자(educator) 등의 역할을 수행한다. 집단사회사업을 진행함에 있어서 사회복지사는 다양한 기술을 갖출 필요가 있다. 첫째, 집단 활동 과정을 위해 집단구성원의 참여를 촉진하고 집단과정에 선별적으로 반응하고 지지하여 집단이 적절한 방향으로 나아가게 하며 집단과정과 집단구성원의 상호작용을 명료화하여야 한다. 둘째, 집단의 의사소통 유형에 어떤 영향력을 행사할 것인가를 계획하고 집단의 목적을 성취하기 위해 자료수집 및 사정기술을 갖추어야 한다. 셋째, 집단의 목적과 과업을 성취하기 위하여 성원들을 지지하고 집단과 개별성원의 문제를 재구조화하며 성원 간의 의사소통을 연계한다. 문제 상황을 변화시킬 수 있는 조언, 제안, 교육을 하며 자원을 제공하고, 성원들의 저항을 극복하고 동기화하도록 직면하는 기술, 갈등해결 기술 등이 필요하다(간호옥, 2003).

3) 지역사회복지

(1) 지역사회복지의 개념과 특성

지역사회복지는 지역사회에의 조직적이고 체계적인 개입을 통해 주민들의 삶을 향상시키기 위한 사회복지적 지식과 기술을 활용하는 전문 실천방법이다. 또한 지역사회복지는 전문 혹은 비전문 인력이 지역사회 수준에 개입하여 지역사회에 존재하는 각종 제도에 영향을 주고, 지역사회의 문제를 예방하고 해결하고자 하는 일체의 사회적 노력이라고 할 수 있다(최일섭 · 류진석, 2000). 지역사회복지는 지역사회라는 지리적 범위를 전제로 하므로 지역사회가 사회문제의 장(場)인 동시에 복지서비스 제공의 장소가 된다. 지역사회복지가 추구하는 최종의 목적은 지역주민에 의한 살기 좋은 지역사회로의 변화이며, 공동의 목적성과 공동체성을 담고 있는 지역사회조직을 활용하여 지역사회 문제에 접근하는 것이 지역사회복지가 지향해야 하는 방향이다(지규옥, 2015).

지역사회복지는 사회복지의 특성과 함께 지역사회를 기반으로 하는 예방성 · 종합성 · 전체성 · 연대성 · 공동성 · 지역성 특성을 가진다. 첫째, 예방성이란 지역사회 내의 사회복지 욕구나 해결되지 못한 생활문제를 주민참여라는 구조를 통해 조기에 발견하고 대응하여 예방적 효과를 거둘 수 있다는 것이며, 둘째, 종합성 · 전체성은 서비스 제공기관 간의 연락 · 조정 · 협의 등의 네트워크 구축과 실질적인 운용을 통하여 종합성을 확보하고 주민생활에 밀접한 전반적 영역을 포괄하여 접근해야 한다는 것을 말한다. 셋째, 지역사회복지에서는 주민 개인의 사적 활동으로 해결이 곤란한 생활상의 문제를 주민들의 연대 형성과 공동의 행동을 통하여 해결하며, 넷째, 지역사회복지는 주민의 생활권역을 기초로 하여 전개된다는 점에서 지역적 특성을 가진다(권은진, 2014).

(2) 지역사회복지 실천모델

지역사회복지 실천방법은 미국의 영향을 받아 지역사회조직(community)으로 개념화되어 왔다. 미국의 지역사회조직 실천방법은 그동안 개발된 모델들을 바탕으로 다양해지고 구체화되었는데, 대표적으로 로스만(Rothman)이 1964년 처음으로 제시한 후 계속해서 수정, 보완해 오고 있는 3모델, 테일러와 로버츠(Taylor & Roberts)의 5모델, 웨일과 갬블(Weil & Gamble)의 8모델 등이 있다(박경일 외, 2012).

① 로스만의 3모델

로스만(Rothman)은 지역사회복지의 실천모델을 지역사회개발모델, 사회계획 및 정책모델, 사회행동모델로 구분하였다. 첫째, 지역사회개발모델은 지역사회의 변화를 위해 목표설정과 실천행동 등에 주민참여를 강조하는 방법으로서, 인구구성이 동질적이고 목표에 대한 합의를 쉽게 달성할 수 있는 지역사회에서 적절한 기능을 수행한다. 이 모델은 자조와 지역사회 내 여러 집단 간의 전체적인 조화를 목표로 하며 전문가는 조력자, 조정자, 문제해결기술 훈련자의 역할을 담당하게 된다. 둘째, 사회계획 및 정책모델은 지역사회의 문제해결을 위한 기술적이고 계획적인 과정이 강조되는 유형으로서, 문제해결을 위한 합리적 계획수립과 통제된 변화가 중시된다. 사회계획에는 정책도 함께 포함시킨다. 이 모델에서 전문가는 분석가, 계획가, 조직가, 행정가의 역할을 담당하게 된다. 셋째, 사회행동모델은 지역사회 내에서 불우계층에 처한 주민들이 사회정의와 민주주의 실현에 입각하여 보다 향상된 처우를 그 지역사회에 요구하는 행동을 말한다. 전문가는 조직가, 활동가, 옹호자, 협상가의 역할을 담당한다.

② 테일러와 로버츠의 5모델

테일러와 로버츠(Taylor & Roberts)는 로스만의 기본모델을 중심으로 두 가지 모델을 새로 추가하여 다섯 가지 모델을 제시하였다. 이들은 지역사회복지 모델은 실천방법의 각 변인, 전략, 의사결정 등에 있어 후원자와 클라이언트가 어느 정도의 결정권한이 있느냐에 따라 구분되어야 한다고 보았다(양점도 외, 2014).

표 5-6 테일러와 로버츠의 지역사회복지 실천모델

모델	결정권한
지역사회 개발	• 조력, 지도력 개발, 자조, 상호부조, 지역성에 바탕을 둔 지역사회 연구 및 문제해결 강조, 시민참여와 교육과정을 중시하므로 전문가는 조력자의 역할을 담당
프로그램 개발 및 조정	• 인보관과 자선조직협회운동에 근거하여 공공기관, 지리적 지역사회를 대상으로 서비스를 제공하는 민간기관, 기능적 지역사회, 기관협의회 등에서 수행되는 실천에 초점을 둠
계획	• 로스만의 초기 사회계획모델을 인간지향적인 측면을 강조하도록 수정한 것, 지역사회 문제해결에 있어 전문가의 합리성과 전문성에 기초한 효율적인 변화를 유도하는 모델
지역사회 연계	• 사회사업기관의 일선 스텝이나 행정가들에 의해 수행되는 기능을 중심으로 설명, 행정가들은 지역사회관계, 지지활동, 환경 개선, 조직 간의 관계 등의 역할 수행
정치적 권력 강화	• 로스만의 사회행동모델과 유사, 의도된 시민참여에 의한 정치적 권력 강화에 초점을 둠, 전문가들은 교육자, 자원개발가, 운동가로서의 역할

③ 웨일과 갬블의 8모델

웨일과 갬블(Weil & Gamble)의 지역사회실천의 모델은 근린지역의 지역사회조직모델, 기능적 지역사회조직모델, 지역사회의 사회적·경제적 개발모델, 사회계획모델, 프로그램 개발과 지역사회 연계모델, 정치·사회적 행동모델, 연대모델, 사회운동모델의 여덟 가지로 나누어 볼 수 있다(정무성, 1998).

첫째, 근린지역의 지역사회조직모델은 지리적 개념의 지역사회에 초점을 두고 지역사회 주민이 주체가 된다. 지역사회주민이 원하는 방향으로 이끌 수 있도록 지역사회주민의 역량을 강화시키고 지역사회의 조건들을 향상시키는 데 그 목적이 있다.

둘째, 기능적 지역사회조직모델은 지리적 의미보다 기능에 초점을 두고 구성원을 교육시켜 자신들의 이슈에 대한 옹호활동을 강화시켜 나간다.

셋째, 지역사회의 사회적·경제적 개발모델은 어려운 여건에 있는 지역사회주민 계층을 위해 경제개발과 사회개발을 동시에 추진할 수 있도록 교육한다. 지역사회 주민의 내적 능력을 향상시키는 데 목적이 있다.

넷째, 사회계획모델은 전문성과 합리성에 기반을 두고 지역사회 문제를 해결하는 데 목적이 있다. 합리적 의사결정을 통한 문제에 대한 우선순위와 자원의 배분 등이 중요하다.

다섯째, 프로그램 개발과 지역사회 연계모델은 서비스의 효과성 증대를 위해 프로그램의 방향을 재설정하거나 맞춤서비스로 조직화하는 것이 목적이다.

여섯째, 정치 · 사회적 행동모델은 로스만의 지역사회행동모델과 테일러와 로버츠의 정치적 권력강화모델과 같은 모델로 사회적 약자계층의 불이익을 개선하기 위해 역량을 강화시켜 사회적 제도와 시스템의 변화를 가져오는 것을 목적으로 한다.

일곱째, 연대모델은 효율적인 운동성과를 위해 조직 간의 연합전선이 활발해지는 점을 고려하여 각 기관들이 함께 힘을 모아 지역사회가 가진 문제들에 대해 집합적 변화를 추구하는 것을 목적으로 한다.

여덟째, 사회운동모델은 일반인의 삶의 질을 개선하고 사회정의 실현을 목적으로 한다.

표 5-7 웨일과 갬블의 8모델

실천모델	전문가의 역할
근린지역의 지역사회조직모델	• 조직가, 교사, 코치, 촉진자
기능적 지역사회조직모델	• 조직가, 옹호자, 정보제공자
지역사회의 사회적 · 경제적 개발모델	• 협상가, 교육자, 관리자
사회계획모델	• 조사, 욕구사정, 계획가 등의 역할
프로그램 개발과 지역사회 연계모델	• 계획가, 대변자, 평가자
정치 · 사회적 행동모델	• 옹호자, 조직가
연대모델	• 중재자 협상가, 대변인, 조직가
사회운동모델	• 중재자, 협상가, 대변인

참/고/문/헌

간호옥(2003). 치매노인의 사회적응력 강화를 위한 예술치료 적용 집단 사회사업 사례연구 –문학치료 활동 적용을 중심으로–. 서울여자대학교 대학원 석사학위논문.

권은진(2014). 임맥그린치 신부의 지역사회복지 활동에 관한 연구. 제주대학교 대학원 석사학위논문.

김기태·박병현·최송식(2009). 『사회복지의 이해』. 박영사.

김도진(2015). 성인지적장애인의 공격행동 감소를 위한 인지행동적 접근: 적용 가능성에 대한 사례연구. 고려대학교 대학원 석사학위논문.

김성천 외(2013). 『사회복지학개론–원리와 실제』. 학지사.

박경일 외(2012). 『사회복지학강의』. 양서원.

박훈정(2015). 범불안장애 인지행동치료의 성경적 적용모델 연구. 총신대학교 대학원 석사학위논문.

양옥경 외(2005). 『사회복지실천론』. 나남출판.

엄명용 외(2007). 『사회복지실천의 이해』. 학지사.

정무성(1998). "지역사회복지 실천모델의 발전과 함의", 『지역사회복지운동』, 6집, 71-92.

지규옥(2015). "지역사회복지 실천모델로서의 협동조합운동", 『사회복지정책』, 42(1), 187-210.

최일섭·류진석(2000). 『지역사회복지론』. 서울대학교출판부.

현외성 외(2012). 『사회복지학의 이해』. 양서원.

Barker, R.(2003). "Toward generic social work practice: a review and some innovations", *British Journal of Social Work*, 5(2), 193-215.

Biestek, F. P.(1957). *The Casework Relationship*. London: George Allen & Unwin.

Compton, B. R., & Galaway, B.(1989). *Social Work Processes*(4th ed.). Belmont, CA.: Wadsworth Publishing Co.

Epstien, L.(1992). *Brief Treatment and a New Look at the Task Centered Approach*. Macmillian Publish Company, 68.

Hepworth, D. H., Rooney, R. H., Rooney, G. D., Strom-Gotteried, K., & Larsen, J. (2006). *Direct Social Work Practice: Theory and Skills*(7th ed). Belmont, CA: Thomson Brooks/Cole.

Hollis, F.(1964). *Casework, A Psychosocial Theory*. N.Y.: Random House.

Pincus, A., & Minahan, A.(1973). *Social Work Practice: Model and Method*. Chicago: F. E. Peacock. University of Chicago Press.

Reid, W. J.(1991). *Brief Task-centered Treatment*.

Richmond, M.(1922). What is social casework 7. New York: Russell Sage Foundation.

Trecker, H. B.(1972). *Social Group Work: Principle and Practice*. New York: Association Press.

Tuner, F. J.(1979). *Social Work Treatment*. N.Y.: Free Press.

Zastrow, C.(1995). *The Practice of Social Work*(5th ed.). Brooks/Cole.

INTRODUCTION TO SOCIAL WELFARE

03 부

주요 대상별 사회복지

- 제6장 청소년복지
- 제7장 여성 · 가족복지
- 제8장 노인복지
- 제9장 장애인복지

제6장 청소년복지

1. 청소년의 정의

1) 어원적 차원

청소년과 관련한 우리말은 아동, 미성년자, 소년, 10대, 사춘기, 청춘기, 젊은이 등 다양하다. '아동'은 대체로 초등학교에 다니는 어린아이를 지칭하며, '소년'이란 아주 어리지도 않고 완전히 자라지도 않은 아이로서 일반적으로 초등학교 재학 연령에 해당하는 연령층을 일컫는다. '10대'는 10세에서 19세까지의 20대 미만의 연령층으로서 어떤 특정한 청소년층보다는 미숙한 집단의 세대를 의미한다. '미성년자'는 주로 법적인 용어로 지능이나 신체가 완전히 성숙하지 않아 성인으로 인정받지 못하는 연령층의 사람을 의미한다(천정웅 외, 2013).

한편, 서구 영어권에서는 'adolescent'와 'puberty', 'youth', 그리고 'teenager'를 사용하고 있다. 'adolescent'는 청소년기(adolescence)에 있는 연령층 집단을 의미하는 것으로 라틴어 동사인 'adolescere'에서 유래하여 '성장하다', 또는 '성숙에 이르다'라는 뜻을 갖고 있어 미숙한 상태를 벗어나는 과정을 의미한다(김성이 외, 2010). 'puberty'는 청소년기의 생리적 전이 과정, 특히 생식 기능이 발달하는 시기를 의미한다. 사전적으로는 개인의 생리적 출산이 가능하게 되는 시기(협의) 또는 성장기 소년, 소녀에 나타나는 광범위한 신체적 변화의 시기(광의)를 뜻한다. 'youth'라는 개념은 사회·심리학적 관점과 깊이 관련되어, 청소년기를 과도기로 인정하지 않고 이 시기를 고유한 인생의 발달 단계로 인정함으로써, 이 시기에 놓인 청소년들의 자율성과 책임성, 권익옹호(empowerment)와 참여(participation), 시민성(citizenship) 등을 강조한다. 'teenager'는 대체로 1930년대 후반에 나타난 용어로 이해되고 있으며, 10대들의 소비 성향, 패션, 음악, 영화 등의 대중문화 양상과 라이프스타일을 함축하여 상징하는 호칭으로 통용되면서 보편적인 용어로 자리 잡았다(천정웅, 2012).

2) 연령과 법적 차원

연령적 범위에서 아동·청소년은 다양하게 구분되고 있다. 「영유아보육법」에서는 영유아라는 명칭으로 6세 미만, 「아동복지법」에서는 아동이란 명칭으로 18세 미만, 「청소년기본법」과 「청소년복지지원법」에서는 청소년이란 명칭으로 9~24세, 「청소년보호법」과 「아동·청소년의 성보호에 관한 법률」에서는 청소년이란 명칭으로 19세 미만, 「소년법」과 「민법」에서는 20세 미만으로 규정하고 있다(박경일 외, 2012).

표 6-1 관련 법규상 아동·청소년의 연령적 범위

관련법	연령 범위
소년법	20세 미만
민법	20세 미만
영유아보육법	6세 미만
실종아동 등의 보호 및 지원에 관한 법률	14세 미만
아동복지법	18세 미만
청소년기본법, 청소년복지지원법	9~24세
청소년보호법, 아동·청소년의 성보호에 관한 법률	19세 미만

출처: 박경일 외(2012: 272)

2. 청소년의 발달

1) 발달적 특성

청소년의 발달적 특성을 신체적 · 성적 특성, 심리 · 정서적 특성, 사회적 특성, 영성적 특성으로 나누어 살펴볼 수 있다.

첫째, 신체적 · 성적 특성으로 청소년기는 신장과 체중의 급격한 변화, 생식기관의 성숙과 성적 상징의 발달 등 매우 급격한 신체적 변화를 경험하게 되어, 남자는 더욱 남성다워지고, 여자는 더욱 여성다워진다. 과거와 비교하여 요즘 청소년들은 점차 이른 시기에 신장과 체중의 증가가 더욱 뚜렷하며, 최근 청소년들은 신체발달과 마찬가지로 성적 성숙의 시기도 점차 빨라져 성장의 가속화 현상이 나타나고 있다(김혜원, 2010). 청소년 시기에 겪게 되는 이러한 신체적 · 성적 발달은 청소년에게 다양한 영향들을 미치는 것으로 나타나는데, 자신의 신체변화에 대해 자각하게 되므로 자신의 신체에 대한 관심이 많아지고 자신의 신체변화와 친구들의 변화 정도를 비교함으로써 신체적 열등감을 갖기도 한다. 또한 성호르몬의 분비는 성적 욕구의 발달을 동반하며 이것은 죄의식과 충동 조절의 문제를 초래한다(천정웅, 2012).

둘째, 심리 · 정서적 특성으로 청소년기는 자아정체감의 확립과 독립의 요구에 따른 '심리적 이유'를 경험하며 사회적으로 요구되는 과다한 과업으로 인해 정서적으로 불안정한 상태이다. 내면세계에 눈뜨기 시작하여 자기의 주관적 세계 속에서 사아를 찾고 자기를 발견하여 독립적인 자아형성을 희구한다. 심리적으로 불안, 고독, 회의, 허세, 반항적인 마음이 생기고 기성세대, 사회구조, 사회의 도덕과 법률에 대해 의혹을 품고 자기 나름의 독특한 구조와 논리를 갖고 비판하게 된다(윤선호 · 김우호, 2014).

셋째, 사회적 특성으로 인간의 전 발달 단계 중에서 청소년기는 친밀감 욕구가 강하여 친구 간의 우정을 지키려는 강한 의무감을 갖는다. 부모에게 의존하려 하기보다는 독립과 자립의 욕구를 느끼는 동시에 동년배 또래집단에게 심리적 영향을 많이 받는다. 청소년들은 집단 규범에 동조하려 하는데, 이는 모호한 상황에서 정보를 얻기 위해서뿐만 아니라 집단의 수용과 안정을 얻기 위해 그 집단의 행동양식에 일치하고 조화해 가려고 움직이는 것이다(김혜원, 2009). 가장 두드러진 사회적 특성은 친교이다. 사회적 본능의 하나로 친구와 어울리게 되고, 점차 사회생활에 대한 새로운 관심이 생겨나면서 새로운 본능과 취미를 기초로 해서 친구를 사귄다. 특히 매스미디어는 청소년들에게 생활에 필요한 안건을 제시해 줌으로써 청소년의 사고와 판단에 크게 영향을 준다(천정웅 외, 2013).

넷째, 영성은 인간의 세속적 또는 종교적 상황에서의 자신의 실제적 자아에 대한 의미, 연결됨과 깨달음을 추구하는 것이다(천정웅, 2007). 청소년의 중요한 삶의 요인으로서 영성은 청소년이 삶의 의미를 인식하고 구축하는 데 중심적인 역할을 하는 것으로 강조되고 있다. 청소년기는 열렬한 이념적 갈증의 시기이며, 삶의 의미와 목적에 대해 이해하려고 노력하는 시기, 관계성과 연결됨을 추구하는 시기라는 점에서 성장의 중요한 특성으로 영적 발달을 말할 수 있다.

2) 발달의 이론들

청소년기의 발달에 관한 다양한 이론들은 청소년의 행동과 심리적 특성, 여러 변화를 이해하고 예측할 수 있는 관점을 제공해 준다(박경일 외, 2012; 천정웅 외, 2013).

첫째, 청소년발달에서 생물학적 요인을 강조한 학자로 홀(Hall)과 게젤(Gesell) 등이 있다. 홀의 재현이론에 의하면 모든 인간은 역사적 인간발달을 재현하므로 아동청소년기도 인간발달상에서 자연스럽게 나타나는 시기라고 보는 관점이다. 게젤의 나선형적 성장유형론에 의하면 성숙은 유전인자와 생물학적 요인에 의해 결정된다고 봄으로써 발달에 교사가 간섭할 필요가 없다고 본다.

둘째, 정신분석이론에서 프로이트(Freud)는 인간의 발달단계를 구강기, 항문기, 남근기, 잠복기, 생식기의 5단계로 구분하고, 그중 5단계인 생식기(13세 이후)를 청소년기에 해당하는 시기로 보았다.

셋째, 설리반(Sullivan), 에릭슨(Erikson), 마르시아(Marcia)와 같은 심리사회적 발달 이론가들은 유기체에게 중요한 생활 사건과 그 사건의 발생 시기, 타인과의 관계, 문화적인 특성 등과 같은 심리사회적 요인이 인간의 발달에 중요한 영향을 미친다고 주장한다. 에릭슨(Erikson)의 발달단계 중에서 청소년기는 자아정체성 대 역할혼미가 중점과업으로서, 이는 청소년기에 일어나는 급속한 신체적 성숙과 일치한다. 과업과 위기를 성공적으로 달성할 때 개인은 건강하게 발달할 수 있다.

넷째, 인지발달이론에서는 청소년의 의식적 사고를 강조한다. 피아제(Piaget)는 인지발달단계는 감각운동기, 전조작기, 구체적 조작기, 형식적 조작기로 구성되어 있다고 보았고 청소년기는 형식적 조작기로 이 시기는 문제해결에 있어 과거·현재·미래를 모두 이용할 수 있고 추상적·논리적 사고가 가능하며, 다차원적인 사고 능력이 생겨 아동기와는 다른 방식으로 외부세계를 지각한다고 보았다.

다섯째, 반두라(Bandura)와 월터스(Walters)의 사회학습이론에 의하면 아동·청소년은 다른 사람의 행동을 관찰하고 흉내 냄으로써 학습한다는 것이다. 이들은 아동·청소년에 대한 공격적 행동의 노출은 공격적 행동을 유발시킨다는 가설을 제시하고 효과적 사회화가 가정환경이나 생활환경에 미치는 영향에 대해 언급함으로써 청소년기의 미래행동에 있어서 강화의 중요성과 다른 사람의 반응이나 역할을 강조하였다.

여섯째, 문화인류학적 견해로서 미드와 베네딕트(Mead & Benedict)는 아동청소년의 성격발달을 결정하는 데는 사회문화적 환경의 영향이 대단히 중요하고 각 문화에 따라 그 영향은 각기 다르다는 상대적 문화론에 입각해 있다. 그러므로 아동청소년기에 대한 관점은 합성적 견해로서 유전생물학적 요인과 환경적 요인이 함께 고찰되어야 한다.

일곱째, 인본주의적 관점의 매슬로우(Maslow)는 그의 욕구이론에서 상위 욕구가 생존에는 덜 필수적이지만, 개인의 성장에는 중요한 역할을 한다고 보았다. 진화된 종일수록 상위 욕구를 많이 느끼며, 여섯 번째의 욕구인 자기초월의 욕구는 자기보다 더 높은 목적을 위해 자신을 헌신함을 의미하는 고차원적 수준이라고 하였다.

여덟째, 브론펜브레너(Bronfenbrenner)의 생태학적 이론은 미시체계, 중간체계, 외체계, 거시체계, 시간체계의 다섯 가지 환경적 체계가 서로 상호작용하여 발달에 영향을 미치는 것으로 주장하였다.

3. 청소년복지

1) 청소년복지의 정의

청소년복지는 아동복지와 구분하지 않고 아동·청소년복지라고 혼합적으로 사용하기도 하고 아동복지와 구별되는 독립된 사회복지의 한 분야로 이해하는 경우도 있다(김성이 외, 2010; 홍봉선·남미애, 2010). 또한 청소년과 관련된 국가정책과 법제와 관련하여 정의하는 견해도 존재한다(한국청소년개발원, 2007).

청소년복지에 대한 정의를 살펴보면, 「청소년기본법」에서 제3조 제4호는 "청소년이 정상적인 삶을 영위할 수 있는 기본적인 여건을 조성하고 조화롭게 성장·발달할 수 있도록 제공되는 사회적·경제적 지원을 말한다." 「청소년복지지원법」에서도 청소년복지는 「청소년기본법」 제3조 제4호에 규정된 내용을 말한다고 적고 있다.

청소년복지는 대상 집단이 요보호청소년과 같이 특정 집단에만 국한되는 것이 아니라, 일반 청소년 및 청소년의 생활에 가장 직접적인 영향을 미치는 가족까지 포함하고 있으며, 청소년에 대한 직접적인 서비스뿐만 아니라 간접적으로 제공되는 모든 정책과 제도를 포함하는 광범위한 개념이다. 또한 청소년복지는 기본 욕구 충족을 넘어서 주체적인 삶을 위해 청소년의 발달과 기능을 최적으로 촉진, 발휘할 수 있도록 보장하고 서비스 제공의 주체도 민간 및 정부 기관의 모든 서비스를 포함하고 있다(천정웅, 2012).

2) 청소년복지의 접근방법

청소년복지 분야를 보는 관점은 청소년을 어떻게 보는가에 따라 크게 문제중심적(problem-focused) 관점, 예방적(preventive) 관점, 청소년개발(youth development) 관점으로 구분된다(천정웅 외, 2013). 첫째, 문제중심적 관점은 청소년을 사회적 지위나 역할의 관점에서 보기보다는 하나의 인간 발달적 시기로서 보는 관점이다. 둘째, 예방적 관점은 문제중심적 견해들이 비판되면서 강조되기 시작한 것으로 문제가 생기고 난 뒤에 해결하려고 애쓰기보다는 문제가 처음 생기는 것을 예방하는 것이 보다 비용 효과적이고 효율적일 수 있다는 이해에서 비롯된 것이다. 셋째, 청소년개발 관점은 예방적 관점에서 나아가 문제가 발생하거나 위기 상황이 생기지 않도록 예방하는 것뿐만 아니라, 더 나아가 긍정적 발달과 청소년의 건강과 안녕에 기여하는 조건들을 적극적으로 주장하는 데 있다(Cheon, 2008). 이러한 관점의 변화는 〈표 6-2〉에서 보는 바와 같이 청소년복지의 발전과정에서 잘 나타나고 있다.

표 6-2 청소년복지의 발전과정

구분	형성기(1961~1987년)	성장기(1988~1997년)	전환기(1998년~현재)
기본시각	보호, 대책(미성년자, 소년)	육성, 수련, 보호(청소년)	참여, 활동(시민청소년)
정책대상	일부 문제청소년	전체 청소년	전체 청소년(위기청소년)
정책목표	문제 대책	문제 예방	개발과 참여
정책특성	정책 영역으로 인정 (전담업무 필요성 인식)	청소년육성 중심 독자적 영역 확립(정책 조정 필요)	정책 전환과 정책영역 확대 본격화(자율참여)
법령	미성년자보호법 아동복리법-아동복지법 청소년육성법	청소년기본법 청소년헌장 청소년보호법	청소년헌장 개정 청소년활동진흥법 청소년복지지원법 청소년기본법 개정 청소년보호법 개정
정책계획	• 청소년문제개선종합대책(1984) • 제6차 경제사회발전5개년-청소년부문	• 최초 청소년정책 시작 • 한국청소년기본계획(청소년수련활동) • 제1차 청소년육성5개년계획	• 청소년정책 본격화 • 제2차 청소년육성5개년계획(정책방향 전환, 정책비전 변화) • 제3차, 제4차 청소년정책 기본계획

출처: 천정웅(2012: 57)

4. 청소년 환경의 변화와 청소년복지의 주요문제

1) 청소년 환경의 변화

(1) 청소년 기본 가치관의 변화

경제발전에 따른 사회변동은 우리 청소년의 가치관에도 큰 변화를 초래하였다(천정웅, 2012).

첫째, 양육가치관의 변화이다. 자녀양육에 관한 사회적 가치관이 점차 변화해가는 추세에 있으며, 이는 청소년복지의 필요성을 증대시키기도 한다. 오늘날의 부모들은 지난 세대에 비해 자녀지향적 가치보다는 부부 또는 자기지향적 가치가 지배적인 것으로 변화되었고, 이혼 등의 여러 원인으로 가족해체의 위기 상황에 처하여 아동과 청소년이 부모들로부터 적절한 양육을 받지 못하는 사례가 빈번하게 발생하고 있다. 이에 국가의 책임이 증대되어 청소년의 권익을 대변할 수 있고, 이들에 필요한 심리 · 사회적 욕구를 충족시켜 줄 사회복지서비스가 필요하게 되었다.

둘째, 균등교육 기회권에 대한 태도와 가치관의 변화가 나타나고 있다. 기존 교육제도에 대한 거부감으로 대안학교 및 대안교육에 대한 욕구가 증가하고 있으며, 기존 교육제도권 밖에서의 교육을 부정적으로 보거나 사회적 낙오자로 인식하였던 것과는 달리 점차 동등한 교육 수혜자로서의 권리를 주장하고, 이에 따른 정부와 사회의 대책과 해결방안을 적극적으로 요구하고 있다.

셋째, 성 가치관의 변화이다. 국내 청소년들의 성 가치관은 점차 서구적 가치관을 따라가고 있으며, 선정적인 문화와의 접촉 기회가 증대되고 있으며, 미혼모가 증가하고 있다. 이런 점에서 학교교육과 의료 및 보건, 그리고 사회복지 등 관련 기관 및 단체의 협력으로 체계적이고 올바른 성교육과 인식을 심어줄 수 있는 노력이 필요하다.

넷째, 사회 · 경제적 위기이다. 1997년 말 이후 외환위기와 국제통화기금의 관리체제로 인해 우리나라는 경제위기와 함께 여러 사회문제를 겪었고 이것이 청소년을 둘러싼 환경에 많은 변화를 가져왔다. 즉 국제사회의 경제적 어려움과 정치적 불안정 등의 상황은 대량실업과 절대빈곤층 및 차상위계층의 증가, 이혼과 가정해체, 시설보호아동의 증가, 자살 등의 다양한 사회문제를 유발하였다. 이러한 파문이 청소년들에게도 직·간접적으로 영향을 미쳐 청소년복지에 대한 욕구가 증가하게 되었다.

(2) 청소년문제와 욕구의 다양성

지난 수십 년간의 산업화와 경제성장으로 인한 우리나라의 사회변동은 인구사회학적 변동과 함께 가족구조의 변화와 청소년의 가치관 변화, 사회경제적 위기 등의 수많은 사회문제를 제기하고 있다(천정웅, 2012; 2013).

첫째, 청소년문제와 욕구의 다양성이다. 청소년문제는 그 범위뿐만 아니라 이에 따른 사회복지적 대처방법도 다양해졌다. 비행, 공격행동, 우울증과 자살, 비만 및 섭식장애, 음주 및 흡연의 보편화, 인터넷중독 및 사이버 폭력, 10대 성매매 문제와 성폭력, 학교부적응의 증가 등 사회적 관심과 대응을 요구하는 문제가 다양하게 분포되어 있다.

둘째, 청소년문제와 욕구의 복합성이다. 이전의 청소년문제는 단순한 형태였다. 즉, 청소년문제의 원인이 비교적 단순하고 해결방안이나 접근방법이 다체계적인 접근보다는 개별적인 접근을 요구하였다. 하지만 사회변동과 함께 청소년을 둘러싸고 있는 다양한 체계의 영향이 복잡해짐에 따라 청소년의 문제는 다양한 문제가 서로 얽혀 있어 해결의 실마리를 찾기 어려운 형태로 나타난다.

셋째, 청소년문제의 심각성이다. 청소년문제의 심각성은 저연령화와 여자청소년의 문제행동 증가에서 보다 분명하게 나타난다. 흡연과 음주, 가출, 최초 성행동의 시도 연령 등이 점차 저연령화되어 초등학생들에게서도 이러한 문제가 발견되는 것을 볼 수 있다. 그리고 청소년들의 흡연비율이나 음주비율이 지속적으로 증가하여, 유해매체의 접촉빈도도 높은 것으로 나타난 연구결과들을 볼 때, 이러한 문제들이 청소년들에게 보편적으로 만연해 있음을 알 수 있다.

넷째, 청소년문제의 접근방법의 변화이다. 이전에는 사회복지 접근방법이 의료

모델에 입각한 단순원인론적 결정주의에 중점을 두었다면, 1980년대 이후 사회복지의 실천방법은 통합접근을 중심으로 생태체계적 관점과 강점관점 등 적극적이고 긍정적이며, 발전적인 접근에 중점을 두고 있다.

2) 청소년의 주요 문제

청소년복지의 주요 대상은 과거에는 요보호청소년과 문제청소년 위주였으나 오늘날에는 모든 청소년으로 확대되고 있으며, 청소년복지는 모든 청소년의 삶의 질 향상을 궁극적 목적으로 삼고 있다. 청소년복지의 궁극적 목표를 이루기 위해서는 그에 상응하는 적합한 수단이 요구된다. 모든 청소년, 즉 요보호청소년, 비행청소년, 학생청소년, 근로·농어촌 청소년 등을 대상으로 청소년복지서비스, 교육기회 확대사업, 근로조건 개선사업, 청소년활동사업, 청소년행정 등의 수단이 적용된다. 이를 바탕으로 오늘날 현대사회에서의 주요 청소년문제를 살펴보면 다음과 같이 정리할 수 있다(임상록 외, 2010)

(1) 가정문제와 청소년

가정은 사회의 최소단위인 가족사회의 보금자리인 동시에, 각 개인이 삶을 이루어가는 출발지라 할 수 있다. 가정은 부부간의 애정이 존속하고 부모와 자녀 간의 존경과 사랑을 바탕으로 유기체적 관계 속에서 혈연으로 맺어진 특수한 체계이다. 그러나 가정이 불행하다면 성장하는 청소년은 정서적으로 불안하고 다양한 문제를 일으키는 비행청소년이 되며, 이러한 청소년의 성격은 성인이 되어도 지속되어 일생의 사생활을 지배하게 된다.

가정문제를 중점적으로 다루어야 할 대상으로 핵가족, 한부모가정, 빈곤가정, 맞벌이가정, 미혼모가정, 재혼가정, 조손가족 등을 들 수 있다. 이와 같이 문제가 일어날 수 있는 가능성이 있는 가정에 이들의 문제를 보완하고 해결할 수 있는 예방적인 프로그램을 개발하고 전개하여 건전한 가정환경이 될 수 있도록 노력해야 한다(이명신, 2008).

(2) 학교문제와 청소년

학교는 청소년의 지적 성장과 신체적 발육을 위한 교육의 장으로서 청소년의 잠재능력을 계발하고 지도하여 사회발전에 기여할 수 있는 건전한 인간을 양성하는 기능을 지니고 있다. 특히 청소년 시기에 있어서 학교 기능은 청소년의 개성에 따라 능력을 배양해 주며 가정과 사회에 잘 적응할 수 있도록 도와주는 데 있다. 학교생활은 학생인 청소년에게 소중한 시기로서 밝은 분위기 속에 각자의 가치관과 의지력 등을 형성하는 교육과정이어야 한다. 그럼에도 불구하고 현재 학교사회는 입시와 경쟁위주의 학습을 강요하는 등 청소년에게 정신적인 상처를 주거나 원만한 활동에 장애요인이 되어 오히려 반사회적이고 반항적인 비행집단화의 문제를 야기하고 있다. 그러므로 학교 주변의 환경적인 악화, 경쟁 위주의 학습강요 등은 청소년문제와 연관하여 해결해야 할 학교문제로 볼 수 있다(박용순, 2007).

(3) 사회문제와 청소년

청소년들은 아동기와는 달리 부모와 형제를 중심으로 한 가족환경에서 벗어나 또래관계와 더 밀착된 관계를 지니며, 또한 각종 멀티미디어 매체발달에 따른 감각적인 자극에 많은 영향을 받게 된다. 전통사회가 붕괴되고 산업화, 도시화, 정보화 등의 과정 중에 많은 청소년이 갈등을 겪는 경우가 많다. 청소년을 유혹하는 유흥음식점, 향락업소, 노래방, 비디오방, 게임방, 도박장, 사창가 등이 늘어나고 있고, 이러한 현상은 결국 청소년이 현실에 부적응하여 반항하거나 비행화될 수 있는 데에 영향을 미친다. 청소년들이 비행으로 빠지지 않고 건전한 심신발달과 올바른 가치관을 형성하도록 건전한 사회환경이 조성되어야 한다.

3) 사회복지사의 활동과 역할

청소년복지 분야에서 일하는 사회복지사는 청소년들의 신체적 · 정신적 발달과정을 잘 분석하여 그들의 특징 및 성장에 따른 변화를 주도면밀하게 살피도록 한다. 따라서 사회복지사는 청소년 당사자에 대한 개입과 지원은 물론 청소년을 둘러싸고 있는 주변 환경이 청소년의 올바른 성장과 발달을 위한 기능과 역할을 수행할 수 있도록 주변 환경을 변화시키는 일에 적극적으로 개입하도록 한다(김종명 외, 2013).

청소년복지 분야에서 일을 하는 전문사회복지사는 사회복지실천이론과 지식을 습득하고 상담기술을 활용하여 청소년들과의 라포(rapport)를 잘 형성하고 상담자, 조언자, 심지어 친구가 되어 주어야 한다. 또한 전문가적인 측면에서는 치료자의 역할 이외에도 청소년에게 실질적으로 필요한 물질적·비물질적 자원을 연결해 주는 조정자, 중재자의 역할 및 청소년의 권익을 보호하고 대변하기 위한 옹호자, 대변자의 역할을 수행하는 것은 물론 계약관계를 통하여 가족과 학교가 적극적인 개입을 할 수 있도록 도움을 제공하는 전문사회복지사의 역할을 수행한다.

5. 적극적 청소년복지 실천의 방향

1) 청소년활동을 통한 역량개발복지

우리나라에서 청소년활동에 대한 법적 개념과 분류를 보면 1991년 「청소년기본법」에서는 청소년활동을 "고유활동, 임의활동, 수련활동"으로 구분하고 특히 수련활동을 중심으로 청소년정책 영역을 규정한 바 있다. 2004년 청소년 관련법 정비를 통해 청소년활동을 "청소년의 균형 있는 성장을 위하여 필요한 활동과 이러한 활동을 소재로 하는 수련활동, 문화활동, 교류활동 등 다양한 형태의 활동"으로 정의하였다.

청소년들이 대부분의 시간을 학교중심의 학업생활을 하고 있다는 점에서 청소년 분야에서 다양한 참여, 모험, 자율과 창의적 체험중심 활동을 하도록 하는 정책은 청소년의 잠재역량을 개발하는 데 충분한 의미가 있다. 청소년활동은 청소년역량개발의 가장 중요한 기반과 수단이 되는 영역으로 청소년의 역량이 청소년활동을 통해 더 강화되고 확장될 필요가 있다. 역량개발 접근은 새로운 것을 창출하는 강점을 증대시킴으로써 조건을 개선하며, 지도자와 청소년 간에 동반자적 관계를 형성한다.

역량개발을 강화하는 청소년활동의 특성은 〈표 6-3〉과 같다.

표 6-3 역량개발을 강화하는 청소년활동의 기본 특성

기존의 접근에 따른 청소년활동	발전적 관점의 청소년 역량개발 활동
문제 중심	자산과 역량 중심
일시적 제공	지속적 전개
힘의 불균형을 재강화	힘 관계의 균형 유지
소극성의 증진	역량과 주도성의 증진
전문지도자에 의존	동반자관계에 의존
청소년은 문제를 가짐	가능성에 대한 상호적 소유성
청소년은 의존적	상호 이해관계가 같은 사람들을 연결
욕구에 부응하기 위해 재능을 사용	재능과 자극을 능력으로 받아들임
없는 것이 무엇인가에 초점	가능한 것이 무엇인가에 초점
주기를 원함	구축하기를 원함
"이것이 우리가 할 수 있는 최선"으로 믿음	"우리가 무엇이 될 수 있는가?"를 물음
현재의 조건 유지	현재의 조건을 변화
서비스를 유지	새로운 기술을 획득함

출처: Homan(2007), 천정웅(2012: 156) 재인용

2) 청소년문제와 강점복지

청소년문제는 청소년이 내면적으로 갖고 있는 고민이나 가치의식 같은 '청소년의 내적 문제'를 의미하기도 하고 청소년비행, 범죄 등 청소년일탈과 문제행동으로 논의되는 '청소년에 의한 일탈행동'일 수도 있다. 한편 청소년실업 문제 등과 같이 청소년이 내재적으로 가지고 있거나 청소년에 의해 초래된 문제가 아니지만

'청소년에 관한 복지적 현안문제'의 차원도 있다. 강점관점은 문제 자체에 관한 관심보다는 해결점을 발견하고 강점을 강화시키는 데에 주요 초점이 있다. 살리베이(Saleebey, 1992)는 '강점관점이 사회복지의 전문적 가치를 실현하는 데 필수적이다'라고 지적하였다. 즉 인간의 존엄성, 가치, 자기결정을 증진시키고자 하는 사회복지의 가치는 클라이언트의 내재된 잠재력, 능력, 강점을 인지하여 이를 발현할 수 있도록 한다.

강점관점 사례관리는 문제해결 과정에서 클라이언트가 주체가 되어 문제보다는 강점과 자원을 발견·동원하는 데 초점을 맞춘다. 또한 가족 전체와 그 구성원의 욕구를 고려한 서비스를 계획·제공하고, 클라이언트가 거주하고 있는 지역사회와 가정으로 직접 찾아가 협력적 파트너십을 이루면서 클라이언트가 처해 있는 상황과 욕구에 따라 유연하고도 통합적인 서비스를 제공하는 것을 목표로 하고 있다(천정웅, 2012).

강점관점 사례관리는 ① 클라이언트 중심, ② 해결 중심, ③ 가족 중심 접근을 토대로 클라이언트에게 ④ 직접 찾아가 ⑤ 통합적 서비스를 제공하는 것을 기본으로 하고 있다(천정웅 외, 2009).

3) 청소년과 참여복지

1989년 유엔총회가 '아동·청소년 권리조약'을 통해 아동과 청소년의 권리를 실질적으로 보장할 수 있는 구체적인 기준과 지침을 마련한 이후 우리나라는 1991년 12월에 이 조약을 비준하였다. 따라서 우리 사회에서도 어린이와 청소년의 권리는 반드시 실현해야 할 조약이 되었다.

참여 민주주의에서 말하는 참여의 개념은 "사회의 보통 구성원이 의사결정의 결과에 영향을 미치거나 영향을 미치고자 하는 행동"으로 정의할 수 있다(김대환, 1997). 또 다른 개념으로는 정치 공동체의 일반 구성원들이 공적 영역의 공공문제나 인물선택에 관한 의사결정에 직·간접적으로 영향을 미치려는 명시적이고 자발적인 행위로 정의된다(박효종, 2006).

청소년참여에서는 사회발전을 위한 자원으로서 또는 사회변동의 주체로서 청소년의 역할과 기여를 기대한다. 청소년은 자신의 삶의 주체로서, 지역사회의 구성원으로서 자율성을 갖는 독립된 존재라는 인식에 근거하여 지역사회에 참여할 권리가 있고 지역사회 발전에 참여해야 할 책임이 있다는 것이다(김정주, 1999). 따라서 문제중심적이고 온정주의적인 접근만을 중시하기보다는 청소년을 위한 일은 보다 장기적인 관점에서 새로운 삶의 여건을 제공하고 자라게 해야 할 필요가 있을 것이다. 그런 차원에서 가능성(possibility)의 긍낙, 잠재성(potentiality)의 개발, 참여주의(participationism)를 구성요소로 하는 참여(Participation)의 'P이론'의 가능성이 제기될 수 있다(천정웅, 2013).

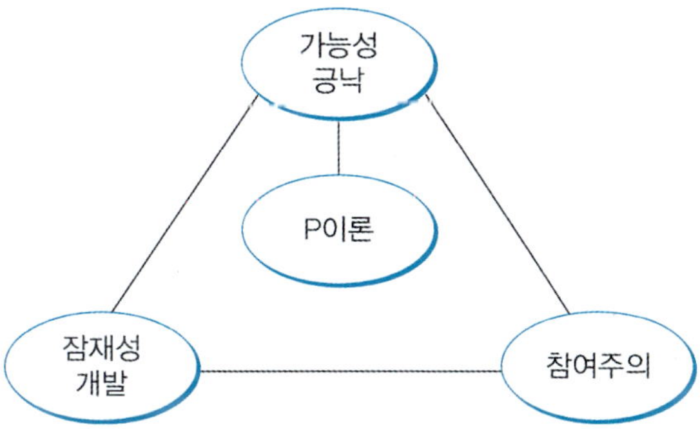

출처: 천정웅(2013: 28)

그림 6-1 P이론의 구조

일반적으로 청소년들은 정치, 경제, 사회적 제도 과정에 직접 참여하기보다는 가정, 학교 및 여타의 공동체적 생활 속에서의 상호작용을 통해 참여하고 있다. 최근에는 주로 학교, 청소년단체를 통한 사회참여가 강조되면서 점차 봉사활동을 통한 지역사회참여와 국제사회로의 참여가 강화되고 있는 경향이 있다.

청소년참여의 주요 영역들을 살펴보면 〈표 6-4〉와 같다(천정웅, 2012).

표 6-4 청소년참여의 주요 영역

참여 영역	특성
또래 중심의 참여	• 흥미와 관념을 개발하고 친밀한 또래와의 관계를 형성하는 자신들의 능력을 시험하며 부모에 대한 심리적 의존심을 버리도록 도움
지역 중심의 참여	• 지역사회가 구체적이고 원천적인 생활의 거점으로써 청소년들의 관습과 태도, 가치의식을 길러주는 실천적 현장이라는 측면에서 의미가 있음
정책과정의 참여	• 청소년들이 자신들의 생활에 영향을 주는 지역사회와 국가의 청소년 관련 정책이나 행정과정에 관심을 갖고 그에 대해 의견을 제안하고 건의함으로써 정책결정과정에 개입하고 영향을 미치고자 하는 활동
단체자율 참여	• 청소년단체나 청소년시설 등을 통한 조직적 · 집단적 수련활동과 체험적 생활을 전제로 함
사이버 참여	• 사이버공간이 정보화사회의 중요한 의사소통 수단으로 대두, 청소년들이 그 주역으로 부각되고 있는 현실을 바탕으로 청소년들이 사이버공간을 통하여 참여

6. 청소년복지의 과제

첫째, 청소년들에게 올바른 가치관을 형성하고, 전인격적인 인간으로 성장할 수 있도록 해야 한다. 이를 위해서는 입시위주의 교육환경을 지양하고 바람직한 자아정체성을 확립할 수 있도록 교육제도와 교육내용이 변화되어야 한다. 또한 청소년 상담의 강화와 학교사업의 제도화가 필요하다.

둘째, 청소년의 인권이 보장되도록 해야 한다. 즉, 모든 청소년에게 교육적 욕구를 충족시켜주는 지식에 대한 권리와 그들의 권리에 대한 알 권리, 그리고 사회적 보호를 받을 권리, 사생활보호의 권리, 동등하게 취급받을 권리에 이르기까지 다양한 영역에서 국가와 사회의 전반적인 인식 전환과 제도적 장치가 마련되어야 한다(현외성 외, 2012).

셋째, 지역사회에 기반을 둔 청소년복지체계가 필요하다. 사회 양극화 현상, 학교 부적응, 가정해체 등으로 위기청소년이 급증하고 그 욕구는 다양한 반면, 위기청소년의 가정 및 사회복귀를 돕는 지역사회 중심의 사회안전망은 아직은 취약하다. 따라서 지역사회의 특성에 따른 사업개발과 서비스계획을 수립할 수 있도록 하여 지역사회가 각기 다른 배경과 특성을 가진 청소년에 대한 우선순위를 세울 수 있도록 지역사회의 역량을 강화해 나가는 접근이 필요하다.

넷째, 중앙정부와 지방정부 간의 협력과 연계 등 관 · 관, 민 · 관 협력체계를 보다 단단하게 구축할 필요가 있다. 이를 위해서는 무엇보다 중앙정부와 지방정부가 수행해야 할 역할에 대한 업무분장과 함께 권한이 분명하게 설정되어야 한다. 즉, 역할과 사무에 대한 분장과 함께 권한에 대한 설정도 분명하게 이루어져 상호 간 협력할 수 있는 고리와 지점을 마련하는 것이 필요하다. 관 · 관 협력체계가 제대로 구축되지 않으면 민 · 관협력구조도, 나아가 지금의 학교단위에서 지역단위 청소년복지정책으로의 전환도 그 성공을 보장할 수 없다(김민, 2015).

다섯째, 청소년의 욕구에 초점을 둔 청소년복지서비스를 보다 강화해 나가야 한다. 과거 소년소녀가장 및 빈곤가정의 청소년 · 장애청소년 등 보호를 필요로 하는 대상을 중심으로 잔여적 측면에서의 접근을 강조했다면 일반 청소년들을 위한 공간과 여건을 마련하는 동시에, 특수한 문제를 지닌 청소년에 대해서는 그 문제나 대상에 따라 청소년복지기관이나 시설을 중심으로 전문적인 서비스를 제공해 나가야 할 것이다.

참/고/문/헌

강석기(2009). "우리나라 청소년복지정책의 발전방안에 관한 연구", 『청소년보호지도연구』, 12, 49-59.

고재욱 · 이원웅 · 심의보 · 김종상 · 어흥선(2014). 『사회복지개론』. 정민사.

김 민(2015). "유럽 청소년복지정책과 사업이 우리나라에 주는 시사점: 프랑스와 독일을 중심으로", 『미래청소년학회지』, 12(1), 169-191.

김성이 · 조학래 · 노충래 · 신효진(2010). 『청소년복지학』. 양서원.

김정주(1999). "청소년참여". 한국청소년학회 편. 『청소년학총론』. 양서원.

김종명 외(2013). 『사회복지개론』. 양서원.

김혜원(2010). "청소년기에 나타나는 심리적 특성과 관련 부적응행동". 세계청소년학아카데미 편. 『글로벌시대 비판청소년학』. 세계청소년학아카데미.

박경일 · 김경호 · 서화정 · 윤숙자 · 이명현 · 이상주 · 이재모 · 전광현 · 조수경(2012). 『사회복지학강의』. 양서원.

박용순(2007). 『사회복지개론』. 학지사.

박효종(2006). 『민주주의와 권위.』 서울대학교 출판부.

윤선호 · 김우호(2014). 『사회복지개론』. 양서원.

조흥식 외(2014). 『사회복지학개론』. 창지사.

천정웅(2007). "아동청소년복지와 청소년개발을 위한 영성의 개념화". 천정웅 · 이용교 편. 『적극적 관점의 아동청소년복지』. 인간과 복지.

천정웅(2009). 『청소년인권과 참여』. 양서원.

______(2012). 『청소년복지론－발전적 관점』. 양서원.

천정웅 · 김미옥 · 최명민 · 노혜련 · 이용교(2009). 『강점관점 청소년개발 레질리언스』. 신정.

천정웅 · 김 민 · 김진호 · 박선영(2013). 『차세대 청소년학총론』. 양서원.

천정웅 · 이용교 · 김혜원(2009). 『청소년발달, 역량개발, 청소년복지』. 교육과학사.

최윤진(2008). "청소년호칭의 역사에 관한 연구: 청소년호칭 유형과 의미변화를 중심으로", 『청소년학연구』, 15(7), 369-386.

한국청소년개발원 편(2007). 『청소년학개론』. 교육과학사.

현외성 외(2012). 『사회복지학의 이해』. 양서원.

홍봉선 · 남미애(2010). 『청소년복지론』. 공동체.

Cheon, J.(2008). "Best practices in community-based prevention for youth substance reduction: Toward strangths-based positive development policy", *Journal of*

Community Psychology, 36(6), 761-779.

Saleebey, D.(Ed.)(2005). *The Strengths Perspective in Social Work Practice*(4th ed.). Boston, MA: Pearson Education, Inc.

제7장 여성 · 가족복지

1. 여성복지

1) 여성복지의 개념

협의의 개념으로서 여성복지는 여성을 대상으로 하는 사회복지제도 및 서비스로서, 특히 사회적인 보호가 필요한 저소득 여성 가구주, 미혼모, 성폭력피해 여성, 학대받는 여성, 성매매 여성 등의 '요보호 여성'을 주요 대상으로 하는 사회복지제도 및 서비스를 포함하는 것이라고 정의할 수 있다(권태환 외, 2005). 보다 광의의 개념으로서 여성복지란 여성이 국가나 사회로부터 남성과 동등하게 권리를 보장받을 수 있게 하기 위해, 가부장적 가치에 근거한 각종 차별적 사회복지법과 제도를 개선하고 여성 개인의 능력을 고양시킴으로써 여성의 인간다운 삶을 보장하기 위한 사회복지 차원의 정책적 · 실천적인 모든 조직적 활동이다(김인숙 외, 2008). 이러한 정의는 성평등 실현이라는 여성주의적 입장과 이를 구체적으로 실현하기 위한 사회제도 및 법체계뿐만 아니라 여성 개인의 능력에 대한 관심과 사회복지적 방법을 통한 대안적 노력까지 강조하는 입장을 포함한다. 여성복지의 개념은 학자에 따라 다양하게 광의적이고 적극적인 개념으로 확대되고 변화되는 추세이다.

표 7-1 여성복지의 개념

연구자	개념
박인덕 외 (1990)	여성이 국가나 사회로부터 인간의 존엄성과 인간다운 생활을 할 권리를 동등하게 보장받음으로써 여성의 건강, 재산, 행복 등의 삶의 조건들이 만족스러운 상태를 의미함과 동시에 적극적으로 가부장적 성차별주의와 그에 근거를 둔 법이나 사회제도, 문화 등을 개선해나가는 모든 주체적인 노력을 포함하는 것
한국여성개발원 (1992)	여성이 국가와 사회로부터 인간의 존엄성과 인간다운 생활을 할 권리를 동등하게 보장받음으로써 여성의 건강, 재산, 행복의 조건들이 만족스러워지는 상태를 의미하며 동시에 가부장적 가치관과 이에 기초를 둔 법, 기타 사회제도를 개선하는 것 등으로 여성의 인간다운 삶을 실현하기 위한 모든 실천적 노력
이상덕 (1997)	여성의 제 조건이 만족스러워지는 상태를 의미하며 적극적으로 가부장적 성차별주의와 그에 근거를 둔 법, 사회제도, 문화 등을 개선해 나가는 주체적 노력
도미향 외 (2008)	모든 여성이 지역사회의 구성원으로서 건강하고 문화적인 삶을 영위할 수 있도록 여성의 욕구나 문제를 해결하고, 생활안정과 복지 증진을 도모하기 위해 사회구성원들이 공·사적 차원에서 행하는 사회공동체적인 활동을 의미하는 것

2) 여성복지의 대상

(1) 성폭력피해여성

성폭력은 성을 매개로 하여 인간에게 가해지는 모든 신체적·언어적·정신적 폭력을 말하며, 성폭력에 대한 막연한 불안감이나 공포로 인한 행동제약도 간접적인 성폭력에 포함된다. 성폭력은 남성의 본능적인 성충동에 의한 생물학적 현상뿐만 아니라 그 사회의 성 문화와 여성의 지위를 반영하는 문화적이고 사회적인 현상으로 설명될 수 있다(박송이, 2014).

1960년대는 성폭력의 원인을 가해자의 인성에 초점을 맞춰 성폭력이 가해자 일탈 혹은 병적인 성 때문에 유발된다고 보았고, 1970년대 초부터는 성폭력을 행위자 개인보다는 그 행위를 유발하는 사회구조적 요인들에 초점을 두면서 심각한 사회문제로 보기 시작하였다(채연아, 2004). 성폭력에는 폭력이라는 강제력과 심리적인 강제력 그리고 권력을 이용한 남용의 의미가 있다는 것을 인식할 필요가 있다.

성폭력피해자들이 초기에 가장 많이 호소하는 문제들은 심리적·정서적 문제이다. 불안과 두려움을 비롯한 다양하고 광범위한 정서적인 문제들은 성폭력 이후 초기부터 발생하여 신체적 증상이 완화되고 법적 문제와 사회적 문제가 어느 정도 해결된 이후에도 만성적으로 남는 경향이 있다(박옥임 외, 2004). 불안, 강박, 우울, 죄책감, 낮은 자존감 등 정서적으로 많은 어려움을 겪게 되고 수면장애, 섭식장애, 자해행동 등 다양한 수준의 신체장애와 외상 후 스트레스장애를 겪기도 한다(여성가족부, 2010).

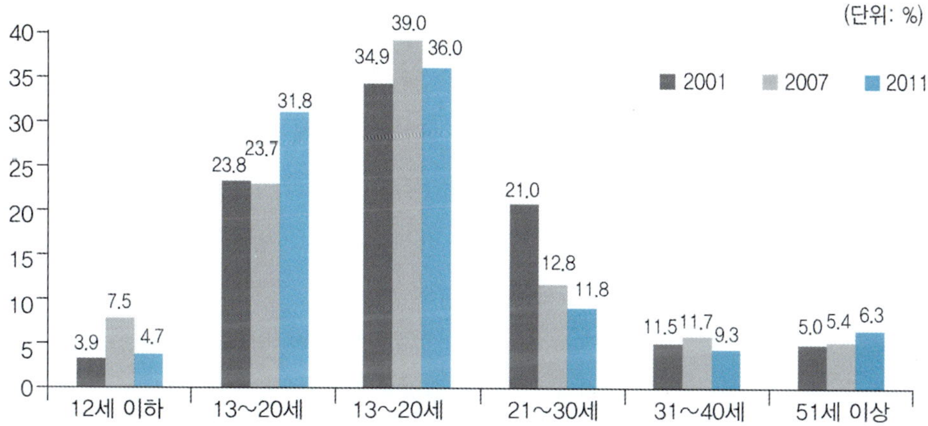

주: 성폭력은 「성폭력범죄의 처벌 등에 관한 특례법」 위반, 「아동·청소년의 성보호에 관한 법률」(강간 등) 위반을 포함
출처: 검찰청, 범죄분석.

그림 7-1 **연도별·연령별 성폭력피해자의 비중: 여성**

여성피해자의 연령별 비중 분포 중 가장 비중이 큰 연령집단은 21~30세로 전체 피해자의 3분의 1 이상이고, 그 다음은 13~20세 집단, 31~40세, 41~50세 순서로 나타난다. 청소년과 20대 청년층으로 구성된 13~30세 연령집단이 전체 피해자 중 3분의 2 이상의 비중을 차지하고 있어 청소년 및 청년층을 대상으로 한 성폭력 예방이 중요함을 보여주고 있다(이미정, 2013).

(2) 여성노숙인

노숙인이란 흔히 집이 없어 지하철 역사, 공원, 거리, 보호시설 등에서 생활하는 사람을 일컫지만 국가나 단체에 따라 다양하게 정의된다(박수현, 2007). UN의 Homeless(노숙인) 기준의 경우에는 노숙인을 집이 없는 사람과 옥외나 단기보호시설 또는 여인숙 등에서 잠을 자는 사람, 집이 있으나 UN의 기준에 충족되지 않는 집에서 사는 사람, 안정된 거주권과 직업과 교육, 건강관리가 충족되지 않은 사람으로 정의하고 있다.

여성노숙인의 유형은 ① 실직 또는 노숙의 위기에 처한 여성노숙인, ② 치료가 필요한 여성노숙인, ③ 상습부랑인, ④ 귀향을 원하는 여성노숙인으로 구분할 수 있다.

일반적으로 여성노숙인은 제한된 교육, 성차별, 부적절한 재정 지원, 실직, 열악한 사회적 지지, 부적절한 대처 행동, 동반 자녀, 건강과 정신건강 문제 등 수많은 위험요인을 가진 극도로 취약한 집단으로 여겨지고 있다(Galaif, Nyamathi, & Stein, 1999). 여성노숙인의 특징을 살펴보면 다음과 같다.

첫째, 여성노숙인은 노숙이라는 한계와 여성으로서의 한계를 동시에 경험하게 된다는 점에서 남성노숙인에 비해 신체적 건강뿐만 아니라 정신적으로 학습된 무기력을 더 많이 경험하는 것으로 보고되고 있다(남기철, 2007). 즉 여성의 경우 사회적 낙인으로 인한 고통, 현실에 대한 절망적 인식, 의존 대상의 상실로 인한 절망감을 통해 학습된 무기력을 경험하게 된다는 것이다. 여성노숙인은 학습된 무기력을 통해 노숙 과정에서 쉽게 자활할 수 없는 것으로 인식하여 절망감을 느끼며 알코올중독과 같은 심각한 정신건강의 문제를 겪는다.

둘째, 여성노숙인은 남성노숙인에 비해 건강 및 의료문제에 대한 원조 욕구가 더 강하나 의료서비스 정보에 대한 무지나 접근상의 장벽 등으로 인해 적절한 의료적 보호를 받지 못하는 경우가 많다. 쉼터에 머무르는 동안에는 정기적인 건강검진 기회나 의료기관으로의 의뢰를 통한 무료진료 기회가 많기 때문에 상대적으로 건강이 취약하다고 느끼는 노숙인들은 쉼터에 머무르면서 필요한 서비스를 더 받으려는 욕구가 있을 수 있다(신원우 · 김유경 · 김경휘, 2009).

셋째, 여성노숙인은 열악한 주거환경, 경제적 빈곤, 자립을 위해 필요한 자원의 부재로 인한 스트레스를 대처하는 과정에서 상황에 대한 통제력과 문제해결에 대한 자신감, 그리고 삶에 대한 통제를 상실하게 되는데, 이로 인해 우울을 쉽게 경험한다(김두나, 2008). 특히 여성노숙인은 직업이 없거나 비정규직에 종사하는 경우가 많아 안정적인 주거를 확보할 만큼 월수입이 높지 않으므로 경제적인 어려움이 크다. 부채문제는 많은 노숙인이 공통적으로 겪고 있는 대표적인 어려움이다.

넷째, 자녀를 동반한 여성노숙인이 발생하는 것은 빈곤, 저렴한 주택의 부족, 열악한 경제적 조건 등의 사회구조적인 요인과 실직, 가정폭력, 정신질환 및 가족문제, 사회적 관계의 단절 등 개인적인 요인으로 인한 것이다. 이러한 요인들은 상호 독립적이기보다는 서로 연관되어 악순환을 만드는 경우가 많다. 자녀동반 노숙인일 경우 단신 여성노숙인보다 노숙기간이 짧은 것으로 나타나는가 하면, 스트레스를 경험하는 정도도 단신 여성에 비해 자녀동반 여성이 덜 심각한 것으로 보고되고 있다(Burt, 2001; Zugazaga, 2004). 자녀 동반 여성노숙인의 경우 상대적으로 덜 심각한 노숙 경험과 자녀와의 상호작용으로 인하여 안정적인 생활을 할 수 있을 가능성이 높다.

(3) 장애여성

여성장애인이란 한 가지 혹은 그 이상의 신체적·정신적 장애를 지니면서 사회적 장애를 경험한 여성을 지칭하며 손상의 심각성이나 문화적 배경, 생활공간에 상관없이 모든 연령대의 여성이 포함된다(오혜경·김진애, 2000). 애쉬와 파인(Asch & Fine, 1988)은 여성장애인을 장애로 인하여 사회적 역할과 역할 상실을 경험하는 사람이라고 정의하였다. 여성장애인은 일차적으로 장애인이기에 장애인이 겪는 어려움을 겪는다. 동시에 여성장애인은 여성이기 때문에 여성에게 가해지는 억압과 차별을 또한 경험한다(오명란, 2015). 여성장애인이 경험하는 이러한 이중적 차별 구조는 교육, 고용, 경제적 지위, 결혼과 가족관계, 건강관리, 건강과 복지사업을 포함한 생활의 모든 면에 영향을 미치고 있다.

여성장애인은 정규교육으로부터 배제될 뿐만 아니라 충분한 고등교육의 기회를 갖지 못한다. 장애는 낮은 자존감, 가족관계 내에서의 낮은 위치, 사회참여의 제한, 건강에 부정적인 영향을 미치게 됨으로써 여성장애인의 삶 전반에 걸쳐 부정적인 요인이 된다(오명란, 2015). 고용이 경제적 안전과 독립을 제공하고 삶에 목적의식을 심어준다는 점에서 매우 중요함에도 불구하고, 여성장애인은 비장애여성뿐만 아니라 남성장애인에 비해서도 고용상의 배제를 경험한다. 취업을 하게 된다 하더라도 임시직과 일용직 등 근무형태가 불안정하며, 저임금 직종에 근무하는 경우가 많아 경제적으로 어려운 상황에 처하게 된다(김정아, 2013).

표 7-2 학력구성비

구분		전체	초졸 이하	중졸	고졸	대졸 이상
전체	전체인구	100.0	17.1	10.2	36.9	35.8
	장애인구	100.0	44.7	18.3	25.0	12.0
남성	전체인구	100.0	10.9	9.5	38.3	41.3
	장애인구	100.0	31.9	20.6	31.0	16.5
여성	전체인구	100.0	22.9	10.8	35.6	30.6
	장애인구	100.0	62.3	15.1	16.6	5.9

주: 1) 전체인구는 25세 이상, 2010년 기준
2) 장애인구는 미취학자 6세 미만 제외, 2011년 기준
출처: 오명란(2015) 재인용

또한 가족 내에서뿐만 아니라 사회의 전반적인 차별이 여성장애인에게 은연중에 내면화되면 이들의 건강한 자아정체성 형성에 부정적인 요인으로 작용한다. 남성 중심의 편견이 반영된 기준에 의해 여성이 평가받음으로써 여성장애인의 결혼에 영향을 미치고, 결혼에 성공한 여성장애인이라 할지라도 출산과 양육, 가사노동에 있어서 어려움을 겪는다(오혜경 · 김정애, 2000). 아이가 있는 여성장애인의 경우 양육과 관련하여 장애로 인해 자녀들에게 물리적으로 충분하고 적절한 보살핌을 제공하지 못하는 데서 오는 심리적 긴장감, 압박감 등을 느끼기도 한다. 가사와 양육을 동시에 감당하면서 직업활동을 하는 경우 기혼여성장애인의 건강은 점점 나빠질 가능성이 높다(이은미, 2006).

표 7-3 여성장애인의 생애주기별 문제

생애주기	특징적인 문제
출생 및 유아기 (0~6세)	• 가족으로부터 환영받지 못함 • 가족나들이나 행사에 동참하지 못함 • 비장애 형제와의 갈등, 냉대와 무관심
학령기 (7~12세)	• 교육환경에의 접근의 어려움 • 제한된 또래와의 교류, 사회성 발달
청소년기 (13~18세)	• 교육과정 유지의 어려움 • 여성이라는 정체성의 혼란
청년기 (18세 이후~결혼 전)	• 무노동 상태 • 미적인 기준 • 결혼문제(선택권)
결혼 이후	• 임신·출산·육아로 가정에서 과중한 부담 • 어머니로서의 권리 박탈, 장애로 인한 자녀와의 관계의 어려움 • 가사노동의 어려움(주택설비의 문제), 시댁과의 관계
장년기(40대 이후)	• 진행되는 장애로 인한 건강의 문제, 노후대책

출처: 장명숙(2009: 174)

2. 가족복지

1) 가족복지의 개념

가족(家族, family)이란 혼인, 혈연 및 입양을 조건으로 의식주의 공동해결, 정서적 유대와 공동체적 생활방식을 갖는 집단이다. 가족과 유사한 용어로는 가정(家庭, home), 가구(家口, household) 등이 있다. 가족복지는 국민의 생활권의 기본 이념에 입각하여 행복한 가족생활을 보장하는 사회적인 모든 노력(제도적·정책적·기술적 서비스)을 총칭하는 것이며 가족해체, 가족붕괴, 가족구성원의 사회적 역기능 등의 문제에 의도적으로 개입하는 것을 의미한다(홍봉수 외, 2015).

가족복지는 한마디로 가족을 대상으로 한 사회복지로서 학자들에 따라 다양하게 정의내려지고 있지만 공통적으로 지적하는 것은 가족을 하나의 사회적 단위로 보고, 집단으로서의 성격을 지닌 '가족의 전체성'을 고려한 대책이라는 점이다(Feldman & Scherz, 1968). 즉 가족구성원의 개별 욕구보다는 한 단위로서의 가족이 지니는 가족기능과 가족관계, 상호작용의 증진을 돕는다는 것을 의미하며, 따라서 그 대상은 아동양육, 노인부양 및 돌봄, 부부관계의 증진, 가족의 생계 지원 등 가족의 생존과 사회적응을 돕는 것이 주 내용이 됨을 말한다(김성천 외, 2013).

한편, 가족은 시대와 사회경제적인 변화에 따라 변화했다. 산업화 이전의 주도적 가족 형태는 결혼한 자녀가 부모와 같이 사는 확대가족이며 1차 산업 위주의 경제조건 때문에 결혼과 다산(多産)이 강조되었다면, 산업화 이후에는 2차 산업으로 변화했으며 가족은 자체적인 생산수단을 잃고 주요 노동력에서 소비자로 전락하였다. 자녀의 수가 줄어듦으로써 가족주의보다 개인주의가 팽배하였다고 볼 수 있다. 근래 후기산업사회에서는 가족의 전통적 결속은 약화되었으며 근대 시대가 지녀왔던 가족에 대한 이상이 무너짐과 동시에 가족의 다변화는 피할 수 없는 현실이 되었다(고미영, 2004).

2) 가족복지의 대상

(1) 여성 한부모가정

한부모가정이란 부나 모 중의 한 사람이 단독으로 부모의 역할을 수행하는 가정으로 「한부모가족지원법」에서는 배우자와 사별 또는 이혼하였거나 배우자로부터 유기된 자, 정신 또는 신체장애로 인하여 장기간 노동 능력을 상실한 배우자를 가진 자, 미혼자(사실혼 관계에 있는 자는 제외) 등으로 아동을 양육하는 자가 세대주(세대주가 아니더라도 세대를 사실상 부양하는 것을 포함)가 되어 18세 미만(다만, 취학 시는 20세 미만)의 자를 양육하는 가정을 모·부자가족으로 정의하고 있다(최윤진, 2015).

한부모가정의 부모들은 정서적으로 분노감, 상실감, 실패감, 불안감, 좌절감, 우울감 등을 느끼며, 경제적으로 어려운 형편 속에서 자녀를 양육하고 있어 양육부담이 크며, 이혼, 사별 등 달라진 가족체계에 적응하지 못해 어려움을 겪고 있다.

한부모가정은 자연발생적으로 생겨난 과거와는 달리 현대에 와서는 그 발생 원인이 매우 다양하게 나타난다(황은숙, 2011).

자연발생적 원인은 질병, 교통사고, 산업재해로 인한 배우자의 사망이 한부모가정을 만든다. 한편, 현대사회는 자신의 희생을 감수하면서까지 가정과 자녀의 행복에 가치를 두었던 과거와 달리 가치관의 변화에 따라 가정의 보호적 기능이 상실되었고 이에 따라 원치 않는 결혼생활을 거부하고 이혼, 별거, 유기 등의 가족해체가 증가하고 있다. 특히 경제적인 위기는 한부모가정이 증가하는 요인 중 하나로 가정경제의 어려움이 한부모가정을 만들고 이렇게 형성된 모자가정은 대부분 일을 해도 빈곤할 수밖에 없는 '근로 빈곤 한부모가정'이 된다.

한부모가정의 여성 가구주들은 경제적인 문제, 자녀양육 문제, 역할 재조정 문제 등의 어려움을 경험한다. 특히 여성 가구주의 취업 상황은 비정규직이 대부분으로 저임금인 빈곤선 이하의 소득은 빈곤의 악순환과 절대빈곤층으로 전락할 수밖에 없는 상황을 만든다. 소득의 현격한 감소나 무소득으로 인한 어려움은 여성 가장뿐만 아니라 자녀들에게도 감당하기 힘든 정신적 고통의 원인이 된다. 즉, 경제적인 뒷받침, 자녀교육, 주거 등 기본적인 생활을 유지하는 데 필수적인 자원의 부족 때문에 저소득 여성 가장들은 심리적 디스트레스(distress)에 취약하며, 고통과 절망감, 무기력, 자존감의 상실, 우울 등과 싸우면서 살아간다(하춘광 · 김효순, 2015).

(2) 미혼모가족

사회사업 사전에 나타나는 미혼모는 '합법적이고 정당한 결혼절차 없이 아기를 임신 중이거나 출산한 여성'을 의미한다. 협의의 개념에서 미혼모란 법적으로 결혼하지 않은 남자와의 관계에서 아기를 곧 분만할 예정이거나 분만한 여자로 규정하지만, 광의적 차원에서는 결혼한 여성이 이혼, 별거 등 독신과부의 상태에서 법적인 배우자가 아닌 남성과의 사이에서 임신을 한 경우, 처녀가 혼전 임신을 한 경우나 독신녀가 인공수정으로 임신을 한 경우 또는 대리모가 법적인 남편이 아닌 남성에게 청탁받은 대역으로서 임신한 경우도 혼외자의 생모로서 미혼모라는 범주에 포함되는 것으로 보고 있다(김상옥, 2007).

「건강가정기본법」 제21조 제4장은 한부모가정과 미혼모가정을 분류하고 있으며 「한부모가족지원법」 제4조에서도 한부모 가족의 유형으로 '가. 배우자와 사별 또는 이혼하거나 배우자로부터 유기된 자' 그리고 '다. 미혼자(사실혼관계에 있는 자는 제외)'를 구분하여 분류하였다. 혼인 여부를 기준으로 한다면 '가'의 배우자와 사별 또는 이혼하거나 배우자로부터 유기된 자인 경우에도 이들이 혼외자를 출산한 경우 미혼모가 될 것이다.

미혼모의 연령층은 다양하다. 1980년대 미혼모의 73.2%가 20대 연령층에 분포되어 있었다면 1990년대에는 10대 연령층이 52.7%, 20대가 43.6%로 10대 미혼모가 반 이상이 넘는다. 2000년대에 오면서 10대 미혼모는 더 증가하였고, 계속 증가하는 추세이다. 10대 미혼모의 경우 성교육의 미비와 미혼모 본인이 임신 사실을 숨기기 위해 가출이나 자퇴로 학업을 포기하여 미혼모의 학력은 고졸 이하가 일반적이다. 한편 최근에는 고학력 미혼모가 증가하고 있어 과거 성에 무지하고 판단력이 부족한 사람들에게서 발생하는 것과 달리 정상적인 교육을 받은 고학력의 사람들에게서도 많이 발생하고 있다(김은희, 2009).

표 7-4 24세 이하 청소년한부모(미혼모 포함)의 가구 수 추계

구분	2010	2011	2012	2013	2014
가구수	13,181	13,887	14,374	14,976	15,604

* 24세 이하 부+자 가구, 모+자 가구의 합
출처: 통계청(2015)

미혼모의 직업을 보면 거의 대다수가 무직이며 근무경력이 짧고 여러 직장을 옮겨 다니는 경우가 많다. 임신에 의해 학업을 중단한 학생미혼모는 학업을 지속한 또래보다 사회경제적 지위가 낮아져 생산직 근로자, 서비스직에 종사하며 경제적으로 심각한 환경 속에 살아간다. 이들은 재임신과 윤락여성 문제 등으로 이어질 위험성이 있다(신연자, 2014).

미혼모는 임신에 대한 두려움과 아이에 대한 양가감정, 임신과 출산에 따른 건강악화로 신체적·정신적 고통을 겪는다. 특히 여성의 순결을 강조하는 일반적

인식, 임신결과에 대한 책임을 여성에게 전가하여 미혼모를 매도하는 성태도로 인해 사회뿐만 아니라 가족 내에서도 어려움을 경험한다. 미혼모의 문제는 미혼모 개인에게만 국한되는 것이 아니라 불안한 미혼모의 상태가 태어난 아이에게도 부정적인 영향을 미침으로써 아이가 필요한 자원을 제공받지 못해 전인적 발달과 성장을 성취하지 못할 가능성이 있다는 데 더 큰 문제가 있다(이선경, 2014).

3. 여성 · 가족복지의 정책과 서비스

1) 여성 · 가족복지 정책

(1) 양성평등기본법

「양성평등기본법」은 1995년 제정되어 정부의 여성정책 수립과 예산 편성의 근거 법으로 역할을 해왔던 「여성발전기본법」이 제정 19년 만에 개정된 것으로 양성평등과 관련된 권리보장과 정부의 책임성을 강화하고, 양성평등 정책 추진체계의 내실화, 양성평등 촉진을 위한 시책 강화, 정책의 양성평등 효과를 강화하기 위한 성 주류화 조치의 체계화 등을 통하여 여성과 남성이 동등한 참여와 대우를 받고 모든 영역에서 평등한 책임과 권리를 공유하는 실질적 양성평등 사회를 실현하려는 것이다(최금숙, 2014).

주요 개정 내용을 살펴보면, 우선 '양성평등'의 정의 규정을 신설하였다. 양성평등이란 성별에 따른 차별, 편견, 비하 및 폭력 없이 인권을 동등하게 보장받고 모든 영역에 동등하게 참여하고 대우받는 것을 말한다(제3조). 「여성발전기본법」을 「양성평등기본법」으로 개정함에 따라 여성가족부장관은 5년마다 양성평등정책 기본계획을 수립하도록 하고(제7조), 기본계획 수립 등을 위한 양성평등 실태조사를 실시하여야 한다(제10조). 양성평등위원회의 설치(제11조), 성 주류화를 구현하기 위해 성별 영향분석평가(제15조), 성인지 예산(제16조), 성인지 통계(제17조), 성인지 교육(제18조) 조항을 보완 · 정비하였다. 모성보호의 개념을 권리보장의 개념으로 전환하였으며 모성뿐만 아니라 부성으로까지 확대하여 모·부성권을 보장함으로써 실질적인 양성평등을 도모하고자 하였다(제25조). 또한 국가와 지방자치단체의 성차별 금지를 위한 시책 마련 노력 조항을 신설하여 '성차별 금지'를 기본법 차원에서 강조하고(제29조), 성폭력·가정폭력·성매매 범죄의 예방 및 성희롱 방지를 위하여 필요한 시책을 마련하도록 하였다(제30조). 양성평등문화 확산을 위하여 여성친화도시(제39조), 성인지적 국제개발협력(제40조), 평화·통일과정 여성참여(제41조) 조항을 신설하였다.

(2) 건강가정기본법

점점 더 심각하게 양산되고 있는 현대사회의 가족문제는 가족에 대한 인식변화를 요구할 뿐만 아니라 문제에 대처하기 위한 정책적 지원을 더욱 필요로 한다. 이러한 시대적 요구에 부응하여 2005년 1월 시행된 「건강가정기본법」은 건강한 가정생활의 영위와 가족의 유지 및 발전을 위한 국민의 권리·의무와 국가 및 지방자치단체 등의 책임을 명확히 하고, 가족원의 복지증진에 이바지할 수 있는 지원정책을 시행하여 건강가정을 구현하고 사회통합에 기여하기 위한 것이다(양점도 외, 2014).

건강가정사업을 위하여 「건강가정기본법」에서는 가정에 대한 지원, 자녀양육지원, 가족단위 복지 증진, 가족의 건강증진, 가족부양 지원, 가정생활 문화 발전, 가정의례, 건강가정 교육 등에 대한 지원을 추진함으로써 가족단위의 정책을 강화하고 있다. 여전히 잔존하고 있는 우리 사회에서의 가부장제적 가치관을 불식하고 민주적이고 양성평등한 가족관계를 증진시키며, 가족단위의 시민적 역할을 강조하고 있으며, 자원봉사활동을 지원하도록 명시하고 있다. 아울러 최근 증가하고 있는 이혼을 예방하고 이혼가정에 대한 적절한 서비스를 지원하기 위한 내용과 가정봉사원 제도에 대하여 근거를 제시하였다.

(3) 한부모가족지원법

한부모가족의 경우 자녀를 양육하는 데 있어 가장 현실적인 어려움은 가족의 생계와 자녀의 양육을 책임져야 하는 경제적 어려움이다. 이를 해결하기 위해 「한부모가족지원법」이 제정되었는데, 저소득 한부모가족, 모자가구, 부자가구, 조손가구 등의 가족 기능 유지 및 건강한 생활을 영위할 수 있도록 각종 지원사업을 수행함으로써 한부모가족의 안정된 생활과 자립기반을 조성하고 복지증진에 기여하도록 하였다. 여성가족부장관의 고시에 따르면 보호대상자가 되기 위해서는 소득과 재산을 고려한 소득인정액이 최저생계비의 130퍼센트 이하이어야 한다. 보호대상자로 결정이 되면 생계비, 아동교육지원비, 아동양육비, 그 밖에 대통령령으로 정하는 비용과 같은 급여를 제공받게 된다. 아동교육지원비는 입학금 수업료, 학용품비와 그 밖에 교육에 필요한 비용으로 하고, 그 내용과 수준은 한부모가족의 실태와 국민생활 수준을 고려하여 예산의 범위에서 매년 교육부장관이나 교육감 또는 여성가족부장관이 정한다.

표 7-5 한부모가족의 현황

구 분		2000	2005	2010	2015
한부모 가구	부자가구	222,067	287,962	347,117	409,532
	모자가구	914,299	1,088,059	1,247,507	1,374,350
조손가구		45,398	58,058	118,527	152,992

출처: 통계청(2016). 인구주택총조사 및 장래가구추계.

(4) 여성장애인복지 관련법

「장애인복지법」에서 여성장애인 관련 법조항은 제7조와 제9조에 국가와 지방자치단체의 여성장애인에 대한 권익보호와 정책을 강구하는 의무조항이 있고 제37조와 제55조는 산후조리도우미 지원과 활동지원에 관한 사항을 명시하고 있다. 「장애인차별금지법」에는 제33조, 제34조에서 국가 및 지방자치단체 등이 여성장애인에 대한 차별을 하지 말 것을 명시하였다. 또한 여성장애인의 모성권을 보호하기 위하여 장애의 유형 및 정도에 따른 원활한 수유지원, 자녀상태를 확인할 수 있도록 하는 소통방식의 지원, 그 밖에 직장보육서비스 이용 등에 필요한 사항을 명시하였다. 장애인이 그 능력에 맞는 직업생활을 통하여 인간다운 생활을 할 수 있도록 장애인의 고용촉진 및 직업재활을 꾀하는 것을 목적으로 제정된 「장애인고용촉진법」에서는 여성장애인과 관련된 4개 조항이 있지만, 제3조 제2항 국가와 지방자치단체의 책임, 제21조 제1항 장애인 고용 사업주에 대한 지원, 제22조 제2항 장애인 표준사업장에 대한 지원, 제30조 제3항 장애인 고용장려금의 지급 등 취업결과에 대한 지원이 주를 이루고 있어 여성장애인에 대한 직접적인 지원보다는 사업주에 대한 지원에 초점이 맞추어져 있음을 알 수 있다.

정부는 그동안 여성장애인의 복지서비스 욕구에 대한 지원책이 전무했다는 실정을 인정하고 여성장애인을 위한 제2차 장애인정책종합계획(2003~2007)을 수립한 바 있다. 임신, 출산, 육아에 대한 지원으로 가정봉사원 파견사업, 여성장애인을 위한 피임, 성·임신·출산에 대한 정보 제공 및 교육사업, 여성장애인의 보건·건강관리 서비스 확대, 장애인 자녀의 보육시설 우선입소 등을 계획하였다. 제3차 장애인정책종합계획(2008~2012)에서는 장애인복지, 특수교육, 고용, 정보화, 이동편의, 사회적 인식 개선, 추진체계 등의 7대 분야 중 여성장애인 폭력 방지를 위한 장애인 전담 상담소, 보호시설 지원 확대 및 기능강화를 명시하였다. 제4차 장애인정책종합계획(2013~2017)에서는 장애인과 비장애인이 '더불어 행복한 사회'라는 비전으로 4대 분야 19대 중점과제 계획·시행에서 장애인의 사회참여 및 권익증진 분야의 4대 과제에 여성장애인 인권보호 및 사회참여 활성화를 명시하였다(전기택 외, 2010).

(5) 가정폭력방지 관련법, 성폭력방지법

가정폭력을 예방하고 가정폭력의 피해자를 보호함으로써 건전한 가정의 육성을 목적으로 「가정폭력방지 및 피해자보호 등에 관한 법률」을 제정하였다. 가정폭력 관련 상담소, 가정폭력피해자 보호시설을 설치·운영하고, 「국민기초생활보장법」 외의 다른 법령에 따라 보호를 받고 있지 않는 조건에서 보호시설에 입소한 피해자나 동반한 가정구성원의 보호를 위해 생계비, 아동교육지원비, 아동양육비, 직업훈련비 등 그 밖에 대통령령으로 정하는 비용을 지원한다. 또한 「가정폭력범죄의 처벌 등에 관한 특례법」을 만들어 가정폭력범죄의 형사처벌 절차에 관한 특례를 정하고 가정폭력범죄를 범한 사람에 대하여 환경의 조정과 성행(性行)의 교정을 위한 보호처분을 함으로써 가정폭력범죄로 파괴된 가정의 평화와 안정을 회복하고 건강한 가정을 가꾸며 피해자와 가족구성원의 인권을 보호하고 있다.

한편, 성폭력범죄를 예방하고 그 피해자를 보호하며 유해환경을 개선하기 위하여 필요한 법적·제도적 장치를 마련하기 위해 「성폭력방지 및 피해자보호 등에 관한 법률」을 제정하였다. 이 법에 따라 청소년을 건전하게 육성하기 위해 청소년에 대한 성교육 및 성폭력 예방에 필요한 교육을 실시하도록 하고 있다. 성폭력방지법의 제·개정 내용은 전반적으로 피해자 권리에 기반한 지원 시스템 강화를 특징으로 한다. 의료비 지원의 항목과 규모, 지원 대상을 점차 넓히고, 무료법률구조사업을 통해 성폭력피해자에게 법률 조력을 함으로써 성폭력 가해사 처벌을 용이하게 하고 성폭력피해자가 형사사법절차상에서 겪을 수 있는 2차 피해의 가능성을 최소화하였다.

(6) 남녀고용평등법

고용 영역에서 발생할 수 있는 성차별과 관련하여 「남녀고용평등 및 일·가정 양립 지원에 관한 법」에서도 "성별, 혼인, 가족 안에서의 지위, 임신 또는 출산 등의 사유로 합리적인 이유 없이 채용 또는 근로의 조건을 다르게 하거나 그 밖의 불리한 조치를 하는 경우"를 차별로 정의하고 있다. 따라서 여성이거나 미혼모라는 이유로 고용 영역에서 차별하는 행위는 성차별에 해당한다. 이러한 성차별에는 직접차별뿐만 아니라 간접차별, 즉 사업주가 채용조건이나 근로조건은 동일하게 적용하더라도 그 조건을 충족할 수 있는 남성 또는 여성이 다른 한 성(性)에 비하여 현저히 적고 그에 따라 특정 성에게 불리한 결과를 초래하며 그 조건이 정당한 것임을 증명할 수 없는 경우가 포함되기 때문에 결과적으로 여성이나 미혼모에게 불리한 근로조건은 간접차별로서 금지된다. 차별이 금지되는 구체적인 고용영역은 모집과 채용, 임금, 임금 외의 금품, 교육·배치 및 승진, 정년퇴직 및 해고 등이다.

2) 여성 · 가족복지서비스

(1) 여성복지서비스

2004년 서울해바라기아동센터 설립을 시작으로 2005년 여성 · 학교폭력피해자 원스톱 지원센터, 2010년에는 해바라기아동센터와 원스톱지원센터의 대상과 기능을 통합한 '해바라기센터'와 같은 국가주도형 통합지원센터가 등장하였다. 해바라기센터는 성폭력 · 가정폭력 · 성매매 피해자 등에 대하여 365일 24시간 상담, 의료, 법률, 수사지원을 통합적으로 제공함으로써, 피해자가 폭력피해로 인한 위기상황에 대처할 수 있도록 지원하고 2차 피해를 방지하기 위한 목적으로 설립되었다. 원스톱지원센터, 해바라기아동센터, 해바라기여성 · 아동센터가 유사한 업무를 하면서도 명칭이 달라 피해자들에게 혼선을 빚어 세 기관을 일원화한 해바라기센터는 성폭력피해자지원센터로서 각각 운영형태에 따라 피해자 지원범위에 약간의 차이를 둔다.

한편, 1994년 「성폭력특별법」이 제정됨에 따라 정부는 상담소 등에 운영비 일부를 지원하고 상담소 등이 피해자 상담 및 지원은 물론 정부의 의료비 지급이나 법률구조를 연계하는 방식으로 지원체계를 운영해 왔다. 법률의 제정으로 성폭력피해자 지원기관에 대한 지원근거가 마련되었고 상담소, 쉼터, 통합지원센터 등 피해자 지원체계가 활성화되었으며, 특히 2000년을 전후해서 민간성폭력상담소가 양적으로 늘어났다. 여성긴급전화 1366은 가정폭력 · 성폭력 · 성매매 등으로 긴급한 구조보호 또는 상담을 필요로 하는 여성들이 언제라도 피해 상담을 할 수 있도록 전국적으로 통일된 번호이며, 긴급구조 이후 갈 곳이 없는 피해여성을 위해 긴급 피난처를 운영하고 있다. 성폭력피해자 지원체계는 매우 세분화되어 있고 개입하고 있는 행위자 또한 다양하다. 기관의 종사자인 상담원, 임상심리사, 간호사, 경찰, 국선변호사, 진술조력인 등이 협력하여 성폭력피해자 지원체계를 만들어내고 있다.

구분	내용	
성폭력피해 발생 →	• 여성긴급전화 1366	• 긴급 상담, 서비스 연계
상담 지원 →	• 성폭력피해상담소 • 종사자 전문성 강화	• 상담소 확충
의료 지원 →	• 성폭력 전담의료기관 • 교육, 의료업무 매뉴얼 개발 · 보급	• 전담의료기관 관리 강화
법률 지원 →	• 무료법률구조기관	• 법률상담 및 민 · 형사 소송대리
수사 지원 →	• 경찰 및 검찰 • 2차 피해 방지	• 성폭력 전담수사관 교육 강화
보호 · 사회복귀 지원 →	• 성폭력피해자 보호시설 • 보호시설 확충 • 입소피해자 지원 확대	• 성폭력피해자 치유 · 회복 프로그램 • 프로그램 보급 확대 • 프로그램 효과성 분석

출처: 여성가족부

그림 7-2 성폭력피해자(지원체계)

쉼터에서는 개별 노숙인의 특성에 맞는 프로그램을 적용하기 위해 상담에서부터 시작하며 상담 이후 여성노숙인들은 상담, 자활 프로그램 등을 통하여 구체적으로 지원을 받게 된다. 한편, 자활의 집이란 자활 직전의 단계인 사람들을 지원하는 곳으로 2~3명의 여성노숙인들이 공동으로 생활을 하면서 주거만을 제공하는 것을 조건으로 한다. 주거 안정을 통해 가족재결합이 가능하다고 인정된 사람들에게만 혜택을 주며 사회복귀를 위한 중간과정으로 자활의 집을 운영한다(박수현, 2007).

일반적으로 노숙인 쉼터에서 지원하는 프로그램은 재활과 자활을 목적으로 한다. 재활 프로그램은 크게 심리적 지지, 생활관리 및 생활교육, 건강관리, 문화 및 여가활동을 목적으로 하는 프로그램이 수행된다. 자활 프로그램은 노숙인의 직업활동에 도움을 주고자 생활의 안정에 목적을 둔 직업교육 프로그램, 취업알선 프로그램, 다양한 공공근로를 통한 일자리 확보 등을 그 내용으로 하고 있다. 또한 노숙인 지원시설에서의 일부 진료항목으로 외부 전문병원이 순회 · 진료하는 의료서비스가 있다.

(2) 가족복지서비스

가족복지서비스의 전달체계는 세 가지 형태로 구분된다. 첫째, 공공부문에서는 사회복지전담공무원이 국민기초생활수급자를 대상으로 공적부조서비스를 제공하며, 중앙정부 차원의 공공행정에서 이루어진다. 둘째, 공공부문과 민간부문의 혼합으로 사회복지관은 저소득층 가구를 대상으로 기초적인 서비스와 부가적 서비스를 제공한다. 이때 서비스 제공은 사회복지관을 통해서 이루어지나 재원은 국비와 지방비에서 충당한다. 셋째, 민간부문의 가족 및 여성 관련 상담소들은 시장에서 클라이언트 가족의 자기 부조 원리를 매개로 중산층의 가족을 치료하는데 최근에는 정부의 재원이 투입되면서 공공부문과 민간부문의 혼합이 증가하고 있으나 여전히 민간부문에 남겨진 상담소의 수가 더 많다(고경환 · 강지원 · 김용민, 2010).

한편, 가족복지의 대표적인 민간전달체계로서 건강가정지원센터, 다문화가족지원센터, 한부모가족지원센터 등이 있다. 통합적인 가족지원을 위해 설치된 건강가정지원센터에서는 가족돌봄사업, 가족교육, 가족문화활동 등 예방적인 가족지원서비스의 확대 및 발굴을 통해 가족의 건강성을 증진하고 다양한 가족에 대한 맞춤형 서비스 지원을 강화하고 있다. 주요 서비스로 가족교육(예비부부교육, 부부교육, 어린이 교육, 노인교육 등), 가족상담(자녀상담, 부부상담, 이혼전후상담, 고부갈등 상담 등), 문화활동(가족봉사단, 세대 간 화합 프로그램, 가족여가 프로그램), 다양한 가족 맞춤형 지원(한부모가족지원, 조손가족지원, 입양가족지원)이 있으며, 이 밖에 아동양육 지원과 일 · 가정 양립을 지원하는 프로그램들이 있다.

다문화가족지원센터의 경우 운영의 기본방향은 다문화가족을 위한 가족교육 · 상담문화 프로그램 등 서비스 제공을 통해 결혼이주여성의 한국사회 조기적응 및 다문화가족의 안정적인 가족생활을 지원하는 것이다. 다문화가족지원센터의 주요 사업은 여성가족부가 제공하는 운영지침에 따라 기본적인 사업은 모든 센터가 일괄적으로 시행하고 있으며, 각 센터의 운영지침에 따라 조금씩 다르게 분류되기도 하지만 주로 교육사업, 상담사업, 문화사업, 그리고 홍보 및 정보제공 등으로 구분된다.

〈표 7-6〉에서 보듯이 다문화가족지원사업은 크게 기본사업과 특성화 사업으로 나뉘며, 그 지원 대상은 다문화가족뿐만 아니라 지역사회 주민을 대상으로 한다. 지역사회 특성 및 수요를 감안하여 센터 고유 사업을 실시하도록 권장하고 있으며 사업의 종료 후에는 매 사업 프로그램마다 만족도 조사 및 자체 분석을 실시하고 추후 프로그램 운영에 이를 반영하도록 하고 있다(황명아, 2014).

표 7-6 다문화가족지원센터 사업

구분		사업 영역	비고
기본사업	교육사업	다문화가족 통합교육	연간 필수 25시간 선택 35시간 이상
		다문화가족 취업연계 및 교육지원	워크넷, 새일센터, 고용센터 등 취업훈련 전문기관 연계 5건 이상
		방문교육	-
	상담사업	가족상담	연간 80회기 이상
	문화사업	다문화가족 나눔 봉사단	봉사자 소양교육 6시간 이상 실시
		다문화가족 자조모임	-
	홍보 및 정보제공		-
특성화사업	다문화가족 자녀 언어발달 지원		-
	결혼이민자 통번역서비스		-

한편, 한부모가족복지시설은 한부모가족복지서비스를 제공하는 최일선의 민간 전달체계이다. 법 제20조에 의해 국가나 지방자치단체는 한부모가족복지시설을 설치할 수 있다. 한부모가족복지시설은 입소자의 다양한 욕구 충족 및 사회 · 경제적 자립 지원에 대한 기여를 목적으로 한다. 시설 유형은 〈표 7-7〉과 같다.

표 7-7 한부모가족복지시설의 유형

시설	시설의 목적
모자보호시설	• 생계가 어려운 모자가족을 일시적으로 또는 일정 기간 지원하여 생계를 지원하고 퇴소 후 자립기반을 조성하도록 지원하는 시설
모자자립시설	• 자립기반이 취약한 모자가정을 위해 설립, 일정 기간 주택 편의만을 제공하는 시설
부자보호시설	• 생계가 어려운 부자가족을 일시적으로 또는 일정 기간 지원하여 생계를 지원하고 퇴소 후 자립기반을 조성하도록 지원하는 시설
부자자립시설	• 자립기반이 취약한 부자가정을 위해 설립, 일정 기간 주택 편의만을 제공하는 시설
모자공동 생활가정	• 독립적인 가정생활이 어려운 모자가족이 일정 기간 공동으로 가정을 이루어 생활하면서 자립을 준비할 수 있도록 지원하는 시설
부자공동 생활가정	• 독립적인 가정생활이 어려운 부자가족이 일정 기간 공동으로 가정을 이루어 생활하면서 자립을 준비할 수 있도록 지원하는 시설
미혼모 공동생활가정	• 출산 후 해당 아동을 양육하지 아니하는 미혼모들이 일정 기간 공동으로 가정을 이루어 생활하면서 자립을 준비할 수 있도록 지원
일시보호시설	• 배우자(사실혼 관계에 있는 자를 포함)가 있으나 배우자의 물리적·정신적 학대로 아동의 건전한 양육이나 모의 건강에 지장을 초래할 우려가 있을 경우 일시적으로 또는 일정 기간 그 모와 아동 또는 모를 보호함을 목적으로 하는 시설
여성복지관	• 모자가족과 미혼여성에 대한 각종 상담을 실시하고 생활지도, 생업지도, 탁아 및 직업보도(職業輔導)를 행하는 등 모자가족과 미혼여성의 복지를 위한 편의를 종합적으로 제공하는 것을 목적으로 하는 시설
한부모가족 복지상담소	• 한부모가족에 대한 조사, 지도, 시설 입소 등에 관한 상담업무를 수행할 것을 목적으로 하는 시설

출처: 천정웅 외(2015)

참/고/문/헌

고경환·강지원·김용민(2010). “가족복지서비스 전달체계의 상대적 효율성 평가”. 『한국거버넌스학회보』, 17(3), 197-223.

고미영(2004). “가족복지서비스를 위한 새로운 실천 패러다임의 모색”, 『한국가족치료학회지』, 12(2), 53-75.

권태환·김혜란·양현아·한인섭·황정미(2005). 『한국 여성정책의 쟁점과 전망−가족, 성폭력, 복지정책』. 함께 읽는 책.

김두나(2008). 기혼여성의 홈리스 경험에 관한 여성주의적 접근. 이화여자대학교 대학원 석사학위논문.

김승권(2004). “건강가정기본법의 수요 내용과 기대효과. 건강가정기본법의 주요 내용과 기대효과”, 『보건복지포럼』, 80-93.

김영화(2010), 『현대사회복지이론』. 공동체.

김은희(2009). 미혼모 복지정책 개선방안에 관한 연구. 한성대학교 대학원 석사학위논문.

김인숙 외(2008). 『여성복지 실천과 정책』. 나남출판.

김정아(2013). 여성장애인의 취업 및 유지에 영향을 미치는 요인에 관한 연구. 대구대학교 석사학위논문.

남기철(2007). 노숙인 정신건강서비스 현황과 쟁점. 313-336.

박송이(2014). 성폭력피해 경험이 있는 비장애여성과 지적장애여성 간의 성인식 및 성태도 차이. 경기대학교 대학원 석사학위논문.

박수현(2007). 여성 및 자녀동반 여성 노숙인을 위한 쉼터 계획에 관한 연구. 홍익대학교 대학원 석사학위논문.

박옥임·도미향·류도희·박애선·백경숙·성정현·이규미·이영석(2004). 『성폭력 전문 상담』. 시그마프레스.

신연지(2014). 미혼모자 복지서비스 전달체계 성과평가−이용자 만족도를 중심으로−. 한양대학교 대학원 석사학위논문.

신원우(2009). “여성 노숙인의 우울에 영향을 미치는 요인”, 『사회과학연구』, 25(2), 55-78.

신원우·김유경·김경휘(2009). “여성 노숙인의 쉼터 퇴소에 영향을 미치는 요인”, 『사회복지연구』, 40(2), 5-32.

양점도 외(2014). 『사회복지개론』. 공동체.

여성가족부(2010). 2010년 전국 성폭력 실태조사. 여성가족부.

오명란(2015). 여성 장애인 근로자의 고용유지기간 영향요인. 한신대학교 대학원 석사학위논문.
오혜경 · 김정애(2000). 『여성장애인과 이중차별』. 학지사.
이미정(2013). “성폭력피해의 특성과 발생 현황”, 『젠더리뷰』, 29, 13-23.
이선경(2014). 미혼양육모의 양육 실태와 지원방안 연구. 연세대학교 대학원 석사학위논문.
이은미(2006). 여성지체장애인의 직업활동을 통한 역량강화 경험 연구. 서울대학교 대학원 박사학위논문.
이현혜(2006). “정신지체인의 성에 대한 교사의 인식연구”, 『특수교육재활과학연구』, 45(2), 67-86.
이혜림(2010). 여성의 복지증진을 위한 헌법적 연구. 조선대학교 대학원 석사학위논문.
장명숙(2009). “여성장애인과 인권”, 『여성학연구』, 19(1), 169-206.
전기택 · 황정임 · 김고은(2010). “여성장애인 지표 개발 연구”, 『한국여성개발원 연구보고서』, 13, 1-517.
채연아(2004). 아동 · 청소년의 성폭력피해 특성과 대처방법에 관한 사례연구. 숭실대학교 대학원 석사학위논문.
천정웅 · 김용환 · 김승돈(2015). 『사회복지법제론』. 양서원
최금숙(2014). “여성발전기본법을 양성평등기본법으로 전부개정: 여성가족 관련 법률 입법동향: 2013~2014년 상반기”, 『젠더와 입법』, No.3, 12-28.
최선화 · 오영란(2009). 『여성복지론』. 양서원.
최윤진(2015). “한부모가정 지원을 위한 정책 방향 연구”, 『임상사회사업연구』, 12(3), 59-74.
하춘광 · 김효순(2015). “사회적기업에서 일하는 저소득 한부모 여성 가장의 노동경험”, 『한국사회복지질적연구』, 9(2), 143-166.
한지영(2010). 일 · 가정양립제도의 성주류화 실현을 위한 노동관계법의 입법과제. 이화여자대학교 대학원 박사학위논문.
허라금(2008). “여성주의 성평등 개념을 통해 본 성주류화”, 『여성학논집』, 25(2), 45-79.
홍봉수 외(2015). 『사회복지개론』. 공동체.
황은숙(2013). “한부모가정 발생전후의 생활실태와 지원확대 방안”, 『한국한부모가정학』, 6(1), 1-25.
Asch, A., & Fine, M.(1988). “Introduction: beyond pedestals”, In Michelle Fine & Adrienne Asch(eds.), *Women with Disabilities*. philadelphia: temple university press.
Burt, M. R.(2001). “Homeless families, single and others: findings from the 1996 national survey of homeless assistance providers and clients”, *Housing Policy Debate,* 12(4),

737-780.

Feldman, F. L., & Scherz, F. H.(1968). *Family Social Welfare*. New York: Atherton Press.

Galaif, E. R., Nyamathi, A. M., & Stein, J. A.(1999). "Psychosocial predictor of current drug use, drug problems, and physical drug dcpendence in homeless women", *Addictive Behaviors*, 24(6), 801-814.

Zugazaga, C.(2004). "Stressful life event experiences of homeless adults: a comparison of single men, single women, and women with children", *Journal of Community Psychology,* 32(6), 643-654.

제8장 노인복지

INTRODUCTION TO SOCIAL WELFARE

1. 노인과 노인문제

1) 노인의 정의

노인(老人)의 개념을 한마디로 정의하기는 쉽지 않다. 노화가 단순한 인간의 생물학적 과정만이 아니라 정치 · 경제 · 사회 · 문화 등 여러 요인과 연관되어 시대와 사회에 따라 노인의 개념이 다르게 정의되기 때문이다. 국제노년학회(1951)에 따르면 노인이란 인간의 노화과정에서 나타나는 생리적, 심리적, 환경적 변화 및 행동적 변화가 복합적으로 상호작용하는 과정에 있는 사람이다. 노인은 첫째, 환경 변화에 적절히 적응할 수 있는 조직기능이 감퇴되고 있는 사람, 둘째, 생체의 자체 통합능력이 감퇴되고 있는 사람, 셋째, 인체의 기관, 조직, 기능에 쇠퇴현상이 일어나는 시기에 있는 사람, 넷째, 생활상의 적응능력이 결손되어 가고 있는 사람, 다섯째, 조직의 예비능력이 감퇴되어 적응이 제대로 되지 않는 사람이라고 규정하고 있다(홍숙자 외, 2014 재인용).

뉴가튼(Neugarten, 1974)은 노년기의 범주를 넓게 55세부터라고 보고 노인을 조작적으로 정의하여 세 그룹으로 분류하였다. 첫째, 연소노인(young-old: 55~64세)으로 아직 사회적으로 일을 하고 있으며 그들의 삶과 사회에서 절정기에 있는 노인, 둘째, 중고령노인(middle-old: 65~74세)으로 퇴직한 사람이 대다수이며 건강상태가 양호하고 취미생활을 할 풍부한 시간을 가지고 있는 노인, 셋째, 고령노인(old-old: 75세 이상)으로 더 이상 일을 하기가 어렵고 신체적으로 노쇠하고 질병에 걸린 경우가 많으며 가장 빈곤하며 가장 외롭고 가장 약한 노인이다.

노인에 관한 보편적인 정의는 역연령(曆年齡)에 의한 정의로 역연령에 의하면 출생 이후부터 달력상의 나이로 계산한 만나이가 일정 연령 이상일 경우 노인으로 규정한다(윤선오 · 김우호, 2014). 우리나라의 노인 관련 법규를 살펴보면, 고령자고용촉진법에서는 55세 이상을 고령자로 규정하고 있으며, 「국민연금법」에서 노령연금의 수급기준을 60세 이상으로, 「노인복지법」에서는 65세 이상을 노인으로 규정하였다(법제처, 2016).

2) 노인의 문제

(1) 노화

생물학적 노화란 나이가 증가함에 따라 생식력이 감퇴하고 사망률은 증가되는 진행성의 기능상실을 의미한다. WHO(세계보건기구)는 건강한 노화는 질병과 장애에서 벗어나야 함을 강조하였다(전진숙, 2007). 노화가 일어남에 따라 노인은 신체적 · 심리적 · 인지적 변화를 경험한다(박경일 외, 2012; 홍숙자 외, 2014). 눈에 띄는 신체적 변화는 피부, 두발, 치아와 관련된 변화이다. 구체적으로 주름살의 증가, 백발의 증가, 두발의 감소, 체중의 감소 등 신체 외관상의 변화가 나타나며 뇌와 중추신경계의 변화, 소화기능의 감퇴로 건강의 악화와 질병이 증가할 수 있다. 심리적인 변화에서는 질병과 배우자의 죽음, 사회적 관계의 감소로 소외와 고립감, 상실감 등을 경험한다. 이러한 부정적인 상황들로 인한 스트레스 등으로 정신건강에 장애를 경험하는 노인들도 증가하는 추세이다. 또한 일반 지능과 기억력의 감퇴는 노년기의 인지변화 중 가장 두드러진 변화라고 할 수 있다.

(2) 빈곤문제

노년기의 빈곤은 직장에서의 조기은퇴로 인해 수입이 상실됨에 따라 발생한다.

직장에서 퇴직하고 나면 재취업의 기회가 제한되며 생물학적 노화와 함께 노동시장에서의 경쟁력이 상실되어 빈곤이 지속화되고 장기화된다. 퇴직금이나 노후를 대비한 자금을 준비하기는 하지만 우리나라의 노인 세대들 대부분은 자식들의 교육비나 결혼자금 등으로 소진하여 자신을 위한 노후대비는 미흡한 현실이다. 대부분의 노인들은 수입의 절감 또는 무수입으로 자녀들에게 경제적으로 의존하는 것이 일반적이지만 노인가구의 증대에도 불구하고 자녀들의 부양의식은 오히려 약화되었다. 사회적인 소득보장을 받지 못하는 상태에서 자녀들의 원조가 없거나 미비한 경우 빈곤의 정도는 심각해진다.

(3) 노인성 치매

치매는 노년기에 나타나는 가장 대표적인 정신장애로서 다양한 인지적 기능이 퇴화하는 경우를 말한다. 기억력이 현저하게 저하되고 언어나 운동기능이 감퇴하며 물체를 알아보지 못하고 일상생활에 필요한 여러 적응 능력이 전반적으로 손상된다. 이러한 치매는 그 원인과 증상 양상에 따라 알츠하이머병 치매, 혈관성 치매, HIV(AIDS 유발 바이러스)로 인한 치매, 두부외상으로 인한 치매, 파킨슨 질환으로 인한 치매 등으로 다양하게 구분된다. 특히 노년기에는 알츠하이머형 치매가 가장 많다(권석만, 2013). 아직까지 치매에 대한 정확한 원인규명은 쉽지 않지만 지금까지 알려진 치매 발병원인으로는 연령, 성별, 교육수준, 가족력, 출생 시 부모의 연령, 두부외상, 우울증 병력, 흡연 등이 있다(유금순, 2012).

(4) 노인학대

「노인복지법」(제1조의2)에서 노인학대란 노인에 대하여 신체적 · 정신적 · 정서적 · 성적 폭력 및 경제적 착취 또는 가혹행위를 하거나 유기 또는 방임을 하는 것을 말한다. 노인학대의 유형은 발생공간과 행대에 따라 구분할 수 있는데 먼저 발생공간에 따라 가정학대, 시설학대, 그 외 기타 학대 등이 있고, 행태에 따라 신체적 학대, 정서적 학대, 성적 학대, 경제적 학대, 방임, 유기가 있다.

노인학대의 발생 원인은 학대행위자 원인과 가족 환경 원인으로 분류할 수 있다(중앙노인보호전문기관, 2012). 학대행위자 원인이라 함은 노인학대 발생원인 중 학대행위자 측면에서의 발생 원인을 의미한다. 학대행위자 원인으로는 신체적 의존성, 정신적 의존성, 경제적 의존성, 개인의 내적문제, 개인의 외적문제, 알코올 및 약물 사용장애, 과거 학대받은 경험, 학대피해노인 부양부담 등이 해당된다(중앙노인보호전문기관, 2012).

가족-환경적 측면에서의 발생 원인을 살펴보면 학대피해노인-학대행위자 갈등, 가족구성원 간의 갈등(자녀 간, 형제 간, 친족 간), 가족의 경제적 어려움 등이 있다. 학대피해노인-학대행위자 갈등은 학대피해노인과 학대행위자 두 사람 사이의 갈등을 의미하며, 가족구성원 간의 갈등은 부모 부양문제, 재산문제 등으로 인한 학대피해노인 자녀 간, 형제 간, 친족 간의 갈등으로 여러 사람이 갈등 대상이 될 수도 있다. 가족의 경제적 어려움은 학대피해 노인의 부양문제로 인한 부양가족들의 경제적 어려움을 의미한다(중앙노인보호전문기관, 2012).

표 8-1 노인학대 신고 건수

구분		2010년	2011년	2012년	2013년	2014년
전체 신고건수		7,503	8,603	9,340	10,162	10,569
학대사례	건수	3,068	3,441	3,424	3,520	3,532
	비율	40.9	40.0	36.7	34.6	33.4
일반사례	건수	4,435	5,162	5,916	6,642	7,037
	비율	59.1	60.0	63.3	65.4	66.6

주: 일반 사례는 학대로 신고되었으나 학대가 아닌 것으로 판정된 사례이다.
출처: 중앙노인보호전문기관(2012)

(5) 노인의 자살

자살이란 자발적이며 의도적으로 본인의 생명을 정지시키려는 일련의 행위를 지칭하며, 개인의 생명을 중단하기 위한 시도로서 야기된 사망상태를 포괄한다(정일영, 2013). 대부분의 노인들이 정신건강문제 중에서 가장 많이 경험하는 것은 우울이며, 자살을 시도하는 노인들의 과반수가 우울증상을 가지고 있는 것으로 보고하고 있다(이인정, 2011; 정일영, 2013). 가장 흔한 심리적 문제의 하나인 스트레스 또한 노인의 삶의 만족을 저하시킬 뿐 아니라 노인자살의 중요한 원인으로 보고되었다(최정자, 2015). 이 밖에 자살생각 요인을 살펴보면 〈표 8-2〉와 같이 다양한 요인들이 위험요인으로 작용하고 있는 것으로 나타난다.

표 8-2 자살생각의 요인

구분	요인
사회인구학적 요인	성별, 연령, 종교, 교육수준, 결혼 여부, 주거형태
개인 · 심리적 요인	자살기도 경험, 정신질환 정도, 상실경험, 가족력, 사고 경향
사회환경적 요인	대인관계, 삶의 보람 상실, 사회적 원조조직 결여

2. 노인의 생활

1) 노인의 사회활동

노년기의 사회활동은 신체적 건강뿐만 아니라 정신적 건강, 심리적 만족감과 전반적인 삶의 질을 향상시킨다. 노년기는 노화과정과 자녀의 독립, 결혼으로 인해 상실감을 느끼고 직장에서의 의무에서 벗어남과 동시에 인간관계가 축소됨으로써 고립감이 가중되는 시기이다. 따라서 노년기 사회활동은 건강을 유지하는 것 이상의 삶의 활력소가 되는 중요한 자원이라고 할 수 있다(양미희, 2009; 이의설, 2014).

노년기의 사회활동은 육체적 · 정신적으로 대외적인 관계와 접촉을 유지할 수 있는 모든 행위를 총칭하는 것으로, 자신의 몸 관리와 집안일로부터 이웃 방문, 종교 활동, 야외운동, 자원봉사나 경제적 활동에의 참여 등 노인 자신의 생존과 독립적 기능을 유지할 수 있는 모든 행위를 일컫는다(황종남 · 권순만, 2009). 사회활동을 성공적인 노화의 중요한 요소로 본 로우와 칸(Rowe & Kahn, 1998)은 노년기의 사회활동을 크게 '다른 사람과 친밀한 관계를 유지하는 것'과 '의미있는 활동을 계속 유지하는 것'으로 정의했다.

노년기 사회활동을 유형별로 분류하면 대인접촉 사회활동, 생산활동, 교육 및 지적 활동, 순수 여가활동으로 분류할 수 있다(윤종률, 2005). 대인접촉 사회활동은 가족, 친척, 이웃, 친구 등과의 접촉을 말하는 것으로 종교단체나 사회조직, 학습모임, 자원봉사단체 참여 등을 포함한다. 생산활동은 재화와 서비스를 창출하는 생산적 활동을 의미하며 취업, 자원봉사 활동, 집안일, 손자녀 돌보기, 환자 수발 등이 이에 속한다. 교육 및 지적 활동은 정규적인 학습과정 참여, 독서모임, 신문 읽기, 컴퓨터 배우기 등이며, 순수 여가활동은 각자의 취향에 맞게 자발적으로 선택하여 참여하는 모든 활동을 의미한다.

한편, 노년기 생산적 활동을 경제적 차원과 사회적 차원으로 구분하기도 하는데, 경제적 생산활동에는 유급노동과 무급노동이 있으며 사회적 생산활동으로 보살핌 노동과 사회참여, 자원봉사 등이 있다(김진욱, 2006). 노년기 사회활동의 형태들은 서로 중복되는 측면이 많은데, 이는 사회활동과 참여가 지니고 있는 복합성에서 기인한다.

2) 노인의 여가생활

여가는 일반적으로 노동의 반대개념으로 의무나 강제성을 띤 일정 행위에서 벗어나 자유롭게 휴식하며 시간을 사용하는 것을 의미한다(양민희, 2009). 노인의 여가활동은 노인의 잠재적 역할을 발견하게 하고 삶의 목표를 재설정하는 도구가 되며 여가활동을 통해 자연스럽게 경제활동으로 유도될 수 있다는 점에서 중요하다. 창작활동이나 취미활동에 적극적으로 참여함으로써 기쁨과 보람을 얻고 타인에게도 도움이 되는 가치있는 삶을 누릴 수 있다는 점에서 노인여가활동에 의의가 있다(김순애, 2015; 이향숙, 2015).

노년기 불평등의 문제는 주로 경제적인 측면에 집중되어 있으나 여가활동 영역에서도 불평등의 문제가 있으며 여가활동에 영향을 주는 요인들이 있다(한교남, 2011). 여가활동 불평등을 초래하는 개인적 자원으로는 건강, 경제, 시간 자원 등이 있다. 건강이 양호한 노인은 여가활동의 범위가 넓고 참여빈도도 높다. 또한 나이가 들어감에 따라 경제력이 감소하는 것이 일반적인 현상인데, 여성노인이 남성노인에 비해 경제력이 약하며 이는 여가활동에 영향을 줄 수 있는 요인이 된다. 경제적으로 여유가 있는 경우는 그렇지 않은 경우에 비해 시간 자원을 자유롭게 활용할 수 있다(남지민, 2015). 한편, 남성노인이 여성노인에 비하여 사회적인 여가활동에의 참여비율이 높은 반면, 여성노인은 가족중심의 여가활동에의 참여비율이 높다.

노인들이 참여하는 여가활동의 유형 및 종류는 매우 다양하다. 노인의 여가유형은 참여의도에 따라 능동적 활동과 수동적 활동으로 구분하기도 하고, 참여에 대한 만족정도에 따라 긴장해소형, 기분전환형, 발전추구형, 창조활동형, 쾌락추구형으로 나누기도 한다. 또한 노인의 성격이나 과거의 습관에 따라 단독충실형(미술 감상, 음악 감상, 사진촬영, 서예, 수집), 가족충실형(정원손질, 가족소풍, 외식, 가옥미화, 살림도구 손질), 우인교류형(친구교제, 우애방문, 관혼상제 참여, 우인회식), 독서형(독서, 신문스크랩, 문집정리, 잡지스크랩), 사회참여형(봉사활동, 정치참여, 동창회 참여, 향후회 참여, 친목회 참여) 등으로 구분하기도 한다(김태현, 1994).

3) 노인과 정보생활

정보화 사회의 참여로 인해 노인들은 양 방향의 커뮤니케이션을 수행하며, 시간과 공간의 제약을 극복함으로써 필요한 서비스를 필요한 상황에서 빨리 제공받을 수 있게 되었다. 인터넷 활용을 통하여 소극적인 노인의 생활을 적극적으로 변화시키고, 사교성을 향상시켜 즐거운 생활을 영위할 수 있다(배진한, 2005).

또한 노인들은 인터넷을 통해 새로운 정보에 관심을 갖고 능력개발 훈련에 참여함으로써 자립과 자활의 능력을 강화할 수 있다. 경로당에 컴퓨터와 인터넷을 보급하고 능력 개발 훈련에 참여하도록 홍보하는 것이 새로운 일자리를 구하거나 창업하려는 노인에게는 큰 도움이 된다. [그림 8-1]에서 나타나듯 노인의 인터넷 이용률은 꾸준히 증가하고 있음을 알 수 있다.

국가기관과 지방자치단체는 모든 국민이 정보통신서비스에 원활하게 접근하고 정보를 유익하게 활용할 권리를 보장하여 정보격차를 해소하고 고령자가 쉽게 웹 사이트를 이용할 수 있도록 접근권을 보장하고 있다(「국가정보화 기본법」 제32조). 그 일환인 고령층 정보화교육은 정보활용에 취약한 55세 이상 고령층을 대상으로 IT활용 교육의 기회를 제공하고 있다. 집합교육의 실시, 어르신 IT봉사단을 통한 방문교육 등은 노인의 사회·경제적인 자생력과 경쟁력을 키우고 고령층의 정보격차를 해소하는 고령화 대책과 연결된다.

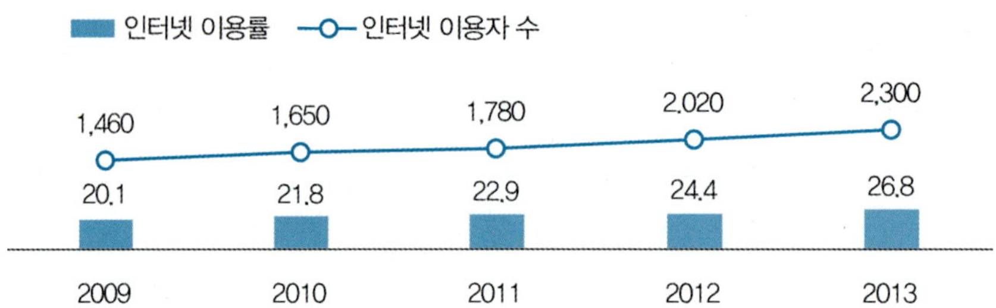

출처: 한국인터넷진흥원(2013)

그림 8-1 만 60세 이상 노년층의 인터넷 이용률 및 이용자 수

4) 노인의 자원봉사활동

노인들이 겪고 있는 가정과 사회에서의 역할의 변화과정을 고려할 때, 노인의 자원봉사활동은 노후생활의 여러 측면을 보완해 주고, 사회에서의 역할상실을 보충해 줌으로써 고독감의 경감에 기여한다(Atchley, 1989). 다른 연령계층과 달리 정년과 은퇴로 직업인으로서의 역할을 상실하고 제 역할을 찾지 못할 때 상실감과 소외를 극복할 수 있는 방안으로서 지역사회에서의 자원봉사활동이 도움이 될 수 있다. 여러 선행연구에서도 자원봉사활동이 노인의 생활만족에 긍정적인 영향을 미치고 사회에 기여함을 보고하였다(윤미영, 2010; 이필호, 2011; 박차은, 2013).

개인적인 측면에서 자원봉사활동은 사회적 지위와 역할을 보충해 주며 상실된 자신의 사회적 가치를 회복해 주어 사회적으로 유용한 존재가 되고 있다는 가치를 갖게 한다. 또한 노년기의 자아상과 자존감을 유지하고 향상시켜 줄뿐만 아니라 창의성과 공동체 내에서의 책임성을 발휘할 수 있는 기회를 제공한다. 사회적인 측면에서 노인의 자원봉사활동은 사회 내에서 노인에 대한 인식을 긍정적으로 바꾸어 놓을 뿐만 아니라 사회를 발전시키는 데 공헌하게 한다(장인협 · 최성재, 1998).

그럼에도 불구하고 1365 자원봉사포털에 등록된 자원봉사자 현황을 보면 연령별로 10대(30.4%), 20대(22.7%), 40대(16.1%), 50대(12.1%), 30대(9.4%), 60대(9.4%) 순으로 대체로 다른 연령대에 비해 노인의 활동비율이 낮은 편이다. 노인의 40% 이상이 자원봉사활동을 하는 오스트리아, 네덜란드, 스웨덴, 영국 등과 비교했을 때 상당히 낮은 수치이다(한국중앙자원봉사센터, 2014). 노인의 대다수가 자원봉사활동에 참여하지 않는 현실에서 노인의 삶의 질을 위해 자원봉사활동의 참여동기를 활성화할 수 있는 자원봉사활동 영역의 확대, 자원봉사활동 접수체계의 개발 등 다양한 방안을 마련할 필요가 있다.

표 8-3 자원봉사자 등록 현황

(단위: %)

구분 / 연도	총계	성별		연령별					
		남	여	20세 미만	20대	30대	40대	50대	60세 이상
2012	8,216,176명	43.0	57.0	29.2	19.2	10.8	17.6	13.4	9.9
2013	9,533,241명	43.1	56.9	30.1	20.7	10.0	16.8	12.7	9.8
2014	11,194,832명	43.0	57.0	30.4	22.7	9.4	16.1	12.1	9.4

출처: 행정자치부(2015)

5) 노인의 영성생활

노년기는 일반적으로 영성이 깊어지는 시기로 인식되고 있는데, 그 이유는 첫째, 노년기에 다다르면서 깨닫게 되는 인생의 유한성이 노인들의 영성을 증가시킨다(Atchley, 2001). 중년기에 이르기까지는 직업과 부양해야 할 가족 때문에 자신의 인생을 돌아볼 여유가 없지만 나이가 듦에 따라 인간 삶의 불확실성과 상실의 경험으로 말미암아 삶의 의미 추구, 자기존중, 타인과의 조화로운 관계, 희망 등과 같은 다양한 영적인 요구를 지니게 되는 것이다. 이는 이례적이거나 몇몇 특별한 사람들에게만 적용되는 특수한 상황이 아니라 매우 자연스러운 일이다.

둘째, 노년기에 겪는 여러 어려움이 영성을 성장시킨다(Wink & Dillon, 2002). 노인은 사회에서 젊은이들과 비교해서 겪는 차별, 본인 스스로 경험하는 신체적·인지적 능력의 변화로 인해 젊은 시절에 경험하지 못했던 어려움을 겪게 되는데, 이러한 어려움에 대처하고 의미있는 삶을 살아가기 위해 고독의 시간, 명상, 기도 등을 통해 영성을 개발해나간다(신동민, 2013).

나아가 영성은 삶의 만족과도 관련된 것으로 노년기 삶의 만족감은 세계에 대해 물질적인 관점에서부터 우주적이고 초월적인 관점으로 변화하는 것과 관련이 있다. 특히 인간이 자신의 실존적 존재에 직면하게 될수록 삶의 의미를 발견하게 되는데, 실존적 가치의 표현은 역경의 상황에서 자신의 가치를 재평가하는 것과 연결되며, 질병이 있거나 빈곤한 노인일 경우에 그 의미가 더 크다(이정희, 2015 재인용). 그런 점에서 노년기 자아의 통합과정은 영성이 개발되고 표현되는 시기라고 할 수 있다.

연구결과에서도 노인이 충격적이고 부정적인 사건을 경험할 때 이를 극복하는 내적 자원으로 영성이 활용되는가 하면 성공적 노화의 구성요소로서 노후의 삶을 평가하는 데 영성이 관련되어 있는 것으로 보고하고 있다(Cowlishaw, Niele, & Teshuva, 2013; Sermabeikian, 1994). 따라서 나이가 들어감에 따라 영성이 노인의 삶에서 차지하는 부분이 크다고 할 수 있으며, 노화와 관련된 변화에 성공적으로 적응하고 노년기의 삶을 수용할 수 있도록 원조해 주는 것이 영성인 것이다.

3. 노인복지제도

1) 소득보장정책

소득보장정책은 노인들의 경제적 빈곤문제를 해결하기 위한 정책을 말한다. 직접적인 소득보장정책으로 연금제도, 국민기초생활보장제도, 기초연금제도 등이 있으며, 간접적인 소득보장정책으로 경로우대제도, 고용증진, 생업지원제도 등이 있다.

(1) 직접적인 소득보장

① 국민연금법

「국민연금법」은 노령, 폐질 또는 사망 등과 같은 이유로 소득이 중단되거나 상당한 정도의 소득감소에 대한 대비책으로써 회복할 수 없는 장기적인 위험에 대한 소득을 보장하는 제도이다. 노령연금은 가입자, 사용자 및 국가로부터 일정액의 보험료를 받고 이를 재원으로 노령에 따른 근로소득 상실을 보전하기 위한 것이다. 가입기간이 10년 이상인 가입자 또는 가입자였던 자에 대하여 60세가 된 때부터 생존하는 동안 노령연금을 지급한다. 일정 소득의 업무에 종사하지 않을 때에는 60세 이전에라도 본인의 희망에 따라 수급을 받을 수 있는 조기노령연금이 있다. 또한 가입자 또는 가입자였던 자가 사망할 당시 그에 의해 생계를 유지하고 있던 자가 소득 상실을 보선하기 위한 유족연금과 질병과 사고로 인한 장기 근로능력 상실이 있을 때 지급받는 장애연금 등이 있다(천정웅 외, 2015).

② 국민기초생활보장제도

국민기초생활보장제도는 근로능력 수급자의 경우 어떠한 형태로든 자신의 근로를 제공하는 자활사업에 참여하는 것을 조건으로 생계급여를 제공하는 조건부 수급제도와 근로를 통해서 소득활동을 하는 수급자에게는 소득평가액에서 일정액을 공제함으로써 결과적으로 자신이 받을 수 있는 급여액보다 그 일정액에 해당하는 양의 급여를 부가해서 받을 수 있는 소득공제제도가 있다. 소득인정액이 중위소득의 28~50% 이내를 선정기준으로 하여 국가가 자신의 재원으로 수급자의 생활을 보장해 주는 제도이다. 부양의무자가 없으며 중위소득이 각각 28% 이하(생계급여), 40% 이하(의료급여), 43% 이하(주거급여), 50% 이하(교육급여)인 경우 그에 해당하는 맞춤형 급여를 받는다. 국민기초생활보장제도는 보편적인 국민의 소득보장제도이지만 노인의 소득감소에 따른 빈곤을 해결하는 데 기여한다. 2014년을 기준으로 국민기초생활보장 일반수급자 중 30.6%가 고령자인 것으로 나타나고 있다(통계청, 2015).

③ 기초연금법

「기초연금법」은 일반 국민들을 대상으로 하는 연금제도와 저소득층을 대상으로 하는 국민기초생활보장제도의 혜택을 받지 못하고 있는 사각지대의 노인들을 위한 노후 소득보장제도이다. 노년기의 문제 중에 하나가 노동시장에서 은퇴한 이후 소득단절로 인한 생활의 어려움이다. 기초연금을 지급함으로써 노인의 생활 안정을 지원하고 복지를 증진하기 위해 제정되었다. 기초연금수급 대상은 만 65세 이상이며, 가구의 소득인정액이 선정기준액 이하인 노인들이다. 2016년도 선정기준액은 노인단독가구일 경우 월 100만 원이며, 부부가구일 경우 월 160만 원이다 (보건복지부, 2016).

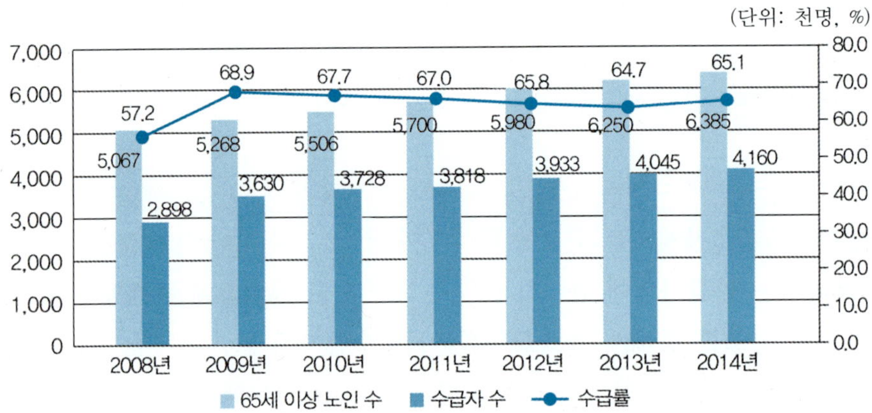

그림 8-2 기초연금의 연도별 수급자 및 수급률 현황

(2) 간접적인 소득보장

① 경로우대제도

첫째, 국가 또는 지방자치단체는 65세 이상의 자에 대하여 대통령령이 정하는 바에 의하여 국가 또는 지방자치단체의 수송시설 및 고궁·능원·박물관·공원 등의 공공시설을 무료로 또는 그 이용요금을 할인하여 이용하게 할 수 있다. 둘째, 국가 또는 지방자치단체는 노인의 일상생활에 관련된 사업을 경영하는 자에게 65세 이상의 자에 대하여 그 이용요금을 할인하여 주도록 권유할 수 있다. 셋째, 국가 또는 지방자치단체는 제2항의 규정에 의하여 노인에게 이용요금을 할인하여 주는 자에 대하여 적절한 지원을 할 수 있다(「노인복지법」 제26조).

② 고용촉진

「고령자고용촉진법」에 따라 고용차별을 금지하고 고령자가 그 능력에 맞는 직업을 가지고 고용안정과 국민경제의 발전에 이바지하도록 지원하고 촉진한다. 정부의 고령자 취업지원에는 고령자인재은행과 중견전문인력 고용지원센터의 운영 등이 포함되어 있다. 또한 국가 또는 지방자치단체는 노인일자리 전담기관을 설치·운영하여 노인의 능력과 적성에 맞는 일자리의 개발·보급과 교육훈련 등을 전문적이고 체계적으로 수행하게 하였다(「노인복지법」 제23조의2).

③ 생업지원제도

국가 또는 지방자치단체 기타 공공단체가 설치·운영하는 공공시설 안에 식료품·사무용품·신문 등 일상생활용품의 판매를 위한 매점이나 자동판매기의 설치를 허가 또는 위탁할 때에는 65세 이상의 자의 신청이 있는 경우 이를 우선적으로 반영하도록 하고 있다(「노인복지법」 제25조).

2) 의료보장정책

의료보장이 노인에게 중요한 이유는 노년기가 사고나 빈번한 질병으로 인해 만성적이며 장기적인 치료와 요양을 필요로 하는 시기이고, 건강보호를 위한 의료서비스가 노인 삶의 질과 수명에 가장 직접적으로 영향을 미치기 때문이다. 의료보장은 노인의 신체적 건강에 대한 욕구의 충족은 물론 노인의 건강과 밀접한 관련을 갖는 사회통합에 대한 욕구와 정서적 안정에 대한 욕구의 충족과도 연결되어 있다(이창익, 2015).

(1) 국민건강보험제도

국민건강보험제도는 질병이나 부상으로 인해 발생한 고액의 진료비로 과도한 부담이 되는 것을 방지하기 위하여, 국민들이 평소에 보험료를 내고 보험자인 국민건강보험공단이 이를 관리·운영하다가 필요시 보험급여를 제공함으로써 국민 상호 간 위험을 분담하고 필요한 의료서비스를 받을 수 있도록 하는 사회보장제도이다. 건강보험급여에는 현물급여와 현금급여가 있으며 현물급여를 원칙으로 한다. 노인은 현물급여 중 요양급여를 통해 질병·부상에 대한 예방·진단·치료·재활과 관련하여 요양기관으로부터 진찰·검사·약제·치료재료의 지급, 처치·수술 기타의 치료, 예방·재활, 입원, 간호, 이송 등에 대하여 직접 의료서비스를 제공받을 수 있다. 건강검진은 가입자 및 피부양자에 대한 질병의 조기발견과 그에 따른 요양급여를 하기 위해 2년마다 1회 이상 건강검진을 실시한다(「국민건강보험법」 제52조).

(2) 의료급여제도

2001년 「의료보호법」을 전면개정한 「의료급여법」은 개인 또는 가구의 수입이 최저생계비의 기준에 미달하여 의료비의 지출이 사실상 불가능하거나 최저생계비의 수준을 상회하더라도 의료비를 지출하면 생계에 큰 지장을 초래할 것으로 인정되는 개인이나 가구원에 대해서 국가가 국가재정으로 의료문제를 해결해 주는 공공부조 방식의 사회보장제도이다. 즉 보건의료 문제를 스스로 해결하기가 힘든 생활이 어려운 저소득층의 국민에게 의료급여를 실시함으로써 질병으로 인한 가계의 어려움을 방지하고 기본적인 생활을 보장하는 사회안전망을 마련하기 위해 실시되었다. 노인의 질병은 단기간에 치료 가능한 급성기 질환보다는 만성적이고 복합적인 특성을 가진다. 노인의료비는 지속적으로 증가하여 부담을 줄 수 있으므로 의료급여를 통해 의료비 부담을 경감할 수 있다. 「의료급여법」의 내용에는 진찰과 검사, 약제·치료재료의 지급, 처치·수술과 그 밖의 치료, 예방·재활, 입원, 간호, 이송과 그 밖의 의료목적의 달성을 위한 조치가 있다(「의료급여법」 제7조).

(3) 노인장기요양보험제도

노인장기요양보험제도는 치료의 목적이 아니라 치매나 뇌혈관성 질환 등의 노화 및 노인성 질환 등으로 인하여 6개월 이상 일상생활이 불편하고 누군가에게 의존해야 하는 대상자들에게 간병이나 수발, 일상생활의 지원 등의 서비스를 제공하여 노후의 건강증진 및 생활안정을 도모하고 그 가족의 부담을 덜어줌으로써 국민의 삶의 질을 향상하도록 함을 목적으로 만들어진 제도이다. 65세 이상의 노인 또는 65세 미만의 자로서 치매뇌혈관성질환 등 대통령령으로 정하는 노인성 질병을 가진 자이면 장기요양인정을 신청할 수 있는 대상자가 된다(「노인장기요양보험법」 제13조). 장기요양등급판정위원회에서 1~5등급까지 등급판정을 하며 장기요양인정자의 선택에 따라 요양시설과 집에서 급여를 받을 수 있다. 노인의 경우 다른 연령층과 비교하여 유병률이 2~3배 정도 높고, 질환이 만성퇴행성 질환으로 발전되는 것이 일반적이며 장기입원으로 많은 의료비를 지출해야 한다는 점에서 노인을 포함한 노인을 부양하는 가족의 경제적 부담을 덜어주는 보장제도이다.

표 8-4 노인장기요양보험급여의 내용

급여	내용
재가급여	• 가정에서 요양보호사와 간호사 등으로부터 식사 도움, 화장실 도움, 세면, 목욕, 말벗, 외출동행, 간호서비스 등을 받으며, 집안 청소 등 일상 가사 지원서비스를 지원해 주는 것, 또한 하루 중 일정시간 동안 주·야간 보호시설을 이용하여 기본적 요양서비스 외에도 신체 또는 정신기능 유지 및 기능향상 프로그램 등에 참가할 수 있음
시설급여	• 요양에 필요한 시설과 설비 및 전문 인력을 갖추고 있는 노인요양시설에 장기간 입소하여 받는 전문요양서비스
특별현금급여	• 요양보호서비스는 원칙적으로 현물급여를 제공하지만 예외적으로 특별현금급여를 지급(가족요양비, 특례요양비, 요양병원간병비)

3) 노인복지서비스

노인복지서비스는 대상자를 노인으로 하는 사회서비스의 한 영역으로 노인이 가진 심리적 · 사회적 욕구와 연관된 사회적 서비스를 말한다. 노인복지서비스는 복지서비스 형태에 있어 수요자 중심이 강조됨에 따라 시설서비스에서 재가서비스 중심으로 변하게 되었고, 그 서비스 대상에 있어서도 모든 노인으로 확대되는 추세이다.

(1) 노인주거복지시설

노인주거복지시설은 일상생활에 지장이 없는 노인이 입소하여 일상생활에 필요한 편의를 제공받는 시설로 양로시설 · 노인공동생활가정 · 노인복지주택을 말한다(「노인복지법」 제32조). 가정을 대신하여 노인들이 생활할 수 있도록 주거를 포함한 일체의 생활이 가능하도록 서비스를 제공한다. 양로시설은 노인을 입소시켜 급식과 일상생활에 필요한 편의를 제공하며, 노인공동생활가정은 노인들에게 가정과 같은 주거여건과 급식, 일상생활에 필요한 도움을 제공한다. 노인복지주택은 노인에게 주거시설을 분양 또는 임대하여 주거의 편의 · 생활지도 · 상담 및 안전관리 등을 지원한다.

(2) 의료복지시설

노인의료복지시설은 주거생활은 물론 보건의료 서비스를 제공하는 시설로서, 입소 조치에 따른 비용부담의 정도 및 질환의 정도에 따라 구분된다. 노인요양시설은 치매 · 중풍 등 노인성질환 등으로 심신에 상당한 장애가 발생하여 도움을 필요로 하는 노인을 입소시켜 급식 · 요양과 일상생활을 돕는다. 노인요양공동생활가정은 치매 · 중풍 등 노인성질환 등으로 심신에 상당한 장애가 발생하여 도움을 필요로 하는 노인에게 가정과 같은 주거여건과 급식 · 요양, 그 밖에 일상생활에 필요한 편의를 제공하고 있다.

(3) 노인여가복지시설

노인여가복지시설은 노인들이 건강하고 건전한 여가활동을 할 수 있도록 제반 서비스를 제공하는 시설로 노인복지관, 경로당, 노인교실 등이 있다. 노인복지관은 무료 또는 저렴한 요금으로 노인의 각종 상담에 응하고 건강의 증진, 교양, 오락, 기타 노인의 복지증진에 필요한 편의를 제공한다. 경로당은 지역 노인들이 자율적으로 친목도모, 취미활동, 공동작업장 운영 및 각종 정보교환과 기타 여가활동을 할 수 있도록 하는 장소를 제공하며, 노인교실은 노인들에 대하여 사회활동 참여욕구를 충족시키기 위해 학습 프로그램을 제공함을 목적으로 하는 시설이다.

(4) 재가노인복지시설

재가노인복지시설은 정신적 · 신체적 이유로 독립적 일상생활을 수행하기 곤란한 노인과 노인부양 가정에 필요한 각종 서비스를 지원함으로써, 노인이 가족 및 친시와 더불어 건강하고 안정된 노후생활을 영위할 수 있도록 함과 동시에 노인부양으로 인한 가족의 부담을 덜어 주기 위한 것을 목적으로 한다. 방문요양서비스, 주 · 야간보호서비스, 단기보호서비스, 방문목욕서비스, 노인돌봄서비스 등이 있다.

첫째, 방문요양서비스는 가정에서 일상생활을 영위하고 있는 노인으로서 신체적 · 정신적 장애로 어려움을 겪고 있는 노인에게 지역사회 안에서 건전하고 안정된 노후를 영위하도록 장기요양요원(요양보호사)이 가정을 방문하여 신체활동 및 가사활동 등 필요한 각종 서비스를 제공하는 활동을 의미한다.

둘째, 주 · 야간보호서비스는 부득이한 사유로 가족의 보호를 받을 수 없는 심신이 허약한 노인과 장애노인을 주간 또는 야간 동안 보호시설에 입소시켜 필요한 각종 편의를 제공하여 이들의 생활안정과 심신기능의 유지, 향상을 도모하고, 그 가족의 신체적 · 정신적 부담을 경감시키는 서비스이다.

셋째, 단기보호서비스는 부득이한 사유로 가족의 보호를 받을 수 없어 일시적으로 보호가 필요한 심신이 허약한 노인이나 장애노인을 보호시설에 단기간 입소시켜 보호함으로써 노인 및 노인가정의 복지증진을 도모하기 위한 서비스이다.

넷째, 방문목욕서비스는 목욕 장비를 갖추고 재가노인을 방문하여 목욕서비스를 제공하는 것을 말하며, 이용 대상자는 장기요양급여수급자와 심신이 허약하거나 장애가 있는 65세 이상의 노인을 대상으로 한다. 단, 이용자로부터 이용비용의 전부를 수납 받아 운영하는 시설의 경우는 60세 이상의 노인도 이용 대상이 될 수 있다.

다섯째, 노인돌봄서비스는 혼자 힘으로 일상생활을 영위하기 어려운 노인과 독거노인에게 욕구에 따라 안정 확인, 생활교육, 서비스 연계, 가사지원, 활동지원 등 맞춤형 복지서비스를 제공하는 것을 말한다. 요양서비스가 불필요한 독거노인에게는 기본서비스를 제공하며, 요양서비스가 필요한 노인에게는 종합서비스를 제공한다.

표 8-5 노인복지시설의 종류

종류	시설
노인주거시설	양로시설, 노인공동생활가정, 노인복지주택
노인의료복지시설	노인요양시설, 노인요양 공동생활가정
노인여가복지시설	노인복지관, 경로당, 노인교실
재가노인복지시설	방문요양서비스, 주·야간 보호서비스, 단기보호 서비스, 방문목욕서비스, 재가노인 지원서비스
노인보호전문기관	노인학대 신고, 상담, 보호, 예방 및 홍보, 24시간 신고·상담용 긴급전화(1577-1389)
노인일자리지원기관	지역사회 등에서 노인일자리의 개발·지원, 창업·육성 및 노인에 의한 재화의 생산·판매 등을 직접 담당하는 노인일자리전담기관 운영

4) 노인문화복지

문화복지는 사회복지의 개념과 사회복지를 포괄하는 삶의 영역이 확대됨에 따라 사회복지에 포함되어야 하는 하위영역 또는 대상으로 문화복지를 인식하게 되면서 등장하였다. 사회복지가 일차적으로는 물질적·경제적 욕구의 충족을 위한 것이라면 문화복지는 정신적·문화적 욕구에 대한 충족을 도와 두 가지가 병렬적으로 연계되어 궁극적으로 삶의 질을 제고할 수 있다고 본다(김세훈·조현정, 2008).

문화복지란 인간다운 삶을 실현하기 위한 것으로 협의적으로는 경제적 취약계층을 대상으로, 광의적으로는 일반 대중들까지 확대하여 개인들 속에 감추어져 있는 문화적 감수성, 창의적 사고, 잠재역량 등을 높이도록 하기 위한 직·간접적인 일체의 문화·예술적 노력이다(최종혁 외, 2009).

한편, 노인문화복지는 사회복지실천기술을 기반으로 모든 노인이 인간으로서 행복한 삶을 위해 취미·여가·문화활동을 적극적으로 할 수 있도록 노인들에게 문화적 서비스를 제공하는 총체적 활동을 말한다. 즉, 노인들이 삶을 살아가면서 자신의 가족생활과 사회생활에 잘 적응하고 참여를 통하여 인간답게 행복한 삶을 영위하도록 취미·여가·문화활동 등 적절한 서비스를 제공하는 전문적 문화활동이라고 볼 수 있다(이정서, 2015).

문화복지의 한 형태인 문화바우처는 문화수요자를 위한 보조금 방식의 정책수단으로 노인을 비롯한 소외계층 문화수요자를 위해 문화접근성과 선택의 기회를 제공하는 맞춤형 정책지원이다. 경제적 곤란으로 인해 문화예술 재화나 서비스를 소비할 수 없는 이들의 경제적 진입장벽을 완화시킴으로써 문화예술에 대한 접근성을 강화하여 저소득층의 문화향유 기회를 증진시키는 데 효과적인 정책수단이 된다(이경림, 2012).

문화바우처의 유형에는 문화카드, 기획바우처, 나눔티켓 등이 있다(이경림, 2012).

첫째, 문화카드는 기초생활수급자, 법정 차상위층을 대상으로 1가구당 5만 원 상당의 금액이 부여된 카드 1매를 발급하여 공연장, 전시장, 영화관, 인터넷 서점(도서 및 음반 구입) 등에서 신용카드처럼 결제하는 방식으로 사용한다.

둘째, 기획바우처 사업의 경우 문화카드를 사용하기 힘든 여건에 있는 소외계층에게 카드 1장에 해당하는 금액만큼의 공연 관람 서비스를 제공하며, 수혜자를 공연장까지 데려오는 '모셔오는 서비스', 거동이 힘드신 분들을 방문하는 '재가 방문' 등의 형태로 운영하고 있다. 기획바우처 사업은 지역주관처에서 지역 특성을 반영하여 다채롭게 운영하고 있는데, 독거노인과 같이 자발적인 문화카드 발급이 어렵고 자발적 관람이 어려운 노인을 고려하여 대상자 수요 및 지역여건에 맞는 맞춤형 기획바우처 프로그램을 개발·제공하고 있다.

셋째, 나눔티켓은 저소득층의 문화향수권 신장 및 삶의 질 제고와 초·중·고교생의 문화예술체험을 통한 문화감수성, 창의성을 개발하기 위하여 한국문화예술위원회 문화예술단체로부터 미판매 예상 객석을 기부받아 회원들이 저렴한 가격으로 좋은 공연과 전시를 관람할 수 있도록 지원하는 공공제도이다.

최근 지방자치단체들이 문화복지바우처 사업을 본격적으로 실시하는 추세를 보이며, 노인의 심리지원 서비스, 노인을 위한 돌봄여행, 주민의 욕구에 맞는 노인 맞춤형 운동처방 서비스에 이르기까지 다양한 문화활동 서비스에 대한 질을 개선하고자 노력하고 있다.

참/고/문/헌

권석만(2013). 『현대 이상심리학』. 학지사.

김세훈 · 조현정(2008). 문화복지 중기계획 연구. 한국문화관광연구원.

김순애(2015). 노인의 여가활동 유형이 삶의 만족도에 미치는 영향 연구: 강남구 노인복지관 노인들을 중심으로. 고려대학교 대학원 석사학위논문.

김진욱(2006). "한국 노인의 생산적 활동에 관한 실증연구−1999년과 2004년 생활시간조사 자료 분석을 중심으로", 『사회복지정책』, 25, 133-158.

김태현(1994). 『노년학』. 교문사.

남지민(2015). 노년기 성과 가구형태별 여가활동. 동국대학교 대학원 석사학위논문.

박경일 외(2012). 『사회복지학강의』. 양서원.

박차은(2013). 노인 자원봉사활동 만족도와 사회적 역할상실감 및 생활만족도와의 관계. 고려대학교 대학원 석사학위논문.

배진한(2005). "이용자의 내향성 · 외향성에 따른 대인매체 이용의 차이: 면대면 커뮤니케이션, 인터넷, 이동전화 이용 사이의 관계를 중심으로", 『언론과학연구』, 5(3), 303-336.

보건복지부(2016). 2016 기초연금 사업안내.

신동민(2013). 노인의 영성이 자아통합감에 미치는 영향−사회적 지지의 조절효과 검증−. 상지대학교.

양민희(2009). 한국 노인의 사회활동과 주관적 삶의 질. 이화여자대학교 대학원 석사학위논문.

유금순(2012). "치매노인을 위한 사회복지서비스 활성화 방안 연구", 『한국사회복지지원학회지』, 7(1), 111-129.

윤미영(2010). 노인자원봉사활동의 효과 연구: 우울과 생활만족도 중심으로. 한양대학교 대학원 석사학위논문.

윤종률(2005). 제6회 고령사회포럼발표자료, 한국노인과학학술단체연합회, 제6회 고령사회포럼발표 자료실, 3-33.

이의길(2014). 도시노인의 사회활동과 심리적 복지감 간의 관계−자아효능감의 조절효과를 중심으로−. 호서대학교 대학원 박사학위논문.

이인정(2011). "노인의 우울과 자살생각의 관계에 대한 위기사건, 사회적 지지의 조절효과", 『보건사회연구』, 31(4), 34-62.

이정시(2015). 노인문화복지에 영향을 미치는 종합적 요인 분석: 서울시 5개권역 복지시설 이용자를 대상으로. 고려대학교 대학원 박사학위논문.

이창익(2015). 우리나라 노인복지정책에 관한 연구. 경북대학교 대학원 석사학위논문.

이필호(2011). 노인의 여가활동과 자원봉사활동 및 생활만족에 관한 연구. 동아대학교 대학원 박사학위논문.

이향숙(2015). 노인복지관 이용자의 여가활동 특성이 생활만족도에 미치는 영향. 협성대학교 대학원 석사학위논문.

전진숙(2007). 노화의 개념, 『생물치료정신의학』, 13(2), 129-137.

정일영(2013). "사회참여가 노인 자살생각에 미치는 영향: 사회적 지지와 자기효능감의 매개효과를 중심으로", 『한국콘텐츠학회논문지』, 13(9), 164-177.

중앙노인보호전문기관(2012). 2012 노인학대 현황 보고서. 보건복지부.

천정웅 · 김용환 · 김승돈(2015). 『사회복지법제론』. 양서원.

최성재 · 장인협(2003). 『노인복지학』. 서울대학교출판부.

최정자(2015). 노인의 스트레스가 자살생각에 미치는 영향 연구－사회적 지지의 조절 및 매개효과 검증 중심으로－. 성결대학교 대학원 박사학위논문.

최종혁 · 이연 · 유영주 · 안태숙(2010). "사회적 취약계층의 사회적 배제에 대한 문화복지 프로그램의 기능: 문화복지실천가대상 질적연구", 『한국사회복지학』, 62(1), 291-316.

통계청(2015). 2015 고령자 통계.

한교남(2011). 한국사회 여가소비양식의 변화－2000년대 사회계층 간 여가소비양식에 대한 종단분석. 경기대학교 대학원 박사학위논문.

한국인터넷진흥원(2013). 2013년 인터넷이용실태조사. 미래창조과학부.

한국중앙자원봉사센터(2014). 해외자원봉사제도 연구－영국, 호주, 독일, KVC-A3636.

홍숙자 외(2014). 『사회복지개론』. 양서원.

황종남 · 권순만(2009). "중 · 고령자의 사회활동 참여와 인지기능과의 관계", 『한국노년학』, 29(3), 971-986.

Atchley, R. C.(1989). "A continuity theory of normal aging", *The Gerontologist,* 29(2), 183-190.

Atchley, R. C.(2001). "Spirituality", In G. L. Maddox(Ed.), *The Encyclopedia of Aging*. New York: Springer.

Cowlishaw, S., Niele, S., & Teshuva, K.(2013). "Older adults spirituality and life satisfaction: A longitudinal test of social support and sense of coherence as mediating mechanisms", *Ageing and Society,* 33(7), 1243-1262.

Rowe, J. W., & Kahn, R. L.(1998). *Successful aging*. New York: Pantheon Books.

Sermabeikian, P.(1994). "Our client, ourselves: the spiritual perspective and social work practice", *Social Work,* 39(2), 178-183.

Wink, P., & Dillon, M.(2002). "Spirituality development across the adult life course: Findings from a longitudinal study", *Journal of Adult Development,* 9(1), 79-94.

제9장 장애인복지

INTRODUCTION TO SOCIAL WELFARE

최근 우리나라에서는 사회환경의 변화와 장애인에 대한 인식의 증진 등으로 장애인 당사자의 사회참여와 기회에 대한 요구가 증가하고 있다. 하지만 실제로 장애인이 사회 속으로 나와 장애요인을 극복하고 살아갈 수 있을 정도의 충분한 제도나 서비스 등의 사회복지 지원은 부족한 실정이다. 장애인복지는 장애인을 대상으로 하는 사회복지의 한 분야이다. 장애인복지의 궁극적인 목적은 장애인의 완전한 사회참여를 통한 사회통합을 지향함으로써 장애인이 이 사회에서 가치 있는 역할을 수행하며 인간다운 생활을 할 수 있도록 보장하는 데 있다고 하겠다.

본 장에서는 장애인복지를 잘 이해하기 위해서 장애인복지의 기본이 될 수 있는 장애인의 개념과 범주 그리고 이들의 근간이 되는 이념을 살펴보고, 개인과 사회 차원에서 장애의 과정, 장애인복지정책과 재활실천 분야에 대한 전반적인 이해를 도울 수 있는 기초적인 내용을 살펴보고자 한다.

1. 장애의 개념

장애인복지란 국가와 사회적 수준에서 장애인에 대한 인간으로서의 존엄한 권리를 보장하고 사회적으로 동등한 대우를 받도록 하며 복지사회의 목표인 삶의 질적인 향상의 혜택을 받도록 하기 위한 복지이념 개념을 확립하고 이의 달성을 위해 필요한 제반 국가 및 사회의 복지정책을 수행하는 복지의 실체적 측면을 포함하는 개념이다. 이러한 장애인복지를 잘 실천하기 위해서는 장애인과 장애에 대한 개념을 구체적으로 살펴볼 필요가 있다.

1) 장애인과 장애의 개념 정의

장애라는 용어는 특정한 시대와 나라마다 다르게 정의하기 때문에 한마디로 정의하기란 매우 어렵다. 또한 의학적·법적·사회적 관점에 따라 다양하게 정의될 수도 있다. 일반적으로 장애인은 신체 또는 정신의 장애로 인해 생활에 불편을 느끼는 사람으로 표현된다. 하지만 누가 장애인이고 누가 장애인이 아닌가를 구분하기란 그 기준도 매우 애매하다. UN의 장애인권리선언(1975) 제1항에서는 "장애인이라 함은 선천적·후천적 여부에 상관없이, 신체적 능력 또는 정신적 능력의 부족 때문에 보통의 개인생활이나 사회생활에 필요로 하는 것을 혼자서 충족할 수 없는 사람"이라 정의하고 있다. 우리나라의 「장애인복지법」 제2조에서는 "장애인이란 신체적·정신적 장애로 오랫동안 일상생활이나 사회생활에서 상당한 제약을 받는 자로서 대통령이 정하는 장애의 종류 및 기준에 해당하는 자"로서 규정하고 있다.

우리가 무심코 사용하는 장애인을 지칭하는 호칭에는 장애인을 어떻게 생각하는지에 대한 관점이 들어가 있다. 이러한 호칭은 장애인에 대한 대외적인 의식형성에 큰 역할을 하며 장애인에 대한 편견을 만들어 낸다. 따라서 장애인에 대해 올바른 호칭을 사용하는 것이 중요하다(임종호 외, 2013). 현재 장애를 가진 사람을 표현할 때 가장 보편적으로 사용되는 용어는 1989년 「장애인복지법」으로 개정하면서 사용되는 장애인이다. 장애인을 영어로 표현할 때에는 신체적 또는 정신적 결함이 있다는 'handicapped'라는 표현보다는 좀 더 긍정적인 'the person with disability'라는 장애를 가진 사람이라는 용어를 사용하는 것이 좋은데, 이 표현에서는 장애보다는 사람을 강조하고 있다는 점이다. 사람들은 각각 생김새와 개성이 다른데 장애도 이러한 개인적 특성의 일부로 받아들여져야 한다는 것이다(권선진, 2007).

2) 장애의 개념 분류

장애를 인식하는 기본적인 관점은 일반적으로 장애의 원인을 개인에게서 찾는 개별적 모델(individual model)과 사회적 모델(social model)로 구분할 수 있다. 먼저 개별적 모델은 장애라는 현상을 신체적 질병이나 건강조건 또는 정신, 심리적 병리 등에서 비롯되는 장애로서 '개인'의 문제로 간주하는 시각이다. 장애로 인해 발생한 개인의 병리와 신체기능의 제약은 의료전문가에 의한 개별적 치료와 전문가의 지원을 통해 해결된다고 보고 개인의 보다 나은 적응과 행동의 변화를 위해 건강보호정책과 같은 의료보호에 중점을 기울이기 때문에 치료나 재활 관련 전문가의 역할을 절대적으로 보는 관점이다. 이에 반해 사회적 모델은 장애가 사회환경에 의해 형성된 조건들, 즉 사회적 편견이나 제도적 차별, 접근 불가능한 공공건물과 교통체계, 장애인을 분리시키는 교육, 노동기회에서의 배제 등에서 비롯된 사회적 억압에서 비롯된 문제로 보는 관점이다. 이러한 사회적 불리함의 결과는 사회전체를 통하여 장애인들에게 체계적으로 제도화된 차별을 경험하도록 만든다는 것이다. 따라서 장애의 문제해결은 사회전체의 집합적 책임이며, 사회행동을 통해 편견과 차별적인 환경조건을 철폐하는 사회변화가 요구되는 정치적인 문제라고 본다(박석돈 외, 2015).

앞에서 살펴본 장애를 정의하는 모델 외에도 실제로 각 나라에서 장애정책을 추진하기 위한 구체적인 장애 개념을 살펴보는 것이 중요하다. 세계보건기구에서는 국제장애분류(International Classification of Impairments, Disabilities, and Handicaps, ICIDH)라고 하는 장애에 관한 개념적인 틀을 발표하고 이 분류기준을 적용할 것을 권장하였다. 세계보건기구(WHO, 1980)에서 제안한 장애개념은 이념적 수준에 머물러 있던 것을 장애를 기능장애(impairment), 능력저하(disability), 사회적 불리(handicap)라는 세 가지 차원에서 개념을 사용하여 실제적인 적용을 위해 구체화하였다. 기능장애(impairment)는 심리적·신체적으로 또는 해부학적인 구조나 기능의 일부가 상실된 결과로 인해 나타나는 기능상의 장애를 말한다. 능력저하(disability)는 기능장애의 결과로 인해 나타나는 능력저하를 말한다. 사회적 불리(handicap)는 기능장애나 능력저하의 결과로 개인에게 나타나는 불리이기 때문에 그 개인의 특성에 따라서 자신의 역할을 수행하는 데 제한을 받거나 지장을 초래하는 경우를 말한다. 예컨대, 능력저하가 같다하더라도 장애인에 대한 이해나 주거, 도시환경, 재활에 대한 전반적인 시책 등이 충분히 갖추어진 사회와 그렇지 못한 사회에서의 장애인의 사회적 불리는 다르다. ICIDH의 세 차원에 대한 정책적 행동지침 및 대안으로는 1차적 손상은 예방, 2차적 능력저하는 재활, 3차적 사회적 불리는 기회의 균등화로 제시하고 있다.

장애의 개념에서 개별적인 차원 이외에 사회환경적 접근이 강조되기 시작하면서 세계보건기구에서는 ICIDH를 수정하여 새로운 분류기준인 ICIDH-2를 1997년에 발표하였다. 이 개념에서는 환경과의 상호 관계성 속에서 보다 포괄적으로 장애를 규정하고 있다. ICIDH-2에서는 장애를 손상(impairment), 활동(activity), 참여(participation)의 세 가지 축으로 설명하면서 손상과 활동은 개별적 모델의 개념을 활용하고 참여와 상황요인(contextual factor)은 사회적 모델의 개념을 통해 제시하고 있다. 개인의 손상은 신체구조와 기능상의 어려움으로 개인의 일상생활과 관계된 활동에 제약이 된다. 개인의 이러한 제한된 상황은 사회참여와 활동의 범위 및 정도에 영향을 미치고 동시에 개인을 둘러싼 물리적 사회환경은 장애인의 활동에 중요한 장벽으로 작용할 수 있다. 결국 개인적인 건강조건이나 일상생활에서의 어려움과 사회환경 간에는 상호 복잡한 관계에 있다고 보고, 두 요소 간의 상호작용에 초점을 두고 장애문제에 접근하려는 생태학적 모델의 입장에 있다.

이후에 세계보건기구에서는 2001년에 ICIDH-2에서 제시된 내용을 계승하면서, 분류체계와 언어사용을 보다 긍정적이고 환경지향적인 맥락에서 수정한 ICF(International Classification of Functioning, Disability and Health)를 발표하여 세계에서 통용할 수 있도록 승인하였다.

ICF의 기본목적은 건강 또는 건강과 관련된 상태를 표현하는 체계와 통일된 표준분류를 제시하기 위한 것으로서 건강의 요소들과 안녕상태에서의 건강 관련 요소들(교육, 노동)을 정의하고 있다. ICF는 건강에 관련된 요소를 설명해 줄 수 있는 보편적인 적용이 가능한 틀로서 제1 영역은 기능과 장애, 제2 영역은 상황 요인으로 구분하고 있다.

ICF에서는 장애나 건강상태보다는 기능수행(functioning)에 중점을 둠으로써 병인학적으로 중립적인 태도를 취하고 있다. 또한 ICF의 분류는 다차원적이며 개인적인 장애나 질병과 상황적 맥락(환경적 요인과 개인적 요인)의 구성요인들 간의 상호작용에 의해 기능과 장애를 설명하고자 하는 역동적인 개념이다. 예컨대, 가난한 장애인이 부유한 장애인보다 사회활동이나 참여에서 더 많은 제약이 있을 것이고, 결국 장애 정도보다 심각하게 나타난다고 본다. 즉, 특정 영역에서의 개인의 기능수준은 건강상태와 상황적 맥락의 상호작용의 결과라고 본다.

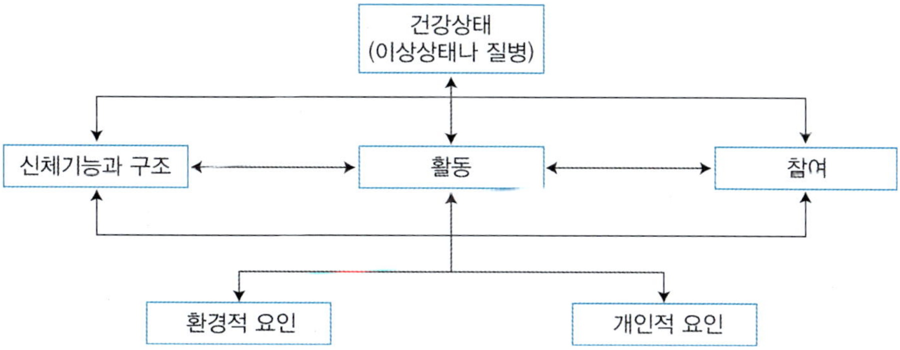

출처: WHO(2001), ICF : International Classification of Functioning, Disability and Health, Geneva: Author.

그림 9-1 ICF 구성요소 간의 상호작용 관계

2. 장애의 유형과 장애인구

1) 장애범주

장애의 범주는 폭넓게 정의되고 있고 나라마다 구성하는 기준이나 내용이 달라 일률적으로 구분하기가 어렵지만, 기본적인 장애범주로는 주로 그 나라의 법적인 정의를 따르게 된다. 대체로 선진국일수록 장애 범주를 좀 더 폭넓게 정의하는 경향이 있다. 법적으로 어느 범주까지 장애인에 포함되는가가 그 나라의 장애범주를 실질적으로 규정해 준다고 할 수 있다.

우리나라에서는 「장애인복지법」에서 '장애인'이란 신체적 · 정신적 장애로 인하여 오랫동안 일상생활 또는 사회생활에 상당한 제약을 받는 자로서, 신체적 장애라 함은 외부 신체 기능의 장애, 내부기관의 장애를, 정신적 장애라 함은 발달장애 또는 정신적 질환으로 발생하는 장애로 규정하고(제2조), 동법 시행령 제2조에서는 장애의 종류와 기준을, 시행규칙 제2조에서는 장애등급(1~6등급)을 규정하고 있다. 우리나라의 장애범주는 15개 유형으로 구분하고 있다.

표 9-1 장애인복지법에 의한 장애유형 및 기준

대분류	중분류	소분류	장애등급 분류	비 고
신체적 장애	외부 신체 기능의 장애	지체장애	1급~6급	상지, 하지 등급기준이 다름 관절장애는 4~6급까지 분류
		뇌병변장애	1급~6급	중추신경의 손상으로 인한 복합적인 장애
		시각장애	1급~6급	시력 및 시야장애 포함
		청각장애	2급~6급	평형기능 장애는 3, 4, 5급으로 분류
		언어장애	3급~4급	언어장애, 음성장애
		안면장애	2급~5급	안면기형 또는 변형으로 사회생활에 제약을 받는 자
	내부 신체 기능의 장애	신장장애	2급, 5급	혈액투석 및 복막투석자: 2급, 신장이식자: 5급
		심장장애	1, 2, 3, 5급	심장이식을 받은 사람: 5급
		간장애	1, 2, 3, 5급	간이식 수술자: 5급
		호흡기장애	1, 2, 3, 5급	일상생활에서 현저히 제한되는 만성 · 중증의 호흡기기능이상
		장루 · 요루 장애	2급~5급	배변 및 배뇨의 장애로 장루 및 요루수술을 받아서 일상생활에 상당한 제한을 받는 사람
		뇌전증 (간질)장애	2급~5급	성인 뇌전증 2~5급, 소아청소년 뇌전증 2~4급
정신적 장애		지적장애	1급~3급	지능검사 및 사회성숙도 지수에 의한 분류
		정신장애	1급~3급	정신분열병, 분열형 정동장애, 양극성 정동장애, 반복성 우울장애
		자폐성장애	1급~3급	소아기 자폐증 등 자폐성장애

출처: 「장애인복지법 시행령」(2016년 현재)

우리나라에서는 1988년 장애인등록사업이 전국적으로 실시되었고, 1989년 「장애인복지법」에서는 지체장애, 시각장애, 청각장애, 언어장애, 정신지체의 다섯 가지만 법적 장애로 인정하였다. 1999년 「장애인복지법」이 개정되면서 뇌병변장애, 신장장애와 심장장애 등 내부기관장애 그리고 정신장애, 발달장애(자폐) 등이 추가로 인정되어 10개 범주로 늘어났고, 2003년에는 안면장애, 간장애, 호흡기장애, 장루·요루장애 등이 추가로 확대되어 인정되었다. 2007년에는 정신지체가 지적장애로, 발달장애는 자폐성장애로, 2014년에는 간질장애가 뇌전증장애로 개칭되었다. 장애범주의 확대는 단순한 법정장애인의 확대라는 의미뿐만 아니라 그동안 복지서비스에 소외되었던 많은 장애인이 수급자격을 얻게 됨으로써 복지혜택을 받을 수 있게 되었다는 점에서 의의를 갖는다. 법정 장애범주는 장애인구의 규모나 서비스 종류, 복지재정과도 밀접한 관련이 있기 때문에 핵심적인 사안이라고 할 수 있다(정무성 외, 2006).

2) 장애인구 및 출현율

장애인의 생활실태와 욕구를 파악하고 장단기 장애인복지 정책을 수립하기 위해서 「장애인복지법」 제31조와 「장애인복지법 시행령」 제18조와 제19조의 규정에 따라 장애인실태조사[1]가 3년 주기로 실시되고 있다.

2014년 장애인실태조사 결과, 전국의 장애인 수는 약 273만 명으로 추정되어 2011년의 268만 명에 비해 약 4만 3천명 정도가 증가하였다. 장애 인구를 바탕으로 추정된 인구 1백 명당 장애인 발생률을 나타내는 장애출현율은 2000년 3.09%, 2005년 4.59%, 2011년에는 5.61%로 증가하였으나 2014년의 장애출현율은 5.59%로 2011년 조사에 비해 0.02% 감소하였다. 총 272만 명 중에서 재가장애인은 약 264만 6천명이며, 시설장애인은 약 8만 8백명 정도이다. 그동안 정부의 지속적인 재가장애인 정책강화로 재가장애인 수는 매년 늘어나고 있으나 시설거주 장애인 수는 그리 늘지 않고 있다. 지속적인 장애인 수의 증가원인은 법정 장애범주가 확

1) 1980년 이후 5년마다 전국적으로 장애인실태조사가 시행되어 왔으나, 2007년 「장애인복지법」이 개정됨에 따라 이후에는 실태조사 주기가 3년마다 이루어지고 있다.

대되고 있고, 우리 사회가 장애위험요인인 인구고령화와 각종 산업재해, 교통사고와 만성질환의 증가로 인해 장애인 수가 늘어난 것으로 살펴볼 수 있다. 따라서 장애인 문제는 개인의 문제가 아니라 사회적인 문제로 다루어질 필요가 있다.

표 9-2 전국 장애인 추정 수

(단위: 명, %)

구분		재가장애인	시설장애인	전체
2014년	장애인 수	2,646,064	80,846	2,726,910
	출현율	5.43	–	5.59
2011년	장애인 수	2,611,126	72,351	2,683,477
	출현율	5.47	–	5.61
2005년	장애인 수	2,101,057	47,629	2,148,686
	출현율	4.50	–	4.59
2000년	장애인 수	1,398,177	51,319	1,449,496
	출현율	2.98	–	3.09

출처: 김성희 외(2015). 2014년 장애인실태조사.

3. 장애인복지의 이념

그 나라의 장애인복지 정책방향은 그 사회가 추구하는 이념에 의해 많은 영향을 받을 수 있기 때문에 대표적이라고 할 수 있는 몇 가지 이념을 살펴보고자 한다.

1) 탈시설화

탈시설화(deinstitutionalization)는 1970년대 미국에서, 특히 정신장애인이나 지적장애인 등의 발달장애인이 대규모 수용시설의 비인간적인 처우를 받으며 수용되어 있던 폐단을 개선하기 위해, 장애인복지시설 내에서 생활하는 장애인이 시설에서 벗어나 지역사회에 기반 한 거주시설에서 재활, 사회복귀, 자립할 수 있도록 적절한 사회복지서비스를 제공하기 위한 방안으로 장애인 부모 및 보호자들에 의해 주도된 사회운동이다.

이러한 탈시설화를 위해서는 건축물이나 지역사회 환경상의 보완과 수정, 장애인과 비장애인이 더불어 살 수 있는 사회통합에 대한 시민의 태도나 인식이 우선되어야 하는데, 이러한 조건이 갖추어지지 않은 준비가 덜된 상태에서 탈시설화가 이루어질 경우 오히려 장애인의 삶의 질을 더욱 떨어뜨리는 결과도 낳게 되었다. 따라서 탈시설화의 이념을 제대로 적용하기 위해서는 규모가 큰 시설에서 작은 시설로, 규제가 많은 생활에서 적은 생활로, 큰 생활단위에서 작은 생활단위로, 집단생활에서 개인생활로, 지역사회로부터 격리된 생활에서 통합된 생활로, 의존적인 생활에서 자립생활로 시설보호의 방향을 전환해나가야 하며, 지역사회 내에서 지속적인 적응훈련을 필요로 한다(Scheerenberger, 1977).

2) 정상화

정상화(normalization) 이념은 장애인도 비장애인과 같은 권리와 의무를 가져야 한다는 이념으로서, 1950~1960년대 후반 스칸디나비아에서 지적장애인의 서비스 실천원칙에서 덴마크의 미켈슨(Mikkelsen)[2]에 의해 처음 제기되었으며, 지적장애인에 대한 시설보호를 반대하고 생활리듬과 패턴 측면에서 정상적인 생활을 하도록 강조하고 있다. 이후 정상화 이념은 1970년대와 1980년대 초반을 거치면서 울펜스버거(Wolfensberger)에 의해 체계화되었다. 이 정상화의 이념은 탈의료화와 탈시설화와 밀접하게 관련되어 있는데, 전통적인 시설서비스 중심의 이데올로기에 반대하는 정상적인 리듬을 강조하고, 개인의 성장과 발달에서 정상적인 발달경험, 인생주기에서의 선택의 자유, 정상적인 가정에서의 생활, 지역사회에서 통합되어 있는 삶을 강조하며, 장애인복지시설의 집중화를 반대하는 탈시설화와 밀접하게

2) 정상화는 1959년 덴마크에서 지적장애인을 대상으로, '지적장애인을 가능한 한 최대로 정상적인 생활조건(normal living condition)에 가깝게 생존하도록 하는 것'이라 정의한 지적장애인법에서 출발하였다. 이는 후에 미켈슨(Mikkelsen)에 의하여 '정신지체인에게 주거, 교육, 일, 취미활동 등을 포함하여 다른 모든 시민들이 갖는 인간의 기본권을 제공하는 것'을 의미하는 개념으로 발전되었다.

관련이 있다(오혜경, 1999).

정상화 이념은 지역사회로의 이전이라는 현상적인 면에서는 탈시설화와 유사하지만 근본적인 지향에서는 차이가 있다. 탈시설화는 시설수용의 비인도주의적인 측면에서 출발하였지만, 시설의 비용적인 측면을 강조한 흐름으로서 시설유지의 비합리적인 재정투입에 반대하여 복지예산의 삭감이라는 정치적 이슈를 제공한다. 반면 정상화 이념은 정상화를 위해서는 시설수용보다 훨씬 더 많은 예산을 편성하는 재정투입의 대폭적인 증대를 통한 장애인복지 서비스질의 향상을 주장한다(Wolfensberg, 1983).

정상화 이념은 대형시설에 격리되고 수용되어 있던 장애인을 다양한 지역사회 중심의 주거시설로 이전시킴으로써 이들 장애인이 사회의 주류 속에 통합되고 지역사회에서 살아갈 권리를 회복하는 데 기여하였다. 또한 지속적으로 발전되고 확산되어 장애인에게 사회적으로 가치 있는 역할을 부여하고 이러한 역할을 수행할 수 있도록 지원하는 과정으로서 장애인복지에서 서비스의 질 개선과 장애인의 삶에 긍정적인 영향을 미치는 가장 중요한 이념으로 발전하였다.

3) 사회적 역할의 가치화

사회적 역할의 가치화(Social Role Valorization, SRV)란 1960년대 후반에 형성되어 발전되어 온 정상화이념에 입각하여 미국의 울펜스버거(Wolfensberger)에 의해 체계화된 이념이다. 사회적 역할의 가치화는 어떤 사람이 수행하는 역할이 곧 그 사람의 가치를 평가하는 기준이 된다고 본다 즉, 사람은 그 사회의 보편적이고 일반적인 가치 지향에 따라 평가되며, 일반적인 상황과 다른 특징을 가지고 있는 사람은 평가절하되는데, 이것은 다시 가치절하 당한 사람의 성장이나 개발을 방해하게 되고 사회적 약자는 일반사회에서 격리되어 취급되는 악영향을 받게 되는 것이다. 따라서 어떤 인간의 능력이나 존엄성이 실제보다 평가절하되는 것은 당사자에게 위해를 입힐 가능성이 있으며, 사회의 동등한 구성원으로 살아갈 수 있는 여지를 좁히는 결과를 가져온다고 본다(김용득 외, 2007).

울펜스버거는 사회적인 맥락에서의 역할을 강조하기 위해 정상화란 말 대신

'social role valorization'이라는 말로 표현하였고, 이 용어 속에서 '사회 속에서 가치가 박탈될 위기에 처해 있는 사람들을 위하여 가치가 입력된 사회적 역할을 창조하고 지원하며 방어해 주는 것이 가장 확실하게 표현할 수 있는 정상화의 궁극적인 목표'라고 강조하고 있다(Wolfensberg, 1983). 따라서 '사회적 역할의 가치화'란 사람들이 가치 있는 사회적 역할들을 형성하고 정립하고, 유지하도록 하기 위하여 문화적으로 가치 있는 수단을 가능한 한 많이 사용하는 것을 의미하며, 이 정의에서 정상화는 가치 있는 사회적 역할이라는 목적 달성과 이 목적을 성취하기 위해 가치 있는 수단을 사용하는 것을 의미한다(임종호, 2013).

사회적 역할의 가치화에서 제기되는 일곱 가지 핵심주제를 살펴보면 다음과 같다.

첫째, 서비스에서 무의식의 역할 개선이다. 사회적인 모든 의도를 공개하고 정책담당자와 서비스에 관여하는 사람들의 의식을 높이는 작업이 매우 중요하다.

둘째, 역할기대의 바람직한 정립이다. 어느 한 개인은 자신에게 쏟아지는 역할에 대한 타인 또는 사회의 기대에 의해 예컨대, 낙인(labelling)이나 비하(degradation), 부정 등의 요인에 심하게 영향을 받는다. 장애인에게 가치 있는 사회적 역할을 창출해내는 것이 중요하다.

셋째, 긍정적 사고를 높이는 일이다. 사람들은 모두 약간의 부정적인 특성을 가지고 있지만 가치 이하로 평가절하된 사람들은 좀 더 좋지 않는 경험이나 가치 이하로 평가될 위험 속에 살고 있다. 예컨대, 사회는 가치가 박탈되거나 낙인찍힌 사람들이 어떠한 일탈행위를 보일 때 그 행위를 낙인과 연결시키면서 더 확대해석하는 경향이 있다. 헐렁한 옷이나 트레이닝복보다는 깔끔한 정장을 입을 때 그 사람의 긍정적인 측면을 더 구축할 수 있나.

넷째, 개인의 능력을 증진하는 일이다. 장애를 가진 사람들의 대부분은 크든 작든 신체적·지적 능력 등 기능상의 손상을 가지고 있을 수 있기 때문에 비장애인보다 낮은 능력을 가질 수 있다. 개인의 발달을 지원하기 위해 효과적인 교육방법과 바람직한 장비를 사용하는 것은 꼭 필요하나.

다섯째, 모방력이다. 사회학습이론에서 심리사회적인 영향과 함께 모방과 모델링은 중요한 학습수단이 된다. 사람들의 성격, 다른 사람이나 환경에 상호작용하고 어울리는 방법, 옷차림, 언어습관 등 인간행동의 모든 측면에서 모방에 영향을 받는다. 특히 사회적으로 가치가 절하된 장애인에게는 이러한 모델을 통해 사회화가 이루어지도록 긍정적인 모방이 제공되어야 한다.

여섯째, 사회적 이미지를 향상시키는 일이다. 일반적으로 가치절하된 사람들에 대한 고정관념을 살펴보면, 사회적 상징화의 과정을 통해 이루어진다. 예컨대 지적장애인과 성범죄를 연계시킴으로써 지적장애와 폭력성에 대해 무의식적으로 상징하거나 이미지로 연결함으로써 사회적 가치평가에 부정적인 이미지를 전이시킨다. 사회적 역할의 가치에서는 가치 이하로 평가된 장애인의 이미지를 향상시키는 것이 중요하다.

일곱째, 사회통합과 사회적 참여의 중요성이다. 장애인의 사회적 역할 강화를 위해서는 가치를 박탈당한 장애인이 비장애인과 더불어 살 수 있고, 동료들과 같이 교육받을 수 있으며, 똑같은 작업환경 속에서 일할 수 있으며, 종교, 레크리에이션, 쇼핑 그리고 다른 모든 활동에도 적극적으로 참여할 수 있어야 한다.

4) 자립생활

자립생활(independent living)은 장애의 원인은 개인에게 있으며, 변화가 필요한 것은 장애인 개인이라고 보는 기존의 재활패러다임과는 달리, 장애인의 문제는 장애인 당사자가 잘 이해하고 있으므로 장애인 스스로가 자신의 삶을 선택하고, 조정하고 자신의 삶의 전부를 관리하는 자기선택과 자기결정권이 있음을 강조하고 있다. 또한 장애인복지서비스 제공에 있어서도 장애인의 주도적인 참여가 보장되어야 한다는 이념이자 실천전략을 의미한다. 여기에서 장애인의 자립이란 장애인 자신이 가지고 있는 능력을 최대한 활용하여 직업적·경제적으로 자립적인 생활을 영위하는 것을 의미한다. 자립생활의 이념은 장애인의 문제는 장애인이 가지고 있는 신체적 문제보다 그러한 요소를 문제화시키는 사회환경에서 비롯되기 때문에 물리적·심리적 환경의 개선에 관심을 가지며, 장애인의 문제가 인권문제임을 부각시키는 강력한 권익옹호의 지향성을 담고 있다(Dejong, 1979).

자립생활이 이념으로써 운동으로 나타났을 때는 동시대의 사회운동과 함께 성장하였다. 시민권운동, 소비자주의, 자조운동, 탈의료화, 탈시설화와 같이 전문가

중심의 서비스에 대한 한계를 비판하고 극복하고자 당사자가 중심이 되어 장애인 본인의 서비스에 대한 권리를 주장하고 통제할 수 있는 사회운동으로서 전개되었다. 특히 전적으로 직업을 갖지 못한 장애인이 지역사회에서 생활할 수 있도록 의료 및 사회복지서비스를 제공한다는 '재활'과 비교했을 때 자립생활은 장애인 당사자가 비장애인과 마찬가지로 지역사회에서 똑같이 살아야 한다는 정상화이념을 추구하고 있어 재활의 잘못된 정의를 수정하고 있는 운동이라고 할 수 있다(한국장애인자립생활센터 총연합회, 2016).

자립생활운동은 1960년대에 지역사회에서 생활하고자 하는 미국의 중증장애인들이 자신들의 네트워크를 만들고자 하는 생각에서 출발하였다. 1962년 버클리 대학에서 이 운동을 시작하여 자립생활의 아버지로 불리는 미국의 로버트(Edward Roberts, 1939. 1. 23~1995. 3. 14)는 자립생활 운동을 '차별과 분리에 항거하며 사회적 책임과 기쁨을 공유할 수 있는 장애인의 권리와 능력에 대한 확인'이라고 하였으며 넓은 의미에서 '장애인들의 시민권 운동'이라 하였다(Lachat, 1988: 1-5). 이 운동은 이후 장애인복지정책과 연구에 방향을 제시하는 새로운 패러다임으로 해석되어 재활서비스와 대비되는 자립생활서비스의 기본 철학이 되었다(DeJong, 1981: 7-33).

자립생활이념을 기반으로 하여, 자립생활센터는 1972년 미국 '버클리 자립생활센터'[3]에서 처음 시작되었다. 이러한 자립생활센터는 자립생활의 각종 실천활동의 중심에서 각종 서비스를 제공하고, 서비스와 각종 정보들을 장애인에게 연결시켜주며, 장애인 간 조정과 연계의 장으로서 자립생활을 전파, 발전시켜나가는 자립생활의 핵심조직이자 비시설, 비영리 기관으로서 장애인이 주체가 되어 운영해가는 자립생활의 실천이 장이라고 할 수 있다.

우리나라에서 자립생활운동의 이념이 본격적으로 소개된 것은 1993년 한국장애인연맹(Disable Peoples' International, Korea)을 통해 『ADA의 충격』이라는 일본 서적이 번역되면서부터이다. 이후 1997년에는 한국소아마비협회 직원들이 버클리 자립생활센터를 방문하여 자립생활운동의 이념과 자립생활 서비스에 대해 연수하였으며, 1998년부터는 정립회관이 일본의 대표적인 자립생활센터인 휴먼케어[4]

3) 1972년에 설립된 미국 최초의 자립생활센터이다(http://www.cilberkeley.org).
4) 1986년에 설립된 일본 최초의 자립생활센터이다(http://humancare21.at.infoseek.co.jp).

와 함께 국제학술대회, 직원연수, 강연회, 세미나, 동료상담교실, 자립생활체험 프로그램 등의 사업을 지속적으로 실시하면서 자립생활운동의 철학과 이념을 전국적으로 확산시켰다(김경혜 · 최상미, 2004). 특히, 2000년에는 서울 동대문구의 피노키오자립생활센터와 광주 우리이웃장애인자립생활센터가 설립되어 일본 자립생활센터협의회(Japan Council on Independent Living Centers)의 지원을 받기도 하였다. 2002년 10월에는 서울시가 3억 원을 확보하여 피노키오장애인자립생활센터, 광진장애인자립생활센터, 서울장애인자립생활센터, 프렌드케어자립생활센터, 믿음복지회 등 5곳의 자립생활센터에 운영비와 사업비를 지원하였다. 최근 2016년 현재 200여 개의 장애인자립생활센터가 운영되고 있으며, 설립된 기관마다 지역장애인의 자립생활을 위한 서비스를 다양하게 제공하고 있다.

자립생활센터를 기반으로 하는 자립생활에서의 대표적인 프로그램을 살펴보면, 장애인이 스스로 결정하고 선택한 지역사회활동에 참여할 수 있도록 동료상담(peer counseling), 활동보조서비스(Personal Assistance Service, PAS),[5] 교통(transportation) 편의제공, 자립생활기술 훈련(independent living program), 정보제공과 의뢰(information/referral), 권리옹호(advocacy), 주택서비스(assistance in obtaining/modifying accessible housing), 보장구 임대 및 수리(equipment maintenance, repair and loan), 장애인복지상담 등이 필수적인 서비스라고 할 수 있다.

4. 장애인복지의 전달체계

사회복지서비스전달체계란 사회복지의 조직적 환경인 사회복지 기관 및 시설과 중앙에서 지방일선에 이르는 모든 공 · 사조직 등 일체의 공 · 사적 복지기관과 이들 기관의 서비스 전달망을 뜻하는데, 사회복지서비스 공급자 간 그리고 공급자와 사회복지급여의 수혜자 간의 조직상의 배치를 말한다. 쉽게 말하면 장애인

5) 활동보조서비스(PAS)는 개인이 일상생활 속에서 적절한 활동을 수행하기 위한 인적보조서비스로 그 목적은 자신이 할 수 없는 일들을 타인에게 위임함으로써 자신이 성취할 수 있는 일들에 시간과 에너지와 잠재력을 활용할 수 있게 한다. 현재 우리나라에서도 제도화하여 실시하고 있다.

복지전달체계는 장애인복지 정책과 장애인복지실천을 연결해 주는 교량과 같은 행정의 영역이다. 장애인복지정책이 현실화되며 행정이 체계적으로 기능하기 위해서는 서비스전달체계가 잘 되어 있어야 한다(이준우, 2005). 여기에서는 공적 서비스 전달체계와 민간 전달체계로 나누어서 살펴보고자 한다.

첫째, 우리나라의 공적 서비스 전달체계는 중앙정부와 보건복지부를 정점으로 하여 각 시・도 이하에서는 행정자치부 일반 행정체계에 편입되어 시・군・구와 읍・면・동으로 이루어지는 이원적 조직체계로 구성되어 있으며, 중앙행정부서인 보건복지부에서 사업계획 및 예산을 배정하면 시・도, 시・군・구와 읍・면・동의 지방행정기관을 통해 집행되고 있다.

장애인복지에 관한 중앙정부의 주무부처는 보건복지부이지만 장애인 정책사안에 따라 관할부처가 여러 부처로 분산되어 있다. 보건복지부의 장애인정책국 산하에 있는 장애인정책과, 장애인권익지원과, 장애인자립기반과, 장애인서비스과에서 업무를 나누어 담당하고 있다.

장애인고용문제는, 고용노동부의 장애인고용팀 → 장애인고용공단 → 지방사무소에서 담당한다. 지방정부의 경우 광역자치단체인 서울특별시는 사회과 재활지원계, 광역시・도는 사회과 사회계에서 담당하며, 기초자치단체의 경우에는 사회(복지)과 사회계, 읍・면・동에서는 사회복지공무원, 사회계 또는 복지계에서 담당한다. 일례로 장애등록을 위한 장애등급 심사과정을 그림으로 나타내면 다음과 같다.

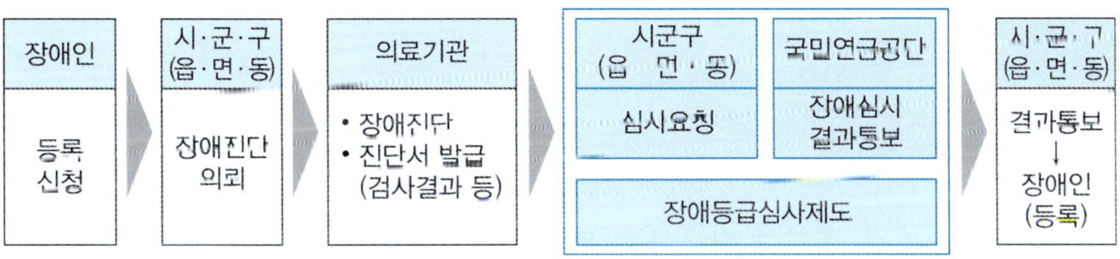

그림 0 2 장애인 등급심사업무 체계

둘째, 장애인복지 관련 민간전달체계는 대체로 구체적이고 직접적인 서비스를 제공하는 장애인복지조직으로 구성되어 있으나 직접적인 서비스의 전달을 통해서 장애인복지를 완성하기는 어렵다. 장애인에 대한 사회적 환경을 변화시키기 위한 노력도 전개되어야 보다 효과적으로 서비스를 전달할 수 있기 때문이다. 따라서 장애인복지에서의 민간전달체계는 주로 민간에 의해 운영되는 장애인복지시설과 장애인의 권익보호 및 회원의 복지증진을 목적으로 설립된 장애인단체가 중심이 되어 장애인들에게 서비스를 제공하고 있다(정일교 · 김만호, 2010). 장애인복지시설은 장애인을 거주시키거나 장애인이 시설로 통원하여 재활에 필요한 상담, 치료, 교육, 훈련 및 요양 등의 장애인복지서비스를 제공받을 수 있는 사회복지시설을 말한다(보건복지부, 2015). 이러한 구분은 서비스 형태에 따른 것이며 보건복지부에서는 이를 보다 구체적으로 장애인거주시설, 장애인지역사회재활시설, 장애인직업재활시설, 장애인의료복지시설, 기타 시설(장애인생산품판매시설)로 구분하고 있다. 거주시설은 24시간의 의식주를 제공하는 보호중심의 시설이며, 지역사회재활시설, 의료재활시설, 작업재활시설 그리고 기타 시설은 주로 낮 시간 동안 이용할 수 있는 이용시설로 분류될 수 있다.

5. 장애인복지의 정책과 실천

장애인복지정책은 장애인의 소득, 보건, 교육, 주거, 직업, 이동, 문화 등 삶의 모든 영역에서 이루어져야 한다. 그중 몇 가지 영역에서 살펴보고자 한다.

1) 의료보장

장애인들이 가장 절실히 요구하는 부분이 의료보장이다. 특히, 장애가 발생한 직후에 실시되는 재활치료는 장애의 진행을 예방하고 잠재능력을 향상시켜주는 매우 중요한 영역이다. 2014년 장애인실태조사를 살펴보면 장애로 인한 월평균 추가비용 총액은 16만 4,200원이었는데, 추가 비용의 내용을 보면 의료비가 6만 6천원으로 가장 많았다. 또한 본인이 원하는 때 병의원에 가지 못한 이유에 대해서는

'경제적인 이유'가 58.8%로 과반수 이상을 차지하고 있어 조사결과로 볼 때, 의료비에 대한 지원이 이루어져야 함을 시사하고 있다.

현재 우리나라의 장애인을 위한 의료보장으로는 「의료급여법」에 따라 의료급여 2종 수급권자인 장애인에게 본인부담금의 일부를 지원하는 것, 신체장애를 최대한 보완해 주거나 환경을 장애에 맞게 고쳐주는 장애인보조기구를 교부하는 것, 국민건강보험 및 의료급여 보장구 급여지원사업으로서 장애인보조기구 구입 시 지원해 주는 사업 등이 시행되고 있다. 전국가구평균소득 100% 이하인 만 18세 미만의 장애아동에게는 재활치료바우처를 지원하는 사업을 실시하고 있으며, 장애인 등록진단비 지급, 희귀난치성 질환 의료비 지원사업 등을 실시하고 있다. 장애인은 비장애인에 비해 의료비가 상대적으로 많이 들고 의료비 지원을 받은 장애인이 전체 장애인의 일부라는 현실에 비추어 볼 때, 모든 장애인에 대한 의료보장이 더욱 광범위하게 이루어져야 하겠다.

2) 소득보장

장애인은 대체로 소득은 낮으며 장애로 인한 의료비의 지출로 경제적으로 어렵게 사는 경우가 많다. 2014년 기준으로 장애인가구의 월평균소득은 224.9만 원으로 전체가구 월평균소득 4,442,942원(국가통계포털, 2014)의 약 50% 수준으로 매우 낮다. 그리고 취업장애인의 평균임금 153만 원은 우리나라 전국 상용근로자 월평균임금 329만 원(고용노동부, 「사업체 노동력조사」(2014. 2/4분기), 5인 이상 사업체)의 46% 수준이다. 또한 장애인 가구 중 공공부소에 해당하는 국민기초생활보장 수급 여부 및 형태를 보면, 장애인의 16.9%는 국민기초생활보장 수급자인 것으로 나타났다. 이는 비장애인가구의 2.5%(보건복지부, 2014)의 비율에 비해 매우 높은 편이다. 이렇듯 정부의 노력에도 불구하고 장애인의 소득수준은 비장애인의 절반수준에 불과해서 기본적인 삶조차 보장받지 못하는 실정이다.

장애인의 경제적 어려움을 지원하고자 제공하는 장애인의 소득보장제도는 크게 직접적인 소득보장제도와 간접적인 소득보장제도로 구분할 수 있다. 직접적인 소득보장제도는 장애인에게 장애에 의한 소득상실이나 노동능력의 상실분을 현금으로 제공해 주는 형태이며, 간접적인 소득보장제도는 세금감면이나 각종 지원, 공공요금 할인 등을 통해 지출을 줄이도록 하여 소득을 보장해 주는 형태이다.

직접적인 소득보장은 일반적으로 자산조사가 동반되는 공공부조, 기여가 필요한 사회보험, 소득과 자산조사 없이 인구학적으로 일정한 조건에 해당되면 소득과 자산조사를 하지 않고 급여를 제공하는 사회수당의 형태로 제공된다. 현재 우리나라에서 직접적인 소득보장정책은 크게 세 가지로 나눌 수 있다.

첫째, 공공부조의 일환으로 실시되는 기초생활보장, 생계보조수당 지급, 둘째, 사회보험에서 국민연금 중 장애연금 또는 장애일시금(보상금), 셋째, 사회수당인 장애인연금, 장애수당, 장애아동부양수당 등이 대표적이다. 간접적인 소득보장정책은 간접적 의미에서 서비스를 제공받는 데 소요되는 경비를 감면하는 성격의 현물급여와 각종 세제혜택과 요금감면과 같이 간접 제공하는 것과 같은 경제적 감면조치의 성격을 갖는 것을 말한다. 대표적으로 장애인의 자녀교육비 지원제도, 장애인자립자금 대여제도, 각종 경제적 부담 경감시책 등을 들 수 있다. 여기에서는 직접적인 소득정책을 중심으로 살펴보고자 한다.

(1) 공공부조 영역

가구의 월평균소득이 최저생활비 이하의 소득 상태로 생활이 어려운 모든 국민을 대상으로 하는 「국민기초생활보장법」에 의해 국가의 보호를 필요로 하는 절대빈곤가구에게 기본적인 생계비를 지급한다. 급여의 내용으로는 생계급여, 주거급여, 의료급여, 교육급여, 해산급여, 장제급여가 있다.

(2) 사회보험

① 국민연금보험–장애연금과 장애일시금

우리나라에서의 국민연금은 노령, 장애, 폐질, 사망 등과 같은 사회적 위험으로 인해 소득능력의 상실 또는 감소된 국민들에게 연금을 지급함으로써 개인의 생활안정 유지와 복지증진에 기여할 수 있도록 하는 소득보장제도이다. 국민연금의 급여 종류 중에서 장애연금은 가입 중에 발생한 질병 또는 부상이 완치되었으나 신체적 또는 정신적 장애가 남아 있을 때 이에 따른 소득 감소부분을 보전함으로써 자신과 가족의 안정된 생활을 보장하기 위한 급여로서 장애정도(1~4급)에 따라 일정한 급여를 지급한다. 장애연금은 등급에 따라 연금액의 100%, 80%, 60%에 가급 연금액을 더한 금액이 지급된다. 또한 장애일시보상금은 장애등급 4급에 해당하는 경미한 장애를 입은 경우에 기본연금액의 225%가 한 번만 지급된다.[6)]

② 산업재해보상보험

「산업재해보상보험법」은 산재근로자와 그 가족의 생활을 보장하기 위해 국가가 책임을 지는 강제(의무)보험으로서 사용자의 재해보상책임을 보장하기 위하여 사용자로부터 소정의 보험료를 징수하여 그 재원으로 사업주를 대신하여 장애를 입은 산재근로자에게 보상을 해 주는 제도이다. 산업재해를 당한 근로자가 지급받을 수 있는 급여는 요양급여, 휴업급여, 상병보상급여, 장해급여, 간병급여, 유족급여, 장의비가 있고 장애인과 관련된 급여는 장해급여가 해당된다.

(3) 사회수당

우리나라의 법정 장애 관련 수당으로는 장애인연금, 경증장애수당, 장애아동부양수당이 있다.

① 장애인(중증) 연금제도

기존의 장애수당은 「장애인연금법」이 도입된 2010년 7월부터 경증장애인 대상으로만 지원되고, 중증장애인에 대한 수당은 장애인연금으로 전환되었다. 장애인연금은 장애로 인하여 생활이 어려운 중증장애인에게 장애인연금을 지급함으로써 중증장애인의 생활 안정지원과 복지증진 및 사회통합을 도모하는 데 이바지함을 목적으로 제정되었다. 장애연금은 18세 이상의 등록 중증장애인 중 본인과 배우자의 소득인정액이 선정기준액 이하인 자를 대상으로 제공된다. 연금액은 기초급여(공통)와 부가급여(차등)로 구분하고 있다.

6) 자세한 내용은 국민연금공단의 '연금정보'를 참고한다.

② 경증장애수당

경증장애수당은 생계보조수당의 성격으로 1990년에 처음으로 도입되었다. 장애수당 지급 대상은 다른 사람의 도움 없이는 일상생활을 영위하기 어려운 「국민기초생활보장법」상 수급자 및 차상위의 경증(3~6급) 등록장애인을 대상으로 하고 있다. 또한 보장시설 입소장애인은 연령에 관계없이 장애수당만 지급하며, 특례수급 장애인이 차상위계층에 해당 시 장애수당을 지급한다.

③ 장애아동부양수당

장애아동부양수당은 다른 사람의 도움 없이는 일상생활을 영위하기 어려운 중증장애아동 보호자에게 장애아동수당을 지급하여 저소득 장애인 가구의 생활안정을 도모하는 것이다. 장애아동수당은 부양과 보호로 인해 소득활동을 하지 못하는 부양보호자의 기회비용을 보상해 주는 의미와 수당을 통해 보호가 필요한 장애인이 실질적인 보호를 받을 수 있도록 하는 이중적인 의미가 있다. 장애아동수당 지급대상은 「국민기초생활보장법」에 의한 수급자 및 차상위계층의 경증(3~6급) 18세 미만의 재가 장애아동에게 지급하며, 당해 장애인이 「초·중등교육법」에 의한 고등학교와 이에 준하는 특수학교 또는 각종 학교에 재학 중인 경우 20세 이하의 경우를 포함하고 특례수당 장애인에게는 수당지급이 불가하다.

3) 고용보장

장애인 고용문제는 소득보장과 관련된 가장 중요한 문제라고 할 수 있다. 장애인실업률은 7.9%로서 전체실업률 3.2%(통계청, 2015. 12)에 비해 2.5배 정도 높고, 취업 장애인이 다니고 있는 직장에서의 지위(고용지위)는 '자영업자(노점 제외)'(29.2%), '상용근로자'(23.8%), '일용근로자'(18.8%), '임시근로자'(17.2%), '무급가족종사자'(5.4%) 등으로 나타나 70% 이상이 불안전한 일자리에 종사하고 있음을 알 수 있다(보건사회연구원, 2014).

일반적으로 장애인고용정책의 방향은 장애문제를 개인적 차원에서 보느냐 아니면 사회적 차원의 문제로 보느냐에 따라 달라진다. 일반적으로 국가에서 시행하는 장애인고용정책은 장애인 개인의 직업능력을 향상시키는 직업재활과 사회에서 장애인 고용을 일정 부분을 책임지는 고용할당정책으로 구분된다.

우리나라의 장애인 고용정책은 크게 장애인직업재활(직업훈련과 보호고용)과 의무(할당)고용제도로 구분된다. 장애인 고용정책을 추진하는 주무부처는 고용노동부이지만 보건복지부에서도 중증장애인을 위한 고용지원 서비스를 담당하고 있다. 장애인의 직업능력 향상을 위한 사업으로는 장애인고용공단에서 실시하고 있는 장애인고용서비스, 장애인복지관 및 직업재활센터 등 지역사회 장애인복지기관에서 실시 중인 중증장애인 직업재활 지원 및 수행기관 운영지원, 직업재활시설에서 운영하는 보호작업장 등이 있다.

(1) 고용의무제

고용의무제도란 비장애인에 비해 고용상 취약계층인 장애인의 고용기회를 넓히기 위해 일정 수 이상의 근로자를 고용하는 사업주에게 의무적으로 장애인을 고용하도록 하는 제도이다. 우리나라에서는 「장애인고용촉진 및 직업재활법」에 장애인 고용을 보장하기 위해 상시근로자 50인 이상을 고용하고 있는 사업주는 사업장에 장애인을 의무고용률 2.7% 이상 의무적으로 고용하도록 명시하고 있다.[7)]

(2) 직업훈련

장애인고용촉진을 위한 공공직업훈련시설로는 장애인고용촉진공단 산하 직업전문학교가 있다. 민간부문으로는 직업훈련시설, 특수학교 전공학과, 장애인복지관 및 직업재활시설, 안마시 수련원 등에서 운영되고 있다. 그러나 이들 시설은 전체 장애인 인구에 비해 수적으로도 부족할 뿐 아니라 지역적으로 대도시에 편제되어 있어서 지역사회의 장애인들은 취업교육 및 고용보장의 기회에서 다소 제약이 있다.

7) 「장애인고용촉진 및 직업재활법 시행령」 제25조에는 2010~2011년 2.3%, 2012~2013년 2.5%, 2014년 이후는 2.7% 이상을 의무고용하도록 규정하고 있다.

(3) 보호고용

일반기업에 취업하기가 어려운 직업능력이 낮은 중증장애인을 위한 보호고용 제도로서 주로 장애인복지시설 내에 자립작업장을 설치·운영하고 있다. 장애인 직업재활시설로는 장애인보호작업장, 장애인근로사업장, 장애인직업적응 훈련시설 등으로 나눌 수 있다. 장애인보호작업장에서는 직업능력이 낮은 장애인에게 직업적응능력 및 직무기능 향상훈련 등 직업재활 훈련 프로그램을 제공하고, 보호가 가능한 조건에서 근로의 기회를 제공하고 이에 상응하는 대가로 임금을 지급하는데, 대개는 장애인복지관이나 장애인거주시설 등에 부설되어 운영되고 있다.

장애인근로사업장은 직업능력은 있으나 이동 및 접근성이나 사회적 제약 등으로 취업이 어려운 장애인에게 근로의 기회를 제공하고 최저임금 이상의 임금을 지급하며, 경쟁적인 고용시장으로 옮겨갈 수 있도록 돕는 역할을 하고 있는 시설인데 고용노동부 산하 근로복지공단에서 운영하고 있는 시설이다. 장애인 직업적응훈련시설은 작업능력이 매우 낮은 장애인에게 작업활동, 일상생활훈련 등을 제공하여 기초 작업능력을 습득시키고, 작업평가 및 사회적응훈련 등을 실시하여 장애인보호작업장이나 근로사업장이나 그 밖의 경쟁적인 고용시장으로 옮겨갈 수 있도록 돕는 역할을 담당하고 있다.

4) 교육보장정책

장애인이 잠재능력을 조기에 발견하고 이를 체계적으로 개발하기 위한 교육을 받을 권리는 사회구성원으로서 개개 국민에게 부여된 당연한 권리이지만 장애인은 기본 권리인 교육권을 누리지 못하고 교육을 받지 못한 채 방치되는 경우가 많았다. 2014년의 장애인실태조사에서는 장애인의 교육정도는 '초등학교' 28.8%, '고등학교' 28.1%, '중학교' 16.2%, '대학 이상' 15.3%, 그리고 '무학'이 11.6%인 것으로 나타났다. 전체 장애인의 66.6%가 중학교 이하의 학력을 차지하고 있다.

교육이란 직업과 소득에 직접적인 영향을 미치는 장애인의 재활이나 자립과 직접적으로 연결되는 중요한 요인이다. 「장애인 등에 대한 특수교육법」을 시행하면서 유치원부터 고등학교 과정까지 장애인이 의무교육을 받아야 하고 만 3세 미만의 장애영아교육과 고등학교 이후의 전공과 과정은 무상교육을 받게 하고 있다.

우리나라의 장애인교육에서 세 영역으로 나누어 볼 수 있는데, 첫째, 학교 및 보육전문시설(병원, 장애인복지관, 어린이집, 유치원 등)을 중심으로 이루어지는 특수교육, 둘째, 직업교육, 셋째, 평생교육이다. 이 세 영역 중에서 가장 보편적이면서 큰 비중을 차지하고 있는 부분은 특수교육을 통한 교육정책이다.

「장애인 등에 대한 특수교육법」 제2조에 의하면 특수교육이란 특수교육대상자의 교육적 욕구를 충족시키기 위하여 특성에 적합한 교육과정 및 제2호에 따른 특수교육 관련 서비스 제공을 통하여 이루어지는 교육을 말한다. 특수교육은 특수학교를 통한 특수교육, 일반학교에서의 특수학급을 통한 통합교육, 순회교육, 유아특수교육 등으로 구분할 수 있다. 그리고 특수교육은 특수교육대상자들의 정상화라는 전제하에 추진되고 있으며, 일반교육이 주도하는 특수교육과 완전 통합교육이라는 과정을 통해 진행되고 있다. 하지만 비장애아동과 분리되는 특수교육은 장애아동을 다른 특성을 지닌 존재로 느끼게 할 수 있다. 특히, 학교 내에서의 편의시설 미비, 등·하교의 어려움, 장애인용 수업 교재의 미비, 장애학생의 취업 및 진로지도의 부재 등은 장애학생의 학업을 중단시키는 심각한 요인이 되기도 한다.

장애인교육에서 주요 대상은 특수교육을 하고 있는 장애아동이다. 그러나 장애청소년을 위한 전환교육과 진로지도, 성인장애인의 직업교육과 평생교육이 필요하므로 장애인교육은 전 생애발달에서 이루어져야 한다. 현재 우리나라에서 장애인의 교육적 권리를 보장하기 위한 정책으로는 장애인 가구에 자녀교육비를 지원하고(1992), 특수학교 및 특수학급에서의 특수교육 실시, 장애인 대학특혜입학제도(1995), 장애대학생 도우미제도(2005), 한국재활복지대학(2002) 운영 등을 들 수 있다.

5) 사회서비스

사회서비스는 일반적인 의미에서 개인 또는 사회전체의 복지증진 및 삶의 질 향상을 위해 사회적으로 제공되는 서비스를 말하는데, 공공행정(일반행정, 환경, 안전), 사회복지(보육, 아동, 장애인, 노인보호), 보건의료(간병, 간호), 교육(방과 후 활동, 특수 교육), 문화(도서관, 박물관, 미술관 등 문화시설 운영)를 포괄하는 개념이다.

장애인복지 분야에서 장애인활동지원서비스는 2011년 장애인활동 지원에 관한 법률로 법제화되었으며, 사회생활과 일상생활이 어려운 중증장애인의 신변처리를 도와주고 일상생활을 도와주거나 대신해 주는 서비스를 제공하여 자립생활과 사회참여를 증진시키고자 하는 서비스이다. 이는 장애인 자신이 할 수 없는 일을 다른 사람에게 위임함으로써 자신이 성취할 수 있는 시간에 시간과 에너지와 잠재력을 활용할 수 있게 하고자 도입되었다(권중돈 외, 2011). 활동지원서비스는 유급을 원칙으로 한다. 유급이라는 의미는 장애인 당사자가 선택권, 결정권을 가지고 서비스를 구매하는 소비자의 입장에서 서비스 시간, 용도 등을 결정할 수 있는 근거가 된다. 거주지 주민센터에 신청하면 심사를 거친 후 서비스 등급 및 제공시간이 결정되고 서비스가 제공되는 데 활동보조서비스의 주요내용은 신체활동지원, 가사활동지원, 사회활동지원, 방문목욕, 방문간호 등의 서비스가 제공된다.

6. 장애인복지의 과제

장애인복지는 삶의 전 영역과 관련되어 있기 때문에 장애인이 비장애인과 함께 더불어 살 수 있는 복지공동체의 구축이 그 목표가 될 수 있다. 우리나라의 장애인복지는 조금씩 발전하고 있지만 아직은 미흡하다고 본다. 장애인복지가 발전되기 위해서는 단기적인 목표설정과 사업 집행뿐만 아니라 장기적인 정책 방향설정과 꾸준한 실천이 병행되어야 한다.

장애인이 가치 있는 사회구성원으로서 일반인과 동등한 권리의 주체로 삶을 영위하기 위해 정상화와 가치 있는 역할부여 및 사회통합이 강조되어야 하고, 공공 및 민간 장애인복지전달체계가 체계적이고 합리적으로 구축되어 장애인과 가족들의 삶의 질 향상을 위한 질높은 서비스를 제공해 나가야 할 것이다. 우리나라에서는 2007년 「장애인차별금지법」이 공포되었으나 아직도 우리 사회는 모든 영역에서 장애인에 대한 뿌리 깊은 편견과 차별이 작용하고 있고, 은연중에 무시와 차별, 배제가 이루어지고 있으며, 국가 공공기관조차도 법적으로 권고하고 있는 장애인 의무고용률을 지키지 않고 있으므로 일반기업은 생산현장을 개선하여 장애인 고용을 촉진하기보다 벌금만 내고 마는 현실이다. 향후 장애인복지의 과제는 장애인에 대한 인식변화와 모든 영역에서 장애인 차별철폐와 접근성보장 및 권리신장을 통한 평등한 사회를 이루어 나가기 위해 노력해야 할 것이다. 다음에서 장애인복지의 과제를 몇 가지로 제안하고자 한다.

1) 장애인의 인권보장과 정책 및 사정과정에서의 당사자 참여 강화

장애인의 인권을 보장하고 삶의 모든 영역에서 장애라는 이유로 차별받지 않는 사회를 지향한다. 장애인 중에서도 자립능력이 낮고 더 많은 보호를 필요로 하는 중증장애인, 여성장애인에 대한 차별이 더 크다는 점에서 복지정책을 좀 더 적극적으로 개발할 필요성이 있다. 또한 장애인을 위한 복지에서 장애인에 의한 복지로 나아갈 수 있도록 장애인복지의 모든 영역에서 정책의 형성, 집행, 평가, 결정에 참여할 수 있도록 하고 장애인의 재활과정과 사정과정에 당사자나 보호자들의 참여를 권리로서 인정하고 적극적으로 격려하여야 한다.

2) 모든 장애인의 기초생활 보장 강화

소득이 낮은 장애인을 국민기초생활보장제도의 수급자로 선정하고, 장애연금과 장애수당을 장애의 유형과 등급에 맞게 현실화해야 할 필요성이 있다. 2014년 장애인복지실태조사에서는 장애인의 복지욕구에서 소득보장이 가장 높게 나타나고 있다. 장애로 인한 추가소요비용 등을 감안할 때 명목상의 장애연금과 장애수당을 현실적인 금액으로 크게 증액해서 지급해야 한다.

3) 의료재활 서비스체계 구축

우리나라 전체인구의 5.59%인 약 270만 명이 장애인으로 추정되며, 이 중 65%는 산업재해, 교통사고, 뇌졸중, 지체장애 등으로 인해 입원치료와 지속적인 재활교육이 필요한 상태지만 이들 중 2%만이 입원치료 등 의료서비스를 받고 있는 열악한 실정이다. 이렇게 후천적인 장애율이 높은 상황에서 손상단계에서 의료재활서비스가 긴급하고 종합적으로 제공된다면, 신체상의 장애를 최소한으로 줄여 주고 잠재해 있는 신체상의 능력을 최대한으로 개발하여 일상생활과 일에 적응할 수 있도록 도울 수 있다. 그러나 현실적으로 의료재활서비스체계가 매우 미흡하여 조기에 적절한 치료를 받지 못하여 영구 장애를 지니는 장애인들이 많다.

또한 영유아기에 장애아동 선별이 이루어지지 않아 장애가 더 심해지는 아동들도 있고, 지역사회 안에서 재활치료를 받을 수 있는 의료재활 전문병원이 없을 뿐만 아니라 전문성이나 시설규모 면에서 매우 미흡한 상황이다. 즉, 재활의학과 의사 1인당 장애인 수가 6,000명, 장애인구 1,000명당 재활병상 수는 3개 미만으로 장애환자 재활의 첫 관문인 재활치료 여건이 매우 척박하다. 정부는 이러한 현실을 감안하여 장애예방과 장애의 영구화를 막기 위해서 전문 의료재활서비스 병원이나 치료기관 설립 및 재활전문 인력을 양성해 나가야 하겠다. 현재 민간복지법인인 푸르메재단과 같은 새로운 형태의 재활전문병원을 설립해 각종 장애로 고통 받고 있는 장애인에게 사회로 복귀할 수 있는 재활기회를 제공하기 위해 노력하고 있다. 이처럼 급성 및 아급성 치료로 구조된 생명을 재활치료와 훈련을 통해 살만한 가치가 있는 생명으로 돌보기 위해서 전문적인 재활의료서비스를 구축하는 것은 장애인복지의 제1차적 과제가 되어야 할 것이다(김용환, 2011).

4) 장애인 자립생활의 강화

그동안 중증장애인들은 생의 발달단계에 따라서 사람들이 보편적으로 누리는 각종 기회들을 향유하지 못한 채 가족의 돌봄을 받거나 대형 생활시설에 수용되어 자신의 욕구와 개성을 살릴 수 없는 환자 역할을 하며 생활해야만 했다. 자립생활은 장애인이 의존성을 벗어나서 스스로 선택하며 만족하는 삶을 지역사회에서 실현하며, 자신의 생활을 관리할 수 있는 위치에 서는 것을 말하는데 현재 전국적으로 다양한 자립생활센터들이 있고 장애인들의 자립생활을 지원하기 위한 자립체험홈 등이 운영되고 있다. 장애인들의 자립생활 욕구는 높지만 문제는 장애인이 편리하게 생활할 수 있는 무장벽 주택 보급이 어려운 상태이다. 대형규모의 복지시설을 탈피하여 장애인들의 자립생활을 지원하기 위해서는 정부 주도 아래 장애인 자립생활형 영구임대주택 보급이나 주택개조를 위한 자금 지원과 함께 자립생활에 필요한 제반 교육과 체험이 가능한 장·단기 자립생활체험홈(Homestay-Experience)이나 2년 정도의 전문대학 수준의 장애인 전환교육학교 설립이 필요하다. 이를 통하여 중증장애인이 가정과 같은 주거환경에서 거주하면서 자립생활이념과 실천 전략 등을 습득하여 자립생활에 필요한 각종 자립생활 프로그램, 기술훈련 등 사회적응능력을 향상시킬 수 있는 훈련 프로그램을 제공해야 한다(김용환, 2011).

5) 중증장애인에 대한 고용환경 개선

장애인들의 생활은 경제적으로 매우 불안정한데 가장 근본적인 대책은 만족스러운 소득을 얻을 수 있는 직장을 갖도록 하는 것이다. 취업기회 제공은 경제적 측면을 넘어서 안정된 직장생활을 통한 의미 추구와 사회통합에 기여라는 장애인복지가 궁극적으로 추구하는 목적과도 합치되는 결과를 가져온다. 장애인이 자신의 신체적·정신적 여건에 맞고 개성과 기호에 맞는 직업을 선택할 수 있으며, 평생 노동을 할 수 있도록 고용환경을 조성할 필요가 있다. 특히 정신장애인이나 발달장애인, 중증장애인 등과 같이 취업이 어려운 장애인이 적합한 취업훈련, 취업알선, 사후관리 등을 통해서 일을 할 수 있도록 기회를 제공해야 한다. 따라서 장애인고용촉진을 위한 정책은 장애인의 특성에 적합한 직업훈련, 직업재활, 지원고용프로그램을 개발할 필요가 있다.

직업훈련도 가내수공업 수준에서 산업구조의 변화에 적응할 수 있는 능력개발이 필요하다. 특별히 장애인의 개인적 특성과 장애유형을 고려한 직장의 확대, 다양한 직업훈련프로그램 개발과 장애인 고용의 저임금문제와 열악한 작업환경 개선으로 장애인 고용증대, 장애인을 고용하는 사용자의 추가비용에 대한 보조 및 작업공간의 인간화 등이 필요하다. 그리고 시혜적인 차원에서 장애인들의 기초생활을 보장하기보다 직업재활과 근로의욕 강화를 통해서 개인적 욕구만족은 물론 적극적인 사회활동을 촉진해 나가야 하겠다.

6) 모든 공공시설에 편의증진시설과 설비를 갖추기

장애인의 일상적인 삶에서 이동을 자유롭게 할 수 있도록 모든 공공시설에 편의증진시설과 설비를 갖추고, 장애인의 활동을 억제하는 지역사회의 모든 장벽을 철폐해야 할 것이다. 무장벽(barrier free) 및 보편적인 디자인(universal design) 정신을 반영한 장애인편의시설 확충과 물리적인 사회환경의 개선이 요청된다.

이러한 것을 실천하기 위해서는 우선 공공기관과 다중이용시설로부터 법에 맞게 편의시설을 설치해야 하고, 저상버스 등 장애인을 위한 대중교통수단을 확충해야 한다. 그리고 많은 장애인이 가정에서 살고 있다는 점에서도 장애인이 살기 편하게 주거를 개조하는 비용을 정부가 지원하는 주거급여를 제도화할 필요가 있다(이용교, 2007).

이 밖에도 장애아동이 성인이 된 후에 한 사람의 사회인으로서 재활을 달성할 수 있는 직업재활, 그리고 사회통합과 연결될 수 있도록 하는 통합교육이 확대되어야 하고, 장애인복지의 질적·양적 서비스의 향상을 위해서 재활전문요원의 양성과 다양한 프로그램의 개발이 필요하다.

참/고/문/헌

국민건강보험공단(2011). 알코올 사용에 대한 정신장애 진료실인원(건강보험+의료보호).

김성이(2013). 『중독치유복지』. 양서원.

대검찰청(2011). 마약류 범죄백서.

방송통신위원회 · 한국인터넷진흥원(2012). 인터넷이용실태조사.

보건복지부 · 건강증진사업지원단(2009). 마약류 등 유해약물의 사회적 손실연구.

서울대학교의과대학(2011). 2011년도 정신질환실태역학조사.

손덕순 · 정선영(2007). "도박중독자 실태 및 중독수준별 특성과 그 영향에 관한 연구", 『정신보건과 사회산업』, 26, 377-407.

신현기(2012). 『경찰학사전』. 법문사.

윤명숙(2014). "대한민국은 왜 중독사회가 되었는가?", 『월간 복지동향』, 188, 17-20.

이민규 외(2003). "도박중독실태와 중독자의 심리사회적 특성－시역별 비교를 중심으로", 『한국심리학회지』, 8(2), 399-414.

이해국, 이보혜(2013). "4대 중독 원인 및 중독 예방 정책", 『보건복지포럼』, 200, 30-42.

전종설(2010). 도박문제의 사회경제적 비용추계 연구. 사행산업통합감독위원회.

조근호 외(2011). 『중독재활총론』. 학지사.

중독포럼(2013). 중독포럼 1월 신년세미나자료집.

행정안전부 · 한국정보화진흥원(2012). 인터넷 중독 실태조사.

Drug Commissioner of the Federal Government(2012). *National Strategy on Drug and Addiction Policy*.

Grant, J. B. et al.(2006). "The Neurobiology of Substance and Addictions", *CNS, Spetr*, 11(12), 924-930.

WHO(2011). Global Status Report on Alcohol and Health.

INTRODUCTION TO SOCIAL WELFARE

04 부

주요 분야별 사회복지

제10장 다문화사회와 다문화복지

1. 다문화사회로의 변화

다문화주의는 사회에 존재하는 다양성을 인정하고 가치를 부여하는 철학으로서 다양한 민족, 문화, 인종, 종교 집단들이 함께 어울려 사는 것으로부터 얻을 수 있는 유형, 무형의 유익한 부분을 강조한다. 또한 다문화주의는 사람들의 정체성과 행동방식에 영향을 미치는 민족, 문화, 인종 및 종교적 다양성과 관련된 하나의 이데올로기이다(Gray & Webb, 2012).

다문화주의의 정의를 포괄하는 다문화사회는 문화의 다양성이 전제된 사회로서 이질적인 문화들을 그 자체로 문화로 인정함과 동시에 서로 다른 문화들이 상호 의존하도록 하는 사회이다(김정훈 · 백영숙, 2014). 즉 사회구조와 제도가 다문화주의를 반영하고 구체화하여야 하며 사회구성원들이 다양한 민족과 문화가 공존하는 사회임을 인정하는 사회라고 할 수 있다. 이러한 다문화사회는 불평등의 시성을 통해 자유민주주의의 기본원리와의 정합성을 높이면서 다양성 증대에 따른 사회적 분절성을 극복하기 위한 새로운 국민통합의 이데올로기를 가진다(조규범, 2011).

우리 사회는 현재 외국인 노동력의 유입증가와 국제결혼의 증가, 다문화가정의 증가를 통해 시구촌 시대의 급속한 변화를 경험하고 있다. 통계상의 수치를 보면, 2015년 7월 기준 우리나라의 외국인 주민은 1,741,919명으로 그중 한국 국적 미취득자는 1,376,162명이며, 국적 취득자는 158,064명이다. 우리나라에 거주하는 외국인 주민은 2013년 1,445,631명, 2014년 1,569,470명으로 꾸준한 증가세를 보이고 있다. 세부적인 유형에서 외국인근로자는 체류자격이 기술연수, 교수 등 취업분야, 방문동거 중 'F-1-4', 방문취업인 자를 포함한다. 결혼이민자는 체류자격이 거주 중 'F-2-1', 영주 중 'F-5-2', 결혼이민인 자이며, 유학생은 유학, 일반연수 중 'D-4-1'인 자에 해당한다. 혼인귀화자는 외국인 중 한국인과의 '혼인'으로 국적을 취득한 자이다.

표 10-1 외국인 주민 현황

(단위: 명)

구분 연도	한국국적미취득자				한국국적취득자		외국인 주민자녀	계
	외국인 근로자	결혼 이민자	유학생	기타*	혼인 귀화자	기타 귀화자		
2015	608,116	147,382	84,329	536,335	92,316	65,748	270,693	1,741,919
2014	538,587	149,764	80,570	450,267	90,439	55,639	204,204	1,569,470
2013	520,906	147,591	83,484	368,618	83,929	49,775	191,328	1,445,631

* 기타: 체류자격이 외국인근로자, 결혼이민자, 유학생에 해당하지 않는 자, 외국국적동포 포함
출처: 행정자치부(2015. 7)

또한 '한국국적을 가지지 않은 자' 중 '결혼이민자'와 '한국국적 취득자'의 자녀인 외국인주민자녀[1)]의 연령별 현황을 보면 그 수가 꾸준히 증가하였으며, 2015년 기준으로 만 6세 이하의 자녀가 117,877명으로 전체 중 가장 높은 수치를 나타내고 있다. 두 번째로는 만 7~12세까지가 56,108명이며, 그 외에 만 13~15세는 18,827명, 만 16~18세는 14,881명으로 상대적으로 낮은 수를 나타내고 있다. 국적별로 보면 베트남의 경우 2015년 57,856명으로 자녀 수가 가장 많은 국가가 되었고 중국(한국계)도 39,160명의 수를 나타내면서 두 번째로 높은 것으로 나타나고 있으며, 캄보디아의 경우 2010년 결혼이민여성이 증가함에 따라 그 자녀도 증

1) ▸외국인 부모: 부모가 모두 '출생 시부터 한국인'이 아닌 경우, ▸외국인－한국인 부모: 부모 중 한쪽이 '출생 시부터 한국인'이 아닌 경우, ▸한국인 부모: '출생 시부터 한국인'인 부모 사이에서 출생하였으나 부(또는 모)가 이혼 후 '출생 시부터 한국인'이 아닌 자와 재혼한 경우 등에 해당

가하여 2015년 7,343명으로 수가 많지는 않으나 증가되었음을 알 수 있다(행정자치부, 2015).

표 10-2 외국인주민 자녀 수

구분	2009	2010	2011	2012	2013	2014	2015
총계	107,689	121,935	151,154	168,583	191,328	204,204	207,693

출처: 행정자치부(2015. 7). 외국인주민현황조사.

한편, 다문화가족의 형태는 매우 다양하다. 다문화가족이란 이주노동자, 유학생, 난민 등 우리와 다른 민족, 문화적 배경을 가진 사람들로 구성된 가족을 통칭하는 것으로 다문화가족에 대한 법적 개념은 결혼이민자를 중심으로 정의되고 있다(김명성, 2009). 교육부의 경우 다문화가족을 정의할 때 '우리와 다른 민족・문화적 배경을 가진 사람들로 구성된 가정'을 통칭한다고 했으며, 관련법인 「다문화가족지원법」에서는 다문화가족을 결혼이민자와 출생 시부터 대한민국국적을 취득한 자로 이루어진 가족, 귀화 허가를 받은 자와 출생 시부터 대한민국국적을 취득한 자로 이루어진 가족으로 본다. 이때 결혼이민자는 대한민국 국민과 혼인한 적이 있거나 혼인관계에 있는 재한 외국인을 말한다.

'다문화가족', '다문화가정'이라는 용어는 2003년, 30여 개의 시민단체로 구성된 건강가정시민연대가 '국제결혼', '혼혈아', 등의 차별적 용어를 추방하는 대신 '다문화가족'이나 '다문화가족 2세'로 부르자고 제안함으로써 사용되기 시작하였다(유성지, 2014). 다문화가족은 서로 다른 국적, 인종, 문화를 가진 여러 사람이 이룬 가정 또는 우리와 다른 문화적 배경을 가진 사람들이 포함된 가족으로 국제결혼가족, 외국인근로자 가족, 북한이탈주민가족 등 크게 세 범주로 분류될 수 있다. 구체적으로 첫째, 한국인 아버지와 외국인 어머니 또는 한국인 어머니와 외국인 아버지처럼 국제결혼을 하여 가정을 이룬 경우, 둘째, 외국인근로자가 한국에서 결혼하거나, 본국에서 결혼하여 형성된 가족이 국내에 이주한 외국인근로자가족, 셋째, 북한에서 내어나 한국에 입국하거나 한국에서 한국인 또는 외국인을 만나 결혼한 북한이탈주민가족으로 나눌 수 있다.

표 10-3 다문화가족과 그 자녀

다문화가족		자녀
국제결혼 및 결혼이민자 가족	국내출생 자녀	• 한국인 아버지와 외국인 어머니 사이에서 태어난 아이 • 한국인 어머니와 외국인 아버지 사이에서 태어난 아이
	중도입국 자녀	• 결혼이민자가 한국인과 재혼한 이후에 본국에서 데려온 자녀, 국제결혼자녀 중 외국인 부모의 본국에서 성장하다가 청소년기에 입국한 자녀 등
외국인근로자가족		• 외국인근로자가 한국에서 결혼하여 태어난 아이 • 본국에서 결혼하여 형성된 가족이 국내에 이주한 가정의 아이
북한이탈주민가족		• 북한에서 태어나서 한국에 입국한 아이 • 한국에서 태어난 아이

2. 다문화복지의 정의

다문화복지의 개념정의에 앞서 다문화사회에서의 다문화주의의 의미를 먼저 살펴보면 다문화주의는 한 사회 내의 다양한 문화, 인종, 민족, 관습, 의견을 존중하고 인정하려는 사회적 실천이며, 이전의 어떤 형태의 문화보다도 다양성, 차이, 이질성을 서로 간에 인정하는 실천이다(김상돈, 2010). 광의적인 차원에서 다문화주의는 국가 구성원들이 보유한 모든 종류의 다양성을 인정하며, 이를 근거로 시민적 권리에 어떠한 차별도 하지 않을 것을 의미한다. 또한 협의적으로는 다양한 문화적 주체들의 특정 요구를 해소하기 위한 정치적이며, 제도적인 장치의 보장을 의미하는 것이기도 하다(한용외, 2011).

다문화복지는 바로 협의적 의미의 다문화주의에 입각하여, 다문화가족과 가족 성원이 경험하는 문제를 해결하여 가족이 건강하고 행복한 상태를 유지할 수 있도록 하며 이 과정에 작용하는 문화적 요소를 인식하는 거시적이고 미시적인 사회적 대책이라고 할 수 있다(최현미 · 이수연, 2008). 다문화사회복지는 다양한 언어와 문화를 가진 사람들에게 문화적 다양성을 존중해 주고 이들이 사회의 모든 활동에 주체적으로 참여하며 개인은 물론 가족 전체 구성원들의 삶의 질 향상과 복지증진을 위해 정부와 사회가 행하는 모든 활동과 노력을 말한다(현외성 외, 2011). 룸(Lum, 1992)은 다문화사회복지를 민족이나 인종, 그리고 사회경제적 지위로 인하여 차별받아온 사람들을 대상으로 하여 이들의 다양성과 차이점을 존중하고 원조관계에서 작용하는 문화적인 요소를 인식하는 것이라고 하였다.

종합해 보면, 다문화복지는 사회문화적인 요소와 사회복지가 연계하여 이루어진 분야로 하나의 사회 내부에 복수문화의 공존을 인정하고 그에 따른 환경까지 총체적으로 이해하는 실천이며 태도이다. 다문화복지 실천에서 주요 대상은 민족과 인종의 정체성과 사회경제적 지위로 인해 역사적으로 차별 받아온 사람들, 가족들, 그리고 지역사회이다. 다문화복지는 사회환경의 상호작용 속에서 이들의 심리사회적 기능의 질을 향상시키는 것이기도 하다(박현성, 2011).

3. 다문화사회의 실태

1) 결혼이주여성

결혼이주여성은 매년 지속적으로 증가하여 2020년에는 100만 명에 이를 것으로 예상하고 있다. 2015년 7월 기준으로 결혼이민자 및 인지・귀화자는 30만 명, 배우자 28만 명, 자녀 20만 명으로 집계되고 있다(행정자치부, 2015). 다문화가족지원법개정(2011. 4. 4)으로 인해 2012년부터는 혼인귀화자 외에 기타 사유 국적취득자(인지・귀화)도 다문화가족에 포함된다.

표 10-4 결혼이민자 및 인지・귀화자 증가 추이

구분	2009	2010	2011	2012	2013	2014	2015
총계	199,398	221,548	252,764	267,727	281,295	295,842	305,446

출처: 행정자치부(2015. 7). 외국인주민현황조사.

다문화 혼인을 살펴보면 24,387건 중 '한국남자 + 외국여자'가 전체 다문화 혼인의 63.6%를 차지하였으며, 2014년도 통계자료에 따르면 다문화 이혼은 12,902건으로 전년보다 4.3% 감소하였다. 결혼이주여성과 한국인 배우자, 그리고 시부모 사이에는 가족관계를 이루는 제반 요소에 대한 인식, 즉 가족주의 가치관이나 가부장적 가치관, 부부역할 분담에 대한 가치관, 남편－아내에 대한 역할 기대 등에 있어서 상당한 차이가 있는 것으로 나타난다(김경우, 2012). 이로 인해 고부갈등을 경험하고 언어적 장벽, 문화적 차이로 인한 부부갈등과 가정폭력으로 결혼이주여성의 이혼과 가출이 증가하였으며, 성산업 유입으로까지 이어지고 있다.

결혼이주여성의 이혼의 주요 사유로 지적되는 요인은 경제적 갈등문제이다. 경제적으로 불안정한 남성과 결혼한 이주여성은 심각한 수준의 생계문제로 어려움을 겪기 쉽고, 결혼이주여성의 친정에 대한 경제적 지원으로 심각한 대립으로까지 이어지는 경향이 있다(김경우, 2012). 결혼이주여성이 이혼이나 사별 후 한부모가족이 되면 자녀양육과 관련하여 경험하는 어려움 또한 심각하다. 한국사회에서 교육의 중요성을 인식하고 있지만 혼자서 생계와 양육을 모두 책임져야 하고 언어적 취약성과 정보 부족, 생계의 어려움 등으로 인해 적극적으로 자녀 양육에 참여하지 못하는 경우가 많다(김경우, 2012). 자녀들의 학교에서의 따돌림과 부적응문제와 비행, 인종차별 등의 인권문제는 심각한 사회문제가 될 수 있어 복지적인 대책이 요구된다(현외성 외, 2012).

2) 외국인근로자

국내에 들어와 있는 전체 외국인 중 가장 많은 수를 기록하는 외국인근로자는 629,671명에 달하고 있으며, 집계되지 않은 미등록 외국인근로자까지 포함하면 총 외국인근로자의 수는 더욱 클 것으로 예상된다. 취업자격을 획득한 체류외국인 현황은 〈표 10－5〉와 같다. 특히 방문취업(H-2)을 통한 국내 체류자 288,800명 중 한국계 중국인들이 그 수의 절반이 훨씬 넘는 271,716명을 차지하는 것으로 나타난다. 방문취업 제도는 동포들에게 완화된 취업제도로 적용된 것으로, 중국 및 구소련지역 동포들에 대해 3년간 유효한 복수사증을 발급하며 사증의 유효기간 범위 내에서 자유로운 출입국 및 최대 4년 10개월까지의 체류 기간을 허용하고 있다. 방문취업을 통해 국내에 들어온 외국인 노동자들은 취업교육 및 구직신청 등의 절차를 거쳐 「출입국관리법 시행령」에서 정한 단순노무분야 허용 업종에서 취업활동이 가능하다.

표 10-5 취업자격 체류외국인 현황

구분	단기취업(C-4)	교수(E-1)	회화지도(E-2)	연구(E-3)	기술지도(E-4)	전문직업(E-5)	예술흥행(E-6)	특정활동(E-7)	계
전문인력	735	2,657	16,386	3,160	194	620	5,071	20,178	49,001

구분	비전문취업(E-9)	선원취업(E-10)	방문취업(H-2)	계
단순기능인력	276,607	15,263	288,800	580,670

출처: 출입국·외국인정책본부(2015)

외국인근로자들의 대부분은 내국인들이 기피하는 소위 3D 업종에 종사하고 있고 우리나라의 경제성장에 이들의 노동력이 필요함에도 불구하고 근무환경은 내국인과 비교했을 때 매우 열악한 상황에 처해 있다. 외국인근로자들은 먼저, 의식주 등의 일상생활에서 수많은 문제들을 마주하고 있다. 문화와 생활 방식이 다르다는 이유만으로 차별을 경험하는가 하면, 상대적으로 낮은 경제력으로 인해 냉방, 샤워, 세탁, 주방 시설 등이 제대로 갖춰지지 못한 좁은 공간에서 집단으로 많은 사람들이 거주하는 곳이 많다. 우리나라에 대한 사전 지식과 한국의 문화에 대해 전혀 알지 못한 상태에서 들어오기도 한다. 언어의 장벽으로 인한 소통의 부재로 발생되는 오해와 편견이 많은 문제의 시발점이라고 할 수 있다(국가인권위원회, 2012).

또한 내국인근로자들에 비해 외국인근로자들은 잔업수당, 야간수당, 휴일수당 등을 제대로 받지 못하므로 이러한 강제적인 장시간의 노동과 유해한 작업 환경이 마찰로 이어지거나 폭력사태와 구타행위가 발생하기도 한다. 소득에 비해 지나치게 높은 입국 비용도 외국인근로자들에겐 큰 부담이다. 높은 입국 비용을 마련하기 위해서 대다수의 외국인근로자들은 고국에서 빚을 지고 있고 이를 갚기 위해 국내의 열악한 환경 속에서도 혹사당하는 경우가 생기게 된다(김명광, 2011).

특히 미등록 외국인근로자의 경우 빈곤과 질병, 불법체류에 따른 고용상의 불평등과 임금체불, 자녀학교등록의 어려움, 장기체류로 인한 심리·정서적 불안정으로 어려움을 겪지만 정부가 내놓는 정책들은 아직까지 미흡한 실정이다(현외성 외, 2012). 여성노동자의 경우 건강과 모성 등에 관한 부분은 고려되지 않으며 대부분 영세한 사업체에서 근무하다보니 「근로기준법」상의 모성보호규정 중 적용이 배제되어 있고 적용되어야 하는 규정도 실제에 있어서는 거의 지켜지지 않는다. 근로시간 제한이나 출산휴가와 육아휴직 역시 고려되지 않는 상황이다(공경윤, 2013).

3) 북한이탈주민

북한이탈주민 용어와 관련하여 '새로운 터전에서 삶의 희망을 갖고 사는 사람'의 뜻으로 '새터민'이라는 용어를 잠시 사용하기도 했으나 용어의 의미에 대한 논쟁이 지속되다가 2008년 이후 통일부에서는 '탈북자'의 대체어로 '북한이탈주민'이라는 용어를 주로 사용하고 있다. 북한 주민들이 북한을 탈출하는 근본적인 원인으로는 북한의 중앙집권적·폐쇄적 경제에서 오는 경제의 비효율성, 외부세계 정보의 유입과 확산, 국경지역 경비대의 군 기강 해이, 중국 조선족과 민간단체의 지원 등을 들 수 있다(오수열·김주삼, 2006). 북한이탈주민의 수는 꾸준한 증가 추세를 보여왔으나, 2012년부터 탈북 여건의 악화 등으로 인해 감소하였으며, 2014년에는 총 1,396명이 입국하였다.

표 10-6 북한이탈주민 현황

구분	2008	2009	2010	2011	2012	2013	2014
남	608	671	589	797	405	369	304
여	2,197	2,258	1,813	1,909	1,097	1,145	1,092
총계	2,805	2,929	2,402	2,706	1,502	1,514	1,396
여성비율	78%	77%	75%	71%	73%	76%	78%

출처: 통일부(2015)

한편, 북한이탈주민의 발생배경 및 특성을 여성초과 특성, 북한이탈주민의 거주지 배정 갈등, 직업선정의 어려움, 직업교육의 성공가능성으로 분류하기도 한다(강창구, 2011; 통일부, 2014). 첫째, 여성초과 특성은 국내로 입국하는 전체 북한이탈주민의 절반 이상이 20~30대 젊은 층이며, 그중 2014년 기준으로 여성 비율이 78%를 차지한다. 이는 기획탈북의 영향으로 인해 여성 및 가족 단위의 탈북자가 증가하고 있음을 말해 주는 것이다.

둘째, 북한이탈주민의 남한 정착 교육을 위한 기관인 '하나원'에서 12주(392시간)의 남한사회 적응을 위한 기본적인 프로그램 운영에 참여함으로써 사회적응교육을 마친 후 북한이탈주민의 희망지역에 따라 주택이 배정되는데, 이 경우 북한이탈주민의 거주지 배정 갈등의 문제가 있다. 이때 정부가 지원하는 주택지원에서 서울 및 수도권 지역은 현실적으로 부족한 상황이 발생하고 배정된 거주지와 일자리가 연계되지 않는 문제도 발생하고 있다.

셋째, 직업선정의 어려움은 탈북 전 직업과 한국 입국 이후의 일치정도가 없는 상태에서 대부분의 북한이탈주민이 불안정적인 고용이나 무직에 가까운 상태를 경험함을 의미한다. 특히 회사에서 문서를 처리할 수 있는 능력이 없는 상황에서 사무직이나 관리직에 대한 직업 접근성은 더 어려운 상황이다.

마지막으로 직업 교육의 성공 가능성은 학력요인, 학습연령요인과 관련되어 있는데 전체 북한이탈주민의 학력의 70%가 중학학력으로 나타나 교육수준이 남한과 많은 차이를 보인다. 그러나 젊은 층이 다수를 차지한다는 점에서 학습연령의 측면에서는 직업교육의 성과를 기대할 수 있을 것으로 판단하고 있다.

북한이탈주민이 남한사회에 적응하는 데 겪는 어려움은 경제적인 어려움, 취업문제, 건강문제, 남한사람들의 냉대와 편견 등 대인관계에 이르기까지 매우 다양한 것으로 나타난다. 특히 경제적 어려움을 극복하기 위해 직업을 갖고자 하나 지식과 능력의 한계로 무력감을 가지고 있으며, 문화·심리적인 차원에서는 계획적이고 통제적인 사회문화적 환경에서 자본주의 시장체제로의 전환, 가부장적 가족문화에서 양성평등을 추구하는 문화로의 변화로 인해 가치관의 혼란을 경험한다. 직장문화에 대한 이해 부족과 대인관계의 어려움 또한 남한사회 내 적응을 힘들게 하는 요소이다(현외성 외, 2012).

이와 관련하여 조정아, 임순희와 정진경(2007)은 북한이탈주민들이 겪는 직업적 어려움과 문화적 갈등을 심층면접과 참여관찰을 통해 분석하였는데, 직업선택과 취업(구직의 좁은 문, 직업경력의 단절), 의사소통의 문제(언어장벽, 방식의 차이), 직무수행 과정(기술적 문제, 시간 보내기 식의 노동 규율), 조직문화(공동체문화와 개인주의·경쟁문화의 대립), 북한이탈주민에 대한 남한사람의 인식(거칠고 의존적이며 실리적이라는 인식하에 의심과 불신 인식 등의 팽배)을 주된 갈등으로 제시하였다.

4. 다문화가족 지원

1) 이주민에 대한 국가정책모델

이주민에 대한 포섭의 정도와 소수자에 대한 정체성의 보존 등을 기준으로 캐슬러와 밀러(Castler & Miller)는 다문화정책을 크게 세 가지로 구별한다(박천응, 2013 재인용). 〈표 10-7〉에 나타난 것처럼 차별·배제모델, 동화주의모형, 다문화주의모형이 있고 이주민을 대상으로 하는 이러한 국가정책모델의 구분은 이념에 따른 것으로 실제에서는 어느 한 유형만 전적으로 적용되는 것은 아니다(김소연, 2008).

표 10-7 다문화주의모형

모형	특징
차별·배제형 모델	• 노동시장의 일부 영역에 한정해 개방하는 정책 • 임시 체류 외국인들에게는 국적취득 제한, 참정권 불허, 복지혜택 배제 등 사회·정치 영역에 참여하지 못하게 함
동화주의 모형	• 이주민의 고유한 문화적 정체성을 버리고 주류문화와 합류됨 • 동화를 기반으로 국적취득을 허용하거나 국민의 자격을 얻게 함
다문화주의 모형	• 이주민 집단의 문화와 관습을 인정하고 유지하도록 장려하고 지원: 통합적 다문화주의(다양한 민족문화를 공존하게 하여 사회를 통합) • 다양성의 다문화주의(주류문화와 소수자문화를 동등하게 중요시함)

2) 다문화가족에 대한 지원

(1) 결혼이민자가족

결혼이민자가족은 언어소통, 문화 차이로 인해 자녀양육과 교육에서 어려움을 경험할 가능성이 크다. 자녀들은 가정 내 언어 환경이나 어머니의 한국어 능력이 서툰 것으로 인해 인지발달 지연, 인지능력 저하의 어려움에 놓인다. 이러한 언어능력의 한계는 가족 간의 원활한 대화가 이루어지는 데 있어 장애요인이 되며, 오해와 갈등을 유발하게 한다(차태규 · 하재룡, 2013). 따라서 여성결혼이민자들에 대한 사회복지서비스는 다문화가족정책 중 결혼이주민의 안정적 정착이라는 목표달성을 위한 프로그램을 포함한다. 프로그램은 주로 의사소통 지원, 생활정보 제공, 가족관계증진 및 가족위기 예방 등을 세부 목표로 정하고 있나. 이러한 세부목표들은 다양한 정부기관 부처들에서 각기 다른 형태의 프로그램으로 실행되고 있다(여성가족부, 2015).

다문화가족정책의 법적 기반으로 「재한외국인처우기본법」과 「다문화가족지원법」 등이 있다. 「재한외국인처우기본법」에서는 법무부 장관은 관계 중앙행정기관의 장과 협의하여 5년마다 외국인정책에 관한 기본계획을 수립하여야 한다(제5조)고 규정함으로써, 국가 차원에서 외국인정책의 중장기 기본방향을 설정할 수 있도록 하였다. 「다문화가족지원법」에서는 다문화가정의 구성원들이 안정적인 가정생활을 유지하는 데 필요한 제도와 여건에 관한 중앙정부와 지자체의 각종 조치와 지원을 규정하고 있다.

또한 범부처 차원의 여성결혼이민자가족의 사회통합 지원방안을 시작으로 부처별로 다문화가정 학생교육지원, 그리고 제1차 외국인정책 기본계획이 마련되었다. 정부 차원에서 다문화가족 구성원의 안정적인 가족생활 및 삶의 질 향상과 사회통합을 위하여 실시하고 있는 다문화가족 관련 정책을 보면, 보건복지부에서는 다문화가족 생애주기별 맞춤형 지원 강화 대책을 마련하고 가족 전체를 대상으로 생애주기별 맞춤형서비스를 제공해 왔다. 2010년 3월 여성가족부가 새롭게 출범하면서부터 여성가족부가 다문화가족정책의 기본 방향을 제시하고 있다. 여성가족부의 다문화가족정책의 기본방향은 '다문화가족을 위한 가족교육·상담·문화 프로그램 등 서비스 제공을 통해 결혼이민자의 한국 사회 조기 적응 및 다문화가족의 안정적인 가족생활 지원'이다.

최근에는 '활기찬 다문화가족, 함께하는 사회'를 구현하기 위하여 사회발전 동력으로서의 다문화가족 역량 강화 및 다양성이 존중되는 다문화사회 구현에 중점을 둔 '제2차 다문화가족정책 기본계획(2013~2017)'을 수립하고 6개 정책과제, 86개 세부과제를 추진 중에 있다. 또한 다문화가족의 안정적인 정착과 가족생활을 지원하기 위해 한국어·문화교육, 가족교육·상담, 자녀지원, 직업교육 및 다문화인식개선 등 다양한 프로그램을 통합적으로 제공하고 연계하는 원스톱 서비스 기관인 다문화가족지원센터를 구축하였으며, 2016년 현재 217개소가 지원활동을 펼치고 있다(허보름, 2014).

표 10-8 가족생애주기별 다문화가족정책

주기	정책 과제
입국 전 결혼준비기	• 국제결혼 과정의 인권보호와 교육 프로그램
입국 초 가족관계형성기	• 결혼이민자의 조기적응 및 안정적 생활 지원 • 다양한 매체를 통한 한국어교육 • 위기 개입 및 가족통합 교육 실시
자녀양육 및 정착기	• 다문화가족 자녀의 양육교육 지원
역량 강화기	• 다문화가족의 경제사회적 자립 지원
전 단계	• 대국민 인식 개선 및 홍보 • 다문화가족 실태조사 실시(「다문화가족지원법」 제4조)

출처: 여성가족부 홈페이지

지역 다문화가족지원센터에서는 자녀양육, 생활·문화, 심리·정서, 보건 등과 관련된 복지서비스를 제공한다. 이 중에서 대부분의 기관이 가장 큰 비중을 두고 있는 것은 언어교육, 즉 한국어교육이다(이혜승·김난영, 2011). 가족상담 복지서비스의 경우 결혼이주민과 그들이 속해 있는 다문화가족원들(배우자, 시부모, 확대가족원 등)이 그 대상이 되며, 개인상담과 함께 실시한다. 이 밖에도 복지관, 지자체, 종교기관, 여성긴급전화, 이주여성인권센터, 여성문화회관, 여성의 전화, 아동·청소년기관 등 다문화가족지원센터와 네트워크 관계를 맺고 있는 유관기관들이 다양한 서비스를 제공하고 있다(최연실, 2011).

(2) 외국인근로자가족

고용허가제에 의해 합법적으로 취업한 외국인근로자는 내국인과 동등하게 「근로기준법」, 「최저임금법」, 「산업안전보건법」 등 노동관계법의 적용을 받고, 노동3권 등 기본적인 권익을 보장받으며, 사업주의 근로계약 위반, 부당해고 등 위법·부당한 처분에 대해서 근로감독과 노동위원회, 국가인권위원회, 법원 등을 통한 권리구제가 가능하다. 의료지원에 있어서는 공공영역에서 시행되는 국민건강보험, 산업재해보상보험, 고용보험, 국민연금 등의 4대 보험을 적용받는다. 미등록 외국인근로자일 경우에도 의료와 관련하여 보건복지부는 건강관리 지침을 마련하여 이를 토대로 각 일선보건소에서 무료검진 및 진료서비스를 제공하며, 그 자녀를 비롯한 가족에 대해서도 무료진료사업을 시행하고 있다. 2000년에 「응급의료에 관한 법률」을 개정하여 외국인근로자에게도 응급상황 시 의료 지원을 받을 수 있도록 하였으며 '미수금의 대지급'이라는 명칭으로 응급환자의 진료비를 국가가 대납한 후 본인에게 추후 상환토록 함으로써 적기에 응급환자를 지원할 수 있게 하였다(천정웅 외, 2015).

외국인근로자 출신 국가의 경제적 요인과 내국인의 인력 부족으로 국내 취업이 점점 길어짐에 따라 생산·기능직 외국인근로자 중에서도 어떤 형태로 가족을 동반하여 거주하거나, 국내에서 가족을 형성하고 있는 추세이다(민현옥, 2014). 외국인근로자 가족의 자녀는 아동에 대한 보편적인 복지를 규정하고 있는 「아동복지법」에 따라 자신 또는 부모의 성별, 연령, 종교, 사회적 신분, 재산, 장애유무, 출생지역, 인종 등에 따른 어떠한 종류의 차별도 받지 않고 자라며, 아동의 권리보장과 복지증진을 위하여 보호와 지원을 받을 권리를 가진다(제2조).

외국인근로자 자녀를 위한 교육·복지 지원에는 한국어(KSL)반 운영, 우수교사유치 등 학교 내의 교육 지원강화, 다문화교육 환경조성 및 국제이해 교육강화, 학교교육준비, 학교적응을 위한 사전·사후 교육 실시, 외국인근로자 자녀의 정보화 지원, 대학생 멘토 등 자원봉사자 활용을 통한 교육지원, 외국인근로자 자녀 교육 전문가 양성 프로그램 운영 등이 있다(공경윤, 2013).

이러한 지원에도 불구하고 외국인근로자가 자녀양육 시 지원받을 수 있는 양육지원체계는 현실적으로 부족한 실정이다. 특히 미등록 외국인근로자의 경우에는 「출입국관리법」에 따른 합법적인 출생신고가 어렵다. 국내의 「출입국관리법」을 위반하였기 때문에 신고는 곧바로 강제출국으로 이어져 이산가족이 될 수도 있다.

(3) 북한이탈주민가족

북한이탈주민 가족은 북한에서 탈북한 가족이 남한에 정착하거나, 탈북자 출신의 남성 또는 여성이 한국의 남성 또는 여성과 결혼을 하거나 탈북자 출신으로 결혼하지 않고 거주하는 경우에 해당한다. 북한이탈주민 아동·청소년과 관련하여 하나원 내 하나둘학교에서는 19세 이하 아동·청소년을 대상으로 연령 및 학력을 고려한 수준별 맞춤형 교육을 실시하고 있다. 유치·초등반 아동들은 하나원 인근의 초등학교와 병설유치원에서 일반 학생과 함께하는 통합수업을 받는다. 방과후에는 하나둘학교에서 기초학습, 한국어교육, 정보화교육, 자기소개와 공동체 활동 등 수업을 듣는다. 청소년반은 하나둘학교에서 전일제 교육을 받고 있다. 청소년기 특성에 맞춰 기초교과학습과 정서안정 및 건강증진 프로그램을 확대하여 진행한다.

북한이탈주민지원재단은 북한이탈주민의 자립자활 역량 제고를 위해 2012년부터 재단에 취업지원센터를 운영하고 있으며, 2013년 4개 지역에서 2014년에는 27개 지역으로 확대하여 취업지원 사업을 강화하여 운영하고 있다. 또한 건강상태가 좋지 않은 북한이탈주민에 대한 의료지원을 강화하여 장기이식, 중증질환, 희귀난치성 질환자의 경우 본인부담액의 일부를 연간 한도 내에서 북한이탈주민지원재단을 통해 지원하고 있다.

지역적응교육		수료 후 첫 1주간	하나센터	
목	하나원 수료	• 주민등록/입주신고 • 담당형사 상견례	지역사회 이해 및 생활 교육	• 경제교육 • 구청, 은행, 마트 등 주요 기관 및 시설 방문
금	지역사회 안내	• 하나센터 소개 • 교통/시장 안내	진로탐색과 직업준비 교육	• 취업욕구 파악 및 상담 • 취업 기본교육 • 직업훈련기관 및 사업장 방문
월	고용지원센터 출장교육	• 직업훈련 정보 제공 • 구직/구인 정보 제공	진학지도	• 지역 내 학교 소개 • 학부모 교육
화/수	기초생활보장 수급신청	• 인감증명 등록 • 주민등록증 발급 • 통장 실명 변경	건강증진 및 개인역량 강화교육	• 기본건강 관리 • 정신건강 예방 교육 • 지역의료기관 이용방법 안내 및 방문 • 여가활동 안내
			인생설계	• 인생계획서 작성 및 공유

출처: 통일백서(2015)

그림 10-1 하나센터 지역적응 교육 내용

북한이탈주민의 경우 전국적으로 31개의 지역적응센터를 운영함으로써 북한이탈주민이 거주지에서 신속히 적응할 수 있도록 하나원을 수료하고 거주지로 전입한 직후 초기집중교육과 취업·교육·의료·생계 등 개인별 맞춤형 사후지원서비스를 제공한다. 거주지 적응교육, 취업상담 연결, 방과후 공부방 운영, 학습지도, 정착지원제도 안내 등 북한이탈주민이 지역 사회에 조기에 정착할 수 있도록 거주지 밀착 지원을 하고 있다.

한편, 「정착지원법」에 근거하여 '제1차 북한이탈주민 정착지원 기본계획(2015~2017)'을 수립하였는데, 기본계획에서는 맞춤형 정착지원을 추진하고 사회적 통합을 유도하기 위해 북한이탈주민에 대한 인식개선과 국민 소통을 강화하도록 하였다. 중앙정부와 지자체, 민간이 긴밀하게 협입할 수 있는 체계를 구축하고 통일준비 역량을 강화하기 위한 기본방향과 5개 분야 20개 정책과제를 선정하였다(통일부, 2015).

5. 다문화 사회복지실천

횡문화적 사회복지 영역에서 출현한 대중적 개념은 '문화적 역량'이다. 서구의 경우에도 사회복지사들의 교육 및 인증을 감독할 책임이 있는 전문직 협회-영국의 사회복지 교육훈련을 위한 중앙협회, 미국 사회복지사 협회, 캐나다 사회복지 교육협의회-는 다문화 맥락에서 다양한 집단과 함께 하는 사회복지의 이슈를 다루는 책임에 대해 명료하게 밝히고 있다. 이는 사회복지사들이 다양한 집단성원들과 일하는 데 필요한 자기인식, 지식, 기술을 증진시키기 위한 전략이라고 할 수 있다. 다문화 환경에서 다양한 클라이언트와 일하는 사회복지사들에게는 문화적 역량을 개발하는 것이 필수적이며, 이를 소홀히 하는 것은 윤리적 책임을 위반하는 것이 된다.

룸(Lum, 1999)은 문화적으로 유능한 서비스를 제공하기 위한 네 가지 핵심요소를 제안하였는데, ① 문화적 다양성에 대한 수용과 존중, ② 문화적 정체성과 편견에 대한 자기 분석, ③ 민족이나 인종이 다른 클라이언트의 차이에 의한 역동 인식, ④ 이러한 클라이언트와 일하기 위한 추가적인 지식, 연구조사, 자원의 필요성 인지 등이다. 지식과 기술 못지않게 문화적 역량을 위해 필수적인 것은 자기 자신을 인식하는 능력이다. 인간으로서 사회복지사는 그들의 문화에서 형성된 독특한 편견, 가치, 신념을 갖고 있기 때문이다. 옌과 웡(Yan & Wong, 2005)에서도 나타나듯 문화적으로 유능한 사회복지사는 자신의 문화적 배경에 대해 높은 수준으로 자기인식을 분석하고 유지해야 하는데, 문화적 배경에는 문화적 가치, 편견, 선입견, 개인적 한계에 대한 인식이 포함된다(Gray & Webb, 2012 재인용).

문화적 역량이 있는 사회복지사는 자신의 문화적 배경을 반영하고 편견과 행동을 검토하며 다른 사람과 상호작용하기 위해 문화적 역량의 요소들을 분석할 수 있다. 만약 사회복지사가 문화적으로 무능할 경우에는 문화적으로 다양한 집단에게 적절한 서비스를 제공할 수 없다. 문화적 무능(cultural incompetence)은 클라이언트에게 해가 될 뿐만 아니라 문화적으로 다양한 사람에게 서비스를 제공하는 사회복지사의 능력을 제한한다(Sue, 2006). 문화적 무능은 다양한 형태로 나타날 수 있다고 하였다(이미림, 2011 재인용). 예를 들면 의사소통에서 무능할 때, 문화적으로 또는 종교적 신념에 일치시키려고 공공연하게 비평할 때나 관심이 부족할 때, 그리고 일탈적인 행위에 대한 상이한 문화를 비난할 때 좌절감이나 분노로 나타나기도 한다.

한편 '문화적 역량'의 유용성에 대한 우려와 관련하여 문화적 역량이 굳건한 이론적 기반에 근거를 둔 사회복지 접근방식으로서가 아니라 객관적인 '기법'으로 나타날 수 있다는 점, 그리고 사회복지사가 '자신의 문화가 미치는 영향을 유예할 수 있는 정도'와 자신을 활용하여 클라이언트와 일하는 전문적 상호작용에서 중립성을 얼마나 유지할 수 있는지 그 정도에 대해 의문을 제기하는 입장도 있다. 가장 문세가 되는 것은 문화적 역량에서 '문화'라는 용어가 비판적 탐색이나 논쟁을 거치지 않은 채 상식적인 방식으로 사용되고 있다는 것이다. 문화가 고정직이고 변하지 않으며, 지속되는 것처럼 비춰지고 통제할 수 있다는 입장을 취할 경우 사회복지사와 '문화적 배경을 가진' 클라이언트 간의 차이만을 강조하게 될 수도 있다(Gray & Webb, 2012 재인용).

다문화 사회복지실천은 진정한 호기심과 개방적 태도, 대화의 공간 속에서 어떻게 긍정적인 관계를 형성할 것인지에 대한 사려 깊은 성찰을 토대로 방향을 잡아야 한다. 비판적 다문화주의는 사회복지 전공생들에게 반(反)인종주의적 관점에서 다양성에 관한 실천을 할 수 있는가를 가르친다. 비판적 다문화주의는 '중심-주변'과 '주류-기타'의 관계를 흔들고자 하며 상호학습과 비판적 성찰이 일어날 수 있는 포괄적·치료적 세팅을 창조해가는 것을 강조한다.

참/고/문/헌

강창구(2009). 북한이탈주민의 인권과 사회적응에 관한 연구. 충남대학교 대학원 석사학위논문.

______(2011). "북한이탈주민의 정착문제와 전망–취업활성화 방안을 중심으로", 『사회과학연구』, 20(1), 51-63.

공경윤(2013). 다문화가정 자녀의 교육·복지 지원정책에 관한 연구. 남서울대학교 대학원 석사학위논문.

국가인권위원회(2012). 국내 체류 이주민의 사회복지지원체계 개선을 위한 실태조사. 국가인권위원회.

김명광(2011). "국내외 외국인 근로자 정책과 대안: 특수 목적 한국어 교육을 중심으로", 『현대사회와 다문화』, 1(2), 200-225.

김명성(2009). "사회통합 차원에서의 다문화가족 지원정책의 현황과 개선방안에 관한 연구", 『사회복지실천』, 제8호.

김상돈(2010). 다문화교육의 목표와 내용 체계 연구. 고려대학교 대학원 박사학위논문.

김소연(2008). 외국인 이주노동자 자녀의 교육받을 권리. 고려대학교 대학원 석사학위논문.

김정훈·백영숙(2014). "교정복지시설 종사자의 다문화 민감성의 필요성과 증진방안", 『교정복지연구』, 33, 145-166.

박천응(2013). '혼종적 담론비판분석'으로 본 한국의 다문화담론 비판. 인하대학교 대학원 박사학위논문.

박현성(2011). 전북지역 다문화복지 실천가의 문화적 역량에 영향을 미치는 요인. 군산대학교 대학원 석사학위논문.

유성지(2014). 다문화가족지원정책 추진 실태와 개선방안 연구. 경희대학교 대학원 석사학위논문.

이미림(2011). 사회복지사들은 문화적 역량을 어떻게 터득하는가? 한남대학교 대학원 박사학위논문.

이혜승·김난영(2011). 다문화가족지원정책 성과평가. 감사연구원 보고서.

조규범(2011). "다문화사회를 위한 입법적 대응방향", 『현대사회와 다문화』, 1(1), 34-64.

조정아·임순희·정진경(2007). 새터민의 문화갈등과 문화적 통합방안. 한국여성개발원 연구보고서, 277-289.

차태규·하재룡(2013). "다문화 복지정책의 활성화를 위한 네트워크 체계분석", 『공공정책과 국정관리』, 7(1), 32-63.

천정웅 · 김태원 · 이수미 · 박선희(2015). 『다문화 글로컬 생활세계』. 양서원.

최연실(2011). "다문화가족의 복지욕구와 복지서비스의 현황 분석 및 통합적 개선방안 탐색 –가족상담을 중심으로", 『한국가족치료학회지』, 19(3), 61-93.

최현미 · 이수연(2008). "다문화가족 지원기관의 현황 분석과 전문 프로그램 개발", 『다문화가족연구』. 평택대다문화가족센터, 2, 1-20.

통일부(2015). 2015 통일백서. 통일부.

한용외(2011). 다문화복지 조직 네트워크 특성이 조직효과성에 미치는 영향에 관한 연구. 숭실대학교 대학원 박사학위논문.

행정자치부(2015). 2015 지방자치단체 외국인주민 현황.

현외성 외(2011). 『사회복지학의 이해』. 양서원.

황범주(2008). 다문화가정 자녀를 위한 교육정책 분석. 안양대학교 대학원 박사학위논문.

Lum, D.(1992). *Social Work Practice with People of Color: a Process-stage Approach*. Pacific Grove, CA: Brooks/Cole.

Mel Gray, Stephen A. Webb 저, 김기덕 · 최명민 · 이현정 · 조성우 역(2012). 『사회복지학의 새로운 접근』. 시그마프레스.

제11장 정신보건복지와 실천현장

1. 정신보건사회복지의 개념 정의

의료사회복지로부터 분화하여 전문화된 영역으로 정신의료사회사업(Psychiatric social Work) 혹은 정신보건사회복지(Mental Health Social Work)가 있다. 정신보건사회복지란 제2의 실천의 장인 정신의학 영역에서 사회복지를 실천하는 것으로 정신의학에 관련된 여러 원조활동을 하는데, 특히 정신장애인과 그 가족에 대하여 행해지는 활동을 말한다.

정신보건사회복지의 개념 정의는 학자와 시대에 따라 다르게 전개되었다. 그러나 공통점은 정신의학 영역에서 다루는 정신장애(mental disease)는 만성적 특성을 가지고 있으므로 병원에서는 환자의 증상을 완화시키면서 동시에 환자가 성공적으로 사회에 적응할 수 있도록 지속적으로 원조해야 한다는 점이다.

1930년대에는 정신보건사회복지를 정신의료사회사업으로 칭하고 영국 의학계에서는 그것을 정신의학의 보조업무로 보는 반면, 사회복지사는 자신들의 독립성을 강조하였다. 1940년대에 와서 정신보건 사회복지사는 정신의학자가 포함되는 팀의 한 부분이 되어야 한다고 했으며, 조언 등의 전문적 서비스를 하며 사회복지사는 지역사회가 정신건강에 대한 적절한 이해를 하도록 활동하는 기능을 가진다고 하였다.

1950년대 초에는 정신보건사회복지는 훈련되지 않거나 부분적으로 훈련된 정신보건전문요원에 대한 자문과 슈퍼비전을 위한 일에서 지도력을 발휘해야 한다는 견해가 대두되었다. 이러한 새로운 태도가 생겨나게 된 것은 사회복지사의 자신감 증대와 사회복지 정체감을 발달시킨 결과라고 볼 수 있다.

정신보건사회복지에 대한 학자들의 개념정의를 살펴보면 다음과 같다.

프렌치(French, 1940)는 '정신보건사회복지'에서 정신보건사회복지는 정신의료기관에서 정신의학 · 심리학 · 정신분석학 · 자아심리학 · 사회학 등의 지식과 이론을 바탕으로 사회사업의 방법론과 기술을 통하여 정신질환자의 치료활동에 다양하게 적용하여 소기의 목적을 달성하기 위한 학문이며, 집단치료도 정신보건사회복지사의 활동업무에 적용된다고 정의하였다. 또한 정신보건사회복지사는 사회사업의 전문성을 정신의학의 실제에 계속적으로 기여하는 것과 정신과분야에서 얻은 지식과 경험을 사회사업 실제에 지속적으로 적용시키는 데 있는 것으로 보았다.

핀크 등(Fink, 1949)은 정신보건사회복지란 정서적이고 정신적인 질병에 대한 전적인 책임이 정신의학자에 의해 수행되고 있는 병원이나 진료소에서 개별적 수준에서 실행되는 사회복지실천이라고 하였으며, 프리드랜더(Friedlander, 1980)는 "정신보건사회사업은 정신적 · 정서적 장애가 있는 사람들을 도울 목적으로 정신의학과의 직접적이고 책임성 있는 협력하에 병원이나 진료소 또는 정신보건기관이 후원하여 실시하는 개별사회사업"이라고 정의하였다.

1954년 미국사회복지연감(Social Work Year Book)에서는 "정신보건사회복지사업은 정신의학과 함께 직접적이고 책임 있는 관계 내에서 이루어지는 사회사업이다. 이는 정신의학적 치료와 관련된 전문적인 사람들, 즉 정신의학자 · 심리학자 · 정신과간호사 · 작업치료사 등을 포함하는 치료팀의 일원으로 병원이나 진료소, 기타 정신의학 기관에서 실시되며, 그 목적은 정신적 · 정서적 장애로 고통을 받고 있는 사람들의 건강을 회복시키며 지역사회 내에서 정신건강을 촉진하는 활동을 하는 데 있다"고 정의하였다.

오키프(O'Keefe, 1960)는 정신보건사회복지사업이란 정신보건기관이나 정신위생 프로그램에서 이루어지는 사회사업이며, 그 목적은 지역 내의 정신위생을 향상시키는 사업과 정신적 · 정서적 장애가 있는 사람들에게 봉사하는 데 있고, 병원이나 진료소, 정신의학기관에서 이루어지며 정신의학자 · 심리학자, 흔히 환자를 치료하는 정신보건사업에 관심이 있는 다른 전문가들을 포함하는 치료팀으로 이루어진다고 정의하였다.

미국에서도 정신보건사회복지란 단순히 정신의학자와의 협력으로 수행되는 사회복지인가 혹은 본질적인 면에 있어서 특수한 사회복지인가 하는 문제가 제기되었는데, 1920년대 이래로 정신보건사회복지에 대한 두 가지 다른 정의가 제시되었다(Fergusan, 1969; 김기태 외, 2009: 59-60).

첫째, 정신병원에서의 의료 프로그램의 필수적 서비스 형태로서 정신병원에서 이루어지는 사회복지를 말한다. 정신장애인과 그 장애인의 가족을 위하여 정신의학과 협동관계를 이루고 있다는 것을 강조한다. 오키프(O'Keefe)는 주로 이런 관점에서 정신보건사회복지를 규정하고 있다. 즉, 정신보건사회복지란 정신보건기관이나 보건프로그램에서 이루어지는 사회복지인데, 그 목적은 지역 내의 정신보건을 향상시키는 사업과 정신적 · 정서적 장애가 있는 사람에게 봉사하는 데 있다. 대체로 병원이나 진료소 또는 정신의학자 혹은 심리학자나 흔히 환자의 치료와 정신보건사업에 관심이 있는 다른 전문가를 포함하는 치료팀으로 이루어지며, 주로 정신의학기관에서 이루어진다(O'Keefe, 1954: 387).

둘째, 실천의 장과는 관계없이 실천의 본질을 강조하는 정의이다. 즉, 정신보건사회복지란 정신의학에 관한 지식으로부터 그리고 이들 지식을 사회복지실천과정에 적용하는 능력으로부터 도출한 특성을 소유하고 있는 실천이라는 것이다. 사회복지라는 단어 앞에 정신의학 혹은 정신보건이라는 단어를 붙이는 것은 정신병리에 관한 지식을 보다 깊이 그리고 실천에서 역동적으로 담아내기 위한 것이다.

이상의 정의에 따라서 정신보건사회복지는 정신의학 영역에서 이루어지는 전문적인 사회복지실천이라고 요약할 수 있지만, 정신의학 영역을 어떻게 규정하는가와 그 나라의 사회문화적 환경에 따라서 다르게 정의될 수 있다. 즉, 정신보건사회복지가 정신과 의사들과의 협력으로 수행되는 사회복지실천인가, 아니면 본질적인 면에서 특수한 사회복지실천인가에 대한 문제가 제기될 수 있다. 만약 전자의 입장이라면 정신보건사회복지는 정신과의사들과의 협력관계를 통하여 정신의학의 보조적인 역할을 담당하는 영역으로 이해된다. 즉, 정신보건사회복지는 정신보건시설이나 정신보건 프로그램에서 부분적으로 이루어지는 사회복지실천이라고 할 수 있다. 여기에는 병원이나 진료소 등에서 정신보건치료팀에 의해서 이루어지는 팀워크가 강조된다. 후자는 정신보건사회복지가 이루어지는 실천의 장과는 관계없이 실천의 본질을 강조하는 개념이다. 즉, 정신보건사회복지는 정신의학에 관한 지식을 사회복지실천과정에 적용하는 능력을 소유하고 있는 전문가에 의한 인간서비스 실천이라는 것이다. 정신보건사회복지에서는 인간의 정신병리에 대한 깊은 지식을 바탕으로 서비스실천에서 병리와 심리사회적 환경 간의 역동적 특성을 다룬다는 것을 의미한다(권진숙 외, 2012).

우리나라의 문헌에 나타난 정신보건사회복지에 대한 개념 정의를 살펴보면 다음과 같다. 정신보건사회복지가 한국에 도입된 것은 비교적 최근의 일이며, 1962년 국립정신병원 개설과 더불어 정신보건사회복지사가 정신과의 치료진으로 채용된 것에서 시작하였다. 그 후 정신병원 혹은 일반병원의 정신과에 정신보건사회복지사가 배치되었다. 정신보건사회복지가 의료사회사업으로부터 분화되어 전문화된 영역으로 독립한 것은 1993년부터이며, 정신의료사회사업(psychiatric social work) 또는 정신보건사회사업(mental health social work)으로 명명되고 있었다. 그러나 1998년 정신보건 사회복지사업법 시행령 및 시행규칙 개정 당시 한국정신보건사회복지사협회가 '정신보건사회복지'라는 용어를 공식적으로 사용하면서 정신보건사회복지라는 개념이 등장하였다.

1990년 한국에서 발간된 '정신의학사전'에 수록된 정신의학적 사회사업(이하 정신보건사회복지라 칭함)의 정의를 보면, 정신의학적 사회사업이란 정신병원 · 정신과 진료소 · 종합병원 내 신경정신과 · 사회복지시설 등에서 전문치료팀의 일원으로서 정신과 환자 및 그들의 가족과 관계를 가지는 특수 사회사업 영역을 말하며, 주로 다음과 같은 일을 하게 된다.

정신보건사회복지란, ① 환자의 질병에 영향을 준 가정환경 그리고 사회적 요소에 대한 평가, ② 환자의 수용 및 그에 대한 적응훈련과 치료계획의 수립에 대한 협조, ③ 집단상담과 가족상담 담당, ④ 퇴원과 퇴원 후의 치료계획 수립, ⑤ 지역사회의 유관단체와의 관계성 유지 등이라고 하였다. 이와 같은 정의에서 현재 한국에서의 정신보건사회복지사의 역할이 단적으로 규정되고 있음을 알 수 있다.

지금까지 정신보건사회복지의 개념 규정에 대해서는 각 사회복지실천 분야마다 입장이 다른 탓도 있겠지만 반드시 통일된 견해를 보이지는 않는다. 이런 경향은 일본에서도 비슷하게 나타나고 있는데, 柏木昭가 언급한 바와 같이 정신보건사회복지의 특징을 네 가지로 요약할 수 있다(大島侑 編, 1987).

① 정신보건사회복지는 사회복지의 한 분야로서 정신의학에는 없는 사회복지의 이론 및 실천체계를 기초로 하고 있다.
② 정신보건사회복지는 개별사회사업 서비스(case work service)를 핵심으로 하지만 거기에 그치지 않고 집단사회사업, 나아가 관리운영, 교육훈련, 조사연구 그리고 지역사회 교육활동 등의 기능을 하고 있다.
③ 정신보건사회복지는 정신의학과도 직접적으로 책임 있는 관계에서 행해진다. 바꾸어 말하면 정신보건사회복지는 정신과 의사를 중심으로 하는 정신보건팀의 일원으로 활동한다.
④ 정신보건사회복지는 정신적·정서적 장애를 가진 사람에 대한 서비스 제공을 주된 목적으로 설치되고 있는 정신과 병·의원 및 정신보건의 기관·시설에서 실시된다.

이렇게 볼 때 ①과 ②의 측면은 정신보건사회복지를 정신보건의 다른 전문직과 구별짓는 점인 반면에, ③과 ④의 측면은 정신보건사회복지를 사회복지의 다른 영역과 구별되게 하는 점이라고 말할 수 있다.

김규수(1995)는 학자들의 다양한 견해를 종합하여 정신보건사회복지의 개념 정의를 제시하고 있는데, 그 내용을 살펴보면 다음과 같다.

① 정신보건사회복지의 대상은 정신적·정서적 장애를 가진 클라이언트이다.
② 주체는 정신과 의사·정신보건사회복지사·심리학자·정신보건간호사·작업치료사 등이 치료팀으로 구성된다.
③ 활동장소는 병원이나 진료소, 정신보건기관, 지역사회 등으로 확대되고 있다.
④ 목적은 정신적·정서적 장애로 고통 받고 있는 사람의 건강회복 및 정신건강을 촉진하는 활동 등 2차 예방뿐만 아니라 1차 예방활동으로 확대된 서비

스를 내포하고 있다.

⑤ 사회복지적 접근방법을 개별사회사업으로 국한시키지 않고 제반 사회복지 방법론을 적용함을 의미한다.

이상의 내용을 종합하여 정신보건사회복지에 대하여 포괄적으로 정의하면 정신보건사회복지란 정신질환이나 정신장애를 지닌 사람이나 그 가능성을 지닌 사람들에 대하여 정신의학적 전문지식과 사회복지이론 및 실천기술을 적용하여 그들의 사회적 기능을 회복시키고 궁극적으로는 삶의 질 향상을 목적으로 이루어지는 사회복지실천의 한 분야로서 정신병원 혹은 정신보건기관 등에서 정신보건사회복지사에 의해서 행해지는 사회복지실천 활동이라고 말할 수 있다.

2. 정신장애인 현황 및 정신보건시설의 인력

1) 정신장애인 현황

급속히 진행된 산업화·도시화로 인한 인구과밀화, 높은 실업률과 빈곤문제로 인해서 정신질환자가 점차 증가하고 있는 추세인데, 2006년도에 실시한 '정신질환실태역학조사'(보건복지부, 2006)에 의하면, 정신질환 1년 유병률은 18세 이상 64세 이하 인구의 12.9%이며, 매년 약 412만 명이 정신질환으로 이환되는 것으로 나타났다. 이중 불안장애·기분장애·정신병적 장애의 1년 유병률은 8.3%로 약 264만 명, 알코올 사용장애의 1년 유병률은 5.6%로 약 179만 명에 해당한다. 다음 〈표 11－1〉은 정신질환의 1년 유병률 및 환자 수이다.

그러나 지역사회의 사회통합력이 와해되면서 정신질환자들에 대한 사회적 지지가 감소하고 있으며, 여성의 경제활동 증가는 가족 내 정신질환자에 대한 돌봄 기능을 약화시키고 있으므로 국민의 정신건강 증진과 정신질환자 보호 및 치료·재활을 위한 국가의 정신보건서비스가 강화되어야 하겠다. 따라서 정신보건사업은 정신질환을 앓고 있는 사람들을 위해 국가가 정신의료기관 및 지역사회 관련 기관이나 시설을 중심으로 정신질환의 예방 · 치료 · 재활에 관한 제반 사항을 계획하고 실행하는 사업을 말한다.

표 11-1 정신장애인의 실태(1년 유병률 및 추정환자 수)

구 분	남자		여자		전체	
	유병률(%)	추정환자수	유병률(%)	추정환자수	유병률(%)	추정환자수
알코올 사용장애	8.7	1,392,826	2.5	402,571	5.6	1,795,397
정신병적 장애	0.4	68,938	0.2	31,645	0.3	100,583
기분장애	2.1	340,596	3.9	611,584	3.0	952,180
불안장애	3.2	511,808	6.9	1,085,321	5.0	1,597,129
모든 정신장애[1]	13.0	2,085,508	12.9	2,035,576	12.9	4,121,084

* 1년 유병률: 지난 일 년 사이에 한번이라도 정신장애를 앓은 적이 있는 대상자
주 1) 니코틴사용장애 제외.
출처: 보건복지부(2012). 정신보건사업안내. p.10.

2) 정신보건시설의 인력

「정신보건법」에서 정신보건전문요원은 정신보건 사회복지사 · 정신보건임상심리사 · 정신보건간호사 제도가 있다. 정신보건전문요원의 자격취득을 위한 수련기관이 지정되어 있으며, 일정기간의 수련기간을 통해 정신보건전문요원의 자격을 취득할 수 있다. 여기서 정신보건사회복지사 자격과정을 살펴보면, 정신보건사회복지사는 1급과 2급이 있는데, 2급은 사회복지사 1급 자격소지자로서 보건복지부장관이 지정한 전문요원 수련기관에서 1년 이상 수련을 마친 자(이론교육 150시간, 실습교육 830시간, 학술활동 20시간, 총 1,000시간의 수련과정을 요함)이며, 1급 자격은 다음 두 가지 경우를 통해 자격취득이 가능하다.

첫째, 「고등교육법」에 의한 대학원에서 사회복지학 또는 사회사업학을 전공한 석사학위 이상 소지자로서 보건복지부장관이 지정한 수련기관에서 3년 이상 수련을 마친 경우이다.

둘째, 2급 정신보건사회복지사 자격취득 후 정신보건시설, 보건소 또는 국가나 지방자치단체로부터 지역사회정신보건사업을 위탁받은 기관이나 단체에서 5년 이상 정신보건 분야의 임상실무경력이 있는 경우이다(「정신보건법 시행령」 별표 2).

3. 정신보건사회복지의 활동 영역

정신보건사회복지의 활동 영역으로는 중독관리통합지원센터 50개소가 설치 운영되고 있으며, 정신보건시설로는 정신의료기관 1,354개소, 사회복귀시설 317개소, 정신요양시설 59개소가 운영되고 있다. 시·도 단위로 보면 정신의료기관은 서울시에 가장 많이 설치되어 있으며, 사회복귀시설 또한 서울시에 가장 많이 설치되어 있다.

표 11-2 정신보건기관·시설 현황

구분		기관수	주요기능
계		1,988	
정신건강증진센터		208	• 지역사회 내 정신질환 예방, 정신질환자 발견·상담·사회복귀훈련 및 사례관리 • 정신보건시설 간 연계체계 구축 등 지역사회 정신보건사업 기획·조정 * 기초 195, 광역 13개소
정신의료 기관[1]	국/공립	187	• 정신질환자 진료, 지역사회정신보건사업 지원
	민간	1,167	• 정신질환자 진료
정신요양시설		59	• 만성 정신질환자 요양·보호
사회복귀시설		317	• 병원 또는 시설에서 치료·요양 후 사회복귀촉진을 위한 훈련 실시
중독관리통합지원센터		50	• 알코올중독 예방, 중독자 상담·재활훈련

주: 1) 2013. 12. 31 기준(2014 정신의료기관 현황자료 미취합).
출처: 보건복지부(2015). 정신건강사업안내.

우리나라에서 정신보건사회복지사의 활동 영역으로는 정신건강증진센터, 정신의료기관, 정신보건센터, 사회복귀시설, 보건소, 정신요양시설 등이 있는데, 그 내용은 다음과 같다(권진숙 외, 2012: 130-156; 보건복지부, 2015).

1) 정신건강증진센터

정신건강증진센터는 「정신보건법」 제13조(지역사회정신보건사업 등)에 근거하여 설치되었으며, 사업목적은 정신질환의 예방·치료, 정신질환자의 재활과 정신건강 친화적 환경 조성으로 국민의 정신건강 증진 도모에 있다. 설치자는 국가 또는 지방자치단체(시·도지사)이며, 광역은 시·도별 1개소, 기초는 인구 20만 미만 시·군·구는 1개소, 인구 20만 이상 시·군·구에는 2개소 이상 설치 가능하며, 추가 설치기준은 인구 20만 명당 1개소로 60만 명의 경우에는 3개소까지 설치 가능하다.

광역정신건강증진센터의 주요사업은 ① 자살예방사업, ② 중증정신질환자관리사업, ③ 아동·청소년정신건강증진사업, ④ 정신건강증진사업, ⑤ 중독관리사업, ⑥ 상담전화 정신건강핫라인 운영(1577-0199) 등이다. 기초정신건강증진센터의 주요사업으로는 ① 중증정신질환자관리: 중증정신질환 조기개입체계 구축, ② 자살예방 및 정신건강증진: 인식개선사업과 고위험군 조기발견 및 치료연계사업, 정신건강상담전화 운영, ③ 아동·청소년 정신건강증진: 지역사회 내 아동·청소년 정신보건서비스 제공체계를 구축함으로써 아동·청소년기 정신건강문제의 예방, 조기발견 및 상담·치료를 통하여 건강한 사회구성원으로의 성장발달을 지원하고 있다.

2) 정신의료기관

정신의료기관은 「의료법」상 의료기관으로 분류되며, 「의료법」에 의한 의료기관 중 주로 정신질환자의 진료를 행할 목적으로 설치된 병원과 의원 및 병원급 이상의 의료기관에 설치된 정신과를 말한다(「정신보건법」 제3조). 정신의료기관을 설립주체에 따라 분류하면, 국·공립 정신의료기관과 민간 정신의료기관 등으로 분류할 수 있다. 민간의료기관은 규모와 형태, 서비스 내용에 따라 대학(종합)병원 정신과, 전문정신병원, 정신과 의원, 낮병원 등으로 구분할 수 있다. 일반적으로 정신의료기관은 급성기 정신질환자에 대한 적정한 형태와 내용의 진료를 제공하여 이들의 일상생활을 유지하고 조기에 사회복귀를 할 수 있도록 하는 것을 공통의 목적으로 운영되고 있다.

특별히 낮병원(Day Hospital)은 정신의료기관의 입원형태 중 낮시간에만 부분입원을 하는 형태로 서비스를 제공하는 기관을 말하는데, 독립적 기관으로 운영되기보다는 대학병원이나 종합병원의 정신과나 개인 정신과 의원의 부속기관으로 운영되고 있으며, 기관에 따라 주 5일 또는 주 3일 프로그램으로 운영된다. 최근 정신보건센터나 사회복귀시설의 수가 증가하면서 낮병원은 상대적으로 그 수가 감소하고 있는 추세이다. 낮병원은 정신질환의 재발을 예방하고 질병관리를 효율적으로 하도록 돕고 대인관계와 일상생활적응, 사회적응 등이 원활하도록 돕는 기능을 한다. 정신질환의 치료와 관리를 위해 약물치료가 이루어지며 정신질환을 경험하는 당사자와 가족을 대상으로 질병관리를 효율적으로 할 수 있도록 지속적인 정신건강교실을 실시한다. 개인 및 집단상담, 가족상담 등의 상담도 지속적으로 실시되며 일상생활기능을 증진하고 사회적응능력을 향상시키기 위해 사회기술훈련 · 사회적응훈련 · 일상생활훈련 등이 이루어진다.

3) 정신요양시설

정신요양시설은 정신의료기관에서 의뢰된 정신질환자와 만성질환자를 입소시켜 요양과 사회복귀촉진을 목적으로 훈련을 행하는 시설을 말한다. 정신요양시설은 주로 가족의 보호가 어려운 만성정신질환자를 대상으로 입소형태의 요양과 보호서비스를 제공하는 시설이다.

정신요양시설은 운영의 전문성 · 투명성 · 개방성 · 효율성을 확보함으로써, 정신질환자 요양보호수준을 향상하고자 하는 운영목표를 가지고 있다. 따라서 정신요양시설의 장이 입 · 퇴소 관리를 철저히 하도록 규정하고 있다. 또한 입소자의 인권보호를 위해 강제입소가 발생하지 않도록 주의를 기울이며, 강제노력 금지,

폭행·협박 등 강압에 의한 환자관리 금지, 격리방법의 적법성 확보, 통신과 면회 보장 등의 노력을 기울이고 있다.

정신요양시설에서는 입소자의 건강유지와 정서함양 및 효과적인 요양을 위하여 일정표에 의한 적절한 운동과 오락 등 규칙적인 생활을 제공하도록 하고 있다. 시설은 가급적 가정적 분위기의 생활환경을 조성하고 시설의 청결을 유지하도록 하며, 입소자의 외출·외박을 신청하는 경우 정신과 전문의의 동의를 얻어 허가하도록 하고 있다.

정신요양시설에서는 입소자를 대상으로 작업치료와 사회복귀훈련 등을 실시하고 있다. 작업치료와 사회복귀훈련은 입소자 본인의 신청 또는 동의 및 정신과전문의의 지시를 따라 실시하도록 하고 있으며, 작업시간은 1일 6시간, 1주일 30시간을 초과할 수 없도록 규정하고 있다. 또한 작업결과 발생한 수익금 중 필요경비를 제외한 금액을 전부 작업자 개인별 예금구좌로 지급하도록 하고 있다.

4) 사회복귀시설

사회복귀시설은 정신질환자의 사회복귀훈련과 관련한 프로그램을 제공하며, 시설의 유형에 따라 사업내용의 차이가 있으나 사회재활활동과 직업재활활동 등의 프로그램을 제공한다. 사회재활활동이란 정신질환자의 일상생활 관리와 사회적응능력 향상 또는 대인관계증진 등을 위한 개별·집단활동을 말한다. 구체적인 내용은 사회기술과 일상생활기술을 증진하기 위한 활동, 약물과 증상관리를 포함한 정신건강증진을 위한 활동, 스트레스 관리와 신상완화를 위한 교육 및 체험활동, 여가와 문화활동, 정규학교의 지역사회 평생교육에 참여하는 활동 등이 포함된다.

직업재활활동이란 직업능력이 있는 정신질환자의 작업능력 향상과 직업재활을 위해 사회복귀시설 내부와 외부에서 실시하는 활동을 말한다. 구체적인 내용으로는 단순 반복적인 작업훈련을 포함하는 보호작업, 고용촉진을 위한 지역사회 자원연계를 통한 작업훈련, 취업알선과 취업보호활동, 취업자의 직업유지와 관리활동, 물품생산이나 판매하는 활동과 관련된 모든 활동 등이다.

5) 중독관리통합지원센터

중독관리통합지원센터는 「정신보건법」 제13조 및 제52조에 근거하여 인구 20만 이상 지역(시 · 구)에 설치하며, 사업목적은 지역사회 중심의 통합적인 중독관리 체계 구축을 통해 중독자 조기발견 · 상담 · 치료 · 재활 · 사회복귀를 지원하여 안전한 사회환경 조성 및 국민의 정신건강증진 도모와 중독문제가 있는 노숙인 등 사회적 취약계층의 자활을 위한 상담 · 치료 · 재활지원서비스를 제공하는 데 있다. 이용 대상은 지역사회 내 중독(알코올 · 도박 · 마약 · 인터넷 등)에 문제가 있는 자, 중독자와 그 가족 등 지역주민, 의료기관 또는 시설 등에서 퇴원 · 퇴소한 중독자로서 사회적응훈련을 필요로 하는 중독자 기타 중독 관련 상담 및 재활서비스가 필요한 자이다. 운영형태로는 직영형과 위탁형이 있다.

주요 사업 내용은 다음과 같다(보건복지부, 2015).

첫째로, 기본적인 중독관리사업으로는 ① 중독 조기발견 및 개입서비스, ② 중독질환 관리사업: 사례관리 · 위기관리 서비스, 재활프로그램, 직업재활 서비스, ③ 중독질환 가족지원사업, ④ 중독폐해 예방 및 교육사업: 아동 · 청소년 예방교육사업, 직장인 중독폐해 예방지원사업, 지역주민 예방교육사업, 인식개선 및 홍보사업, ⑤ 지역사회 사회안전망 조성사업, ⑥ 지역진단 및 기획: 지역사회 진단 및 연구, 지역특성을 고려한 특화서비스 기획, 자원조정 및 중재 등이 있다.

둘째로, 노숙인 및 취약계층 알코올중독문제 관리사업을 수행하고 있는데, 지역사회 내 유관기관 연계망을 구축하여 지역사회 내 중독관리서비스 지원 또는 연계할 기관 및 자원 현황을 파악한다. 여기에는 지원대상기관인 노숙인 쉼터 등 노숙인 관련 시설, 법무부 보호관찰소, 사회복지관, 경찰서, 소방서, 가정폭력상담소, 여성의 전화 등의 취약계층을 위한 사회복지서비스기관 등과 MOU 등 공식적 협력체계망을 구축하고 유기적 업무 협조체계를 마련하며 연계기관과의 정기적 업무회의, 통합사례관리 회의 등을 통해 기관 및 종사자 간의 상시 협력 네트워크를 구축한다. 그리고 유관기관 역량지원을 위한 사업으로 유관기관의 종사자들이 중독문제 선별 및 기본적 예방교육 등을 사업 대상자에게 직접 수행할 수 있도록 종사자 교육 및 정기 워크숍 등을 통하여 전체적인 연계, 협력 업무에 대한 이해도를 증진하고 유관기관 내 대상자 교육프로그램 개발을 지원한다. 또한 사례 발굴 및 사례관리서비스와 집단상담·교육 프로그램 등을 운영하고 있는데, 대상자의 증상, 동기 수준에 맞추어 상담·교육 프로그램을 구성하여 제공하고 있다.

이외에도 중독 관련기관으로는 사행산업통합감독위원회가 있다. 국무총무실 산하단체인 사행산업통합감독위원회의 산하에는 한국도박중독예방치유센터가 운영되고 있다. 이 센터는 카지노·경마·경륜·경정 등 사행산업에 의한 중독의 예방과 치료적 상담을 수행하는 전담기관이다. 이 센터에서는 중독실태조사·상담·교육과 홍보, 중독의 치유와 재활지원, 개별 사행산업자가 운영하는 중독예방·치유기관·민간 전문병원 등과의 연계활동 등을 하고 있다. 특히 사행산업으로 인한 중독문제의 상담과 예방업무를 수행할 수 있는 중독전문가를 양성하는 것에 대한 지속적인 관심과 계획을 가지고 있다.

인터넷(게임) 중독과 관련한 기관으로는 한국정보문화진흥원 내에 인터넷중독 예방상담센터를 예로 들 수 있다. 이 센터에서는 인터넷중독의 예방과 상담사업을 실시하고 있다. 주요 사업 내용은 무료상담·예방활동·전문상담원 및 전문상담 교사 교육·인터넷중독 실태조사·한국형 인터넷중독 진단척도 개발, 생애주기별 상담치료 프로그램 개발 등을 수행하고 있다. 또한 전문상담원 배출과 관련해서 지역의 상담가들에게 인터넷과 디지털문화, 게임중독과 음란물중독·진단척도·상담기법 등에 대한 소정의 교육을 통해 인터넷중독 전문상담사 자격을 부여하고 있다.

6) 보건소

정부의 정신보건 정책 중 하나로 '정신보건서비스 전달 및 연계체제 강화'가 있는데, 이는 향후 보건소가 정신보건센터·사회복귀시설·알코올상담센터·정신의료기관·정신요양시설 등의 기관 상호 간에 연계체세를 구축하는 데 있어서 중심적인 역할을 하게 하는 것을 말한다. 보건소가 지역사회 내에서 포괄적인 정신보건서비스 제공을 위한 기획과 조정의 역할을 담당하는 것에 대해 「정신보건법」

에는 '국가 및 지방자치단체는 보건소를 통하여 정신보건시설 간 연계체계 구축, 정신질환의 예방, 정신질환자의 발견·상담·진료·사회복귀훈련 및 이에 관한 사례관리 등 지역사회정신보건사업을 기획·조정 및 수행할 수 있다'(제13조 제1항)고 규정하고 있다. 또한 '보건소에는 대통령령이 정하는 바에 따라 제7조의 규정에 의한 정신보건전문요원을 둘 수 있다'(제13조 제5항)라는 내용을 언급하고 있다. 그러나 현재 보건소는 지역사회정신보건사업을 기획하고 조정할 수 있는 전문성과 공적 시스템, 그리고 인프라를 갖추고 있지 못하다고 볼 수 있다. 따라서 향후 관련 기능이 강화되면 보건소 내의 정신보건행정이나 기획 분야에서 정신보건사회복지사가 업무수행을 할 수 있는 기회가 확대될 것이다.

7) 정신보건사회복지사의 개업실천

외국에서는 사회복지사들의 개입실천활동이 이루어지고 있는데, 미국의 경우에는 전체 사회복지사의 약 20%(겸업을 포함하면 40%)가 개업을 통해서 심리치료나 개별 및 가족상담치료, 교육 및 자문활동을 하고 있으나 우리나라의 경우에는 정신보건사회복지사의 개업실천이 미미한 상태이다. 그 이유는 ① 전문성 부족, ② 개업실천과 관련된 제도와 법적 근거가 미비, ③ 개업에 대한 인식부족 등이다. 앞으로 개업실천이 활성화되기 위해서는 정신보건사회복지사의 전문적인 역량강화와 전문직 차원의 자격통제 및 윤리규정 강화, 제도적 지원 방안의 모색 등이 과제라 할 수 있다(김정진 외, 2008).

최근 정신보건사회복지사나 일반사회복지사들 중에 개업을 하여 정신건강문제를 가진 사람들을 대상으로 심리상담 및 가족치료, 자녀 및 부모상담과 교육, 노인지원 서비스제공, 근로자의 정신건강 및 직무스트레스 관리, 약물중독치료 등 다양한 복지서비스를 제공하고 있으나 활성화되지 못하고 있는 실정이지만, 앞으로 정신보건사회복지사나 전문성을 담보한 일반 사회복지사들의 개입실천 활동이 증가할 것으로 예상된다.

4. 정신보건복지의 기능과 역할

정신보건영역에서 사회복지의 기능과 역할은 정신보건사회복지의 개념을 어떻게 규정하는가에 따라 달라지며, 실천이 이루어지는 현장이나 기관의 성격 및 병원(기관)을 책임지고 있는 정신의학자의 성향과 신념, 정신보건사회복지사의 기술 및 신념과 성향에 따라서 영향을 받는다(김기태 외, 2009).

1) 정신보건사회복지의 기능

키에스와 호프링(Kyes & Hofling)은 정신보건사회복지의 기능에 대해서 다음과 같이 언급하고 있다(김태일, 1980).

① 서비스이용자가 건설적인 방법으로 자신의 사회환경을 이용할 수 있도록 개별적 접촉을 통하여 돕는다.

② 가족과의 개별적 접촉을 통하여 서비스이용자에게 고용·주택·재정적 지원 및 보호를 제공할 수 있는지를 파악하고 돕는다.

③ 서비스이용자 자신과 그의 가족성원에 대한 의도적 감정을 다루도록 개별적으로 원조한다.

④ 서비스이용자(환자)와 가족에게 이용 가능한 의료자원을 알리고 지역사회센터의 이용방법과 목적 등을 안내하여 그 이용을 돕는다.

⑤ 서비스이용자와 가족이 거주하고 있는 지역사회 내의 사회기관을 안내하거나 보다 나은 치료와 보호를 위해서 그 밖의 사회자원을 안내한다.

⑥ 서비스이용자가 병원에 입원 중일 때에도 자신의 가족 및 집단, 지역사회와 관계를 유지하도록 돕는다.

⑦ 서비스이용자에 대한 전반적 프로그램에 중요한 기여를 하기 위하여 이용자의 사회력·가족력·직업력 등에 대한 정보를 수집한다.

⑧ 정신건강팀의 다른 전문가들과 공동활동에 적극적으로 참여하여 조사·사정·계획, 치료 및 사후보호서비스에 있어서 수평적 입장에서 상호 협동적으로 참여한다.

⑨ 서비스이용자의 치료목표를 잘 달성하기 위하여 지역사회 내의 유력 인사와 적극적인 친화관계를 형성한다.

일반적으로 정신보건사회복지의 기능에는 세 가지가 있는데, ① 서비스이용자에 대한 인테이크 및 진단적 조사와 치료활동, ② 서비스이용자의 가족원, ③ 조사연구 실습생의 교육 등을 담당한다. 이러한 정신보건사회복지의 기능을 적용 분야별로 살펴보면 다음과 같다(Watkins, 1983; Grinker et al., 1961; Perlman, 1975, 김기태 외, 2009: 209-213 재인용).

(1) 병원에 입원한 환자에 대한 서비스

정신병원에 입원한 정신장애인은 증상이 심한 상태인데, 이들을 위한 정신보건사회복지사의 기능으로는 환자와 가족에게 병원시설과 프로그램을 설명해 주고 환자가 병원에 입원함으로써 발생하는 가족문제 해결에 도움을 준다. 그리고 가족의 염려와 불안감을 덜어주고 경제적 어려움이 있는 경우 경제문제 해결을 위해 가족과 논의 및 병원의 치료절차를 가족에게 설명해 줌으로써 정신질환에 대한 이해부족으로 입원치료가 계속 필요하지만 중도에 퇴원시키려는 가족에게는 치료에 잘 협조하도록 돕는 역할을 한다. 또한 이용자에 대한 정확한 이해와 효과적 치료를 위해 중요한 개인력 조사를 담당한다. 개인력 조사에는 ① 이용자의 출생에 관한 사항, ② 발달사, ③ 병력, ④ 강점과 가족생활사 등이 있다. 이 외에도 입원하는 이용자에 대한 케이스워크 치료·개인상담·집단치료 등을 실시하며 이용자 가족의 스트레스와 병리를 파악·치료하고 이용자의 퇴원계획 수립 및 사후 보호를 실시한다. 퇴원 후 가족과 함께 생활을 할 경우에는 이용자와 가족이 재결합할 준비를 하고 직장 및 지역사회 적응력 향상을 지원한다.

(2) 외래환자 서비스

정신보건사회복지사는 외래환자를 위해 정신치료·집단치료 등을 수행하며, 환자를 지역사회 내의 자원과 연계하는 일, 환자를 위해 가족성원·고용주 혹은 환자와 중요한 관계를 맺고 있는 다른 사람들을 대상으로 정신질환자들에 대한 인식개선과 태도를 수정하도록 원조하는 역할을 한다. 그리고 면접실에서 치료를 위한 면접뿐만 아니라 필요할 경우 가정·학교·직장방문 등을 실시한다.

외래환자에 속하는 사람은 지지적 치료를 통해서 지역사회에서 기능할 수 있는 정신질환자, 약물·알코올중독자, 신경증적 성격비행자, 학교적응에 문제를 지닌 아동·청소년, 행동문제, 가족갈등, 자살 등 생활위기에 직면한 사람 등이다.

(3) 부분 입원서비스

부분 혹은 시간제 입원서비스는 병원 입원과 외래환자 서비스 중간에 속하는 것으로 병원에서 하루에 몇 시간 정도의 치료를 받고 가정이나 직장에서도 일정한 활동을 하는 형태를 말한다. 부분입원의 범주에 속하는 것으로는 낮병원과 밤병원이 있다. 낮병원은 주간에 병원이나 정신보건센터에서 작업치료, 개인 및 집단치료를 받다가 저녁에는 집으로 돌아가 가족과 함께 생활하는 것을 말하며, 밤병원은 낮 동안에는 이용자가 학교 혹은 직장에서 활동하다가 밤에만 병원에서 치료프로그램에 참여하는 형태를 말한다.

부분 혹은 시간제 입원서비스는 외래환자 진료소보다는 더욱 조직적인 서비스를 제공하지만 병원에 완전히 입원하여 치료를 받는 것에 비하면 제약을 덜 받고 외래환자 진료소와 입원시설의 장점을 모두 가지고 있다. 특히 시간제 입원서비스는 환자가 완전히 입원을 하는 데서 받는 스트레스를 완화해 주는 이점이 있다. 시간제 입원서비스는 입원환자와 외래환자 간의 교량역할을 한다. 즉, 병원에서 퇴원하는 사람은 정상적인 생활상황으로 쉽게 돌아갈 수 있도록 단기간 부분병원 프로그램에 참여한다.

시간제 입원서비스에서 정신보건사회복지사의 역할은 이용자의 개인력 조사, 환자에게 프로그램에 대한 오리엔테이션, 치료목표 설정 등을 포함한 인테이크 업무, 개별·집단·가족치료, 퇴원계획을 겸한 사후 서비스 등을 제공하는데, 이때 정신보건사회복지사는 지지적 케이스워크 실천을 하고 구체적 대처기술을 가르치며 가족성원의 치료를 위한 환경조정에 많은 노력을 기울여야 한다.

(4) 비전통적 서비스

병원 외에서 사회복지사가 직접적으로 정신건강서비스를 제공하는 곳으로는 산업체 · 교정기관 · 재활서비스 · 지역사회종합복지관 · 학교 · 상담기관 등이 있다. 이러한 곳에서는 정신건강서비스에 주요 목표를 두는 것이 아니라 일차적 목표는 각기 다른 것에 있다. 정신건강을 위한 사회복지사는 그 기관의 일차적인 목표를 달성하기 위해서 고용된다. 예를 들면, 산업체현장에서는 종업원의 일시적 생활위기를 포함한 정서적 문제가 생산성을 저하시키는 원인이 된다는 것을 인식하여 직장 내의 정신건강서비스는 개인에게 자연스런 환경 내에서 치료하는 이점이 있다. 일반적으로 여기서 제공되는 서비스는 미국의 경우 외래환자 진료소나 가족서비스 기관의 모델을 따른다.

2) 정신보건사회복지의 역할

정신보건사회복지사의 역할은 일반 사회복지사의 역할에 더하여 보다 전문가적인 사회복지사의 역할을 수행해야 한다. 「정신보건법 시행령」에 의하면 정신보건사회복지사의 역할은 공통으로 ① 사회복귀시설 운영, ② 정신질환자의 사회복귀 촉진을 위한 생활훈련 및 작업훈련, ③ 정신질환자와 그 가족에 대한 교육 · 지도 및 상담, ④ 정신질환 예방활동 및 정신보건에 관한 조사 · 연구, ⑤ 기타 정신질환자의 사회적응 및 직업재활을 위하여 보건복지부장관이 정하는 활동이며, 정신보건사회복지의 역할로는 ① 정신질환자에 대한 개인력 조사 및 사회조사, ② 정신질환자와 가족에 대한 사회사업지도 및 방문지도로 규정하고 있다(「정신보건법」 제2조 제1항).

일반적으로 정신보건사회복지사의 핵심역할은 ① 위기개입상담가, ② 진단가, ③ 치료자, ④ 중개자와 중재자, ⑤ 교육자, ⑥ 기술훈련가, ⑦ 사례관리자, ⑧ 촉진자, ⑨ 가족자문가, ⑩ 기관 내 · 외부의 팀협력자, ⑪ 옹호자와 지역사회조직가, ⑫ 프로그램 평가자와 연구자, ⑬ 행정가와 정책분석가 등이다.

매우 다양한 역할을 수행하고 있는 정신보건사회복지사의 역할 중에서도 치료자 · 중개자 · 중재자 · 기술훈련자의 역할을 많이 수행하고 있으며, 갈수록 사례관리자 역할이 정신보건사회복지사의 핵심역할로 중요시 되고 있다.

정신보건과 관련된 기관이나 시설의 종류와 기능에 따라서 정신보건사회복지사의 역할이 조금씩 달라지는데, 그 가운데 보건소에서의 정신보건사회복지사의 역할을 살펴보면, ① 정신건강에 관한 상담 및 지도, ② 정신보건 계몽과 홍보, ③ 지역의 정신보건 실태 파악, ④ 정신보건에 관한 자문과 교육, ⑤ 지역사회 관련 기관과의 연락 및 협조, ⑥ 지역사회자원의 개발 및 활용, ⑦ 의료기관이나 상담기관으로의 의뢰 및 알선, ⑧ 재가환자의 가정방문지도 및 상담사업, ⑨ 정신장애인의 조기발견 및 조기조치, ⑩ 지역주민의 정신건강증진을 위한 교육 및 계몽활동, ⑪ 지역사회 정신질환의 조사활동 등이다(박종삼, 1993). 그리고 지역사회 내 정신보건사회복지사의 역할로는 ① 진단기능, ② 연락조정기능, ③ 조직화 기능, ④ 정보제공과 홍보기능, ⑤ 개발적 기능, ⑥ 계획 또는 정책화 기능, ⑦ 교육 · 계몽 · 자문기능 등이 있다.

고미영(2001)은 정신보건사회복지사의 역할을 정신보건서비스로의 접촉과 정신보건서비스의 조정과 통합으로 제시하고 있는데, 그 내용은 다음과 같다.

첫째, 대상자들을 정신건강서비스로 접촉시키는 역할이다. 정신보건분야에서 사회복지사들이 맡고 있는 역할은 매우 중요하다. 먼저 분야별로 보면 정신보건과 관련하여 전문적 영역, 비전문적 영역과 정신보건과 관련될 수 있는 영역 모두에서 일하는 전문직은 사회복지사 밖에 없다. 전문적 영역은 정신병원 · 외래환자진료소 · 주거치료센터 · 낮병동 · 부분병동 등으로 사회복지사들이 환자들을 직접 만나고 사례관리, 개별 · 집단상담 · 옹호역할을 맡고 있다. 비전문적 영역으로는 일반적인 사회복지서비스를 제공하는 곳으로 정신보건서비스로의 입문적인 역할을 하는 곳이라고 볼 수 있다. 대표적인 곳이 각종 응급처리 쉼터(노숙자쉼터 · 학대아동쉼터 · 여성폭력피해자쉼터 · 성폭력피해자쉼터), 지역사회복지관 · 거리상담소 · 보호관찰소 · 의료진료소 · 학교상담소 등이다. 이곳은 일반인들이 일차적으로 정신건강문제가 아닌 삶의 위기나 문제들을 가지고 제일 먼저 찾아오는 곳으로 사회복지사들은 그들의 일차적 문제를 다룸과 동시에 전문지식과 경험으로 대상자들의 정신건강에 대한 필요를 찾아내고 이들을 정신보건서비스로 의뢰, 연결시켜주는 역할을 한다.

미국에서 조사·연구한 결과에 의하면 전문적 정신건강분야에서 사회복지사들이 제공하는 정신보건서비스는 그 분야만을 전문으로 하는 정신과 의사나 심리학자들에 비해 결코 떨어지지 않는 높은 수준과 질을 유지하고 있는 것으로 소비자 만족도 조사에서 나타났다. 정신보건 서비스로의 접속은 사회복지사들이 일하고 있는 전반적인 모든 분야에서 유도되고 있다. 어느 전문직보다도 사회복지사들은 정신건강의 위협을 받고 있는 사람들을 제일 먼저 접하게 될 확률이 높다. 사회복지의 특성상 도시빈민 가족이나 삶의 역경을 겪고 있는 사람들과 가장 쉽게 접하고 있기 때문에 그들의 정신건강을 일차적으로 사정할 수 있는 사람들은 사회복지사들이다. 빈곤으로 인한 문제들을 겪는 대상자들은 사회복지사들이 있는 일반 상담소·지역사회복지관·학교·진료소 등에서 가장 먼저 서비스를 받게 되고 정신보건전문기관으로 의뢰된다. 이렇게 볼 때 정신건강서비스로의 처음 의뢰는 대부분 사회복지사들이 담당하는 몫이며, 이후 서비스 경로를 안내하는 역할도 사회복지사들의 중요한 역할이다.

둘째, 정신보건서비스를 조정하고 통합시키는 역할이다. 이는 사회복지사들이 공적부조체계 안에서 다양한 역할과 수준에서 널리 일하고 있기 때문에 가능해진다. 사회복지사들만큼 한 전문직종이 다양한 수준의 체계 안에서 일하는 직종은 드물다. 이들은 특히 관리케어체계로 들어가면서 소외된 대상자들에 대한 서비스를 제공하는 주요한 자원이다. 매우 심한 정신장애를 제외한 일반적인 생활상의 어려움을 겪는 대상자들은 정신보건의 전문적 서비스를 받기가 쉽지 않다. 이들을 돌보고 또한 그들의 필요를 채워주는 것이 사회복지사의 몫이다. 특히 복잡한 서비스체계 안에서 어떻게 정신보건서비스를 받을지를 안내하고 실제로 서비스를 제공받기까지 전달체계 안에서 대상자들을 위한 보호자와 같은 역할을 해 준다.

현대 사회복지서비스는 각 전문분야별로 나눠져 있고 한 기관을 접한 대상자들이 다른 기관의 서비스를 필요로 하는 경우에 이러한 서비스를 조정하고 통합하는 조정자의 역할이 사회복지사의 전문적 역할이다. 사회복지사들이 그들을 사정하고 자세한 서비스 경로를 안내해 주지 않으면 복잡한 서비스의 전달체계 안에서 길을 잃어버릴 수 있기 때문이다. 또한 대상자들 중에는 자신의 권리를 주장하고 필요한 자원을 얻어내거나 부당한 처우에 대하여 항의할 만큼 강한 발언권을 행사하기가 쉽지 않다. 이런 사람들을 위해 사회복지사는 대변인 및 옹호자가 되어주거나 때로는 보호자와 같은 역할을 해 줄 때가 있다. 그들을 위한 서비스를 찾아내어 그 서비스를 받을 수 있도록 자원을 동원하고 연결하는 역할은 사회복지사의 고유한 역할이다. 따라서 사회복지사들은 모든 공적 부문의 정신보건과 관련된 서비스(교육 · 청소년 보호관찰 · 의료 · 아동복지)에서 정신보건서비스를 소개하고 연결할 뿐만 아니라 직접 서비스의 제공자로서 가장 중요한 역할을 하게 된다. 그리고 서비스 대상자들을 위한 최적의 서비스 환경을 조성하고 여러 다양한 수준에서 이들을 지지하며 다른 서비스 제공자 간의 의사소통을 추진하는 일 등 결과적으로 서비스를 통합해 주는 역할을 하고 있다.

사회복지사들은 위기에 처한 대상자들을 처음으로 만나는 경우가 많기 때문에 위기개입과 응급처리에 순발력을 가지고 대처해야 할 경우가 있다. 전화 핫라인을 통해 걸려오는 자살 · 성폭력 · 가정폭력 문제 등 급박한 상황에서 도움을 요청하는 대상자들에 대한 적절한 조치가 필요하다. 문제의 성격을 규명하고 이들을 적절한 기관이나 자원으로 연결하고 직접 급한 서비스를 주며 가족들을 안정시키고 난후, 사후 조치들을 맡게 된다. 우울증이나 만성적 정신질환자들을 위기상황이 지나고 난 후 지역사회 안에서 안정시키고 지속적으로 케어를 받을 수 있도록 동원 가능한 정신보건 체계들을 계획하는 것도 중요한 사회복지사의 역할이라 할 수 있다. 사회복지사는 직접 상담도 하면서 위기상황의 극복, 지역사회 안에서 지속적인 케어로 연결하는 것 등 매우 다양한 수준에서 정신보건서비스 분야를 가장 광범위하게 접하고 있는 전문직이라 할 수 있다.

5. 정신보건사회복지의 과제

치열한 경쟁, 빠른 속도로 변화하는 환경 속에서 우울증 등 정신질환의 증가는 세계적인 추세이며, 우리나라의 질병구조도 선진국화되면서 정신보건수요가 급

증할 것으로 예측된다. 이러한 현실을 감안해서 정신질환자들에 대한 사회적 차별을 최소화하고 질환을 조기 발견해 치료하기 위해서 국가적인 종합대책 마련이 시급한 실정이다. 정신보건사회복지의 과제를 몇 가지로 제시하면 다음과 같다(김용환 외, 2013).

첫째, 정신질환자들이 불합리한 차별을 받지 않도록 관련제도와 용어 개선이 이루어져야 하며, 대부분의 정신질환이 18~20세 전후에 최초 발견되는 경우가 많은 만큼 질환을 조기 발견해 치료할 수 있도록 생애주기에 따른 정신건강검진체계가 도입되어야 한다.

둘째, 정신보건 관련 전문인력 양성과 배치가 이루어져야 한다. 정신보건전문인력이 대도시에 편중되어 있고 현장에서 정신보건업무 담당인력이 부족해 정신장애인에 대한 양질의 서비스가 이루어지지 못하고 있는 실정이다. 따라서 정신보건전문요원의 확대와 선발과정과 보수교육과정을 강화하여 전문성을 높여나가야 하며, 배치인원도 최소화된 상태에서 적정인원으로 증가되어야 한다.

셋째, 대규모 정신의료시설과 요양시설은 정신질환자들의 특성이나 선택권을 제한해 인권침해가 발생할 수 있다. 대형 정신병원과 요양시설은 가능한 한 축소해나가는 대신 급성기 환자는 종합병원정신과에서 치료하되 사회적응력 향상을 위해 지역사회정신보건서비스나 요양 및 재활시설을 활성화해 나가는 접근법이 필요하다.

넷째, 서비스의 철학과 이념을 정립해 나가야 한다. 현재 정신보건시설의 운영과 제공 프로그램은 전문가중심의 재활훈련이나 교육 프로그램들이다. 사정에서 의료적 관점, 정신질환의 진단 및 통계편람(Diagnostic and Statistical Manual of Mental Disorders, DSM)이 제시하는 정신질환체계에 의한 사정과 이에 따른 결함을 훈련하기 위해 서비스이용자는 약점을 지닌 수동적 수혜자일 뿐이다. 그러나 이용자는 자신의 권리를 적극적으로 행사하는 소비자로 간주되어야 하며, 지역사회 안에서 강점을 지닌 소비자로 통합되어야 한다. 이를 위해 정신보건사회복지사는 소비자의 잠재력을 최대화하고 역량을 강화하는 사회복지실천의 목적과 지침을 강화하여 실천에 적용해야 한다(김혜련 외, 2010).

다섯째, 정신장애인의 가족기능 강화를 위한 다양한 서비스 프로그램이 개발되어야 한다. 정신장애인의 지역사회 복귀를 위해서 해결해야 할 문제는 증상조절·사회생활 기능습득, 그리고 사회적 편견과 낙인으로 인한 소외 등이 있다. 이런 문제는 정신장애인 자신만이 아니라 가족에게까지 영향을 미치므로 가족들이 이러한 문제에 잘 대처할 수 있는 능력을 기워주는 노력이 필요하다. 요컨대, 정신장애인의 사회복귀 프로그램은 신체적 질병관리, 사회기술이나 기능습득을 위한 훈련, 가족과 일반사회를 대상으로 한 삶의 질 향상과 의식 변화를 도모하고 사회통합을 위한 노력으로 집약할 수 있을 것이다.

여섯째, 정신장애인의 직업재활과 유지를 위한 지속적인 프로그램이나 적절한 지원이 없다면, 대인관계나 작업능률상의 어려움으로 인해 중도에 실패할 가능성이 높다. 따라서 사회복귀시설에서는 정신장애인의 직업훈련 및 직업유지에 긍정적인 영향을 줄 수 있는 요인들을 파악, 이를 중점적으로 제공함으로써 중도탈락을 감소시켜 나가야 한다.

끝으로 정신보건전문요원이 존재하는 일차적인 이유는 정신장애인의 복지와 권리를 위한 것이다. 따라서 전문직들의 권익다툼과 이해갈등을 넘어서 정신보건의 현안인 바람직한 정신보건정책의 개발과 서비스전달 체계의 구축, 진정한 탈원화(脫院化)와 사회통합을 이루고 지역사회에서 정신장애인의 보건의료와 복지서비스를 강화하는 방안모색에 능동적으로 참여해야 할 것이다(이영호, 2009).

참/고/문/헌

강경순(2011). 정신장애인의 영적 안녕과 임파워먼트가 삶의 질에 미치는 영향. 서울기독대학교 대학원 박사학위논문.

고미영(2001). 미국 공공부조제도에서의 정신보건프로그램과 사회복지사의 역할. 한국정신보건사회사업학회. 2001추계학술대회 자료집.

권진숙 · 김정진 · 전석균 · 성준모(2012). 『정신보건사회복지론』. 공동체.

김기태 · 황성동 · 최송식 · 박봉길 · 최말옥(2009). 『정신보건복지론』. 양서원.

김용환 · 김승돈 · 안외자 · 양정안(2013). 『사회복지실천론』. 동문사.

김혜련 · 신혜섭(2010). 『정신건강론』. 학지사.

류종훈(2011). 『사회복지실천론』. 청목출판사.

문인숙(1985). 『임상사회복지학』. 집문당.

박종삼(1993). 우리나라 정신보건사회사업의 현실과 과제. 한국정신보건사회사업학회 창립총회자료집.

보건복지부(2012). 정신보건사업안내.

__________(2015). 정신건강사업안내.

손광훈(2009). 『사회복지실천기술론』. 공동체.

______(2013). 『사회복지실천기술론』. 공동체.

양옥경(1996). 『지역사회정신건강』. 나남출판.

이영호 · 심경순 · 김태준(2009). 『정신보건사회복지의 이해』. 학지사.

이윤로 · 임옥빈 · 류아빈 · 김수진(2008). 『정신보건사회복지론』. 학현사.

전재일 · 조운희 · 이성희 · 이준상(2009). 『사회복지실천론』. 형설출판사.

최옥채(2006). 『사회복지실천론』. 양서원.

현외성 · 김용환 외(2013). 『사회복지시설운영론』. 양서원.

현외성 · 최무열 · 최금주 · 마은경 · 김용환(2012). 『사회복지학의 이해』. 양서원.

大島侑 編(1987). 『社會福祉實習敎育論』. 海聲社.

Cowles. L. A. F.(2000). *Social Work in the Health Field: A Care Perspective*. The Haworth Press.

Furman, L., & Fry, S.(2000). "Clerics and social workers: Collaborators or competitors?", *Arete,* 24(1), 30-39.

Holosko, M. J., & Taylor, P. A.(Eds.). *Social Work Practice in Health Care Settings* (2th ed). Toronto, Canada: Canadian Scholar's Press.

Lambert Maguire 저, 배태순 · 최명민 · 김영미 역(2009). 『전문 사회복지실천기술』. 시그마프레스.

Reece, D., & Sontag, M.(2001). "Successful interprofessional collaboration on the hospice team", *Health and Social Work, 26*(3), 167-175.

Rodway, R., & Blythe, J.(1994). Social work practice in palliative care, 419-437.

제12장 사회적기업과 사회복지

INTRODUCTION TO SOCIAL WELFARE

사회적기업(social enterprise)은 여러 국가에서 중요한 사회혁신의 주체로서 주목을 받고 있다. 최근 우리나라에서도 사회적기업에 관한 관심이 정책적으로나 학문적으로 증가하고 있는 추세이다. 그 이유는 국내외 경제·사회적 상황의 급격한 변화에 따른 새로운 사회문제의 태동, 특히 실업과 고용의 문제와 함께 사회서비스 공급의 문제 등의 대두에 따른 정부의 정책적 대안으로서 사회적기업의 추진전략이 국가시책으로 선정되었기 때문이다.

현재 한국사회가 갖고 있는 빈부격차, 빈곤 및 실업, 경제위기 등의 사회문제를 해결하기 위해 사회적기업이 주목 받고 있다. 사회적기업은 노동통합(work integration)과 사회서비스(social and community care service provision) 분야에서 중요한 역할을 담당하고 있으며, 최근 들어 사회혁신, 지역재생, 협동조합 등으로 분야가 확대되고 있는 추세이다(이인재, 2012; 이영석, 2015).

본 장에서는 사회적기업의 지속 가능한 성장이라는 관점에서 사회적기업에 대한 전반적인 현황에 대해 살펴보고, 이에 대한 발전 방향을 모색해 보고자 한다.

1. 사회적기업의 개념

사회적기업이라는 용어를 처음 사용한 것은 1970년대 이후로 미국에서 비영리 조직이 취약계층의 일자리 창출을 위한 모색으로 시작되었다. 사회적기업은 사회적 목적이라는 사명을 위해서 필요한 재원을 창출하는 비즈니스(Alter, 2007), 수익 창출을 위한 기업활동(Kerlin, 2006)으로 보고 있다. 반면에 같은 시기 유럽에서는 경제위기로 실업이 증가하고 고령화, 여성의 시장참여로 노인복지, 일자리 공급 부족 등 사회적 욕구가 높아지면서 비영리 민간 영역에서 근린사회서비스, 실업자, 취약계층에게 일자리 공급서비스를 제공하는 활동들을 위한 사회적기업이 등장하기 시작했다(허봉선, 2015).

1970년대 중반 경제위기로 미국, 유럽 국가들을 중심으로 사회적기업에 대한 이론화, 법제화가 되면서 사회적기업에 대한 정의가 국가와 학자에 따라 다양하게 제안되고 있다.

영국에서 사회적기업은 사회적 목적을 우선적으로 추구하는 기업으로서, 주주와 소유주를 위한 이윤극대화를 추구하기보다는 창출된 수익을 사회적 목표 달성을 위해 기업 자체 또는 지역사회에 재투자하는 기업으로 정의하고 있다. 반면, 영국 이외에 다수 유럽의 국가들은 노동시장에서 배제된 사람들의 노동통합 목적을 갖고 있는 협회나 협동조합 등을 사회적기업으로 보고 있다.

미국은 사회적기업을 협동조합, 비영리단체, 상호조직 등을 포함하는 광범위한 개념으로서, 즉 비영리단체가 주도하면서 영리기업의 성격이 강한 기업 형태의 개념으로 이해하고 있으며, 일본은 사회적기업을 비영리민간단체, 생활협동조합, 노동조합 등 제3 부분(third sector)으로 사회적 과제와 경제적 과제를 동시에 해결하는 사업체로서 인식하고 있다. OECD 보고서에 따르면 사회적기업은 영리를 추구하는 단체이지만, 영리의 극대화가 아닌 사회적 목적을 위해 활동하는 기업으로 정의하고 있다(손형기, 2015).

한편, 한국은 사회적기업의 정의에 대해 통합적 개념은 없고, 학자마다 다르게 접근을 하고 있다. 위 국가들과는 달리 한국은 사회적기업의 개념에 대해 '육성법'

에 의해 법률로써 정의하고 있다. 즉, 사회적기업이란 일반적으로 공익을 달성하기 위해 경제활동을 하는 기업으로서, 「사회적기업육성법」에 따르면 '취약계층에게 사회서비스 또는 일자리를 제공하거나 지역사회에 공헌함으로써 지역주민의 삶의 질을 높이는 등의 사회적 목적을 추구하면서 재화 및 서비스의 생산·판매 등 영업활동을 하는 기업'으로 정의된다(한국사회적기업진흥원, 2015).

이와 같이 사회적기업은 비영리조직과 영리기업의 중간 형태로서 '사회적 가치 실현' 이라는 목적을 '경제활동'이라는 수단을 통해 달성하는 기업이라 할 수 있다. 따라서 사회적기업은 그 활동을 통해 사회적 가치(social value)와 경제적 가치

표 12-1 일반기업과 사회적기업, 비영리기업의 비교

구분	일반기업	사회적기업	비영리기업
주체	주주 및 투자자 등	사회적기업가	사회사업가
목적	영리 극대화	사회서비스 제공, 취약계층의 일자리 창출 등	부의 재분배, 사회적 가치 추구
목표	경제적 가치실현	사회적 가치실현	사회적 가치실현
주요 특징	수익 창출, 부의 축적	사회취약계층에게 일자리 및 사회서비스 제공, 지역에는 제한을 두지 않으나, 지역사회 발전 및 지역주민의 삶의 질 향상 도모	자선사업
핵심가치	영리성, 효율성	공익성, 시장성의 균형	사회적 사명
수익창출	영업활동	영업활동	보조금 및 기부금
수익의 귀속	기업구성원(주주·직원)	사회 및 기업구성원 (취약계층 및 주주·직원)	사회구성원 (취약계층)
출발점	조직의 부	이타적 기여	이타적 자선
자원조달	투자적 자본	다양한 자원조달	자선적 자본, 정부 보조금
조직형태	주식회사, 유한회사, 합자회사, 합명회사, 유한책임회사, 개인기업	모든 기업형태, 협동조합, 비영리단체 등	비영리단체
이윤분배	제약 없음	제약	제약

출처: 이도희(2012: 8); 손형기(2015: 151); 한국사회적기업진흥원(2015: 13) 재구성

(economic value)를 함께 추구한다는 특성이 있다. 경제적 가치는 제품 및 서비스의 생산·판매활동을 통해 이윤을 창출하는 것에 있으며, 사회적 가치는 사회구성원과 사회에 필요한 편익을 제공하는 것을 의미한다.

일반적으로 사회적기업이 사회적 목적과 경제적 목적을 함께 추구하는 혼합조직이라는 점에는 이견이 없으나, 각 국가별 사회·제도적 환경에 따라 비영리기업, 지역사회 벤처, 사회적 목적 기업 등 조금씩 다르게 정의되고 있다. 사회적 책임을 수행하는 기업에서부터 비영리조직의 수익사업에 이르기까지 사회적기업의 범주는 폭넓게 나타나고 있다.

2. 사회적기업의 필요성과 역할

1) 사회적기업의 필요성

(1) 사회적 위험의 변화와 복지서비스 수요의 증가

현재 한국사회에는 사회서비스와 관련하여 새로운 사회적 위험이 나타나고 있으며, 이에 대응하기 위해서는 새로운 사회정책이 필요하다. 그동안 사회정책은 남성 부양자와 여성 보호제공자, 그리고 자녀와 노부부로 구성된 표준적인 가족이 있으며, 잘 기능한다는 전제 속에서 정책의 설계가 이루어졌다. 그러나 현실은 이러한 가정과 다르게 나타나고 있다. 이를 살펴보면 다음과 같다(박찬임, 2008).

첫째, 과거의 표준적인 가족의 형태는 점차 감소하고 있으며, 다양한 형태의 가족이 증가하고 있다. 이혼율이 급격히 증가하면서 한부모가정이 늘어나고 있고, 재혼가정도 증가하고 있으며, 농촌을 중심으로 국제결혼이 증가하면서 다문화가정 또한 증가 추세이다. 이와 더불어 여성의 취업이 늘어나고 사회적 인식이 변화하면서, 여성이 과거와 같은 돌봄 서비스를 제공하기가 어려워졌다. 또한 이혼 및 재혼가정, 다문화가정 등은 과거의 표준적인 가족과는 다른 새로운 서비스를 필요로 한다.

둘째, 고령화 사회가 급속히 도래하고 있으며, 노인 단독가구 또한 증가하고 있다. 출산파업이라고 불릴 만큼의 급격한 출산율 감소와 평균수명의 증가가 복합적으로 작용하여 인구구조가 급속히 고령화되고 있다. 1970년 3.1%에 불과하던 65세 이상 인구의 비율은 1990년 5.1%, 2000년 7.2%, 2010년 9.01%로 급증하는 추세이다. 노인에게 특히 문제가 되는 것은 건강과 소득보장인데, 특히 건강은 사회서비스 수요와 깊은 관련이 있다. 65세 이상 노인의 유병률이 42.9%라는 점을 감안하면, 연령이 높을수록 건강과 관련한 보호서비스 수요는 기하급수적으로 증가할 것이다.

(2) 지속 가능한 양질의 일자리 창출

그동안 우리나라에서 국가가 재정을 부담하여 사회서비스를 제공하는 대상은 공적부조 대상자 등 극히 일부에게만 제한되었다. 따라서 공적부조 대상자가 아닌 사람이 보육, 간병과 같이 기본적인 서비스를 필요로 하면, 사적 부문과 시장에서 공급을 받아 왔다. 앞에서 논의한 사회 및 가족구조의 변화를 감안하면, 가족이나 친지 등 사적 부문에서 보육, 간병 등의 서비스 수요를 해결할 가능성은 점점 더 낮아지고 시장에서의 공급이 증가할 것으로 예상된다. 시장에서 보호서비스를 제공할 경우, 경제적 능력에 따라서 제공되는 서비스의 질이 양극화되는 문제와 서비스를 제공하는 일자리의 질이 매우 낮아서 서비스 시장의 확대가 질 낮은 일자리의 양산이라는 문제로 연계될 수 있다는 문제점이 있다(김성기, 2011).

보육, 간병 등 사회서비스 관련 일자리는 요구되는 교육과 숙련 수준이 그다지 높지 않기 때문에 일자리의 문턱이 높지 않은 내신 일자리의 질은 비교적 낮다고 볼 수 있다. 최근 실행하고 있는 바우처방식의 경우도 일자리 질에 대한 논란에서 자유롭지 않다. 따라서 사회서비스 일자리의 증가가 근로자로 인정받을 수조차 없는 비공식부문 일자리의 증가, 혹은 비정규 부문 일자리의 증가로 귀결되지 않기 위해서는 일자리 질에 대한 대책이 필요하다.

(3) 기업의 사회적 책임, 사회공헌 활동의 관심 증가

일부 기업은 사회공헌 활동과 나눔을 행하는 수준에 있어서 아직은 일시적인 기부나 후원, 이벤트성 기여 수준에 머무르고 있는 실정이다. 이러한 시기에 사회적기업의 등장은 사회적 관심사가 아닐 수 없다.

사회적기업은 지역을 기반으로 활동하므로 지역사회 고용창출 및 복지증진에 기여하고, 지역사회자본 개발, 이윤의 지역사회 재투자를 통해 지역 경제 활성화에 도움을 주고자 하는 사회적 책임을 바탕으로 하고 있다. 또한, 사회적기업의 투명 경영과 민간기업의 사회적기업에 대한 사회공헌 증가로 윤리경영 문화 전파에 기여하고, 사회적기업의 재화·서비스에 대한 우선구매 등 착한 소비라는 새로운 문화 조성에도 기여하고자 한다. 따라서 일자리 창출은 기업의 사회공헌 활동과 연결되도록 적극적인 방안이 모색되어야 한다.

이와 같이 사회경제적 상황을 고려하면, 한국의 사회적기업 육성정책은 사회서비스의 제공과 노동통합(양질의 일자리 창출)이라는 두 가지 목표를 동시에 가지고 있다고 볼 수 있다. 이 목표가 사회적기업 육성을 통해서만 달성될 수 있는 것은 아니다. 그러나 외국의 사례에서 사회적기업이 이러한 목표달성에 효과가 있는 것으로 나타나고 있고, 서구 복지국가에서 사회적기업 발생의 배경이 되었던 사회경제적 상황을 우리도 경험하고 있다는 점에서 사회적기업 육성은 우선적인 정책수단이 되어야 한다(김봉화·김재호, 2010).

2) 사회적기업의 역할

사회적기업은 '사회적 필요'를 '경제적 수요'로 전환시키는 활동을 한다. 사회적기업은 취약계층과 지역사회에 지속 가능한 일자리를 제공하고 사회서비스에 대한 수요를 충족시킨다. 또한 이를 통해 지역사회 활성화에 일조하고 윤리적인 시장 확산에 기여할 수 있다. 결과적으로 사회적기업의 확산은 우리나라의 지속 가능한 경제구조와 사회통합 구현에 긍정적인 역할을 할 수 있다(한국사회적기업진흥원, 2015).

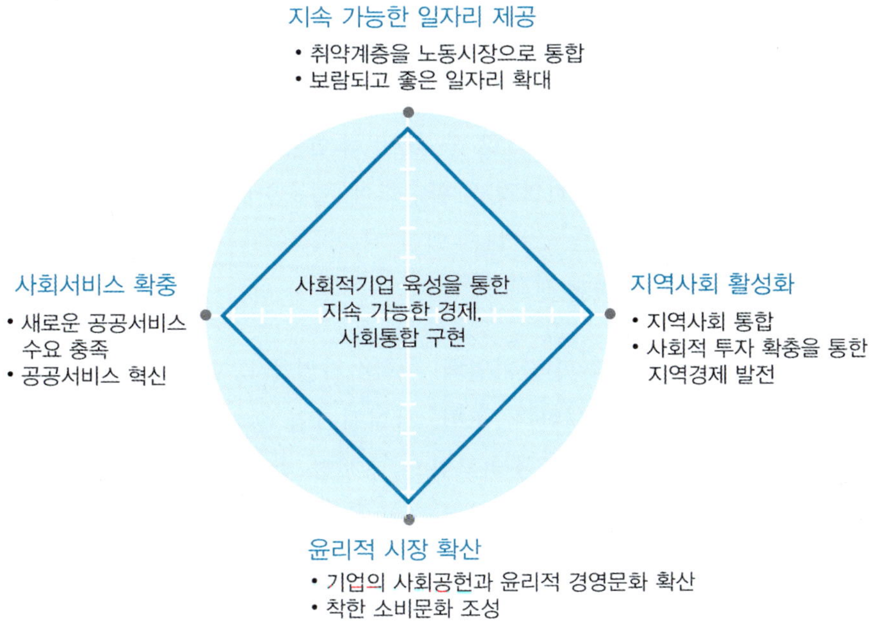

출처: 한국사회적기업진흥원(2015: 10)

그림 12-1 사회적기업의 역할

(1) 지속 가능한 일자리 제공

사회적기업은 영리활동을 통한 수익창출이 가능하기 때문에 기존 취약계층의 단기·저임금 재정지원 일자리 한계를 극복하고 보다 지속 가능한 일자리를 제공할 수 있다. 그리고 새로운 분야에서 혁신적인 아이디어를 가진 청년, 여성 및 시니어 은퇴자들에게 창업의 기회를 제공하기 때문에 신규 일자리 창출이 가능하다.

(2) 사회서비스에 대한 수요 충족

사회적기업은 지역사회의 요구와 필요에서 사업을 시작하기 때문에 국가나 시장으로부터 공급되지 못하는 신규 사회서비스 영역을 개발할 수 있다. 그리고 기부와 후원, 자원봉사 등 다양한 민간의 사회적 자원과 결합하여 적절한 가격에 양질의 사회서비스를 제공할 수 있다.

(3) 지역사회 통합 및 지역경제 활성화에 기여

사회적기업은 지역을 기반으로 활동하고 사회적 자본을 개발하기 때문에 지역사회 고용창출 및 복지증진에 기여할 수 있다. 또한 영리활동을 통한 재정적 이익의 지역사회 재투자를 통해 지역경제 활성화에 일조한다.

(4) 윤리적 소비시장의 확산

사회적기업의 투명경영과 민간기업의 사회적기업을 통한 사회공헌 증가로 인해 윤리경영 문화확산에 기여한다. 또한, 사회적기업 생산품에 대한 우선구매 등을 통해 착한 소비라는 새로운 소비문화를 조성할 수 있다.

3. 한국 사회적기업의 현황

1) 사회적기업의 도입배경

1970년대 빈민문제에 대한 지역빈민운동의 경제공동체구축을 위한 자생적인 사회경제에서 사회적기업의 기원을 찾을 수는 있지만, 이는 정부 정책에 의해 단절되고 왜곡되었기 때문에 다른 국가들과는 달리 제3 섹터가 발전하지 못했다(조상미 · 김진숙 · 강철희, 2011; 이은선, 2009). 그 이후 1997년 IMF 외환위기로부터 나타난 장기간 경기침체와 실업문제, 저출산 및 고령화에 따른 사회서비스의 수요증가와 함께 다양한 사회적 문제가 발생하게 되면서, 이를 해결하기 위해 부족한 사회서비스 공급확대를 통한 일자리 창출을 이루려고 하는 정책으로 '사회적 일자리 사업'이 도입되었다. 이를 사회적기업의 시작이라고 볼 수 있다. 2003년부터 노동부가 '사회적 일자리 사업'을 도입한 후, 범정부 차원에서 재정지원 일자리사업이 확대되었으며, 이에 따라 '사회적 일자리 사업'을 지속 가능한 사업으로 전환시키는 기반을 마련하기 위해 2007년 1월 「사회적기업육성법」이 제정되었고, 같은 해 7월 시행되었다. 동시에 시행령(2007년 6월 29일)과 시행규칙(2007년 7월 18일)

등 하위법령이 제정됨으로써 법률에 기반한 사회적기업이 등장하게 되었다. 당시 이 법을 통해 정부가 추진하고자 하였던 것은 사회적 일자리 사업을 지속 가능한 사업으로 전환시켜 육성한다는 것이며, 다른 하나는 기존 시민단체에 의해 설립·운영되고 있던 생산공동체, 협동조합 등 사회적 목적을 위해 경제활동을 하는 잠재적 사회적기업에 대해 법적으로 지원을 한다는 것이었다(손형기, 2015 재인용).

〈표 12-2〉는 우리나라 사회적기업의 등장배경이 되는 외환위기 이후 사회적기업과 관련하여 정부의 정책이 제도적으로 어떻게 변화되어 왔는지를 도입 시기, 근거법안, 주무부처, 정책특성, 정책 변화, 정책적 한계 등의 특성으로 구분한 것이다.

표 12-2 우리나라 사회적기업 관련 제도적 변화와 특성

	공공 근로사업	자활근로사업			자활 공동체 사업	사회적 일자리 사업	사회적기업 사업
		근로 유지형	사회적 일자리형	시장 진입형			
도입시기	1998년	2000년	2003년			2005년	2007년
근거법안		국민기초생활보장법, 상법, 부가가치세법 등				고용 관계법	사회적기업 육성법
주무부처	정부부처	복지부				노동부	노동부
사업주체	공공부문 /비영리	민간단체(개인사업자, 주식회사, 조합방식 회원조직 등)				민간부문	민간부문
정책대상	국민기초생활보장법의 수급자					저소득 실직자	사회취약 계층
운영초점	노동	노동				노동	자본
이윤배분		자율적 결정					체약
정책특성	정부하부 일자리 전달체계		근로연계사업의 특징 자활공동체보다 직접적 영향		기업적 틀 형성	적극적 노동정책, 고용지원 민간위탁	사회서비스 부문 일자리 창출
정책변화	민간위탁					사회적기업 정책 전환 모색	
정책한계		공공근로형 국가주도				단계적 일자리	

출처: 오단윤(2012: 18)

2) 사회적기업의 유형

사회적기업의 유형도 사회적기업의 정의와 같이 연구자들과 단체에 따라 매우 다양하게 정의되고 있다. 김경희와 반정호(2006)는 사회적기업을 성격·형태·포괄 대상에 따라 공공부조형(Public Assistance Type), 지역사회 친화형(Local Friendly Type), 시장친화형(Market Friendly Type) 등 세 가지로 분류하고 있다. 공공부조형은 박애주의와 특별한 목적을 달성하기 위해 시장을 혼합하며 만든 시장, 즉 사회적기업참여자를 위한 보호된 시장을 만들어 이들에게 시혜적으로 복지급여를 제공하는 또 다른 공공부조제도의 의미를 가진 형태를 말한다. 지역사회친화형은 유럽식 사회적기업으로서 사회적기업이 속한 지역사회의 발전을 목적으로 구성원들의 빈곤탈피와 지역사회에서 필요로 하는 재화와 서비스를 생산하는 기능을 담당한다. 시장 친화형은 미국식 사회적기업으로 대부분 비영리조직으로 정의된다. 새로우면서도 창조적인 무엇인가를 찾는 과정이며 개인의 부를 증대하기 위해서나 사회적 가치를 찾고자 하는 목적을 달성하기 위한 혁신적인 형태로 정의하고 있다(이시원·최희성, 2015).

한편 고용노동부는 사회적기업 육성 기본계획에 따라 사회적기업의 사회적 목적의 종류와 몰입도를 기준으로 네 가지 유형으로 구분하였다(한국사회적기업진흥원, 2015).

(1) 일자리 제공형

일자리 제공형 사회적기업은 취약계층에게 양질의 일자리를 제공하여 노동시장에 통합시키는 유형이다. 사회적기업 인증요건은 전체 근로자 중 취약계층 근로자 비율이 30%가 되어야 하며, 2017년부터 50%가 되어야 한다. 일반적인 기업이 이익창출을 위해 활동하는 데 비해 사회적기업은 이익이 아니라 일자리를 창출하고 제공하는 것에 우선순위가 있다. 대상이 되는 '취약계층'은 자신에게 필요한 사회서비스를 시장가격으로 구매하는 데에 어려움이 있거나, 노동시장의 통상적인 조건에서 취업이 곤란한 계층을 의미한다.

(2) 사회서비스 제공형

사회적기업의 목적이 취약계층에게 사회서비스(공익서비스)를 제공하는 것일 때에는 '사회서비스 제공형' 사회적기업이다. 여기서 사회서비스란 개인 또는 사회 전체의 복지증진 및 삶의 질을 높이기 위해 사회적으로 제공되는 서비스를 의미한다. 해당 유형으로 인증받기 위해서는 전체 서비스 수혜자 중 취약계층 비율이 30%가 되어야 하며, 2017년부터는 50%가 되어야 한다.

(3) 혼합형

사회적기업의 목적이 취약계층에게 일자리와 사회서비스를 함께 제공할 때에는 '혼합형' 사회적기업으로 구분한다. 해당 유형으로 인증받기 위해서는 전체 근로자와 전체 서비스 수혜자 중 취약계층 비율이 각각 20%가 되어야 하며, 2017년부터는 30%가 되어야 한다.

(4) 지역사회 공헌형

지역사회 공헌형 사회적기업은 첫째, 지역의 인적·물적 자원을 활용하여 지역주민의 소득과 일자리를 늘림으로써 지역사회에 공헌하는 유형, 둘째, 지역의 빈곤, 소외, 범죄 등 사회문제를 해결하는 유형, 셋째, 지역의 사회적 목적을 추구하는 조직을 지원하는 유형으로 구분된다. 인증 요건으로는 해당 지역에 거주하는 취약계층 근로자를 전체 대비 20% 이상을 고용하거나 서비스 수혜자 중 20% 이상이 지역의 취약계층이어야 한다.

지역사회 공헌형 사회적기업에서 가장 중요한 점은 지역사회가 갖고 있는 문제점이나 현안을 명확하게 인지하고, 사회적기업을 통해서 어떤 방식으로 문제점을 해결할 수 있는지를 제시해야 한다. 또한 단순고용이나 서비스 제공이 아닌 지역사회에 미칠 수 있는 긍정적인 영향을 찾아 낼 수 있어야 한다. 이러한 점이 일자리 제공형이나 사회서비스 제공형과 구분되는 지역사회 공헌형의 특징이다.

(5) 기타형

사회적기업의 목적을 단순히 취약계층에 대한 일자리 제공이나 서비스 제공 비율 등으로 수치적으로 판단하기 어려운 사업모델을 가지고 있는 경우 '기타형' 사회적기업으로 분류하고 있다. 사업의 특성상 취약계층 고용 또는 사회서비스 제공 비율을 계량화하기 곤란하지만, 지역주민의 삶의 질 향상에 기여하는 특별한 사회적 목적을 실현하는 경우에 해당한다. '기타형'의 경우, 폭넓게 사회적기업을 육성하고 지원하기 위한 유형이다.

표 12-3 사회적기업의 유형

구분	내용
일자리 제공형	기업의 주된 목적이 취약계층에게 일자리 제공
사회서비스 제공형	기업의 주된 목적이 취약계층에게 사회서비스 제공
혼합형	기업의 주된 목적이 취약계층 일자리와 사회서비스를 함께 제공
지역사회 공헌형	기업의 주된 목적이 지역사회에 공헌 • 지역의 인적 · 물적자원 활용 유형 • 지역의 사회문제를 해결하는 유형 • 지역의 사회적 목적을 추구하는 조직을 지원하는 유형
기타형	사회적 목적의 실현 여부를 취약계층 고용 비율과 사회서비스 제공 비율 등으로 판단하기 어려운 유형

출처: 한국사회적기업진흥원(2015: 22)

3) 사회적기업의 일반 현황

「사회적기업육성법」에 근거하여 2007년에 50개의 사회적기업 인증을 시작으로 2015년 9월까지 총 1,423개 기업이 고용노동부 사회적기업으로 인증을 받아 활동 중에 있다. 지역별로는 서울과 경기도에 많이 집중되어 있으나, 비교적 전국적으로 고른 분포를 보인다.

표 12-4 연도별 사회적기업 현황

구분	인증 사회적기업	예비 사회적기업	근로자 현황	취약계층근로자
2015. 9.	1,423	1,561	31,264	18,068
2014	1,251	1,466	27,923	15,815
2013	1,012	1,463	24,048	13,619
2012	774	1,260	18,297	11,091
2011	644	961	16,319	10,018
2010	501	646	13,443	8,227
2009	285	646	11,150	6,467
2008	208	602	8,329	4,832
2007	50	396	2,539	1,403

출처: 임효민(2016: 28-29); 한국사회적기업진흥원(2015: 19-20) 재구성

표 12-5 지역별 사회적기업의 현황

서울	인천	경기	강원	부산	울산	경남	대구	경북	광주	전남	전북	대전	충남	충북	제주	세종
246	80	229	80	86	47	74	61	86	68	64	90	38	63	69	39	3

출처: 한국사회적기업진흥원(2015: 19)

4. 사회적기업 활성화와 지역사회와의 관계

사회적기업의 육성에 지방정부들이 적극적으로 참여하면서 사회적기업의 활용도를 일자리 창출을 넘어 지역공동체 활성화로 확대하려는 방안이 주목 받고 있다(문순영, 2010). 이에 따라 사회적기업의 지역사회 관계에 대한 연구도 점차 증가하는 추세인데 선행연구들은 사회적기업과 지역사회와의 관계에 대한 탐색적 연구가 주를 이룬다(문순영, 2010; 최혁라 · 신신명 · 김기헌, 2012). 지역사회와의 연계 및 협력은 주로 자금지원과 관련된 지자체나 공공기관으로 제한되어 있었고, 지역사회에 대한 주요한 기여는 취약계층에 대한 일자리 제공으로 인식하고 있었

다. 최혁라와 김선명 · 김기현(2012)은 지역사회 자원 연계에 주목하였는데, 사회적기업들은 주로 기업, 공공기관, 지역 언론사와의 자원연계를 원하였다. 자원연계 내용으로는 제품구매를 가장 원했고, 인건비 및 재정지원 홍보, 서비스구매, 마케팅, 공동사업 순이었다. 지역사회와 연계하기 위한 노력으로는 관련 행사에 가입 또는 참여하거나 정부기관의 도움을 받고, 기관장이 노력하는 것 등이 포함되었다(조상미 · 김아래미, 2015).

사회적기업의 지역사회 관계를 네트워크 중심성으로 규명한 이재희와 조상미(2015)의 연구에서는 사회적기업 간의 네트워크 연계는 정보교환, 기업 간 상호거래, 조직 간 협의 순으로 연계되었고, 자원교류 및 시장판로 연계는 매우 낮은 수준이었다. 네트워크 중심에는 핵심 사회적기업이 존재하였고, 네트워크의 연결, 근접, 매개 중심성 모두 경제적 · 사회적 성과에 긍정적인 영향을 미치는 것으로 나타났다. 이 연구를 통해 지역사회 관계가 성과에 영향을 미칠 수 있음을 알 수 있다. 따라서 사회적기업이 보다 활성화될 수 있도록 사회적기업과 지역사회의 연계를 위한 여러 가지 방안이 강구되어야 할 것이다.

사회적기업을 활성화하려면 사회적기업이 성장할 수 있도록 지역사회의 자본 인프라, 공공정책, 지역상황, 협력 기반 등의 사회 · 문화 환경을 잘 동원하는 것이 중요하다. 왜냐하면 사회적기업에서 다루고 있는 내용들이 재화와 서비스의 제공, 지역경제와 공동체의 재생, 취약계층의 일자리 창출과 복지, 다중이해관계자 참여 등은 지역사회를 기반으로 이루어지고 있기 때문이다(이영석, 2015).

그러나 실제 현장에서 사회적기업들의 지역사회와의 연대에 대한 고민은 의외로 부족하다. 그 이유는 사회적기업이 공동의 지역실천보다 성장과 자기 조직의 입지를 우선시하는 경향이 점차 커지고 있기 때문이다. 또한 사회적기업 설립을 정부의 인증제로 운영하다 보니 사업 이미지 향상을 목적으로 진입한 영리기업들이 확대되는 경향도 있어 이 점을 주시할 필요가 있다(전병유, 2012). 이들은 사회적기업의 시장자립만을 강조하고, 지역사회의 연대는 외면할 가능성이 높다.

하지만 사회적기업의 목적은 시민사회가 활발해지는 것이며, 지역사회에서 풀뿌리운동에 기반을 둔 사회적기업이 확대될수록 사회적기업이 활성화될 수 있는 가능성이 높다는 것을 견지할 필요가 있다. 따라서 사회적기업 자원동원 측면에서 지역사회의 사회・문화 환경은 기본적으로 유용하며, 이 환경들을 재구조화하는 것이 중요하다.

사회적기업 지역화를 위해 재구조화해야 할 경제・사회・문화적 환경 중 동원할 수 있는 자원은 다음과 같다(이인재, 2012).

첫째, 사회적기업을 둘러싼 개인과 집단들의 인재가 육성되고 관리되어야 한다. 지역사회에서 활동하려는 사회적기업, 마을기업, 협동조합, 자활, NGO, 자원봉사, 은퇴자조직, 기업조직 등의 '활동가 풀'이 충분해야 한다. 이들이 가진 경험과 기획력은 지역 자원을 동원하고, 생산하고, 사회적기업의 아이템과 공급역량을 확장시키는 데 기여할 수 있다.

둘째, 사회적기업과 상호 거래하거나 협동조합, 자활 등의 사회적 경제조직과의 거래 등이 이루어지는 호혜적 시장의 구축이 중요한 조건이다(김영철, 2011). 한국의 사회적 경제를 대표하는 한국협동사회경제연대회 소속 조직의 2013년 집계 매출만 1조 80억 원 규모인데, 이들은 기본적으로 윤리적 소비, 친환경제품 생산, 연대적 활동 등이 주된 사업이기 때문에 사회적기업 간의 연계가 유리했고, 사회적 경제의 확산에 기여할 수 있었다.

셋째, 지역사회 내 복지, 보건, 교육, 고용, 문화 등 사회적기업 유관분야에서 사회적기업 활동을 이해하는 조직이나 기관의 협력 유무가 어떠한가가 중요하다. 현재 한국의 사회적기업은 정부, 사회적기업 당사자 조직, 그리고 지역사회기관들과 활발히 교류하고 있다(전병유, 2012). 이들과의 연계를 통해서 사회적기업은 지역사회의 다양한 문제들을 해결해 나가는 데 중요한 기능을 할 수 있다. 앞에서 서술한 바와 같이 지역사회에서 사회적기업이 동원할 수 있는 인프라들은 사회적기업 인재육성, 사회적 경제조직 간의 호혜적 시장의 구축, 다양한 유관 분야와의 협력 유무와 관련된 것이다.

앞에서 언급한 인프라들 외에도 지역사회에서 사회적기업 활성화를 위한 핵심적인 동력으로 사회적 자본의 역할이 매우 중요하다. 사회적기업의 사회자본은 지역사회의 사회서비스를 공급하는 경제활동과 사회적 기반을 정비하게 하고 민주적 개발을 가능하게 한다(Borzaga & Defourny, 2000). 지역사회에서 사회적기업이 활성화되기 위해서는 지역사회의 공통 이익을 추구하기 위한 자원활동, 기부,

지역파트너십을 형성하는 성과를 도출하고, 거버넌스를 형성하며 정부의 역할, 공공정책 등이 중요하다(이영석, 2015 재인용).

5. 사회적기업에 대한 학문적 연구

각 학문분야의 연구현황과 경향에 관한 체계적인 분석은 해당 학문분야의 전개 과정에 대한 성찰을 통해 향후 발전방향을 정립하는 데 중요한 자료가 될 수 있다. 또한 연구경향의 분석은 특정 학문분야의 연구현황과 흐름을 파악하는 데 유용한 정보를 제공한다. 일반적으로 연구경향의 분석은 그동안 축적되어온 연구결과를 여러 범주로 나누어 수량화하여 제시하게 되는데, 이것은 해당 학문분야의 전반적인 상황을 진단해 주는 의미를 가지게 되는 것이다. 경향연구는 해당 학문 분야나 주제의 연구와 관련하여 향후 연구방향을 탐색하는 기초자료로 활용될 수 있다(박홍식, 2006; 하혜영, 2012).

연구경향 분석의 결과를 통하여 연구의 흐름과 관심 있는 연구주제 가운데 연구 성과가 미미한 주제를 확인해 볼 수 있다. 연구경향 분석은 학회학술지, 단행본, 학위논문, 교재 등을 자료의 원천으로 삼아 연구가 이루어지는 경향이 있으며, 이 가운데 가장 많이 활용되는 자료의 원천은 학회학술지이다(이시원 · 최희성, 2015).

사회적기업은 정부 차원의 적극적인 연구지원활동과 함께 여러 학문분야의 연구자들에 의해서도 연구와 관심이 활발하게 일어나고 있다. 특히 2000년을 전후로 한 시점부터 우리나라 사회서비스 확대를 위한 대안으로 사회적기업이 논의되기 시작하면서 사회복지학, 행정학, 법학, 사회학, 경영학 등 주요 사회과학의 제 분야에서 연구의 주요 대상이 되고 있다. 그러나 사회적기업에 대한 연구가 순수한 연구에 의한 것이 아니라 정부의 정책적 관심에 의해 출발하였기 때문에 연구의 확대와 진행에 한계를 보이고 있으며, 아직까지 사회적기업의 가치와 사회기여도를 설명할 수 있는 구체적인 학문적 근거가 미약하다. 사회적기업의 생성, 경영, 성과 등에 관한 이론의 형성도 미미한 실정이라는 비판을 받고 있다(Helen, 2005, 조영복 · 양용희 · 김혜원, 2008 재인용).

이시원과 최희성은 2000년 1월부터 2014년 12월까지 국내 학술지에 게재된 논문을 대상으로 연구시기, 학문분야, 연구방법, 연구주제 등을 중심으로 학문분야별로 세부적인 연구주제의 내용을 파악하였다. 이를 간략하게 살펴보면 다음과 같다(이시원 · 최희성, 2015).

표 12-6 사회적기업에 대한 학문적 연구 경향

구분	게재논문의 수
시기별	2003년(1편), 2004년(1편), 2005년(2편), 2006년(3편), 2007년(3편), 2008년(10편), 2009년(14편), 2010년(36편), 2011년(37편), 2012년(33편), 2013년(40편), 2014년(34편)
학문 분야별	사회복지학 44(20.6%), 행정학 47(22.0%), 경영학 42(19.6%), 법학 17(7.9%), 사회학 13(6.1%), 경제학 9(4.2%), 사회과학기타 20(9.3%) 비사회과학 22(10.3%)
연구방법	이론적 연구 89(41.6%), 사례연구 487(22.4%), 양적연구 77(36.0%)
연구주제별	개념 및 특징 18(8.4%), 현황 및 실태 28(12.1%), 정책 및 제도 30(14.0%), 성과관리 43(20.1%), 조직관리 16(7.5%), 연계 및 지역발전 51(23.8%), 사업적기업가 11(5.1%), 기타 17(7.9%)

출처: 이시원 · 최희성(2015: 652-655) 재구성

첫째, 연구 경향을 살펴보면 사회적기업을 대상으로 학술지에 논문으로 발표된 첫 연구결과는 2003년에 나왔으며, 우리나라에서 사회적기업에 대한 각 학문분야의 관심이 본격적으로 일기 시작한 것은 2008년 이후이다. 2008년도 이후부터 학문적 관심이 활발하게 일어나기 시작한 것은 2007년 7월 「사회적기업육성법」이 발효된 것과 밀접한 관련이 있는 것으로 판단된다. 그리고 2010년 이후부터는 매년 30편 이상이 논문이 발표되는 등 사회적기업에 대한 관심이 매우 증가하였음을 알 수 있었다. 학문분야별로는 행정학(47편, 22.0%), 사회복지학(44편, 20.6%), 경영학(42편, 19.6%) 순으로 게재논문의 수가 많은 것으로 나타났다. 연구방법별로는 이론적 연구(89편, 41.6%), 양적연구(77편, 36.0%), 사례연구(48편, 22.4%) 순으로 연구가 많이 이루어지는 것으로 나타났다. 연구주제별로는 연계 및 지역발전(51편,

23.8%), 성과관리(43편, 20.1%), 정책 및 제도(30편, 14.0%), 현황 및 실태(28편, 13.1%) 순으로 많은 연구가 이루어지고 있다.

둘째, 학문분야별 연구내용의 특성은 연구시기별로 행정학에서는 2008년 이후부터 사회적기업의 연계 및 지역발전에 대한 연구가 시작되었으며, 2012년 이후에는 사회적기업의 지속 가능성, 성과관리, 조직관리, 연계 및 지역발전에 대한 연구가 많이 이루어졌다. 경영학에서는 성과관리, 연계 및 지역발전에 대한 연구가 꾸준히 이루어지고 있었고, 이론적 연구, 양적연구, 사례연구가 비슷한 비율로 연구되는 경향을 보였다. 법학에서는 2011년부터 사회적기업 관련 법제 비교연구가 이루어졌고, 주로 사회적기업의 정책 및 제도의 개선방향을 이론적으로 연구하는 경향을 보였다. 사회학에서는 2009년부터 조직특성과 관련하여 사례연구와 이론적 연구경향을 보였으며, 경제학에서는 2010년 이후부터 조직관, 연계 및 지역발전에 대한 연구가 이루어지는 경향을 보였다.

연구방법별로는 이론적 연구가 89편(41.6%)으로 가장 많았으며, 양적연구가 77편(36.0%), 사례연구가 48편(22.4%)으로 나타났다. 행정학, 사회복지학, 경영학분야에서는 양적연구, 이론적 연구, 사례연구 순으로 높은 비율을 차지하였으며, 법학과 사회학에서는 이론적 연구가 많이 이루어지고 있었다. 경제학에서는 주로 양적연구의 경향을 보였으며, 사회 · 과학 · 기타 분야는 이론적 연구, 사례연구, 양적연구의 순으로 연구가 많이 이루어지고 있었고, 비사회과학 분야에서는 사례 및 이론적 연구, 양적연구 순으로 나타났다.

셋째, 학문분야별 연구내용의 세부적 특성은 연구주제별로 볼 때 연계 및 지역발전과 관련된 연구가 51편(23.8%)로 가장 많았으며, 성과관리 43편(20.1%), 정책 및 제도 30편(14.0%), 현황 및 실태 28편(13.1%) 순으로 나타났다. 사회복지학에서는 연계 및 지역발전, 성과관리, 조직관리 순으로 많은 연구비율을 차지하고 있었으며, 연계 및 지역발전에 대한 연구는 자원의 연계방안이나 연계 가능성에 대한 주제가 많은 것으로 나타났다. 특히 사회복지학의 경우 사회적기업의 조직관리에 대한 연구는 다른 학문 분야에 비해서 많은 편이다. 행정학에서는 성과관리, 연계 및 지역 발전, 정책 및 제도 순으로 많은 비율을 차지하고 있었다. 경영학분야에서는 성과관리, 연계 및 지역발전 순의 연구 비중을 나타내었으며, 법학에서는 정책 및 제도와 관련한 주제가 가장 많았고, 사회학에서는 개념 및 특징, 현황 및 실태 순으로 연구 비중을 나타냈으며, 경제학에서는 성과관리, 조직관리, 연계 및 지역발전에 대한 연구가 편수는 많지 않지만 비슷한 비율로 나타났다.

이상의 연구결과를 바탕으로 이시원과 최희성(2015)은 사회적기업의 발전을 위한 연구방법과 과제를 다음과 같이 제시하였다.

첫째, 사회적기업은 사회적 가치와 경제적 가치를 동시에 추구해야 하는 특수성과 영리기업과 비영리기업의 중간지대에 속해 있는 혼합적 성격을 지녔기 때문에 여러 학문분야에 걸친 다차원적 접근이 필요하다.

둘째, 연구방법론의 측면에서 사회적기업의 주체별 심층 분석을 위해 단일연구방법 외에도 여러 연구방법의 병행이 필요하고, 다양한 연구방법들의 시도가 필요하다.

셋째, 사회적기업의 지속 가능성을 위하여 지방정부의 역할을 강조하는 연구가 필요하다.

넷째, 지역발전과 연계 전략과 관련하여 농촌지역 사회적기업이 나아가야 할 방향을 제시하는 연구가 필요하다.

마지막으로 사회적기업에 대한 관심이 증가하고 주목을 받고 있지만 사회적기업이 추구하는 가치 중 하나인 사회적 가치가 무엇인지에 대한 진지한 고민과 성찰이 필요하다.

6. 한국 사회적기업의 한계와 발전 방향

1) 사회적기업의 한계

선행연구를 통해 우리나라 사회적기업의 한계를 살펴보면, 대략 네 가지로 요약할 수 있다(박내용, 2014; 국회입법조사처: 2014; 김혜영, 2014; 권동조, 2015).

첫째, 우리나라의 사회적기업들이 성장하는 과정을 살펴보면, 지나치게 정부의 사회적기업 지원정책에 의존하는 경향이 있다. 우리나라는 고용노동부가 한국사회적기업진흥원을 통해 사회적기업 정부인증을 시행하고 있으며, 사회적기업 인증을 통해 기업운영에 필요한 각종 인건비, 시설비, 경영지원컨설팅, 교육훈련지원, 조세감면 등의 지원책들을 제공하고 있다. 이로 인해 사회적기업의 정부의존성이 높은 실정에 있으며, 이는 자생력 또는 지속 가능성을 저해하는 요인으로 작용하고 있다는 주장이 제기되고 있다.

둘째, 우리나라 사회적기업의 운영과 관련하여 정부지원정책이나 사회적기업 경영자들이 주로 이윤창출을 위한 경영적 측면에 관심을 기울이는 반면에, 지역사회와의 협력과 상호 기여를 위한 사회적 소통에는 미흡한 점이 많음이 지적되고 있다. 국회입법조사처(2014)는 우리나라의 시민사회 역사가 짧으며, 정부주도의 정책 추진과 맞물려 민간의 다양한 자원연계 및 활용이 미흡한 실정임을 지적하였다. 따라서 사회적기업이 성공하기 위해서는 무엇보다 지역특성과 주민의 특징과 수요, 지역주민의 삶의 질 등을 기반으로 지역조직화가 활성화될 필요성이 있다. 이러한 점에서 지역사회에서 사회적기업을 둘러싼 다양한 이해관계자의 참여와 협력적 네트워크가 활성화되어야 할 것이다.

셋째, 우리나라 사회적기업의 운영 현황에서 살펴본 바와 같이, 우리나라는 일자리 창출 중심의 사회적기업이 전체 사회적기업의 2/3를 넘는 수준이다. 이러한 운영현황은 우리나라 사회적기업이 지나치게 일자리 창출에 집중되어 있으며, 그 외의 사회적 취약계층에 대한 서비스 제공이나 지역사회에 대한 공헌들의 공익적 가치는 충분히 반영되지 못하고 있음을 보여주고 있다. 이러한 일자리 창출 중심의 사회적기업들의 난립은 일자리 창출의 명분으로 정부의 정책지원을 제공받는 관행에 젖어 자생력 있는 사회적기업의 활성화를 어렵게 할 수 있다.

그 외에도 국회입법조사처(2014)는 사회적기업에 대한 사후관리 및 평가체계가 미흡한 점을 지적하고 있다. 정부의 사회적기업에 대한 관리는 연 2회 사업보고서를 제출하도록 하는 제도 외에는 인증요건 준수 여부 확인 및 지원 사용점검 등에 그쳐 사후관리가 미흡한 실정에 있다.

2) 한국 사회적기업의 발전방향과 기대효과

(1) 정부와 지방자치단체의 역할

① 정부의 역할

정부는 사회적기업을 위한 육성정책이 지속적이고 일관성을 가질 수 있도록 정책추진시스템을 정비하여야 하며, 지방자치단체가 주도적으로 참여할 수 있도록 제도를 마련하여야 한다. 「사회적기업육성법」에 따라 사회적기업 육성기본계획을 5년마다 수립하도록 규정하고 있다. 사회적기업 육성기본계획서에는 사회적기업에 대한 지원의 추진 방향, 사회적기업의 활성화를 위한 여건조성에 관한 사항, 사회적기업의 운영 지원에 관한 사항, 그밖에 사회적기업의 육성 및 지원을 위하여 대통령령으로 정하는 사항이 포함되어야 한다. 그리고 이러한 기본계획에 따라 연도별로 시행계획을 매년 수립·시행하여야 하며, 사회적기업의 활동에 대한 실태 조사를 5년마다 실시하여야 한다. 그리고 사회적기업과 관련된 부처와 지방자치단체의 협력체계를 구축하는 역할을 해야 한다.

② 지방자치단체의 역할

지방자치단체 중심의 사회적기업 협의체를 구성·운영할 필요가 있으며, 이를 통하여 「사회적기업육성법」에서 정한 지역별 특성에 맞는 지역밀착형 일자리 창출과 사회서비스제공기관으로 사회적기업이 발전할 수 있도록 유도하여야 한다. 그리고 지방정부는 사회적기업 육성을 위한 조례를 제정하는 등 체계적인 지원정책을 수립·시행하여야 하며, 이러한 지원정책은 중앙정부와 역할 분담을 통하여 효율성을 높일 수 있다.

결국, 사회적기업이 목표로 하고 있는 일자리 창출과 사회서비스 제공에 있어 중앙정부 이상으로 지방정부의 역할이 중요하다. 정부는 사회적기업이 지역에서 번창할 수 있도록 지방자치단체의 역할 범위를 확대하여야 하며, 지방자치단체를 중심으로 지역 내의 사회적기업, NGO, 사회단체, 전문가, 대학교수 등이 사회적기업 육성에 동참할 수 있도록 제도적 장치를 마련하여야 한다(유용임, 2010).

(2) 사회적기업의 기대효과

사회적기업은 이윤 극대화를 추구하기보다는 우선적으로 사회적 목적을 추구하면서 이를 위해 이윤을 사업 또는 지역공동체에 다시 투자하는 기업이다. 적정한 이윤을 도모하지만 이윤의 극대화가 아니기 때문에 '새로운 기업문화창출'을 가져 올 수 있다. 이러한 사회적기업 육성을 통해 사회적 약자 돌봄과 재능 나눔이 보람과 행복을 만드는 더불어 사는 사회를 만들 수 있다. '복지의 선순환'이 자연스럽게 유도될 수 있다. 아울러, 장애인 등 취약계층에 대한 일자리 및 소득 창출 기회가 부여될 수 있다(공명재, 2014).

그리고 사회에 봉사하고자 하는 사람들에게 사회봉사 전문가 양성과정을 전국적으로 실시 및 확대하여 사회봉사 기회를 조성할 수 있다. 대학을 졸업한 청년들과 은퇴를 앞둔 베이비붐세대에게는 사회봉사뿐만 아니라 새로운 창업기회, 일자리 및 소득 창출 기회를 제공하기 때문에 우리 사회의 여러 가지 문제를 해결하는 데 도움이 될 수 있다. 즉 사회적기업 창업은 젊은이들과 베이비붐세대에게 새로운 기업을 창업할 수 있는 기회를 제공하는 것이다. 기존 벤처기업과는 성격이 전혀 다른 사회적 벤처창업 기회를 제공해 줄 수 있다.

결과적으로 사회적기업을 적극 육성함으로써 취약계층 등 사회적 약자를 배려하고 지역사회에 도움을 줄 수 있기 때문에 사회적 · 지역적 양극화를 완화하고, '경제 민주화'를 실현하는 데 유용하다.

참/고/문/헌

공명재(2014). “사회적기업에 대한 정책 방향”, 『한국경영교육학회』, 29(1), 452-468.

국회입법조사처(2014). 사회적기업 지원제도의 문제점과 개선방안. NARS 현상보고서 제29호.

권동조(2015). 사회적기업 종사자의 사회자본에 관한 인식 연구. 건국대학교 대학원 석사학위논문.

김봉화·김재호(2010). 세계 사회적기업의 현황과 전략: 한국과 영국, 미국을 중심으로. 한국학술정보.

김성기(2011). 『사회적기업 이슈와 쟁점』. 아르케.

김혜영(2014). 사회적기업의 지속가능성이 조직구성원의 조직형태에 미치는 영향에 관한 연구. 건국대학교 대학원 박사학위논문.

문순영(2010). “대구·경북 사회적기업들의 지역사회와의 관계에 관한 연구. 지역밀착성을 중심으로”, 『사회과학연구』, 26(4), 147-173.

박흥식(2006). 한국행정학회 학술연구 발표(1956-2006)의 성향: 내용과 변화 추이. 한국행정학회 학술대회 발표논문집, 1-22.

손형기(2015). “우리나라 사회적기업의 현황과 개선방안에 관한 법적 검토”, 『인문과학연구』, 24, 147-179.

오단윤(2012). 한국 사회적기업의 형성 및 성장과정 연구. 성균관대학교 대학원 박사학위논문.

유용임(2010). 한국 사회적기업의 현황과 발전방향. 청주대학교 대학원 석사학위논문.

이도희(2012). 사회적기업 관련 법제의 연구. 충남대학교 대학원 석사학위논문.

이시원·최희성(2015). “사회적기업에 대한 학문적 연구경향에 관한 연구: 학제적 측면을 중심으로”, 『한국행정논집』, 27(3), 639-671.

이영석(2015). 사회적기업 지역사례 비교연구: 구로와 부천 지역사례. 성공회대학교 대학원 석사학위논문.

이은선(2009). “사회적기업의 특성에 관한 비교 연구: 영국, 미국, 한국을 중심으로”, 『행정논총』, 47(4), 363-397.

이인재(2009). “한국 사회적기업의 쟁점과 전망”, 『동향과 전망』, 109-141.

______(2012). 사회적기업 생태계조사 보고서. 한국사회적기업진흥원.

이재희·조상미(2015). “사회적기업 간 네트워크 특성이 조직성과에 미치는 영향-네트워크 중심성을 중심으로”, 『한국사회복지행정학』, 17(2), 89-125.

임효민(2016). 사회적기업이 지속가능발전을 위한 성공요인에 관한 연구: 한국 구세군 內

사회적기업을 중심으로. 성결대학교 대학원 박사학위논문.

전병유(2012). 사회적기업 육성 기본계획 수립을 위한 기초 조사연구. 고용노동부.

조상미 · 김아래미(2015). 사회적기업의 기업가정신, 지역사회 관계, 경제적 · 사회적 성과의 한계. 2015년 사회정책연합 공동학술대회, 한국의 복지수준과 재정의 균형.

조영복 · 양용희 · 김혜원(2009). "사회적기업 육성을 위한 중장기 정책방향", 『사회적기업연구』, 1(2), 61-89.

최혁라 · 김선명 · 김기현(2012). "사회적기업의 지역사회 자원연계 활성화를 위한 사례연구: 광주광역시 · 제주특별자치도를 중심으로", 『한국콘텐츠학회논문지』, 12(1), 308-317.

한국사회적지업진흥원(2015). 『사회적기업 가이드북』. 한국사회적기업진흥원.

허봉선(2015). 한국의 사회적기업가 정신 개념구성에 관한 통합연구. 이화여자대학교 대학원 박사학위논문.

홍은표(2014). 사회적기업의 창업활성화(성과) 영향을 미치는 요인에 관한 연구. 한발대학교 대학원 석사학위논문.

Alter, K.(2007). "Social enterprise typology", *Virtue Ventures LLC,* 121.

Kerlin, J. A.(2006). "Social enterprise in the United States and Europe: Understanding and learning from the difference", *Voluntas: International Journal of Voluntary and Nonprofit Organizations,* 17(3), 246-262.

05 부

사회복지의 응용지식과 영역

제13장 사회복지와 인권

INTRODUCTION TO SOCIAL WELFARE

사회복지와 인권은 상호 보완적인 밀접한 관계가 있다. 특히 인권의 범주에 경제·사회·문화적 영역이 포함되고, 인권의 패러다임이 웰빙 패러다임으로 영역을 넓혀가면서 사회복지는 인권을 보장하기 위한 주요한 방법의 하나로 간주되었다(김종해, 2014). 인권이라는 개념은 오랜 시간동안 사회복지, 철학, 법률, 정치, 교육 분야 등 다양한 분야에서 관심을 가져왔다. 특히, 전통적으로 사회복지는 사람들로 하여금 자신이 처한 상황에 대해 스스로 최대한 자기결정과 통제를 발휘할 수 있도록 함으로써 자신의 권리를 존중하는 인권존중에 기본적으로 바탕을 두고 있다고 볼 수 있다. 이러한 관점에서 사회복지사는 클라이언트의 자기결정의 원칙을 적용하는, 즉 인권을 수행하는 인권직이라 할 수 있다. 하지만 이제까지 다른 분야와는 달리 인권을 이론이나 실천적인 측면에서 조망하려는 시도는 부족했다고 볼 수 있다. 사회복지가 인권의 강화라는 대명제에서 출발하였음에도 불구하고, 그리고 인권의 경우에도 사회복지가 인권의 실천을 위한 매우 중요한 수단임에도 불구하고, 서로의 분야에 대해서 낭위론적 가치를 인정하는 수준을 넘어서는 구체적인 결합이 이루어지지 않았다(문진영, 2013). 특히 사회복지사를 양성하고 있는 대학의 교육에서는 물론 사회복지실천현장에서도 그러하다. 사회복지사들이 자격증을 취득하고 실천현장에서 일하기 전에 인권에 비탕을 둔 가치와 지식을 습득할 수 있도록 사회복지와 인권에 대한 학습과 교육이 선행되어야 한다.

1. 인권의 개념과 구성요소

1) 인권의 개념

인권의 개념을 단순하게 정의하기는 어렵지만, 인권이란 그가 어디에 살든 관계없이 각 개인에게 부여된 일련의 권리를 의미한다. 인권은 일반적으로 '모든 인간이 본질적으로 그리고 선천적으로 가지고 있는 권리로서 그것이 보장되지 않으면 인간답게 살아갈 수 없는 모든 권리를 의미한다(Elisabeth Reichert 저, 국가인권위원회 역, 2008). 또한 인권(human right)이란 인간으로서의 권리를 말하는데, 영어에서의 'right'란 도덕적으로 올바른 것, 정당한 것, 합법적이라는 의미를 포함한다.

이러한 의미에서 좀 더 구체적으로 정의(적용)해 보면 인권은 인종과 성별 및 사회적 신분에 구애받지 않고, 모든 인간이 누려야 하는 보편성과 타고난 고유한 권리라는 의미에서 천부적 특성을 가지며, 국가권력도 인권을 최대한 존중하고 보장하며 그 본질적인 부분에 대해 절대로 침해할 수 없다는 점에서 불가침성을 특징으로 한다고 볼 수 있다(윤찬영, 2000).

법적으로 개념정의를 해보면, 인권은 인간이라면 당연히 가지는 자연법상의 권리를 말한다. 우리나라의 「헌법」 제10조에서 모든 국민은 인간으로서 존엄과 가치를 가지며 행복을 추구할 권리를 가진다. 따라서 국가는 개인이 가지는 불가침의 기본적 인권을 확인하고 이를 보장할 의무를 가진다고 볼 수 있다. 「국가인권위원회법」 제2조에서는 인권이란 헌법 및 법률에서 보장하거나 대한민국이 가입 비준한 국제인권조약 및 국제관습법에서 인정하는 인간으로서의 존엄과 가치 및 자유와 권리라고 정의하고 있다.

2) 인권의 구성요소

인권이라는 용어를 생각할 때 가장 먼저 떠오르는 이미지는 '인권은 너무 추상적이다'라는 것이다. 그렇지만 인권이 단지 추상적이고 법적인 용어가 아니라 일상생활의 용어라는 점에 유의하여 인권을 좀 더 정확하게 그리고 구체화하기 위한 노력이 필요하다.

권리의 구성요소 차원에서 살펴보면 <표 13-1>과 같이 인권을 보편적 권리, 일반적 권리, 근본적 권리, 도덕적 권리의 성격을 갖는다. 이 중에서 권리 및 의무의 주체가 모든 사람을 전제로 하기 때문에 근본적 권리와 도덕적 권리가 인권의 구성요소 중에서 핵심이라고 볼 수 있다.

표 13-1 권리의 구성요소와 인권

구성요소	내용	인권	인권의 권리적 성격
권리의 주체	권리를 누가 보유하는가?	인간이면 모두가 누릴 수 있음	보편적 권리
의무의 주체	권리주체에 대해 의무를 부담하는 상대방은 누구인가?	모든 사람이 해당	일반적 권리
권리의 내용	무엇에 대한 권리인가?	인간으로서의 삶에 매우 중요한 기본가치가 됨	근본적 권리
권리의 근거	권리 인정의 근거가 되는 것은 무엇인가?	법체계의 승인과 상관없이 단지 인간이기 때문에 가질 수 있음	도덕적 권리

근본적 권리란 인권이 인간생존에 필요한 근본적이고 긴급한 욕구와 관련됨을 의미한다. 따라서 각 개인은 다른 모든 사람을 향해 제기할 수 있는 최소한의 합당한 청구권을 가지게 된다. 도덕적 권리란 보편적 도덕적 원리에서 찾을 수 있는 실정법의 인정과는 무관하게 인정되는 권리를 의미한다.

3) 중요 인권 목록-인권을 구성하는 세부 영역

인권의 여러 요소를 확인하기 위해서는 국내법뿐만 아니라 다양한 인권문제를 다루고 있는 국제법을 살펴보는 것도 좋은 방법이 될 수 있다. 1948년 세계인권선언(Universal Declaration of Rights)이 공포된 이후 유엔(UN)을 비롯한 국제기구는 인권보장을 위한 여러 국제 규약 또는 협약을 발표했다. 이를 토대로 인권 목록을 범주화하고 있다(조효제, 2007). 주요 인권 목록은 시민적 · 정치적 인권 영역, 경제적 · 사회적 · 문화적 인권 영역, 연대적 · 집단적 영역의 인권 영역 등이다.

(1) 시민적 · 정치적 영역의 인권 목록

시민적 권리는 일정한 생활영역을 국가나 타인의 간섭으로부터 보호받는 권리를 말한다. 역설적으로는 국가 입장에서는 불간섭, 부작위(不作爲)[1]의 의무가 있음을 의미한다. 생명권, 인격적 존재로 대우받을 권리, 신체의 자유, 거주 · 이전의 자유 등이 해당한다.

표 13-2 시민적 · 정치적 영역의 인권 목록

인권영역	종류	내용
시민적 영역	생명권	• 인간의 생존본능에 바탕을 둔 자연법적 권리 • 자신의 의사에 반해 생명을 강제로 박탈당하지 않을 권리
	인격적 존재로 대우받을 권리	인간의 존엄성과 가치
	평등권	법 앞에서의 평등, 법 내용의 평등
	신체의 자유	신체의 생리적 기능과 생물학적 유형
	거주 · 이전의 자유	적극적, 소극적 의미
정치적 영역	사상과 표현, 집회와 결사의 자유	인간은 정신활동을 통해 인격을 발현하는 존재임을 전제하고 있음
	사생활 및 가족생활을 존중받을 권리	개인정보의 보호, 프라이버시의 침해 금지
	정치활동을 할 권리	소속공동체에 관한 관심은 인간의 본성임을 전제로 하고 있음
	권리를 구제받을 권리	권리침해의 경우
	재산권	절대적 권리는 아님

1) 일정한 처분을 해야 할 법률상의 의무를 이행하지 않는 것

정치적 권리는 정치적 공동체의 구성원으로서 국가 업무에 참여하고 국가 업무를 통제하는 권리를 말한다. 정치활동을 할 권리와 사상과 표현, 집회와 결사의 자유 등이 대표적이다.

(2) 경제적 · 사회적 · 문화적 영역의 인권 목록

시민적 · 정치적 권리에 비해 경제적 · 사회적 · 문화적 영역의 인권보장은 국가의 적극적 개입 없이는 실현되기 어려운 성격을 갖는다.

표 13-3 경제적 · 사회적 · 문화적 영역의 인권 목록

인권영역	종류	내용
경제적 영역	적절한 생활수준을 영위할 권리	• 의식주의 충족 • 기아의 공포로부터 해방 • 국제협력의 본질적 중요성
	근로권	근로의 권리, 근로조건에 대한 권리
	노동조합에 대한 권리	단결권과 파업권
사회적 영역	사회보장과 사회보험에 관한 권리	국민이 인간적 생존의 최소한을 확보하는 데 필요한 재화를 국가에 요구할 수 있는 권리
	가정의 보호 및 지원에 관한 권리	• 가정 구성의 권리, 임신과 출산의 권리 • 근로여성의 모성보호
	아동보호에 관한 권리	• 아동의 양육과 보호 • 건강과 교육, 여가와 문화적 활동을 위한 지원 • 경제적 · 사회적 착취로부터의 보호 • 반사회적인 아동노동 근절
	가능한 최상의 신체 및 정신건강을 영위할 권리	건강권
문화적 영역	교육받을 권리	• 초등교육 • 부모의 학교 선택 자유
	문화에 대한 권리	문화생활 참여권리(향유, 창조, 보존)
	소수자의 권리	소수자(소수집단) 문화존중 및 보호

(3) 연대적 · 집단적 영역의 인권 목록

연대적 · 집단적 영역의 인권은 최근에 등장한 인권 목록으로서 다른 두 가지 유형과는 달리 국제협력과 국가 간의 연대가 강조된다. 이 인권 목록은 국가 간의 양극화, 빈부격차, 과도한 군비경쟁, 핵전쟁, 환경파괴로 인한 생태위기 등 새로운 위기 상황에 대한 인권 관점의 개입의 필요성에 따라 최근에 많은 관심의 대상이 되고 있는데, 실행구속력은 약하다고 볼 수 있으며, 국제기구나 학자들마다 인권 목록을 조금씩 달리하고 있다.

표 13-4 연대적 · 집단적 영역의 인권 목록

세부영역	내용
Vassak (1977)	발전권/건강하고 생태적으로 균형 잡힌 환경권/평화권/인류공동유산에 대한 소유권
UNESCO (1980)	발전권/환경권/평화권/인류 유산에 대한 소유권/의사소통권/서로 다를 수 있는 권리/인도주의적 도움을 요구할 수 있는 권리
Marks (2005)	발전권/환경권/평화권/문화유산에 대한 소유권/의사소통권/인도적 원조를 요구할 수 있는 권리
Weston (2006)	정치적 · 경제적 · 사회적 · 문화적 자결을 향유할 권리/경제적 · 사회적 발전을 향유할 권리/인류의 공동유산으로부터 이익을 얻고 그에 참여할 수 있는 권리/평화를 향유할 권리/건강한 환경을 향유할 권리/인도적 구조를 받을 권리

출처: Vassak (1977), 조효제(2007), 오병선 외(2011)의 관련 내용을 정리. 배화옥 외(2015)에서 재인용.

2. 인권의 특징

인권을 인간으로서 가지는 타고난 권리로 볼 때, 이 권리는 국가나 법체계가 권리로 인정하는 가와 상관없이 우리 각자에게 인정되는 실정법 이전의 권리로서 인간의 모든 조직, 사회, 국가, 국제조직 등이 존중하여야 할 의무가 따른다. 인권은 자연권(natural rights) 또는 도덕적 권리(moral rights)라고도 한다. 인권의 특징은 다음과 같이 살펴볼 수 있다(국가인권위원회, 2006).

1) 권리주체의 보편성과 권리상대방의 일반성

인권은 개인으로서의 모든 인간에게 당연히 부여된 권리로서 획득되는 권리[2)]가 아니다. 또한 인권은 그 상대방이 모든 개인뿐만 아니라 집단, 사회, 국가 등을 포함하고 있다.

2) 도덕적 정당성

어떤 규범이 모든 개인에 대해서 정당화될 수 있다면, 도덕적으로 정당한 규범이다. 그렇다면 어떤 권리의 내용이 긴급하고도 중요하여 모든 개인에 대해 정당화될 수 있다면 그 권리는 인권이다. 보편적으로 정당하기 때문에 인권은 국가와 사회에 대해 제도화할 것을 요구할 수 있는 강한 의미의 권리라고 할 수 있다. 인권은 실정법적 권리로 곧바로 전환될 수 있고 되어야만 하는 권리이다. 따라서 인권은 그 내용과 효력을 실정법이 확인하고 보장해야 할 의무를 가지는 준실정법적 권리라고 할 수 있다.

3) 권리내용의 중요성

인권의 내용을 이루는 대상은 중요하고도 기본적인 속성을 가지고 있다. 개인이 인간으로서 가지는 근본적인 이익들과 욕구들이 인권의 대상이 된다. 인간이 신체적 안전, 최소한의 생존, 자주성의 핵심영역보장을 누리기 위해서 반드시 필수적인 근본적으로 필요하고 긴박한 재화들이나 가치들이 인권의 대상이 될 수 있다.

2) 자신의 노력이나 품성, 제도적 승인과 같이 어떤 후천적인 기준을 충족함으로써 얻어지는 권리

4) 실정법에 대한 우선성

인권은 제도적 권리 및 실정법적 권리에 우선하는 지위를 갖는다. 실정법적 권리가 인권 형성과 평가의 규준이 되는 것이 아니라, 인권이 실정법적 권리의 내용을 형성하고 평가하는 규준이 된다는 의미에서 인권은 실정법에 대한 우선성이라는 속성을 갖게 된다. 인권을 침해하는 실정법은 내용상으로 정당하지 못하게 되며, 이 부정당함은 단순히 도덕적 부당함에 지나지 않는 것이 아니라 법적인 성격을 갖게 된다.

3. 사회복지와 관련된 인권 관련법과 기구

인권은 인종과 국적을 넘어서는 인류 보편의 가치이기 때문에, 인권의 출범 초기부터 국제사회의 규범으로 기능해 왔다. 인권이 근본적 · 도덕적 권리임에도 불구하고 효과적으로 인권을 실천하기 위해서는 기구, 법, 제도 등에 대한 이해를 필요로 한다. 인권은 자신의 국가뿐만 아니라 특정 국가와 국제적인 차원을 아우르고 있는 포괄적인 성격을 띠고 있다. 그러므로 인권과 관련된 기구와 제도, 법 등에 대한 좀 더 다양한 국제 차원과 국가 차원에서의 이해와 확인이 필요하다고 본다. 사회복지와 인권은 상호보완적인 밀접한 관계가 있다.

1) 세계인권선언

세계인권선언(Universal Declaration Human Rights, 1948)은 제2차 세계대전 전야의 인권 무시, 인권의 존중과 평화 확보 사이의 깊은 관계를 고려하여 기본적 인권 존중을 그 중요한 원칙으로 하는 국제연합헌장의 취지에 따라 보호해야 할 인권을 구체적으로 규정할 것을 목적으로 채택되었다. 세계인권선언은 역사상 인권을 고취하는 데 중요한 의미를 갖고 있지만, 구속력을 갖기 위해서는 각 나라마다의 비준이 필요한 협약이나 조약형식이 필요하다. 따라서 구체적인 협약이나 조약이 체결되지 않을 경우, 규범적 · 도덕적 선언의 의미만 가질 뿐 실행을 위한 구속력은 없었다. 그럼에도 불구하고 세계인권선언은 단순한 선언적 의미를 넘어 실질적으로 법적 지위를 확보하는 방향으로 발전되었다.

전문(前文)과 본문 30개조로 되어 있는데, 그중 제21조까지는 시민적 · 정치적 성질의 자유, 즉 자유권적 기본권에 관한 규정이다. 그리고 경제적 · 사회적 · 문화적 성질의 자유, 즉 생존권적 기본권에 관해서도 상당한 배려가 되어 있으며, 사회보장에 대한 권리(제22조), 노동권과 공정한 보수를 받을 권리 및 노동자의 단결권(제23조) 등에 관해서도 상세한 규정이 마련되어 있다.

그중에서 제1조는 "모든 사람은 태어날 때부터 자유롭고 동등한 존엄성과 권리를 가지고 있다. 사람은 천부적으로 이성과 양심을 가지고 있으며, 서로 형제애의 정신으로 행동하여야 한다"고 규정하고 있다.

2) 인권 관련 국제법

(1) UN의 국제인권조약과 ILO(국제노동기구)의 핵심 협약

인권에 대한 국제적인 관심과 노력은 국제인권법을 통해 확인할 수 있는데, 그 중에서 UN은 특히 인권보장의 중심지로서 국제인권법의 탄생과 발전에 핵심적인 역할을 담당하고 있다. 1948년의 세계인권선언은 역사적 의의에도 불구하고 선언이라는 연성법[3]이 지니는 한계가 있었다. 이러한 문제점을 개선하고자 UN에서는 이 선언에 규범적 구속력을 부여하기 위해 구체적인 인권 영역을 나루는 다양한 국제조약을 채택하고 있다(문진영, 2013).

---

3) 연성법(soft law)은 법적 구속력이 없는 준법률문서(quasi-legal instrument)들을 지칭한다. 법적 구속력(legal binding)이 있는 법률문서에 비해 다소 약한 법적 구속력을 갖고 있다. 연성법이라고 해서 법적 구속력이 전혀 없다는 것은 아니다. 원래는 국제법에서 자주 쓰이던 것이지만, 요즘은 국내법에서도 상당히 사용되고 있다. 경성법(hard law)과 대비되는 개념으로 법이 창조되는 중요한 전단계이고, 관습법의 형성에 불가결한 법적 확신이 국제사회의 각 국가 간에 생기고 있는 유력한 증거로서 '응고과정에 있는 법'이다. 연성법은 엄밀한 의미에서 국제입법과정의 산물은 아니지만 '준입법과정(quasilegislation process)'에 속한다고 보는 것이 국제법질서의 현상에 대한 현실적인 인식이라고 볼 수 있다(위키백과, 2014).

제시된 중요한 국제인권조약[4]을 살펴보면, 조약이 채택된 시점을 기준으로 할 때 UN에서 본격적인 관심을 갖게 된 시기는 1960년대부터 시작되었다고 볼 수 있고 최근의 '장애인권리협약'이 2006년 채택되기까지 지속되고 있음을 알 수 있다. 〈표 13-5〉를 통해 사회복지와 관련된 국제인권협약과 우리나라의 협약가입 현황에 관한 내용을 살펴볼 수 있다.

표 13-5 중요 UN 국제 인권조약과 한국의 비준

협약명칭	채택연도	발효시기	한국 비준시기
난민의 지위에 관한 협약(CRSR)	1951(난민협약)	1954	1993. 3. 3.
고용정책에 관한 협약(ILO협약122호)	1964(고용정책협약)	1966	1993. 12. 9.
* 모든 형태의 인종차별 철폐에 관한 국제협약(ICERD)	1965(인종차별철폐협약)	1969	1979. 1. 4.
* 경제적 · 사회적 · 문화적 권리에 관한 국제규약((ICESCR)	1966(사회권 규약, A규약)	1976	1990. 7. 10.
* 시민적 · 정치적 권리에 관한 국제규약(ICCPR)	1966(자유권 규약, B규약)	1976	1990. 7. 10. (선택의정서)
* 여성에 대한 모든 형태의 차별철폐에 관한 협약(CEDAW)	1979(여성차별철폐협약)	1981	1985. 1. 26.
* 고문 및 그 밖의 잔혹한 · 비인도적인 · 굴욕적인 대우나 처벌의 방지에 관한 협약(CAT)	1984(고문방지협약)	1987	1995. 2. 8.
* 아동의 권리에 관한 협약(CRC)	1989(아동권리협약)	1990	1991. 12. 20.
모든 이주노동자와 그 가족의 권리보호에 관한 국제협약(ICRMW)	1990(국제이주노동자 권리협약)	2003	미가입
장애인의 권리에 관한 협약(CRPD)	2006(장애인권리협약)	2008	2009. 1. 19.

* 는 유엔이 채택한 6대 국제조약

---

4) 국제조약이란 국가와 국제기구가 상호 합의하여 지키기로 약속한 국제적 합의를 말한다. 일종의 국가 사이의 계약과 같은 것으로, 선언과는 달리 서로 합의에 따라서 약속한 내용을 지켜야 하는 규범적 준수가 요구된다.

조약 이외에도 협약, 협정, 규약, 규정 등의 용어가 사용되고 있는데, 조약의 효력에는 아무런 영향을 미치지 않기 때문에 별 구분 없이 사용된다.

(2) 우리나라의 인권 관련법: 「헌법」과 실정법

그 나라의 인권과 관련된 법과 제도는 「헌법」과 실정법을 통해 보다 구체적으로 확인이 가능하다. 「헌법」은 모든 법 중에서 최상위의 법규범으로서 한 국가의 법의 정신과 철학을 반영하고 또한 하위법 규범에 구속한다. 「헌법」 조항 중에서 인권에 관한 내용을 확인하고자 할 경우는 인간의 기본적 권리에 해당되는 헌법에 명시된 기본권을 살펴보는 것이 중요하다.

표 13-6 한국의 「헌법」 관련 기본 유형과 인권 목록의 관련성

기본권 종류	구체적 내용	인권 영역
총론 (포괄적 기본권)	인간의 존엄성과 가치, 행복추구권(제10조 모든 국민은 인간으로서의 존엄과 가치를 가지며, 행복을 추구할 권리를 가진다. 국가는 개인이 가지는 불가침의 기본적 인권을 확인하고 이를 보장할 의무를 진다.)	전체 영역
평등권	법 앞에서의 평등(제11조 법 앞의 평등)	시민적 · 정치적 영역 • 세계인권선언 제7조
자유권	• 신체활동 자유(제12조 신체의 자유) • 사생활 자유(제14조 거주 이전의 자유, 제17조 사생활의 비밀과 자유, 제18조 통신의 비밀보장) • 직업선택 자유(제15조 직업선택의 자유) • 정신적 자유(제19조 양심의 자유, 제20조 종교의 자유, 제21조 언론 · 출판 · 집회 · 결사의 자유, 제22조 학문과 예술의 자유) • 재산권 자유(제23조 재산권 행사의 자유와 한계)	시민적 · 정치적 영역 • 세계인권선언 제3~6조, 제8~20조
참정권	• 정치적 기본권(제24조 선거권, 제25조 공무담임권) • 청구권적 기본권(제26조 청원권, 제27조 재판청구권, 제28조 형사보상청구권, 제29조 국가배상청구권, 제30조 범죄피해자 구조)	시민적 · 정치적 영역 • 세계인권선언 제21조
사회권	• 제31조 교육의 권리와 의무, 제32조 노동의 권리와 의무, 제33조(노동3권), 제34조 생존권적 기본권 • 제35조 환경, 주거권, 제36조 혼인의 양성평등과 모성보호, 건강권	경제적 · 사회적 · 문화적 영역 연대적 · 집단적 영역 • 세계인권선언의 제22~27조

4. 사회복지와 인권의 연계

인권과 사회복지의 연계방법은 사회복지 관점의 인권과 인권적 사회복지의 두 가지 관점에서 생각할 수 있다(배화옥 외, 2015).

첫째, 사회복지적 인권은 사회복지에 바탕을 둔 인권실천 또는 그 결과로서의 인권보장을 의미한다. 사회복지는 인권보장의 도구일 뿐만 아니라 인권보장 여부의 기준 기능을 수행하게 된다. 이 관점은 나름대로 의미를 가질 수 있지만 오히려 인권 영역을 축소키는 문제점도 안고 있다. 사회복지는 인권 목록 영역 중에서는 사회적 영역에서만 국한되는 모습을 보이기 때문에 사회복지가 인권보장 여부의 기준이 된다면 다른 영역의 인권에는 소홀하게 되는 결과도 가져올 수 있다.

둘째, 인권적 사회복지는 인권을 기반으로 한 사회복지에 초점을 두는 관점이다. 이 관점은 주로 사회권에 바탕을 두면서 기존의 사회복지에서 보다 확장된 인권의 속성과 기본가치에 바탕을 둔 사회복지를 의미하는 데 보편성과 불가양도성, 상호의존성과 불가분성, 평등과 비차별성을 중요 속성으로 보며, 인간의 존엄성, 자유, 평등, 박애 등을 인권의 기본가치로 본다. 또한 이 관점은 사회복지 이용자와 사회복지사를 포함한 사회복지 종사자들에게 사회복지실천현장에서 발생하는 사례에 대한 생각의 전환과 사고의 폭을 확장시키고 문제를 해결하는 현실적 장점을 가질 수 있다.

1) 인권 기반의 사회복지 개념과 원칙

인권 기반의 사회복지원칙은 인권의 속성 및 기본가치에 바탕을 둔 국가와 사회의 노력 및 그 결과로서의 사회복지를 의미한다. 인권 기반의 사회복지의 이해를 위해서는 다음과 같은 원칙이 제시되어야 한다.

첫째, 특정 정책과 제도를 입안하고 시행함에 있어서 인권의 관점은 적용대상자의 포괄성에 바탕을 두어야 한다.

둘째, 인권 기반의 사회복지는 이용자의 참여를 강조해야 한다. 사회복지의 정책결정과정에 이용자의 권익표출을 위한 일정한 비율 이상의 참여를 보장할 수 있어야 한다.

셋째, 인권 기반의 사회복지는 사회문제를 해결하기 위해 다양하면서도 포괄적인 접근방법이 강조되어야 한다. 이를 위해서는 사고방식이 전환되어야 한다. 예컨대 빈곤의 문제를 해결하기 위해서는 단순한 소득보장뿐만 아니라 빈곤집단의 역량강화도 반영하여야 한다.

2) 사회복지전문직의 인권 관련 철학적 가치 적용

사회복지전문직의 인권 관련 가치에 대한 철학적 이념으로는 다음과 같은 몇 가지가 제시되고 있다(UNCHR, IFSW & IASSW, 1994).

첫째, 생명존중이다. 생명(life)은 인권의 영역에서 이루어지는 모든 활동에 필수적인 전제가 되는 가치이다. 「세계인권선언」 제3조에 제시되어 있으며, 생명의 가치란 생명을 부정하는 것에 대해 저항하는 것뿐만 아니라 생명을 긍정하고 구성하는 활동에 임해야 한다는 적극적 의미를 뜻한다. 이러한 생명의 가치에 따라 사회복지사는 인권을 침해하는 것에 대한 활동뿐만 아니라 생명을 촉진하고 유익하게 하는 활동에도 적극적으로 임해야 한다는 의미이다.

둘째, 독립(independent)과 자유(freedom)이다. 인간은 누구나 스스로가 삶을 자유롭게 선택하고 살아갈 권리가 있다는 의미이다. 자유는 「세계인권선언」 제1조와 제2조에 걸쳐서 제시된 중요한 가치로서 생명과 더불어 가장 값진 인간의 가치이고 인간의 품위와 밀접하게 관련된 가치이다. 하지만 자유는 다른 사람의 자유를 침해하지 않는 범위 내에서 누릴 수 있다. 자유를 위해서 가장 일선에서 일하는 집단이 바로 사회복지사들이라고 할 수 있다.

셋째, 평등(equality)이다. 평등의 원칙은 「세계인권선언」 제1조에 제시된 가치로서 다양한 형태의 인간관계를 맺고 유지하는 데 중요한 의미를 갖는다. 사회복지사들의 개인적인 가치관과 전문적인 직업관을 형성하는 데 중심적인 위치를 차지하는 가치이다. 사회복지 분야에서 평등의 가치는 인종, 성, 언어, 종교, 정치관, 출신계층 등 차별받는 사람을 위해 일해야 하는 책임을 요구하고 있다.

넷째, 사회정의(social justice)를 들 수 있다. 인간으로서 안전하게 신분을 유지하고 생활하기 위해서는 법적·사회적·경제적 차원 등을 기본적으로 고려해야 한다. 사회정의를 이룬다는 것은 인간의 기본적인 욕구를 충족시키는 것뿐만 아니라 물질적 차원에서 평등하게 배분한다는 것을 포함하는 의미로 볼 수 있다. 그러므로 사회적 정의는 건강과 교육 영역의 기본적인 서비스를 보편적으로 누리도록 하는 것에서 더 나아가 기회의 평등을 보장하고 사회적 약자와 소외된 집단을 보호하는 것을 목표로 해야 한다.

다섯째, 연대(solidarity)의 가치이다. 인간의 고통과 위기를 이해하고 공감하는 것에 더해, 고통을 당하는 사람들의 관심사를 명확하게 파악하고 그들의 편에서 함께 활동하는 것을 포함한다. 정치적·시민적·사회적·경제적·문화적·영적 권리를 박탈당하는 사람들이 있는 경우에 그들과 연대하고 있다는 것을 언어와 행동을 통해 직접적으로 실천하는 것이어야 한다.

여섯째, 사회적 책임의식(social responsibility)의 가치이다. 고통 받는 사람들과 희생자들을 위해 그들이 직면한 상황에서 스스로 힘을 기르도록 하며, 그들의 옆에서 지지하는 것을 의미하는 연대의 실제적 결과로 볼 수도 있다. 사회적 책임의식은 사회복지전문직이 존재하는 근거가 사회적 약자를 위해 활동하는 것에 있기 때문에 중요한 원칙이 된다.

일곱째, 진화(revolution), 평화(peace), 비폭력(nonviolence)의 가치이다. 이 세 가지는 인권의식과 관련된 기본적인 가치에만 그치는 것이 아니라 인간관계의 질을 결정하는 요인이 된다.

인간의 발달에서 진화적인 방법은 진행이 더디고 결과도 작게 나타나는 경우가 많았지만 그 결과가 현실에 적용 가능하고 좀 더 효과적인 때도 많았다. 그렇기 때문에 사회복지사들이 개인과 집단 간의 갈등을 해결할 때 사용하는 방법이었다. 평화는 갈등이 부재한 단순한 상황을 의미하는 것이 아니라 개인이 자기 자신, 타인과의 관계, 주변 환경과의 관계에서 조화를 이루고 이를 개발하고 성취할 수 있도록 지원하는 하나의 가치이다. 사회복지사는 증오나 보복은 또 다른 증오나 보복을 가져오지만 인내하는 비폭력적 압력이나 저항은 지속 가능한 결과를 가져온다는 점을 인식하고 사회복지실천활동에서 이를 유념해야 할 필요가 있다.

여덟째, 자연과 인간의 관계에 대한 가치이다. 21세기는 지구 환경파괴가 심각한 문제로 대두되고 있으며, 그 주요 원인은 개발중심의 모델과 세계경제질서, 불평등한 자원분배, 핵과 산업화로 인한 환경오염, 산업국가와 발전국가에서의 소비활동 등 다양하다. 사회복지사는 인류와 인류의 생활공간이 심각한 위협에 처해 있다는 사실로부터 출발하여 사회복지현장에 적용할 수 있어야 하겠다.

3) 사회복지실천현장에서의 인권문제

사회복지에서 특히 실천현장분야에서의 인권의 관점은 인권의 주체 및 대상, 내용 등에 대한 시사점과 통찰력을 제공해 준다. 사회복지실천현장에서 인권의 주체 및 대상은 두 가지 집단에서 적용이 가능하다(배화옥 외, 2015).

첫째, 이용자에 대한 인권보장문제이다. 오늘날의 사회복지제도·정책과 인권의 관계를 파악하고자 할 때, 우선 전제해야만 하는 것은 복지서비스 이용관계나 이용자의 다양화라는 문제일 것이다. 사회복지사의 윤리기준 11개의 항목에서 사회복지사의 이용자(클라이언트)에 대한 윤리기준은 전부 클라이언트의 인권에 관한 내용으로 구체화되어 있다. 예컨대, 제1항의 권익옹호, 제3항의 존엄성, 자기결정권 존중, 사생활 보호 등을 들 수 있다. 김미옥과 김경희(2011)는 장애인거주시설 종사자들이 장애인의 자기결정권과 선택권을 매우 중요하게 생각하는 것으로 보고하고 있다.

둘째, 사회복지현장 종사자의 인권문제이다. 사회복지사의 처우문제를 살펴보면, 2010년 사회복지시설 종사자의 보수수준은 월평균 206만 3,469원이다(보건사회연구원, 2010; 웰페어뉴스 2015. 9. 23 인용). 지난 2009년 기준 사회복지 종사자의 임금 수준은 전체 산업 대비 62.7%다. 한편, 사회복지사 내에서도 시설 분야, 유형에 따른 임금과 근로조건은 더욱 천차만별이다. 점자도서관 사회복지 종사자의 경우 평균 임금이 218만 3,989원인 반면, 지역아동센터에 경우 80만 4,615원에 불과하다(경기사회복지사협회, 2015). 이러한 사회복지사의 저임금은 높은 수준의 이직률로 연결된다. 이외에도 사회복지 종사자에 대한 이용자의 폭력, 기관 내 안전사고, 최근 과도한 업무 부담으로 인한 사회복지 전담공무원의 자살 등 많은 관련 이슈가 제기되는 실정이다.

김종해(2014)의 연구에 의하면, 사회복지사들의 인권보장 수준이 충분하지 못하여 상당 수준의 인권침해가 발생하는 것으로 나타났으며, 또한 사회복지사들의 인권과 관련된 문제는 세 가지 차원에서 발생하는 것으로 보고하고 있다.

첫째는 제도적 차원의 문제로 정부의 적절한 지침과 지원의 부족에서 발생하는 부분이다. 사회복지사의 임금, 근로시간, 연장근로, 과도한 업무량 등과 같은 노동조건은 대부분 정부의 지침과 보조금 수준에 의해 결정된다. 따라서 사회복지사의 노동권의 문제는 정부의 적절한 지침과 보조금 확보로부터 해결의 실마리가 마련되어야 한다.

둘째는 사회복지서비스 이용자(클라이언트 또는 민원 주민)로부터의 인권침해이다. 이용자로부터의 폭언과 폭행, 성희롱이 상당 수준 발생하고 있으며, 이는 이용자의 권리와는 무관한 문제이다. 이에 대한 적절한 대응방안과 피해의 보상방안이 마련되어야 한다. 서비스 이용자의 인권과 사회복지사의 인권은 상호 모순적인 관계가 아니라 양립되는 관계이다. 사회복지사와 사회복지서비스 이용자의 인권은 동시에 보장되어야 하는 관계이다.

셋째는 사회복지시설 내부의 운영과 관련된 부분에서 발생하는 인권침해이다. 위탁과 보조금(또는 바우처방식의 재원 조달)이라는 구조하에서 완충작용을 해야 할 수탁법인이나 관리자들에 의한 인권침해도 나타나고 있었다. 부적절한 규정과 의사소통 구조의 부재, 사회복지사의 인권에 대한 인식 결여, 인권침해에 대한 대응기구의 미약 등이 사회복지사의 인권을 침해하는 요인으로 작용하고 있다

이와 같이 사회복지실천현장에서의 인권에 대한 관심도 높아져 가고 있는 실정이다. 하지만 이러한 관심은 접근 방법에서 일정한 한계를 가진다. 예컨대 이용자와의 관계에서 나타나는 종사자의 인권문제를 논할 때, 양자 간의 감정조절 부족 또는 소통부재의 문제로 접근하는 경향은 많지만, 종사자의 인권을 보장할 수 있는 안전장치와 제도의 결여, 물리적 환경의 한계, 기관장의 무관심과 부정적인 사회적 인식에 대한 고려는 논의에서 제외되고 있다(김미옥 · 김경희, 2011). 사회복지분야에서의 인권주체 및 영역에서의 인권 갈등, 인권실천에서 나타날 수 있는 윤리적 딜레마에 대한 충분한 연구와 고민이 필요한 시기이다.

5. 인권에 기반한 사회복지를 위하여

1987년 체제 이후 인권은 한국 사회를 규정하는 중요한 준칙 중의 하나로, 이제는 되돌릴 수 없는 필수불가결한 가치로 자리 잡아가고 있다. 특히 2001년에는 세계에서 그 유례를 찾기 힘든 국가인권위원회가 설립되어 활동하고 있으며, 2007년부터는 법무부를 주관부처로 국가인권정책기본계획[5)]을 수립하여 범정부 차원에서 인권과 관련된 법이나 제도의 개선을 추진하고 있다. 한편 서울교육청에서는 서울학생인권조례를 제정하여 시행하고 있으며, 각급 학교의 교육현장에서 인권교육이 확산되고 있다. 뿐만 아니라 사회 각 분야에서 크고 작은 인권단체가 인권의 일선 현장에서 파수꾼으로 활동하고 있다. 바야흐로 이제 한국 사회는 인권의 도입기를 지나 정착기에 접어들었다고 할 수 있다.

인권 담론이 사회복지에 주는 함의는 비교적 명확하다. 어떠한 사회복지제도이든 권리에 기초하지 않으면, 언젠가는 축소되거나 철회될 수 있다는 사실이다. 따라서 인권에 기반한 사회복지제도를 만들고 유지하고 발전시키는 것이 반드시 필요한데, 이에 관련하여 팀 스테인턴은 첫째, 사람들이 자신의 주장을 정확하게 표출할 수 있도록 지원하여야 하며, 둘째, 사람들이 자신의 요구를 충족시키기 위해 필요한 지원체계를 알아내고 확보하고 직접 관리할 수 있도록 도와야 한다. 셋째, 사람들이 자원에 대한 통제권을 행사할 수 있도록 하여야 하며, 마지막으로 이런 지원체계가 사회정책거버넌스의 핵심요소가 되어야 한다는 것이다(Stainton, 2005, 조효제, 2006: 318-319 재인용).

5) 2007년 5월 제1차 기본계획(2007~2011)을 수립하였고, 이어 2012년 3월 제2차 기본계획(2012~2016)을 수립하였다.

참/고/문/헌

경기사회복지사협회(2015). 사회복지사 처우개선 정책토론회자료. 웰페어 뉴스 2015년 9월 23일자.

국가인권위원회(2006). 국가인권정책기본계획 권고안(2007~2011), 국가인권위원회.

김미옥, 김경희(2011). "인권관점에 기초한 사회복지실천경험에 관한 질적 연구사례 : 장애인거주시설의 종사자 경험을 중심으로", 『한국사회복지학』, 63(1), 29-55.

김종해(2014). "한국 사회복지사의 인권실태와 제언", 『월간 복지동향』, 184, 4-10.

문진영(2013). "인권과 사회복지: 쟁점분석", 『비판사회정책』, 39호, 83-116.

배화옥 · 심창학 · 김미옥 · 양영자(2015). 『인권과 사회복지』. 나남.

엘리자베스 라이커트 저, 국가인권위원회 사회복지연구회 역(2008). 『사회복지와 인권』. 인간과 복지.

오병선 외(2011). 인권의 해설. 국가인권위원회.

조효제(2007). 『인권의 문법』. 후마니타스.

Stainton, T.(2005). "Empowerment and the architecture of rights based social policy", *Journal of Intellectual Disabilities,* 9(4), 289-298.

Vassak, S. L.(1998). "Human Rights: a thirty-year struggle: the sustained efforts to give force of law to the universal declaration of human rights", *UNESCO Courier,* 30(11), 29-30.

제14장 사회복지와 중독

중독이라는 문제가 인류의 역사와 그 시작을 함께 한 것처럼 인간에게는 무엇인가에 중독된다고 하는 것이 그리 특이하거나 낯선 일이 아니다. 인류의 문명이 발달해 갈수록 보다 더 자극적이고 큰 만족감을 주는 중독의 원인이 우리 주위에 점점 더 흔해지고 있다.

세계보건기구(WHO)의 보고서는 우리나라가 알코올 사용장애와 고위험 음주의 유병률, 알코올이 비감염성 질환에 미치는 영향이 조사국 중 최고 수준이라고 경고하고 있다. 국가통계(보건복지부, 한국정보화진흥원, 사행성산업통합감독위원회, 검찰청 등)들을 종합해 보면, 알코올, 마약, 인터넷게임, 도박 중독 등으로 상담치료를 포함한 치료적 개입이 필요한 중독자의 수는 300만 명이 넘고 고위험집단을 포함하면 전체 중독위험집단이 1,000만 명을 상회하는 그런 사회에 우리가 살고 있다. 즉, 우리나라 국민들 8명 중 1명이 중독자인 중독사회인 것이다. 이들 300만 명이 중독자들 중 10% 정도는 당장 치료적 개입이 시급한 것으로 추정되고 있다(윤명숙, 2014).

이렇듯 우리나라의 중독문제는 지속적으로 증가하고 있으며, 알코올, 인터넷, 도박, 마약 등 중독으로 인한 폐해는 중독자뿐만 아니라 사회의 안전을 위협하는 시급성이 높은 사회복지의 문제이다. 그러나 중독 및 중독으로 인한 폐해에 대하여 국민들의 인식은 아직까지 낮은 상태이며, 그 심각성에 비하여 충분한 개입이 이루어지지 못하고 있는 것이 현실이다.

우리 사회는 이러한 중독의 문제를 체계적으로 해결하고자 하는 노력이 아직 부족하다. 중독의 원천은 사회에 있다. 일부 병·의원이나 상담소 차원에서의 접근으로 해결하기보다는 이제는 사회적 차원에서 고민이 필요하고 국가적 차원에서의 시스템 구축과 같은 대책이 필요한 시점이다. 또한 소수의 전문가 집단의 외침에 그칠 것이 아니라 현장에 접근하면서 조기에 대상자를 발견하고 위기상황에 신속히 개입하고, 험난한 회복의 과정을 이겨나갈 수 있도록 조력하고 재발하지 않도록 지원할 수 있도록 대학에서도 중독사회복지학과가 개설되고, 이에 따라 중독 관련 전문사회복지사가 양성되어야 하는 중요한 시점이라고 볼 수 있다.

여기에서는 중독의 모델, 중독의 개념과 종류, 중독의 증상, 중독의 원인 그리고 마지막으로 중독의 문제를 해결하기 위한 정책적 과제를 중심으로 살펴보고자 한다.

1. 중독의 모델

중독자를 잘 치료하기 위해서는 중독을 이해하는 관점이 중요하다. 중독자의 상태를 선별하고 치료과정을 사정하고 성공적인 치료계획을 기획하고 실행하기 위해서는 근본적 시각이 확실해야 한다.

1) 질병모델

질병모델에서는 중독을 일생동안 지속되는 생물학적·환경적 요인의 상호작용을 통해 발생하는 질병으로 보는 관점이다. 전통적인 질병모델은 개인에게 불편함이나 기능의 저하를 초래하는 비정상적 상태로 정의되나 중독의 경우에는 여기에 도파민 보상회로의 이상이라고 하는 뇌의 이상이 포함된다. 질병모델에서는 중독의 원인은 중독성 물질이 인체에 들어와 개인의 정신과 신체를 역기능적으로 바꾸기 때문이라고 정의한다. 따라서 중독은 단순히 개인의 의지에 따른 나쁜 습관이 아니라, 중독성 물질이 체내에 들어와 개인의 의지로도 어쩔 수 없는 변화를 유발하기 때문에 생기는 병적현상으로 본다. 따라서 중독은 개인의 의지 부족이나 도덕성의 결여로 인하여 생기는 것이 아니라 생물학적·유전학적으로 병에 걸리기 쉬운 취약성을 가지고 있는 사람이 약물을 사용함으로써 발생한다고 본다. 따라서 개인은 중독이 되었다는 사실에 도덕적 비판이나 책임을 지지 않고 정당하게 인간적인 치료를 받을 수 있다(조근호 외, 2011). 따라서 치료 또한 개인의 의지나 선택보다는 전적으로 의사 등 전문가에게 의지하여야 하며, 평생 동안 단주상태를 유지하는 것만이 회복에 이르는 방법으로 제시된다. 이 모델에서는 치료는 의사에 의해 제공되는 약물 등의 생물학적 치료와 평생 단주를 유지하기 위한 AA(Alcohol Anonymous, 단주모임)와 같은 단주모임의 형태가 제시된다.

2) 도덕모델

도덕모델(moral model)은 중독과 관련하여 가장 오래된 관점인데, 이후 절제(temperance) 모델의 모태가 되었다. 이 모델에서는 중독을 사회적 규범을 파괴하는 행위로 간주한다. 따라서 중독은 처벌을 받아야 하는 일종의 범죄행위이며, 개인 스스로 이러한 선택과 행동에 대한 책임을 져야 한다. 도덕모델에서는 인간적 품성의 결여나 개인의 부도덕적 선택에 의하여 중독이 발생한다고 보았다. 따라서 중독에 대한 개입은 성직자에 의해서 이루어지거나, 도덕적 처벌 또는 투옥과 같은 법적 처벌이 주된 수단이 되었다.

3) 심리·성격모델

중독에 대한 심리·성격모델은 중독을 개인의 인격, 성격 등의 취약함으로부터 기인하는 문제로 보는 관점이다. 이 모델에 의하면, 중독에 쉽게 빠지는 성향을 가지는 중독성격(addiction personality)이 있고, 이러한 기질이 유전될 수 있다고 본다. 이러한 중독성격은 자존감이 낮고, 충동조절이 잘 안 되며, 스트레스 대처 능력이 부족하며, 자기중심적이고 주변을 조정하는 경향의 성격 특징을 가진다고 보는 관점이다. 이러한 인격은 영아로부터 인격이 성숙되는 과정 중 특정시기, 특히 구강기에 심리적 발달이 고착되어 형성되는 것이라고 하였고, 이러한 성격적 미숙이 개인을 중독에 빠지게 만든다고 제시한다. 치료는 개인의 성격을 보다 적응적인 것으로 바꾸는 일종의 성격의 재구조화 과정이 필수적이라고 본다. 따라서 이 모델에서는 정신치료적 측면의 접근이 치료적으로 매우 중요하며 가족치료의 중요성도 강조한다.

4) 사회학습모델

사회학습모델은 고전적 조건화 및 조작적 조건화 학습이론에서 그 배경을 차용한 모델이다. 이 모델에 의하면 중독은 모델링과 인지적 과정과 같은 일종의 학습에 의해 발생하는 행동문제로 본다. 이 모델에서 중독은 인간의 심리적 결함이나 뇌의 취약성과 같은 심리적·신체적 결함과 이상에서 발생하는 것이 아니라, 잘못된 학습과정 또는 중독물질을 섭취했을 때 경험된 쾌감과 같은 조건화 경험에 의한 기대나 조작적 조건화된 행동(예컨대 A라는 행동을 하면 B라는 효과가 얻어지고, B라는 효과는 스트레스를 줄여주고 기분을 좋게 한다. 따라서 스트레스를 줄이기 위해 A라는 행동이 강화되는 것)에 의해 강화된다.

사회학습 모델에서는 치료적 접근 또한 이러한 인지적·학습적 과정을 통해 왜곡된 또는 결여된 대처기술을 새로이 습득하게 하는 방향에서 이루어진다. 다양한 인지행동기법, 교육, 지역사회자원의 동원을 통한 환경개선 등 정신사회 재활기법 등이 이 모델에 근거하여 제시된 것들이다.

2. 중독의 개념과 종류

1) 중독의 정의

중독이란 용어를 개념 정의하기란 쉽지 않다. 중독이라는 용어는 크게 두 가지의 의미가 있으며, 하나는 '독으로 지칭되는 유해물질에 의한 신체증상인 중독

(intoxication, 약물중독)'이라는 의미이고, 다른 하나는 '알코올, 마약과 같은 약물남용에 의한 정신적인 중독이 주로 문제되는 중독(addiction, 의존증)'을 말한다. 여기에서 말하고자하는 중독은 후자의 경우로 정신적 의존증으로서의 중독을 말한다. 정신적 의존증으로서의 중독은 알코올, 니코틴, 마약과 같은 물질중독(substance addiction)과 인터넷, 도박, 쇼핑과 같은 행위중독(behavioral addiction)으로 구분될 수 있으며, 특히 우리나라에서 심각한 사회적 문제가 되고 있는 중독인 알코올중독, 도박중독, 인터넷중독, 마약중독을 최근 보건복지부에서는 4대 중독이라고 분류한 바 있다(이해국 · 이보혜, 2013).

2) 중독의 종류

보건복지부에서 분류한 4대 중독 현황을 중심으로 살펴보고자 한다.

(1) 알코올

알코올은 약리학적으로 중추신경계의 억제 및 진정제 역할을 한다. 알코올은 너무 많은 사람이 사용하고 있으므로 그 심각성이 쉽게 간과되지만, 알코올중독은 가장 중요한 약물남용 중의 하나이다. 알코올은 뇌를 비롯하여 인체 각종 장기에 영향을 주는 유해물질로 섭취하는 양과 패턴 그리고 섭취하는 기간 등에 따라 사람들에게 다양한 형태의 위험을 증가시키며, 개인뿐만 아니라 간접적 · 이차적인 영향을 사회 전반에 미친다(중독포럼, 2013).

2011년 실시한 전국정신질환실태 역학조사의 결과(서울대학교 의과대학, 2011)에 의하면 알코올 사용장애의 평생유병률은 남자 20.7%, 여자 6.1%, 전체 13.4%로 남자 다섯 명 중 한 명은 알코올 사용장애를 경험한 적이 있는 것으로 나타났으며, 여자에 비하여 3.4배 높았다. 세계보건기구(WHO)의 2011년 건강에 대한 글로벌 상태보고서(Global status report on alcohol and health)에 의하면 2004년 우리나라의 알코올 사용장애 유병률은 6.62%(남자 13.1%, 여자 0.41%)로서 세계보건기구의 평균인 3.6%(남자 6.3%, 여자 0.9%)보다 1.8배 높으며, 세계보건기구의 전 지역과 비교했을 때도 가장 높은 유병률을 보인다. 이처럼 우리나라의 알코올 사용장애 유병률은 세계적으로 높은 수준이며 알코올문제는 만성적으로 지방간, 간경변을 일으키고, 간암, 구강암 식도암 등 각종 암의 발생률을 증가시킬 뿐만 아니라 우발적인 상해나 상호 간의 폭행 등을 발생시켜 수많은 건강문제와 사회문제를 유발시킬 수 있다.

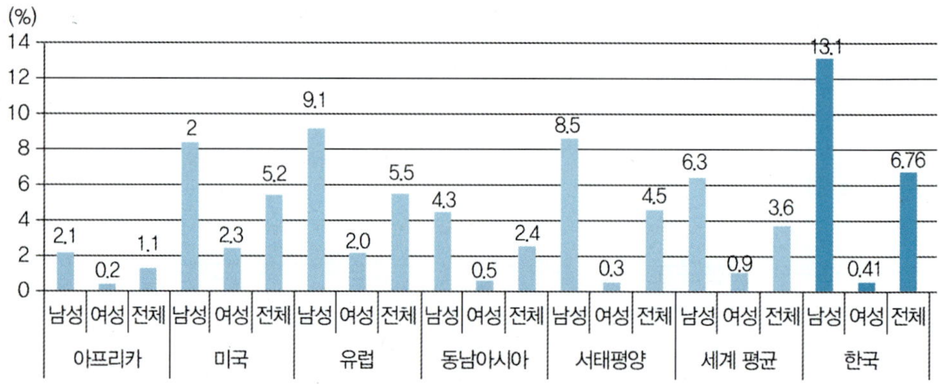

출처: WHO(2011). Global Status Report on Alcohol and Health.

그림 14-1 **WHO 지역별 알코올 사용장애 유병률의 비교**

(2) 도박

도박중독은 지속적이며 반복적으로 나타나는 부적응적(maladaptive) 도박행위로 개인적, 사회적, 직업적 측면 등에서 심각한 결과를 일으키는 질환이다. DSM-IV-TR에서는 달리 분류되지 않는 충동조절장애 중 '병적도박'으로, ICD-10에서는 습관 및 충동장애 중 '병적 도박'으로 분류되고 있으며, 2013년 새로 개정된 DSM-5에서는 병적도박의 물질사용 장애와의 임상적 신경생물학적 유전적 기반의 유사성을 보고한 선행연구를 기반으로 병적 도박의 중독질환적 특성을 반영하여 물질 관련 장애 내에서 '도박중독'으로 분류하고 있다.

우리나라에는 카지노, 경마, 경정, 복권, 소싸움 등의 합법적 사행산업이 성행 중이다. 그러나 합법적이라도 산업의 성격자체가 사행성을 가지고 있기 때문에 그로 인한 폐해가 지속적으로 발생하고 있다(김성이, 2013). 2012년 사행산업 이용실태조사에 의하면 일반인 도박중독 유병률은 2008년 9.5%(문제성 이용자 2.3% + 중위험 이용자 7.2%), 2010년 6.1%(문제성 이용자 1.7% + 중위험 이용자 4.4%), 2011년 7.2%(문제성 이용자 1.3% + 중위험 이용자 5.9%)로 나타났다.

도박중독은 개인적 차원을 넘어 가족 및 지역사회 그리고 국가적으로 많은 부작용을 야기하고 있다. 도박중독으로 인한 사회경제적 비용은 지난 10년간 지속적인 증가추세로 향후 도박중독문제로 인해 한국사회가 부담하게 될 비용은 2050년경 약 361조 원(한국GDP 약10% 이상)에 이를 것으로 추정되고 있다(전종설, 2010). 또한 도박중독 문제를 겪는 사람들은 자존감이 낮고, 우울감이 높으며 술과 담배의 사용이 많고(이민규 외, 2003), 도박으로 인한 자살, 노숙, 불법사채를 사용하는 경우가 많다고 보고되었다. 또한, 도박중독문제를 겪는 사람들은 결혼생활 및 가족관계에서 많은 어려움을 겪고 있으며, 도박을 시작한 후 가족관계가 악화되었음을 보고하고 있다(손덕순 · 정선영, 2007).

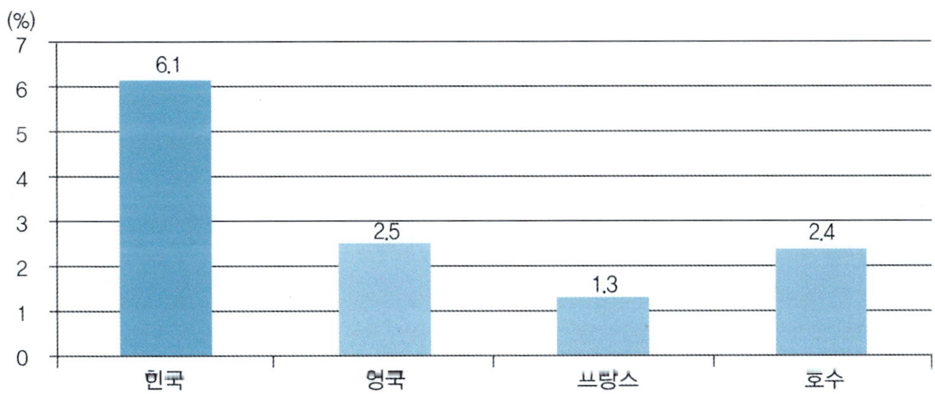

출처: 사행산업통합감독위원회(2012). 사행산업이용실태조사.

그림 14-2 국가별 도박중독 유병률 비교

(3) 인터넷

인터넷중독이란 지나친 인터넷 사용으로 인해 정상적 일상생활보다 인터넷 안의 사이버 세계에 갇혀 심리적 · 도덕적 손상을 입는 행위중독의 하나이다.

인터넷중독 질환(IAD)라는 용어를 처음으로 사용한 사람은 1996년 정신과 의사인 이반 골드버그(Ivan K. Goldberg)이다. 인터넷중독은 통신중독, 게임중독, 음란물중독 등으로 분류되기도 한다. 이러한 인터넷중독은 가상세계와 현실세계의 혼동, 언어파괴, 폭력성 및 성충동 유발 등의 문제점을 야기하기도 한다. 그러나 인터넷중독은 현재 정신과 진단체계 내의 한 장애로서 정식으로 인정받고 있지 못하는 상태이다. 일부에서는 이러한 현상을 독립적인 장애로 보지 않고 충동장애, 강박장애, 우울증의 한 증상으로 보기도 한다(김성이, 2013).

우리나라는 인터넷 보급률이 세계 최고 수준이며 이용률 및 이용자 수 또한 증가하고 있다. 2012년 우리나라의 만 3세 이상의 인터넷이용률은 78.4%로 3,812만 명이 인터넷을 이용하고 있으며, 이러한 이용률은 꾸준히 증가하고 있는 추세이다(방송통신위원회 · 한국인터넷진흥원, 2012).

행정안전부의 인터넷중독 실태조사에 따르면, 2011년도 기준 인터넷중독률은 7.7%로 나타났고, 고위험군 중독자는 1.7%로 0.3%p 증가하였다. 특히, 청소년연령인 만 10~19세 인터넷중독률은 10.4%로 전체 연령대중 가장 높게 나타났으며, 유아 · 아동 인터넷중독률이 7.9%로 나타나 성인 인터넷중독률 6.8%보다 높은 것으로 조사되었다.

표 14-1 인터넷중독 유병률

연도	인터넷중독률(A+B)		고위험 사용자군(A)		잠재적 위험 사용자군(B)	
	중독률	중독자 수	중독률	중독자 수	중독률	중독자 수
2008년	8.8	1,999,000	1.6	366,000	7.2	1,633,000
2009년	8.5	1,913,000	1.5	338,000	7.0	1,575,000
2010년	8.0	1,743,000	1.4	317,000	6.5	1,426,000
2011년	7.7	2,339,000	1.7	516,000	6.0	1,823,000

출처: 행정안전부 · 한국정보화진흥원(2012). 인터넷중독 실태조사.

(4) 마약

「마약류 관리에 관한 법률」에 규정된 마약류 물질(마약, 향정신성의약품, 대마) 및 유해화학물질로 규정된 본드 또는 신나와 같은 화학물, 고카페인 음료와 같이 일반인들이 흔히 접하는 중독의 위험이 있는 기능성 식·음료 등을 모두 포괄하여 마약으로 정의하여 그 현황을 살펴보고자 한다. 우리나라는 마약류 중독자의 현황 및 유병률 자료가 없는 관계로 현재 적발된 마약류 사범의 공식적인 숫자를 통한 추정치만이 연구 및 제반 정책수립에 이용되고 있을 뿐 선국민을 대상으로 한 마약류 약물 사용의 실태조사는 전혀 이루어지지 않고 있는 실정이다(이해국·이보혜, 2013).

국내 추산 마약류 중독자의 수는 연구자에 따라 다르지만 일반적으로 암수범죄[1]의 개념에서 검거된 마약류 사범의 수의 약 10배에 달하는 인원을 사실상의 중독자로 추정하고 있다(보건복지부·건강증진사업지원단, 2009). 이러한 추정방식으로 환산할 경우, 2011년 현재 마약류 사범으로 단속된 9,174명(대검찰청, 2011)을 근거로 추정되는 국내 마약 중독자의 수는 약 10만 명에 육박하는 것으로 추정된다.

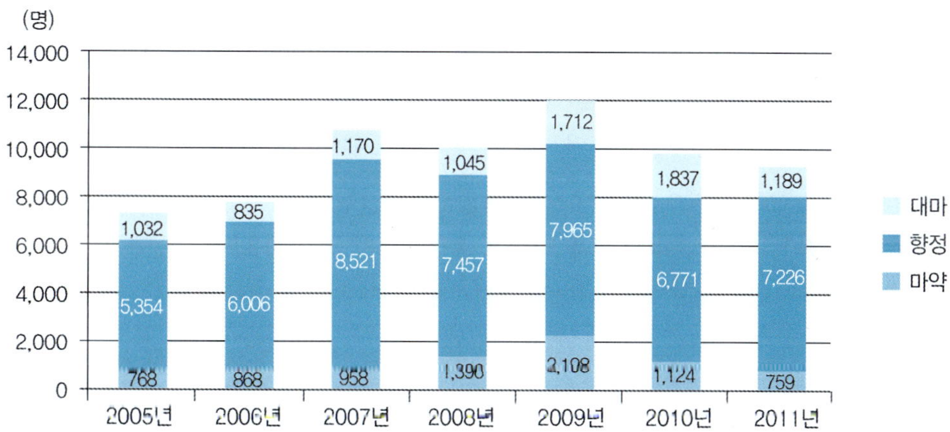

출처: 대검찰청(2011). 마약류범죄백서

그림 14-3 연도별 마약류 사범 단속 인원

---

1) 암수범죄(暗數犯罪, hidden crime)는 해당 범죄가 실제로 발생하였으나 수사기관에 인지되지 않거나 수사기관에 인지되어도 용의자 신원파악 등이 해결되지 않아 공식적 범죄통계에 집계되지 않은 범죄이다. 주로 성범죄와 같이 피해자가 수사기관에 신고하기를 꺼리거나 마약범죄와 같이 범죄자가 피해자이면서 가해자이기도 한 범죄에 많다(경찰학사전, 2012).

3. 중독의 증상

중독의 증상은 여러 가지가 발생하지만 대표적인 집착, 강박, 갈망, 내성, 교차 내성, 의존, 공동의존, 금단 등을 중심으로 살펴보고자 한다.

1) 집착

약물의 사용으로 인해 중요한 사회적·직업적 활동시간이 줄어들고, 취미생활도 포기하며, 약물을 구하여 사용하는 데 많은 시간을 할애하고 약물을 구하기 위해서라면 자신이 해야 할 일을 미루고 책임을 다하지 않는 상태를 말한다.

2) 강박

강박적 사용이란 문제가 반복 발생하고, 좋지 않은 후유증이 계속 나타남에도 불구하고 자주 약물에 취해 있고, 약물을 지속적으로 사용하는 것을 의미한다. 중독자들은 약물사용과 관련되었던 경험들을 지나치게 강박적으로 과도하게 느끼고 생각하며, 특히 오랜 기간 약물의 중단 이후에도 약물에 대한 집착을 나타내는 경우가 있다. 기억의 회상이나 약물과 관련된 강박적 사고의 재현은 뇌의 변연계에 존재하는 해마(hippocamps)라고 하는 신경조직과 관련이 있다.

3) 갈망

양성강화에 의해 나타나는 증상으로 약물 또는 행위 자체, 연관된 기억, 환경적인 자극에 의해 유발되는 조건화되고 지속되는 반응이다. 예컨대, 코카인이나 암페타민 중독의 경우 신경유착(synapsis)을 사용할 수 있는 도파민의 양이 부족하거나 신경후엽 도파민 신경세포가 과도하게 예민할 때 갈망을 느끼게 된다.

4) 내성

알코올이나 약물 같은 물질을 반복적으로 사용했을 때, 신체의존이 점점 강해지고 약물효과가 점차로 감소하거나, 같은 효과를 얻기 위해 약물의 사용을 증가시켜야 하는 상태이다.

5) 교차내성

두 약물의 약리작용 및 약물의 작용부위가 유사하여, 한 가지 약물에 대해 내성이 생긴 경우, 다른 약물을 투여해도 동일한 효과가 나타나게 되는 현상이다.

6) 의존

심리적 의존, 신체적 의존 등으로 나눌 수 있다. 심리적 의존이란 약물을 얻기 위한 갈망이나 강박적인 행동반응을 말한다. 심리적 의존은 자각적인 즐거움 뿐만 아니라 약물사용을 지속하게 하는 정서적인 욕망까지도 포함한다. 신체적 의존은 약물을 중단하였을 때 해당 약물에 특징적인 금단증상이 나타나는 상태를 말하며 종종 내성을 동반하기도 한다.

7) 공동의존

중독자의 가족구성원들 특히 배우자나 그 자녀들의 공동적인 행동 및 성향을 의미한다. 가족구성원 중 한 명이 중독되었을 때, 다른 가족이 심각하게 영향을 받는 행동양상이다. 공동의존이란 용어는 가족구성원들로 하여금 그들 자신의 역기능적 행동에 초점을 맞추고, 가족들에게도 치료가 되어야 할 무엇인가가 있다는 것을 의미한다.

8) 금단증상

물질의 사용 또는 습관적인 행위를 중단하거나 사용량을 줄였을 때 나타나는 증상이다. 금단증상은 과도하게 장기간 사용하던 약물의 중단이나 감소로 발생하는 물질 특유의 신체 의존성을 뜻한다.

4. 중독의 원인

4대 중독문제의 원인을 이해국과 이보혜(2013)가 제시한 내용을 중심으로 살펴보고자 한다.

1) 높은 접근성과 허용적인 문화

우리나라의 경우 중독에 대한 접근성이 매우 높음에도 불구하고 접근성을 제한할 만한 정책이 부재하다. 알코올의 경우 공공장소 음주 규제 관련법이 없어 음주조장환경에 노출되고 있다. 주류의 판매시간과 장소에 대한 규제가 없어 음주에 대한 무분별한 노출이 이루어지고 있다. 또한 주류접근성을 제한하기 위한 연령규제 및 연령확인을 실시하고는 있으나 법적 실효성이 떨어지며 잘 준수되지 않고 있어 청소년의 음주 및 위험 음주가 매년 증가하고 있다. 도박의 경우 사행산업의 허가와 운영을 규제할 수 있는 권한이 여러 부처에 분산되어 있어 효과적인 규제를 위한 장치가 미비한 실정으로 사행산업 및 도박에 대한 노출과 접근성이 지속적으로 증가하고 있다.

2) 예방 및 치료서비스 제공 취약

2010년 알코올 사용장애로 치료받은 환자 수는 100,433명으로(국민건강보험공단,

2011) 추정환자 중 6.5%에 불과하며 또한 보건복지부 지정 알코올상담센터가 설치되어 있으나 2011년 기준 등록되어 치료받은 사람은 5,500여 명으로 전체 추정환자의 0.36%만이 관리되고 있는 현실이다. 또한 도박중독으로 의료기관 치료서비스를 제공받은 사람은 706명으로(2011년 기준) 매우 적은 수준이며, 집중적 치료가 필요한 중증도박 중독환자의 규모가 80만 명 정도로 추산됨을 감안할 때, 상담서비스에서 치료서비스로의 연계가 취약함을 알 수 있다. 인터넷중독의 경우에는 인터넷중독에 대한 명확한 정의가 없어 각 부처에 따라 '인터넷 과몰입자', '인터넷중독자', '게임 과몰입' 등의 용어가 혼재되어 사용되고 있으며, 실제 인터넷 중독 상태에 있는 대상자를 명확히 규정하지 못한 상태로 공급자 중심의 서비스가 제공되고 있다.

마약중독 또한 사법형사체계로부터 치료가 시작됨에도 불구하고 치료보호 전담부서인 보건복지부와의 협력체계가 취약하여 제도 활용이 미흡하며(2011년 치료보호실적 81명), 마약퇴치운동본부에 위탁하여 교정시설 및 보호관찰소(수강명령) 프로그램, 기소유예조건부 재활교육 프로그램이 운영 중이나 지역사회 접근성이 취약하여 이용실적 또한 미흡하다.

3) 중독문제의 예방과 치료적 개입을 위한 인프라의 취약

우리나라는 중독이 흔한 건강문제임에도 불구하고 선별을 통한 조기개입 체계가 없다. 일차 의료기관 및 각종 사회서비스기관에서의 선별, 단기개입, 전문치료 의뢰서비스가 중독문제 조기개입에 효과적이지만, 국내에서는 전혀 이루어지고 있지 않다. 또한 중독은 치료가 필요한 복지문제이자 보건의료 문제임에도 불구하고 치료 인프라는 취약한 현실이다. 지역사회의 중독 전문치료기관이 취약하며, 마약의 경우에는 치료홍보가 제대로 되지 않고 있고, 행위중독의 경우는 지역사회기관과 치료기관 연계가 취약하고 상담중심이며, 심한 중독문제에 대한 의료서비스 제공이 취약하다. 뿐만 아니라 표준화된 서비스를 제공할 전문인력 제공체계가 존재하지 않는 것도 매우 큰 문제이다. 현재 정신보건법에서는 중독 전문인력을 양성하기 위한 법적 근거가 없으며, 정신보건사회복지학회, 중독심리학회,

중독전문가협회 등 민간학회, 협회와 대학의학과 및 교육과정 운영을 통해 여러 측면으로 양성되고 있으나 교육과정의 표준화가 거의 이루어지지 않아 교육양성 과정에서의 편차가 매우 커서 질적인 교육이 어렵다.

4) 관할 부처 간의 연계 부족

중독은 다양한 사회·경제·문화적 영향에 의해 발생하며, 중독의 문제는 단편적 개입이나 단기간의 치료만으로 회복되는 것이 아니기 때문에 효율적이며 지속적인 전문적 관리와 치료가 요구되는 질병이다. 그러나 현재 알코올, 마약, 도박, 인터넷 등 중독문제의 관리업무가 정부 내 여러 부처로 분산되어 있어, 관련법규의 산재 및 서비스의 공백과 중복 등의 비효율적 개입이 이루어지고 있으며, 중독의 통합적 예방 및 관리가 이루어지지 못하고 있는 실정이다.

5. 중독문제를 해결하기 위한 정책적 과제

중독자의 문제를 해결하는 일은 결코 쉬운 일이 아니다. 중독은 다양한 사회·경제·문화적 영향에 의해 발생하며 중독문제는 사회전반에 걸쳐 부정적 영향을 미쳐 사회의 모든 영역의 협력을 필요로 하는 분야이다(Drug Commissioner of the Federal Government, 2012). 우리나라의 중독문제를 예방하고 감소시키기 위해서는 중독에 대한 보호요인 강화와 위험을 통제하는 예방과 정책이 필요하다.

첫째, 중독에 대한 적극적 보호환경의 근거 마련을 위한 중독관리법을 제정하여야 한다. 「마약류 관리에 관한 법률」, 「사행산업통합감독위원회법」 등 몇 개의 법에서 중독에 대한 내용을 다루고는 있으나 중독의 예방과 치료를 목적으로 한 법은 아직까지 없다.

둘째, 근거기반 중독성 질환의 예방 및 선별, 치료, 재활지침과 프로그램을 개발하여야 하며, 생애주기별 및 성별에 맞는 중독문제 예방콘텐츠 개발과 확산을 위한 체계를 구축하여야 한다.

셋째, 중독관리 활성화를 위한 치료 연구 인프라를 구축하여야 한다. 중독성 질환의 치료의 효율성을 제고하여야 하며, 지속적인 치료재활 복지체계를 구축하여야 하고, 다양한 중독문제를 다양한 수준의 기관에서 개입할 수 있도록 질적으로 표준화되고 관리된 전문인력을 양성하여야 한다.

넷째, 중독관리를 위한 범부처거버넌스를 구축하여야 한다. 국무총리산하에 실효성 있는 중독 관련 사업추진을 위한 국가 중독문제관리위원회를 신설하여 중독물질 및 사행성 산업과 관련된 관련법, 국가정책 및 중독 관련 국가, 민간서비스 인력에 대하여 통합·조정하는 기능을 하도록 해야 할 것이다.

다섯째, 중독 예방, 치료, 재활을 위한 전문인력과 시설 확보가 필요하다. 중독의 문제는 학계에서 널리 연구되어 있지도 않고 전문인력 양성체계도 부족하다. 약물중독이나 행위중독 모두 전문인력이 부족하다. 특히 행위중독 부문에서는 더욱 심각하다. 전문인력을 중독분야별로 확보하기 위해서는 관련 부처와 기관에서 적극적으로 양성하는 제도가 필요하다. 또한 전국적으로 치료시설이 고루 분포될 수 있도록 증가되어야 한다.

참/고/문/헌

고용노동부(2014). 사업체 노동력조사, 2014. 2/4분기.

권선진(2007). 『장애인복지론』. 청목출판사.

권중돈 외(2011). 『사회복지개론』. 학지사.

김경혜, 최상미(2004). 장애인 자립생활센터 운영 기반 조성방안. 서울시정개발연구원.

김성희 외 10인(2015). 2014년 장애인실태조사. 한국보건사회연구원.

김용득, 김진우, 유동철(2007). 『한국장애인복지의 이해』. 인간과 복지.

김용환 외(2011). 『사회복지학의 이해』. 양서원.

박석돈 외(2015). 『사회복지개론』. 양서원.

보건복지부(2014). 국민기초생활보장수급자 현황.

오혜경(1999). 『장애인복지학입문』. 아시아미디어리서치.

이용교(2005). 『디지털 사회복지개론』. 인간과 복지.

이준우(2007). 『장애인복지실천론』. 인간과 복지.

임종호 · 이영미 · 이은미(2013). 『장애인복지론』. 학지사.

정무성 · 양희태 · 노승현(2006). 『장애인복지론』. 학현사.

정일교 · 김만호(2010). 『장애인복지론』. 양서원.

통계청(2015). 경제활동상태, 실업률.

한국보건사회연구원(2012). 2011년도 장애인실태조사.

________________(2015). 2014년도 장애인실태조사.

DeJong, G.(1981). Environmental Accessibility and Independent Living Outcomes: Directions for Disability Policy and Research. UCIR · ichigan State University.

Dejong, J. G.(1979). *The Movement for Independent Living: Origins, Ideology and Implication for Disability Research*. East lansing, MI : Michigan State University.

Lachat, M. A.(1988). *The Independent Living Service Model: Historical Roots, Core Elements, and Current Practice*. NH: Center for Resource Management, Inc.

WHO(2001), *ICF : International Classification of Functioning, Disability and Health*. Geneva: Author.

Wolfensegerg, W.(1983). "Social Role Valorization : A Proposed New Term for the Principle of Normalization", *Mental Retardation, 21*. Baltimore, MD: University Park Press.

제15장 영성과 사회복지

최근에 와서 사회복지전문직은 실천에 있어서 영적(spiritual) 요소 또는 영성(spirituality) 차원 개입의 중요성을 재확인하려는 경향을 보이고 있다(조휘일, 2005: 5). 그 배경으로는 인간의 이성을 절대시하던 합리주의를 비판하면서 대두된 포스트모던 정신과 세계보건기구(WHO)의 건강개념 재규정에서 영성을 첨가하여 논의하면서부터라고 볼 수 있다. 세계보건기구(1999)는 건강개념을 재정립하면서 "건강이란 질병이 없는 상태가 아니라 신체적 · 심리적 · 사회적 · 영적 웰빙 상태"로 규정하였다. 이는 인간의 건강과 질병을 올바로 이해하고 적절히 다루기 위해서는 영적 차원에 대한 고려가 중요하다는 점을 시사하고 있다.

실제로 인간의 적응에서 영적 차원의 중요성은 많은 연구자들에 의해서 강조되어 온 바 있으며(Crawford, 1989; Canda, 1988), 최근에 미국심리학회(American Psychological Association) 윤리강령에서도 종교 변인을 중요한 개인차 변인으로 포함시키고 있다(APA, 1992). 이러한 영성에 대한 새로운 인식은 사회복지 분야에서 영적 돌봄 수행에 새로운 지평을 제공한다고 볼 수 있다.

1. 영성의 개념 및 구성요소

1) 영성의 개념

사회복지실천에 필요한 영성의 개념 적용에 있어서 명확성과 일관성을 유지하기 위하여 영성 개념을 정교화시키는 노력이 필요하지만(Caroll, 1998), 캔다(Canda, 1997)는 영성 개념을 한마디로 규정한다는 것은 어려운 과제이며, 현재의 정의들은 몇 가지 결함을 지니고 있다고 하였다. 그러나 사회복지 저술가들의 문헌에 나타나는 영성의 개념을 살펴보면 다음과 같다.

팔라우치안과 엘리슨(Paloutzian & Ellison, 1982)은 영성을 두 가지 차원의 합으로 설명하고 있는데, 그중 하나는 수직적 차원으로 상위 존재인 신과의 관계를 나타내며 종교적 의미를 포함하고 있어 종교적 영성이고, 다른 하나는 수평적 차원으로 자신과 타인 · 환경과의 관계를 나타내는 실존적 의미를 포함하고 있어 실존적 영성이다. 종교적 영성은 상위 존재인 신에 대한 인지 및 가치 있는 경험을 통해서 인간의 질병과 고통 · 상실 등 삶의 위기에 대처하도록 하며, 자신의 삶에 대한 관점을 형성하게 하는 것이고, 실존적 영성은 자신과 이웃 · 환경과의 상호작용을 통해 믿음 · 가치 · 생활양식 등을 형성하도록 하여 대인관계를 통한 사랑과 용서 · 믿음의 기본이 되는 것이라 하였으며(장인순 · 김수미, 2003), 엘리슨(1983)은 영성을 인간 존재에 의미를 부여하며 자신 · 타인 · 자연 · 절대자와의 관계에서 경험되고, 인생의 의미와 목적을 추구하도록 동기를 부여하는 힘이라고 보았다([그림 15-1] 참조).

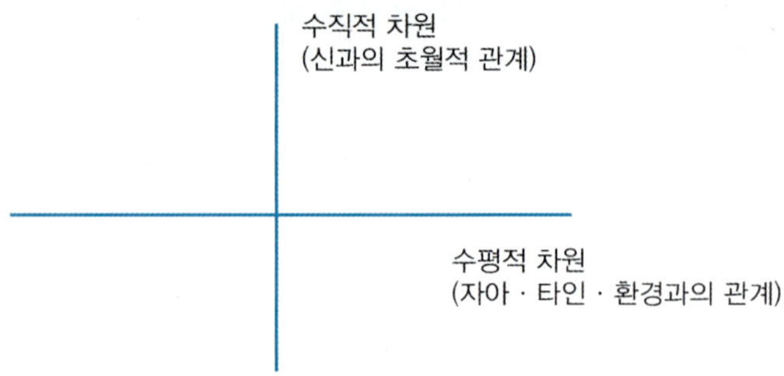

그림 15-1 엘리슨(1983)의 영성 개념 모형

캔다와 퍼만(Canda & Furman, 1999: 46)의 영적 통합모델에 의하면 영성은 인간의 중심에 존재하고 육체적 · 정신적 · 심리적 · 사회적인 측면들을 통괄한다고 보고 있다. 이런 견해로 볼 때에 영성은 [그림 15-2]와 같이 총체적인 인간이해를 위한 중심에 있다고 할 수 있다.

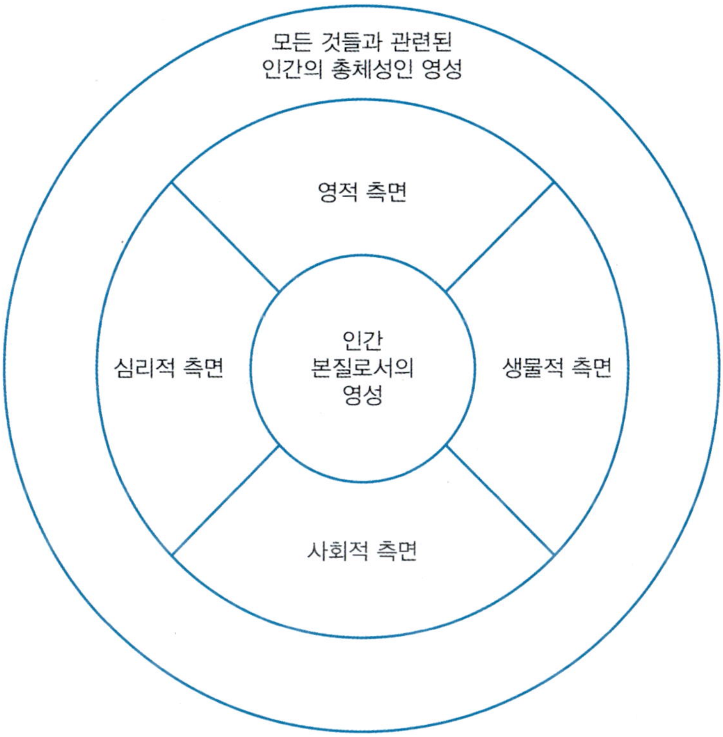

출처: 박승희 외 역(2003: 117)

그림 15-2 칸타(1999)의 영성 개념 모형

부르크하르트(Burkhardt, 1989)는 영성을 인간 삶의 근본원리, 인간과 세상과의 관계를 설명하는 믿음, 존재의 의미로써 개인을 초월하여 신과 자신, 이웃과 의미 있는 관계를 가질 수 있도록 하는 희망 · 의미 · 사랑과 같은 삶의 최상의 가치를 완성하도록 하는 능력이자, 신체적 · 정신적 · 사회적 영역을 통합하는 힘으로 정의하였으며, 리드(Reed, 1987)는 영성이란 자기보다 더 대단한 어떤 것과 관련되어 있다는 느낌을 표현하는 관점이나 행동이라고 보았다. 캐롤(Caroll, 1988; 1998)은 사회복지문헌에 나타난 영성에 대한 다양한 정의들을 재검토하면서 영성의 의미를 본질로서의 영성과 하나의 차원으로서의 영성으로 구분하고 있다. 본질로서의 영성은 자기 개발과 변화를 위한 잠재성에 부합하기 위해 동기가 되는 에너지를 제공하는 핵심 본질을 말하고 하나의 차원으로서의 영성은 사람이 의미추구 및 신이나 초월적 존재 또는 궁극적 실재와의 관계성을 뜻한다고 보았다.

캐롤은 영성의 세 가지 공통적인 특성들을 다음과 같이 지적하고 있다.

① 영성은 인간의 어떤 한 부분으로 축소될 수 없는 인간존재의 근본적이고 총체적인 특성으로서 이해된다.

② 영성은 의미·도덕성 그리고 신성하고 궁극적인 실재에 대한 관계 등의 발전과 연관된 인간의 측면으로 이해된다.

③ 영성은 초인적(transpersonal) 경험을 포함하는 것으로 이해된다.

이러한 초인적 경험 속에서 의식은 신비한 경험에서와 같이 자아의 통상적 한계와 육체의 경계들을 초월하는 것을 의미한다. 조사에 따르면, 앞에서 언급한 정의 가운데 처음 두 가지 특성은 영성에 관심이 있는 사회복지사들이 일반적으로 주장하는 것들이며, 학자들은 종교와 영성을 구별하고 있다(Derezotes & Evans, 1995, Canda & Furman, 2003 재인용).

해이(Hay, 1997)는 영성이란 우리 자신들과 우리 자신이 아닌 모든 것과의 친밀한 관계성에 대해 보다 깊이 자각하는 잠재성이라고 보았고, 러너, 다우닝과 앤더슨(Lerner, Dowling, & Anderson, 2003)은 영성을 자기 자신을 초월하는 것과 동시에 시간과 장소에 존재하고 있는 자아를 떠나 다른 사람들을 위해 기여하겠다는 것을 고취하는 것을 함께 내포하는 자아에 대한 하나의 지향(orientation)이면서 상황으로 보았다.

캔다와 퍼만은 사회복지실천에서 현재 통용되는 영성개념을 여섯 가지 공통된 특성으로 요약하고 있다(Canda & Furman, 1999; 박승희 외 역, 2003).

① 본래적으로 가치 있고 신성하며, 환원할 수 없는 것으로 여겨지는 인간의 근본적이고 총체적인 특성

② 의미와 윤리적 틀들, 그리고 궁극적 실재를 포함한 타자나 우주와의 관계를 추구하는 것에 대하여 다루는 개인 혹은 집단의 측면
③ 초인적 자연의 힘에 대한 특별한 체험
④ 자신 안에서 남과의 관계에서 총체감으로 향해가는 발전적 과정
⑤ 형식적으로 종교적일 수도 있고 그렇지 않을 수도 있는 영성 지지 집단의 참여
⑥ 영적 또는 종교적인 분위기에서 기도나 명상과 같은 특별한 신념들이나 행위들의 활용 등을 들고 있다.

이와 같이 영성의 개념은 연구자의 지향성과 학문적 배경에 따라 다양하게 설명될 수 있는데 학자들이 제시한 내용을 간략하게 정리하면 〈표 15-1〉과 같다.

표 15-1 영성의 개념

학자	영성 개념
Burkhardt (1989)	• 종교적인 신념 및 행위 이상의 인간 내적 자원의 총체 • 삶의 근본원리, 인간과 세상의 관계를 설명하는 믿음, 존재의 의미로써, 개인을 초월해 신과 자신 · 이웃과 의미 있는 관계를 가질 수 있도록 하는 희망 · 의미 · 사랑과 같은 삶의 최상의 가치를 완성하게 하는 능력 • 신체적 · 정신적 · 사회적 영역을 통합하는 힘
Paloutzian & Ellison (1982)	• 두 가지 차원의 합인데, 수직적 차원으로 상위존재인 신과의 관계를 나타내며 종교적 의미를 포함한 종교적 영성, 수평적 차원으로 자신과 타인 · 환경과 관계를 나타내는 실존적 의미를 포함한 실존적 영성 • 종교적 영성은 상위존재인 신에 대한 인지 및 가치 있는 경험을 통해 질병과 고통, 상실 등 삶의 위기에 대처하도록 하고, 자신의 삶에 대한 관점을 형성하게 하며, 실존적 영성은 자신과 이웃, 환경과 상호작용을 통해 믿음 · 가치 · 생활양식 등을 형성하도록 하여 대인관계를 통한 사랑과 용서, 믿음의 기본이 되는 것
Ellison (1983)	• 인간 존재에 의미를 부여하며 자신 · 타인 · 자연 · 절대자와 관계에서 경험되고, 인생의 의미와 목적을 추구하도록 동기를 부여하는 힘
Reed (1987)	• 자기보다 더 대단한 어떤 것과 관련되어 있다는 느낌을 표현하는 관점이나 행동을 말함 • 영성은 초월 또는 보통의 물리적 · 공간적 경계를 뛰어넘는 일정 수준의 인식을 내포

학자	영성 개념
Caroll (1988, 1998)	• 본질로서의 영성과 하나의 차원으로서의 영성으로 구분. 본질로서의 영성은 자기개발과 자기변화를 위한 잠재성에 부합하기 위해 동기가 되는 에너지를 제공하는 핵심 본질을 말하고 차원으로서의 영성은 의미의 추구 및 신이나 초월적 존재 또는 궁극적 실재와의 관계성을 뜻함
Howden (1992)	• 내적 자원의 총체, 삶의 의미와 목적을 추구하는 이유와 가치를 주위 상황과 관련짓는 것
Canda & Purman (1997)	• 인간존재의 전체성을 의미. 자신 · 타인 · 포괄적인 우주, 실존의 존재론적 근거와 윤리적으로 성숙한 관계를 완성하는 것, 의미를 찾아가는 인간적 탐구와의 영적 관계, 여기서 신의 존재론적 실제를 유신론적 · 불가지론적 · 무신론적 혹은 혼합 형태로 받아들이는가의 여부는 중요하지 않음 • 하나의 구성요소(생물 · 심리 · 사회적 · 영적)에 국한되지 않는 인간성의 총체, 의미와 목적에 대한 추구 및 자아 · 타인 · 우주 및 궁극적 실제와의 도덕적으로 만족하는 관계성과 관련한 인간경험의 보편적 측면
Lindsay (2002)	• 목적과 의미를 찾는 것, 타인이나 우주와의 관계, 초월적인 존재나 힘과의 관계에 대한 관심을 반영하는 도덕적 차원을 갖는 것

결론적으로 영성에 관한 다양한 개념의 공통적인 특성은 초월적인 존재와 관계가 있는 인간 내면에 선천적으로 내재하는 에너지로 이해되며, 자기 발견 · 자기확장 · 자기성숙 · 자기초월 · 건전한 관계성의 가능성, 우주 및 타인과의 일체감 등 긍정적 인간의 내재적 자질로 정리할 수 있다.

그러므로 인간은 영적인 차원을 통하여 그의 심리적 · 환경적 상황으로부터 자신을 초월시킬 수 있고 또 자기 훈련을 통하여 특수한 존재의 형태를 가지게 되며 의미와 가치를 경험하고 실천할 수 있는 존재라고 하겠다. 즉 인간존재는 단순한 생리적인 존재만이 아니라 신체적 · 심리적 · 사회문화적 · 영적으로 통합된 다차원적인 존재라고 볼 수 있다. 그렇다면 사회복지실천 분야에서 영성개념을 적용한 연구와 실천은 서비스 이용자들이 지닌 다양한 문제해결과 삶의 질 향상에 크게 기여할 수 있을 것이다.

2) 영성과 종교

영성을 명확하게 개념화하려는 시도는 영성을 종교로부터 변별화하는 작업으로부터 시작될 수 있다. 학자들은 영성을 종교성과 구분하는 것은 지속적이고 중요한 과제로서 계속 언급하고 있지만 최근의 사회복지 연구물들의 경우 영성을 종교와 관련된 것으로 보는 개념 정의가 많이 사용되고 있는 상황이다(Canda, 1997, 천정웅, 2010 재인용).

이런 점에서는 엘킨(Elkins, 1988)은 영적인 사람에 대해 이야기하는 것은 곧 종교적인 사람에 대하여 이야기하는 것과 같다고 말하고 있다. 그런가하면 벤슨(Benson, 1997)은 종교를 영성의 하위세트로 보고 있다. 그러나 많은 학자들은 대체로 영성과 종교는 상호 구별되지만 중첩되는 부분이 있는 것으로 보고 있다(Canda, 1988; King, 2003, Benson et al., 2003).

사회복지사로서 우리가 종교적 기원이나 개입을 종교인들에게 맡겨야 한다고 생각하더라도, 종교는 그 의미를 파악하기가 더 쉽고 사회복지실천 사정에도 더 쉽게 적용할 수 있는데, 종교는 다음과 같이 정의할 수 있다(Holloway & Moss, 2014: 16).

① 영성과 관련된 공동체가 공유하는 믿음과 신앙행위의 형태를 갖춘 틀(Canda & Furman, 1999)

② 인간이 살면서 그대로 따르고자 하는 방향을 안내하는 인간적 혹은 종교적 신앙(Lloyd, 1997).

③ 종교는 의미·규칙·목적에 대한 욕구에 응답을 제공한다. 그러나 종교가 필요로 하는 것이 종교 그 자체는 아니다. 종교는 인간의 정신적 과정이 갖는 특성에 대한 하나의 표현이다. 그리고 실존적 도전의 상황에서 평소보다 좀 더 잘 의식하게 되는 것이다(Grainger, 1998).

결론적으로 영성을 종교보다 상위적이고 포괄적인 개념이라고 생각하며 영성은 종교적인 틀을 가지고 있을 수도 있고 갖지 않을 수도 있지만, 종교는 제도적이며 교리적, 의례(儀禮)적인 틀을 가지고 있으며 공동체적인 특성이 있다고 본다. 그리고 종교는 영적인 특성을 가지고 있거나 영적이지 않을 수도 있으며, 영성과 종교는 상호 보완적이라고 본다.

3) 영성의 구성요소

영성의 구성요소는 크게 '의미를 만드는 것'과 '초월'로 나눌 수 있다. 이는 영성에 대한 수직적 영역과 수평적 영역을 암시한다. 수직적인 면은 높은 존재 혹은 자신을 능가하는 힘에 대한 초월적 관계이고, 수평적인 면은 영적 영역의 삶의 의미와 목적과 관계되는 역동적인 기능이다.

따라서 수직적 차원은 영적 개념의 속성상 관계성의 범주에 있어서 상위 존재와의 관계를 나타내고 형이상학적 종교의 의미를 내포하고 있으며, 수평적 차원은 사회적 · 환경적 관계에서 실존적 의미를 포함한다. 즉 수직적 차원은 신과의 관계로서 인간이 질병과 고통 · 상실 등과 같은 삶의 위기에 직면할 때 어떻게 대처하고 자신의 삶을 어떤 관점으로 바라보는지에 대하여 영향을 준다. 그리고 수평적 차원은 인간의 삶에 대한 만족감과 삶의 의미와 목적에 관계되는 실존적 의미로서 이는 인간의 믿음 · 가치 · 생활양식 · 삶의 질을 통한 절대자와의 관계에 대한 궁극적으로 가치 있는 경험과 자신 · 이웃 · 환경과의 상호작용을 반영한다(강정호, 1996, 이해정 2002 재인용). 또한 인간의 대인관계는 사랑과 용서 · 믿음의 표현에 기본을 두고 생의 의미와 목적으로 연결된다. 그러므로 절대자(신) · 최고의 가치 · 믿음과 관련된 수직적 차원과 자신의 존재의미 · 대인관계 · 환경과 관련된 수평적 차원으로 인간의 영성을 설명할 수 있다(Paloutzian & Ellison, 1982).

웨스트게이트(Westgate, 1996)는 네 영역인 삶의 의미/목적 · 내적 가치 · 초월적 신념/경험 · 공동체/관계로 구분하고 있다. 잉거솔(Ingersoll, 1995)은 영성웰빙척도(The Spirituality Well-Being Inventory)에서 영성의 하위영역 차원을 초월의 개념 · 의미 · 관계성 · 현재 집중 · 신비 · 의식 · 희망 · 용서 · 지식/배움 · 영적 자유의 10가지로 분류하고 있다.

부르크하르트(Burkhardt, 1989)는 영성의 속성으로 드러나는 신비, 조화로운 관계성 및 내적 강인함을 언급하고 있다. 드러나는 신비는 삶의 불확실한 부분 혹은 신비스런 경험을 처리하여 삶의 의미와 목적을 주관하고 초월감을 포함한다. 조화로운 관계성은 자신과의 조화로운 관계에서 자아존중감, 자아실현이 나타나고, 타인과의 조화 안에서 사랑 · 봉사 · 용서 및 상위 존재에 대한 믿음이 나타난다고 보았다. 내적 강인함은 내적 자원・의식・자각 등을 포함한다.

하우덴(Howden, 1992)은 영성의 속성은 삶의 의미와 목적, 내적 자원, 통합적 관계성과 초월성으로, 삶의 의미와 목적에 대한 준거로서 삶의 의미 및 목적 진술, 성취 그리고 미래지향적 성향과 내적 자원에 대한 경험적 준거로 내적 강인함과 내적 평화, 자아존중감 및 자신에 대한 파악 등으로 나누고 있다.

월시(Walsh, 2000, 2004)는 동양의 건강한 정신 특성인 윤리・정서・동기・주의력・자각・지혜・봉사심 등 일곱 가지로 제시하였고, 오복자와 강경아(2000)는 조화로운 상호관계성・초월성・통합적 에너지 및 삶의 의미와 목적을 영성의 속성으로 보았다. 한국인의 상황에 맞는 영성평가척도를 개발한 이경열 등(2003)은 자각・초월성・삶의 의미와 목적・내적 자원・연결성・자비심을 구성요소로 보았다.

이상에서 살펴본 영성의 구성요소를 간략하게 정리하면 〈표 15－2〉와 같다.

표 15-2 영성 구성요인

연구자	영성 구성요인
Paloutzian & Ellison (1982)	수직적 차원(절대자・최고의 가치・믿음) 수평적 차원(존재의미・대인관계・환경)
Elkins, Hedstrom, Hughes, leaf & Saunders(1988)	초월적 차원・인생의 의미와 목적・사명・신성함・물질적 가치・이타주의・이상주의・비극적인 것에 대한 자각・영성의 가치
Ellison(1982)	종교적 웰빙(신의 개념), 실존적 웰빙(삶의 목적・만족감)
Howden(1992)	도구로서의 삶의 의미/목적・내적 자원・상호연결성・초월성
Ingersoll(1995)	초월 개념・의미・관계성, 현재-집중・신비・의식・희망・용서・지식/배움・영적 자유
Westgate(1996)	삶의 의미/목적・내적 가치・초월적 신념/경험・공동체/관계
Walsh(2004)	윤리・정서・동기・주의력・자각・지혜・봉사
오복자・강경아(2000)	조화로운 상호관계성・초월성・통합적 에너지・삶의 의미와 목적
이경열・김정희・김농원(2003)	자각・초월성・삶의 의미와 목적・내적 자원・연결성・자비심

영성의 구성요소 가운데 하위영역의 특성을 여섯 가지로 정리하면 다음과 같다(Allport, 1960; Howden, 1992; 이경열, 2005; 이원희, 2009).

① 자각: 자각은 현재 벌어지는 상황을 잘 이해하고 파악하고 지금 자신의 생각과 느낌을 알아차리는 능력이며, 자연스런 상태에서 누구나 사용하고 있는 유기체의 고유한 능력으로 유기체가 자신을 환경에 적응시키면서 성장해 나가기 위해 반드시 필요한 생존도구이다(이원희, 2009).

② 초월성: 초월성은 자신의 내부로 안내해 주는 영적 차원으로 갈 수 있으며, 우주와 하나로 연결되고 우주와 함께하며, 자신의 내면적 힘에 대한 믿음과 관련되고 자아를 넘어 더 큰 나를 발견하는 것이다.

③ 삶의 의미와 목적: 개인의 가치와 희망, 삶의 이유를 알게 하는 것, 삶의 의미를 발견하는 것은 현실적이고 구체적인 개인의 삶의 문제에 대한 올바른 대답을 찾아내는 책임성이다.

④ 내적 자원: 삶에서 일어나는 일들을 통제할 수 있고 자신이 뜻하는 대로 삶을 이끌어갈 수 있으며, 힘든 상황에서도 마음을 고요하게 할 수 있는 내적 힘, 인생을 이해하는 틀을 제공하며 외적인 상황에 관계없이 삶을 안정적으로 안내하는 것이다.

⑤ 연결성: 자신이 살고 있는 공동체와 연결되어 있음을 느끼고 타인을 친근하게 느끼며, 행복하고 충만함을 말하며, 우주와 우주적 존재를 포함하는 자기, 타인 및 모든 삶의 관계를 포함한 것이다.

⑥ 봉사심(자비심): 봉사심은 자신보다 못한 사람을 잘 보살피고 타인을 배려하고 봉사하는 것을 즐기며 상대의 잘못에 대해 불쌍하고 측은하게 느끼는 것이다.

2. 영성과 사회복지실천의 연계 역사

2000년대 이후부터 현재까지 사회복지에서 영성의 중요성에 대한 이해가 지속적으로 발전하고 있는데, 그 내용을 살펴보면 다음과 같다(Holloway & Moss, 2014:

39-43).

2004년 10월에 사회복지사국제연맹(International Federation of Social Worker, IFSW)과 국제사회복지대학협회(International Association of Schools of Social Work, IASSW)가 아델라이드(Adelaide)에서 공동회의를 개최하면서 최초로 주요 연구논문의 초점이 영성에 맞춰졌다. 같은 해 새롭게 개정된 원칙에서 사회복지사국제연맹은 "사회복지사들은 반드시 각 개인의 영적 존엄성과 웰빙을 존중해야 한다"고 명시했다(IFSW, 2004). 두 단체가 함께 만든 세계적 표준에서도 영적 이슈가 사회복지사의 인간행동과 발달을 이해하는 데 있어서 필수적인 지식 기반의 일부임을 확인했다. 이로써 사회복지의 주요한 주제로서 영성은 전 세계적 사회복지의 의제가 되었다.

이러한 이슈가 전 세계적 차원으로 대표된 첫 번째 사례는 2006년 5월 온타리온 워터루에서 열린 '영성과 사회복지에 대한 북미 국제회의'이다. 이 회의에서는 미국·캐나다·인도·남아프리카공화국의 입장이 대변되었다. 가톨릭에서는 회의 논평에 이런 글을 기고했다(2008).

> "우리가 사람들의 삶에서 영적 차원을 간과한다면, 그들이 경험에 알맞은 전인적인 이야기(narratives)를 구성하는 것을 도울 기회를 잃을 수도 있다."

호주에서도 원주민의 관점을 통해 중요한 기여가 있었다는 것을 포함하여 중요한 직업이 이루어졌다. 라이스(Rice, 2005)는 이에 대해 다음과 같은 글을 남겼다.

> "호주 사회복지사윤리위원회(AASWNEC)는 윤리강령을 개편했고(1999), 여기에 양심적 목적의 기초인 영성이 포함되었다(Section 5.1.3).[1)]"

---

1) 사회복지사는 다음과 같은 근거에 기초하여 부정적인 차별과 억압을 방지하고 제거하기 위해 추구하며, 다양성을 존중하고 반억압적인 실천원리를 사용한다: 출신 국가·인종·문화·외모·언어·성이나 성 정체성·성적 경향성이나 선호·능력·연령·거주지·종교·영성, 정치적 소속과 사회적·경제적·건강/유전적, 이민 또는 관계상태·클라이언트가 자신의 복지에 필요한 자원에 대한 접근이 거부된 상황에서 긍정적인 차별이 정당화될 수 있다(Section 5.1.3).

현재 영성과 종교성에 관련된 활발한 연구 활동들이 미국·캐나다·호주·영국의 사회복지학계에서 지속되고 있다. 예로, 뉴질랜드의 사회복지는 원주민 마오리(Maori) 족의 영성에 대한 표현으로부터 실천활동과 훈련모델을 만드는 것에서 도전과제를 인식하고 있으며, 영국의 사회복지는 영성을 너무나 오랜 기간 동안 간과해온 것에 대해 유감스럽게 여기고 있고, 전인적 돌봄에 대해 명시한 의무를 진지하게 여기는 등, 다른 사회복지 분야와 발맞추어 나갈 수 있도록 많은 노력을 하고 있다.

이외에도 다수의 논문과 서적들이 종교적·비종교적인 접근을 포함하는 영성과 사회복지실천에 대해 다루고 있다. 캐나다에서는 1990년에 사회복지실천을 위한 학회(Society for Spirituality and Social Work)를 창립하였고, 출판과 토론 그리고 국제 조직망을 형성하기 위해 노력하고 있으며, 최근에 출판된 사회복지실천 교재에서는 최소한 간략하게나마 영성과 종교에 관한 내용을 공통적으로 언급하고 있다.

따라서 사회복지실천 활동의 전문화 과정에서 과거에 멀어졌던 영성과 사회복지와의 간격이 상당히 좁혀지고 있다. 데레조테(Derezotes, 2011: 421)가 지적한 바와 같이 이러한 추세는 "많은 학문이 영성적인 것과 과학적인 연구 상호 간에 배타적인 관심을 표현하지만 영성 지향적인 사회복지사는 과학과 영성이 전체적으로 양립할 수 있는 지식의 방법"이라는 점을 인식하고 있기 때문이다(도승자, 2013: 3).

한편, 우리나라에서 전문적인 교육과 훈련을 받은 사회복지사에 의해 사회복지실천이 시작된 것은 1950년대 초반부터였다. 해방과 한국전쟁으로 인한 사회적 혼란기에 주로 기독교 및 가톨릭 신앙에 배경을 둔 외국 원조단체나 기관들이 들어와 활발한 구호활동과 자선사업을 펼치기 시작하였다. 이들의 사회복지실천 활동은 자연스럽게 경제적 빈곤과 정신적으로 피폐해진 한국인들에게 구호뿐만 아니라 사회복지·교육·문화 부문의 발전에 기여하였으며, 종교활동을 통하여 삶의 의욕과 희망을 갖도록 장려하는 역할을 하였다. 이러한 외원기관의 활동은 한국의 사회사업이 기독교 종교와 밀접한 관련 하에 전개되도록 영향을 미쳤다(최원규, 1995).

우리나라의 경우 사회복지와 영성이 직접적으로 연계된 시기는 2000년대부터이다. 이 시기의 특징은 다음과 같다.

첫째, 외국의 영성과 사회복지실천 관련 이론서들(Bullis, 2002; Canda & Furman, 2003; Canda, 2007; Derezotes, 2011; Holloway & Moss, 2014)이 번역 소개되기 시작하면서[2] 국내 연구자들의 영성이해를 깊게 하는 데 큰 도움이 되었다. 국내 연구자들에 의해서 출판된 책으로는 천정웅 외(2010)의 '영성 사회복지와 청소년개발', 도승자 외(2011)의 '사회복지실천과 영적 자원'이 있다.

둘째, 여러 학술지에 사회복지와 종교 및 영성과 관련된 논문 발표(이현아, 2003; 박종삼, 2003; 이혜숙, 2009; 유장춘, 2010)와 함께 매년 석·박사 학위논문 발표가 증가하고 있다(구석훈, 2001; 박종일, 2008; 강경순, 2011; 신동민, 2013; 김애정, 2014). 한국의 영성 관련 연구 동향을 살펴보려면, 김용환 등(2009)의 "한국에서의 영성 관련 연구동향 분석 및 학문적 함의"와 김경미(2009)의 "Spirituality and Social work Scholarship in Korea－A Context Analysis－"를 살펴보는 것이 좋을 것이다.

셋째, 사회복지 전공자들과 현장 실무자들을 대상으로 사회복지와 영성이론들을 알리기 위해서 월드포럼과 아카데미, 학술대회 개최 등 다양한 활동들이 전개되었다. 특별히 켄사스 대학교에서 영성과 사회복지를 전공한 천정웅이 대구가톨릭대학교 사회복지학과 박사과정에 영성과 사회복지 관련 강좌를 개설하면서 사회복지와 영성을 연계한 활발한 연구활동을 전개하기 시작하였다. 그 일환으로 사회복지와 영성·다문화 등을 주제로 정규적인 월드포럼(2006, 2008, 2010, 2015)을 개최하였으며, 2011년 6월에는 대구가톨릭대학교에서 사회복지 전공 대학원생과 현장 실무자들을 대상으로 영성복지에 대한 이해를 통해서 실천적 지식과 영성 관련 학문적 연구 역량 함양을 목적으로 '영성복지아카데미'를 개최했는데, 이때 영성사회복지 연구의 권위자인 캔다 교수가 수상사로 참여하여 '영성복지 연구'라는 특강을 하였으며, 여러 학자가 참여하여 가톨릭·불교·유교의 영성, 그리고 영적 사회자본 등의 강좌가 진행되었다.

---

2) 사회복지와 영성연구에 기본이 되는 번역서로는 2002년, 불리스의 『영성과 사회복지실천(Spirituality in social work practice)』을 필두로 2003년에 캔다와 퍼만의 『종교사회복지실천론(Spiritual diversity in Social Work Practice: The Heart of Helping)』, 2007년에 캔다의 『영성과 사회복지실천(Spirituality in Social Work)』, 2011년에 데레조테의 『영성과 사회복지실천: 영성이론과 사례중심(Spiritually oriented social work practice)』, 2014년에 할러웨이와 모스의 『영성과 사회복지(spirituality and social work)』 등이 있다.

2014년에는 '국제사회복지학회'와 '영성과 사회복지학회'가 공동으로 "글로벌 사회복지의 영성적 비전(Upgrade Your Vision Spiritually in Global Social Welfare)"이란 주제로 학술대회를 개최하여 영성과 사회복지 연구의 저변을 확대하는 데 기여하였다.

넷째, 영성과 사회복지학회가 창립되어 활발하게 활동하고 있다. 한국의 사회복지학계에서 사회복지와 영성을 연계한 연구의 중요성을 인식한 학자들과 사회복지 현장의 실천가들에 의해서 2010년부터 몇 차례의 영성과 사회복지 집담회를 거쳐서 2012년 11월, '영성과 사회복지학회(http://www.kassw.net)'가 창립되었는데 초대 학회장 김동배 교수의 기여가 크다고 할 수 있다. 학회지인 '영성과 사회복지'를 통해서 연구논문 발표가 매년 증가하고 있는 추세이며 정기적으로 '영성훈련 워크숍'을 통해서 영성실천을 위한 활동들을 전개하고 있는데, 예로 '깨어 있기(mindfulness)에 기반한 의사소통', '글쓰기를 통한 영혼의 정화훈련' 등을 실시하고 있다.

3. 영성이 사회복지실천에 미치는 영향

우리나라의 사회복지 대학들은 아직도 영성과 사회복지실천을 정규 교과목으로 채택하지 않고 있다. 이는 통합적인 방법론인 영성을 사회복지실천과 연계시키는데 관심이 없거나 영성의 개념화 자체의 어려움, 영성에 대한 과학적 조사가 어렵다는 편견, 사회복지사의 주관적 관점들이 사회복지실천에 영향을 미칠 수 있다는 염려 등의 이유 때문이다. 그러나 최근에는 실천현장에서 활동하는 사회복지사들이 영성에 관해 논의하기를 원하고 사회복지실천의 사정과 개입에 있어 영성의 중요성에 대한 학문적 연구가 지속적으로 증가하고 있는 추세이다(최금주, 2012: 368).

이현아(2005)는 학자들이 제시한 내용을 정리하여 영성이 사회복지실천에 미치는 긍정적인 영향에 관해서 다음과 같이 언급하고 있다.

첫째, 영성은 서비스 이용자의 동기유발을 촉진하므로 행동변화 및 문제해결에 기여 할 수 있다. 인간의 내부에는 행동화를 귀결 짓는 중심자리가 있는데, 이는 모든 주요 행동의 틀과 준거가 되는 마음을 의미한다. 이와 같은 인간의 형성화와 동인의 결정화는 초월적인 경험이 결정적인 계기가 되어 시작되기에 영성은 매우 중요하다. 또한 인간의 변화는 내재된 가치와 의미부여를 통해서 이루어진다. 내재화된 가치와 의미부여는 서비스이용자가 문제와 인생의 결정, 가치갈등과 고통에 대하여 어떻게 대응할 것인지를 결정짓는 것이므로 영성은 사회복지실천의 과정에서 서비스 이용자의 긍정적인 변화를 주도하는 요소라고 할 수 있다(Boyd, 1998).

둘째, 영성은 인간의 총체적 웰빙(well-being)과 밀접한 관계가 있다. 총체적인 인간의 웰빙은 인간 삶의 질을 결정하는 사회복지의 최종적인 목적이므로 영성의 사회복지실천에서의 가치는 실천과정에서 충분히 인지되고 강조되어야 한다. 사회복지실천은 이용자가 자기 인식을 가지고 자아를 초월하여 더 높은 존재와의 연결과 의미부여를 하도록 돕는 것인데, 영성을 포괄하는 사회복지실천의 과정은 이와 같은 목적을 달성하는 것을 방해하는 요소를 제거하는 과정이라 할 수 있다 (Fukuyama & Sevig, 1999: 142).

고테러(Gotterer, 2001)은 사회복지실천에서 영성 포괄을 위한 지표를 네 가지로 요약하여 제시하고 있다.

① 영성이 강점의 중요한 원천이 됨을 인정하는 것이다.
② 클라이언트가 자신이 지닌 영적인 이슈 중에서 도움이 되는 것과 해로운 것을 구별하게 해야 한다.
③ 실천가와 클라이언트 간의 영성의 차이가 혼란을 초래한다는 것을 인지하고 상호 존중적인 견지를 취해야 한다.
④ 클라이언트가 속한 문화의 틀 속에서 클라이언트가 부여한 의미를 분석해야 하겠지만 특징 문화의 영향력이 부정적인 결과를 초래할 수도 있다는 전제는 항상 염두에 두고 있어야 한다.

영성을 사회복지실천에서 필히 사정해야 하는 이유는 주로 이용자를 보다 사실에 가깝게 이해하여 사회복지의 전문적인 관계에서 공감대를 형성하기 위함이며 영성이 삶의 문제와 장애에 어떠한 영향을 미치며 적응 · 치료, 그리고 성장을 위해 영성이 도움을 주게 될지를 결정하도록 돕기 때문이다(Richards & Bergin, 1997). 그러므로 영성을 사회복지실천에 포괄하므로 과거의 문제 중심적 사고에서 벗어나게 하고 클라이언트의 삶의 질 향상이라는 사회복지의 궁극적인 목적달성을 가능하도록 한다(Cox, 1996).

유장춘(2007)은 영성이 사회복지실천에 미치는 영향을 세 가지로 제시하고 있다.

첫째, 영적인 삶 자체가 복지적이다. 사람이 깊은 영성을 갖게 되면 마음의 휴식과 평화, 정화, 의미와 희망의 발견, 재구조화 등의 다양한 내적 기능을 갖게 될 뿐만 아니라 이러한 내적 적응기능들은 외적으로 파괴적이거나 반사회적인 행동을 억제하며 윤리적이고 가치지향적인 행동을 추구하게 하는 효과가 나타나므로 사람들에게 존경을 받고 다른 사람들이 쉽게 협력하는 사회적 지원체계를 형성하게 됨으로써 자신의 복지에 크게 영향을 준다.

둘째, 영성은 복지를 위해 헌신하는 삶을 살아가게 한다. 영성적인 삶은 희생 · 헌신 · 나눔 · 섬김의 성품을 갖게 하고 사회복지를 향한 소명을 의식하게 됨으로써 사회복지활동자로서 반드시 필요한 동기를 갖게 한다.

셋째, 영성은 복지활동의 구체적인 도구가 된다. 영성은 사회복지전문 관계에 필요한 감정이입이나 온정 · 인내를 기반으로 하는 적극적 경청 · 정직 · 클라이언트에 대한 존중 · 수용 · 정의와 용기에 대한 확신 등 방법적 도구를 제공할 뿐 아니라 기도나 말씀을 통한 조언 등 영적인 도구들을 활용할 수 있게 된다.

캔다와 퍼만(Canda & Furman)은 사회복지사의 전문적인 사명감과 미국사회복지사협회 윤리강령에 토대하여 영적으로 민감한 사회복지사의 윤리적 특징을 〈표 15-3〉과 같이 제시하고 있다.

표 15-3 영적으로 민감한 사회복지사의 특징

윤리적 가치	영적으로 민감한 사회복지사의 특징
서비스	사회복지사의 일차적 목표는 어려움에 처한 사람들을 돕고 사회문제를 해결하는 것 • 자신의 이익보다 타인을 위한 서비스를 우위 • 클라이언트가 가진 갈망과 우선순위를 따라 물질적·신체적·심리사회적·영적인 욕구를 포함한 인간의 필요를 돕기 위해 자신의 지식·가치·기술을 연결 • 특별한 재정적 보상을 기대하지 않고 전문적 기술을 자원하여 활용
사회 정의	사회복지사는 사회정의에 도전한다. • 사회적 변화, 특히 취약계층과 박해받는 개인 또는 집단을 위한 변화 추진 • 빈곤·실업·차별, 여러 형태의 사회적 불의에 관한 이슈에 민감함 • 억압받는 사람들, 문화적 다양성에 대한 역동적 지식과 민감성을 향상 • 곤궁한 사람들에게 정보와 서비스, 자원들을 향상하도록 보증하고 기회균등과 모든 사람의 의미 있는 참여를 통해 결정할 수 있게 하는 영적 지원체제 제공
인간의 존엄성과 가치	사회복지사는 인간의 고유한 존엄성과 가치를 존중한다. • 사람을 관심과 존경의 태도로 다루고, 개인적 차이와 문화적·인종적 다양성, 종교적·영적 다양성, 인간의 서로 다른 다양한 형식에 주의를 기울임 • 클라이언트가 사회적으로 책임 있는 자기결정을 하도록 증진 • 클라이언트가 변화 기회와 자신의 욕구를 처리하도록 역량강화 • 클라이언트와 보다 넓은 사회에 대한 이중적 책임을 인식
인간관계의 중요성	사회복지사는 인간관계의 중요성을 인식한다. • 사람들 사이의 관계가 변화의 중요한 매개체라는 사실 이해 • 개인·가족·집단·조직들, 그리고 지역사회의 복지를 향상·유지·회복·증진을 위한 노력을 목적으로 사람 사이의 관계를 강화
성실	사회복지사는 신뢰할 수 있는 방식으로 행동한다. • 전문가의 목적과 가치, 윤리적 원리와 기준이 실천에 적용되는 양상을 지속적으로 의식 • 정직·책임감 있는 행동, 자신이 관계하는 조직의 윤리적 실천 증진
역량	사회복지사는 자신의 능력의 범위 내에서 실천하고 전문적 능력을 발전·강화시킨다. • 지속적으로 전문적 지식과 기술 확대를 위해 노력하고 실천에 적용 • 전문성의 지식적 기반에 기여하고자 하는 욕구를 지님

출처: Canda & Furman(2003: 94-99) 재구성

4. 영적인 사회복지실천 과정

영적인 개입과정을 이해하기 위해서 할러웨이와 모스(Holloway & Moss, 2014)가 개념화한 동료여행자모델(fellow traveller model)에서 제시한 합류 · 경청 · 이해 · 해석의 과정을 살펴보면 다음과 같다.

1) 영적 욕구사정

서비스이용자의 영적 욕구를 이해하기 위해서는 영적 욕구를 올바르게 파악하는 것이 중요하다. 이를 위해서 대상자를 관찰하고 직접 면담과 영적 가계도 작성을 활용한다.

(1) 면담을 통한 영적 욕구파악

표 15-4 영적 욕구파악을 위한 질문

▣ 아래의 지침서는 당신이 영성을 점검하도록 도움을 줄 것이다. 깊이 생각해보고 적어보자.

- 당신이 믿는 신에 대해서 어떻게 배웠습니까?
- 성장하면서 신을 어떤 식으로 경험하였습니까?
- 어린 시절 믿음의 발전에 중요한 역할을 한 사람은 누구이며, 성인이 되어서는 어떻습니까?
- 어떤 의식 · 훈련이나 종교적 실천들이 특별히 도움이 되거나 의미가 있었습니까? (성례전 · 예배 · 기도 · 경건의 시간 · 피정 · 예불 · 명상수행 등)
- 인생의 현재 시점에서 어떤 종류의 영적 지지가 필요한가? 지금 그런 지지를 받고 있는가?
- 절대자를 불신했거나 종교생활을 멈췄을 때를 말해 보십시오. 그 기간을 어떻게 극복했는가?
- 종교나 절대자가 당신에게 중요한가? 그렇다면 당신은 어떻게 설명할 수 있는가?
- 믿음이 다른 사람들을 돌보는 일에 어떤 영향을 주었는가?
- 믿음이나 종교생활이 당신의 인생관에 어떤 영향을 미쳤는가?
- 삶이 힘들 때, 당신은 어떤 영적 자원을 사용하는가?

(2) 영적 가계도 작성

영적 가계도는 3대에 걸친 복잡한 가족의 영성을 도표로 표현하는 것이다. 영적 가계도는 치료과정의 어느 시기에 클라이언트와 가족이 종교적·영적인 문제 및 갈등을 제기했을 때 다루기가 용이하며, 내담자로 하여금 다세대에 걸친 자신들의 종교적·영적인 역사를 조직화할 수 있도록 돕는 사정도구이다. 영적 가계도를 활용함으로써, 클라이언트와 원가족에 대해 수집된 자료를 표준화하여 하나의 기준으로 사용할 수 있고, 신뢰 분위기를 조성할 수 있으며, 내담자를 치료와 관련해서 종교적·영적 관심들로 연계시켜서 자발적으로 진술할 수 있도록 유도할 수 있다. 영적 가계도 작성방법에 대해서 자세히 알고 싶으면 김승돈·김용환의 영적 가계도 활용에 관한 연구(영성과 사회복지, 2015, 제3권 1호 참조)를 참조하는 것이 좋다.

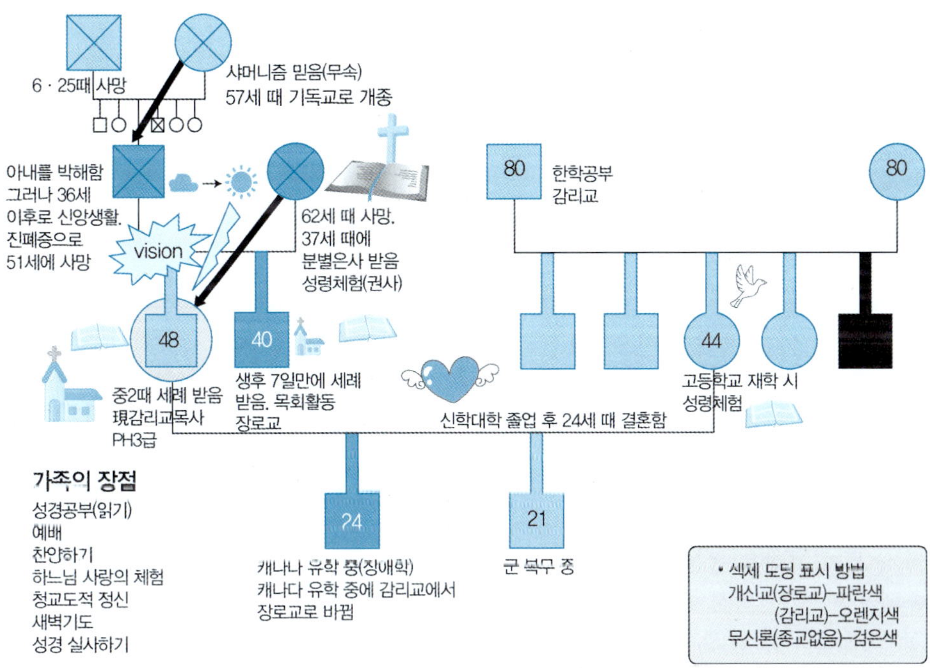

그림 15-3 영적 가계도 사례

2) 개입단계

클라이언트의 영적 욕구 파악을 위해서 관찰 및 영적 가계도 작성을 통해 탐색이 이루어지고 나면 문제해결을 위한 개입이 이루어지게 된다. 개입단계는 합류・경청・해석・이해의 단계를 거치게 된다.

(1) 합류하기

사회복지사는 클라이언트의 영성을 인식하고 그들의 영적 관심이 중요하다는 것을 이해하기 위해서 충분히 영적으로 깨어 있어야 한다. 이는 영적 이슈들이 이용자들이 지닌 문제의 일부분이기 때문이거나 그들의 영성이 전체적인 웰빙에 기여하는 중요한 자원이기 때문인데, 특히 영적 차원은 문제가 되고 잠재적으로 삶을 향상시켜주며 사람을 유지시켜주기 때문이다. 사회복지사가 영적 돌봄의 중요성을 충분히 깨닫고 영적 차원이 이 시점에서 클라이언트에게 영향을 미치는 방법을 인식할 때 "서비스 이용자들이 있는 곳에서 시작하기"를 요구한다. 이것은 사회복지사를 다음 단계로 이끈다(표 15-5 참조).

표 15-5 영적 돌봄에서의 동료여행자모델

합류 영적 인식		경청 영적 민감성
사람이 있는 곳에서 시작하라. 모든 사회복지사들에게 적합	⇨	영적 문제의 중요성 사정 어느 지점까지 모든 사회복지사에게 적합
		⇩
해석 **영적 탐색**		**이해** **영적 공감**
전문가 훈련을 받는 사회복지사 종교적 전문가・영적 돌봄 조언자 역할	⇨	자신의 영성을 이해하는 사회복지사에게 적합

출처: Holloway & Moss(2014: 188)

(2) 경청

조율된 귀로 경청하는 능력은 사회복지사들이 실천현장을 넘어서 이동하는 클라이언트집단과 개입의 유형에 대한 핵심기술의 본질적인 구성요소이다. 첫 단계에서 사회복지사는 클라이언트의 말을 '듣고', 말한 것과 마찬가지로 말하지 않은 것조차 알아차려 그 의미를 파악할 수 있어야 한다. 이것은 충족되지 않은 영적 욕구들의 표현, 영적 고통의 징후, 혹은 과거에 그들을 견디게 했던 내・외적인 영적 자원을 평가하는 것에 실패한 것인지도 모른다. 이러한 요인들이 영향을 미치고 있는지 결정하기 위해서 사회복지사는 '합류'가 함축하는 클라이언트의 영성에 대한 초기의 인식을 넘어 '영적 대화'를 추구해야만 한다. 이는 적극적 경청이라고 불리기도 하는데, 수정해야 할 영적 문제의 본질과 중요성에 대한 예비 사정을 가능하게 한다. 이 시점에서 네 가지 활동과정의 하나가 뒤따를 수도 있다.

① 사회복지사는 영적 문제가 다른 측면의 사례와 밀접한 관련이 있다고 결론내리지만, 영적 차원에서 심각성과 불안에서 벗어나고 있음을 깨닫는다. 그러므로 그들은 팀의 다른 일원, 가능하다면 다학제팀의 또 다른 일원들과 연결된 작업에 착수한다.

② 사회복지사는 영적 문제가 우선 사항이라고 평가하고 클라이언트의 동의를 얻어 그들을 종교적 전문가에게 의뢰한다.

③ 사회복지사는 영적 문제가 중요하지만, 주된 강조점은 아니라고 평가할 수도 있다. 사회복지사는 영적 양상에 종교적 전문가 혹은 영적 돌봄 조언자의 지지를 받아 그 사례를 계속할 수도 있다. 이것은 영적 문제가 비교적 중요하지만 클라이언트는 자신의 영적 욕구를 어느 누구와도 토론하고 싶어하지 않는 경우에 진행하는 가장 적절한 방법일 수 있다. 이유가 무엇이든지 그들은 규정된 종교적 믿음을 갖지 않았거나 종교전문가가 제공할 수도 있다고 감지한 도움을 거절하는 신앙의 위기를 겪고 있을 수도 있는 상황을 포함한다.

④ 사회복지사와 클라이언트 양측이 영적 약속에 위안을 느끼고 더 깊은 수준으로 진전해 나갈 것이다.

(3) 이해

사회복지사가 활동적인 영적 삶을 경험하지 않고서는 이 단계까지 진행하는 것은 어렵다. 반드시 특별한 종교적 믿음에 헌신적이지 않더라도 사회복지사는 자신의 영적 정체성과 영적 여정에 대한 강한 인식을 지닐 필요가 있다. 사회복지사가 클라이언트들에게 영적 경험의 높은 지점과 영적 자원을 활용할 수 있는 방법을 이해할 수 있을 만큼 문제와 딜레마를 이해하고 공감을 전할 수 있기 때문이다. 사회복지사가 이 시점에서 일종의 '세속적 사제' 역할을 하는 것이 아니라 핵심 사회복지실천기술과 접근들이 클라이언트와 그들 삶의 다른 측면과의 상호작용을 위해 영적 문제와 자원들을 탐구하도록 돕는 데 적용된다는 것을 인식하는 것이 중요하다.

권한주체화(empowerment), 파트너십 그리고 회복탄력성 세우기는 모든 영적 이해를 이끌어내는 사회복지사들이 활용하며, 진정한 실천의 전체적(holistic) 모델 속에 있는 영적 차원에 적용된다. 전인성 개념을 유지하는 것은 사회복지사와 클라이언트 사이의 상호작용에서 가장 중요하며, 개입의 목표와 계획의 틀을 갖게 한다.

(4) 해석

때로는 영적 이슈로 계속 더 나아갈 필요가 있다. 이 단계에서 결정적인 도구는 의미 만들기이며, 사회복지의 핵심에 접근하는 데 이용할 수도 있는 초월성과 변형의 개념이 있다. 또한 희망을 사용하는 것이 중요하다.

5. 영성과 사회복지실천의 과제

인간을 다차원적이고 전인적인 관점에서 바라보는 영성 관점은 오래전부터 연구되어 왔으나 학문연구의 방법론으로 수용되기까지는 오랜 시간이 걸렸다. 그것은 영성개념을 적용한 실증적인 연구나 과학적 분석에 한계가 있으며 사회복지사의 주관적인 관점들이 사회복지실천에 영향을 끼칠 수 있다고 여겼기 때문이다. 그러나 전통적인 학문영역의 지나친 세분화로 인간연구가 파편화되어간다는 성찰로 인해서 최근 학제간 연구가 진행되고 있으며, 클라이언트를 전체론적(Holistic)이며, 전인적으로 이해하기 위해서는 영성적인 관점이 유용하다는 인식이 대두되기에 이르렀다.

캔다(Canda, 1988)는 영성 개념에 대해서 "인간의 삶과 발달에 관련된 모든 과정의 형태(Gestalt)이며 생물학적 · 심리사회적 · 영적인 측면을 포괄하며, 그 자체로서 신성함과 의미성을 갖고 있으며, 타인 · 비인간적인 세계 · 존재의 근거로서, 인간 이해와 설명의 한계를 넘어선 현실의 차원과 관련되어 있는 것이라고 정의하고 있다. 이러한 설명은 자기발달과 자기변화를 위한 잠재성을 실현시키기 위한 동기를 부여하는 내재적 본성 또는 본질을 표명하거나 함축하는 것이다.

따라서 영성적 연구방법론은 사회복지실천가들로 하여금 인간을 바라볼 때, 신체 · 심리사회적 모델에서 신체적 · 심리사회적 · 영적인 모델로의 확장이 필요하며, 영적인 문제가 타당한 임상적인 초점이 되며 클라이언트의 강점과 약점 및 문제를 보다 포괄적으로 이해하는 데 유익한 도움을 줄 수 있다.

인류는 생태계의 파괴와 신자유주의의 확산, 물질만능주의, 가족과 친밀한 인간관계의 해체로 인한 비인간화 등으로 인해서 위기사회에서 살아가고 있다. 이러한 삶의 위협과 불안 · 스트레스에 직면한 현대인들에게 영성이론은 주어진 것에 만족 · 긍정 · 감사할 수 있도록 하며, 문제해결 및 심리적 복지감 증진에 기여할 수 있는 힘과 능력을 제공해 줄 수 있는 유용한 이론이라고 볼 수 있다. 영성이론이 활용은 아동으로부터 성인 · 노인 · 여성 등 전 세대에 이르는 클라이언트가 지닌 문제를 통합적으로 사정할 수 있으며, 갈등과 문제를 극복해 내는 강점으로 작용할 수 있고 신체적 · 정신적 건강증진에 도움이 되며, 다양한 사회문제를 해결하고 삶의 질을 높여주는 데 기여할 수 있다.

향후 영성과 사회복지실천의 발전과제를 제시하면 다음과 같다.

첫째, 영성이론의 정립, 실천방법의 도출, 개입모델 및 기법 개발을 위해서는 영성의 개념 및 정의에 관한 공통적인 합의점을 도출하므로 영성에 대한 보편적인 개념정립이 이루어져야 하며 사회복지사들이 실천현장에서 쉽게 적용할 수 있는 영적 사정과 영적 중재를 위한 정교한 기술(skill) 개발이 필요하다.

둘째, 한국인의 심성(心性)과 영적인 성향에 알맞은 영성 개념분석이 필요하며, 특별히 특정 국교가 없는 다종교적 · 다문화적인 상황에서 살아가는 한국인들의 특성을 반영한 영성측정도구 개발이 필요하다.

셋째, 영성 관련 연구물의 대부분이 외국 학자들의 영성이론 소개나 간편한 조사(설문)연구에 치우치고 있는데, 향후 영성이 클라이언트의 신체적 · 심리사회적 · 정신적 웰빙이나 삶의 질 증진에 미치는 실천적인 측면에 대한 질적 연구나 프로그램 개발 연구로의 전환이 필요하다.

넷째, 영성과 관련하여 사회복지실천현장에서 클라이언트들을 존중하기 위해서는 먼저 사회복지사 자신이 영성에 민감해져야 하며 윤리적 실천을 위한 가치관 정립이 요구된다. 따라서 영성증진을 위한 훈련프로그램 개발과 실습이 강화되어야 할 것이다. 이를 위해서 사회복지학 교육과정에 '영성과 사회복지'가 정규 교과목으로 채택되어야 할 것이다.

다섯째, 영성연구에 있어서 협의적으로 기성 종교인들을 대상으로 영성을 논하고 있는데, 앞으로는 다양한 종교와 영적인 현상들을 연구 대상으로 삼아야 할 것이며, 인구사회학적인 측면에서도 특정 연령대뿐만 아니라 다양한 연령대를 고려한 연구가 광의적으로 이루어져야 하겠다.

참/고/문/헌

강경순(2011). 정신장애인의 영적 안녕과 임파워먼트가 삶의 질에 미치는 영향. 서울기독대학교 대학원 박사학위논문.

강정호(1996). 암환자의 영적 안녕상태에 관한 조사연구. 부산대학교 대학원 박사학위논문.

구석훈(2001). 그리스도교 공동체에서 지향해야 하는 사회복지영성 및 사목적 배려. 광주가톨릭대학교 대학원 박사학위논문.

김경미(2009). "Spirituality and Social work Scholarship in Korea: A Context Analysis", 『사회복지연구』, 40(2), 203-225.

김승돈·김용환(2015). "영적 가계도 활용에 관한 연구", 『영성과 사회복지』, 3(1). 영성과 사회복지학회.

김애정(2013). 사회복지기관 종사자들의 영성이 서비스 질에 미치는 영향. 호남대학교 대학원 박시학위논문.

김용환·김승돈·최금주(2009). "한국에서의 영성관련 연구동향 분석 및 학문적 함의", 『한국상담학회상담연구』, 10(2), 13-29.

도승자(2013). "통합적·영성적 사회복지실천의 필요성", 『영성과 사회복지』, 1(1). 영성과 사회복지학회.

도승자·권경님·유장춘(2011). 『사회복지실천과 영적 자원』. 신정.

신동민(2013). 영성이 노인의 자아통합감에 미치는 영향: 사회적 지지의 조절효과 검증. 상지대학교대학원 대학원 박사학위논문.

에드워드 캔다·천정웅(2010). 『영성 사회복지와 청소년개발』. 도서출판 신정.

오복자·강경아(2000). "영성개념 분석", 『대한간호학회지』, 30(5).

이경열·김정희·김동원(2003). "한국인을 위한 영성척도의 개발", 『한국심리학회지: 상담 및 심리치료』, 15(4), 219-239.

이해성(2002). 사회복지기관 종사자들의 영성과 직무성과에 관한 연구. 이화여자대학교 대학원 석사학위논문

이현아(2003). "영성과 종교성을 포괄하는 사회복지실천", 『교회사회사업(1)』. 한국교회사업학회.

이혜숙(2007). "사회복지실천에 있어서 종교와 영성의 문제", 『불교학연구』, 18.

장인순·김수미(2003). "일부 지역사회 노인의 영적안녕에 영향을 주는 요인 연구", 『노인간호학회지』, 5(2).

조휘일(2005). "사회사업실천을 위한 영성 연구", 『사회복지실천』, 5(1). 서울여자대학교 사

회복지연구센터.

현외성 · 김용환 외(2013). 『사회복지시설운영론』. 양서원.

Bullis, R. K. 저, 장인협 역(2002). 『영성과 사회복지실천』. 사회복지실천연구소.

Burhardt, M. A.(1989). "Spirituality: An analysis of the concept", *Holistic Nursing Practice,* 3, 69-77.

Canda, E. R.(1988). "Conceptualizing spirituality for social work: Insights from diverse perspectives", *Social Thought,* 14(1), 30-46.

__________(1989). "Religious content in social work education: A comparative educational approach", *Journal of Social Education*, 25(1), 36-45.

Canda, E. R., & Furman, L. D.(1999). *Spiritual Diversity in Social Work Practice: the Heart of Helping*. New York: Free Press.

Canda, E. R. et al., 박승희 · 이혁구 역(2003). 『종교사회복지실천』. 성균관대학교 출판부.

Canda, E. R., 김용환 · 김승돈 · 최금주 역(2007). 『영성과 사회복지실천』. 양서원.

Carroll, M. M.(1998). "Social work's conceptualization of spirituality", *Social Thought, 18*, 1-13.

Coles, R.(1995). "The profile of spirituality of at-risk youth", In T. Everson(Ed.), *The Ongoing Journey: Awakening Spiritual Life in At-Risk Youth*(pp.7-35). Omaha, NE: Boys Town Press.

Cox, J. L.(1996). *Expressing the Sacred: an Introduction to the Phenomenology of Religion.* Harare. Zimbabwe: University of Zimbabwe Publications

Derezotes, D. S. 저, 김용환 · 김승돈 · 정현태 · 최금주 역(2011). 『영성과 사회복지실천－영성이론과 사례 중심』. 나눔의집.

Elkins, D. N., Hedstrom, L. J., Hughes, L. L., Leaf, J. A., & Saunders, C.(1988). "Toward a humanistic phenomenological spirituality: Definition, description, and measurement", *Journal of Humanistic Psychology,* 28(4), 5-18.

Ellison, C. W.(1983). "Spiritual Well-being: Conceptualization and measurement", *Journal of Psychology and Theology,* 11(4), 330-340.

Holloway, M., & Moss, B. 저, 김용환 · 김승돈 · 정석수 · 정현태(2014). 『영성과 사회복지.』 북코리아.

Holosko, M. J., & Taylor, P. A.(Eds.). *Social Work Practice in Health Care Settings*(2nd ed). Toronto, Canada: Canadian Scholar's Press.

Howden, J. W.(1992). *Development & Psychometric Characteristics of the Spiritual Assessment*

Scale, Unpublished Doctoral Dissertation. Texas Woman's University.

Paloutzian, R. F., & Ellison, C. W.(1982). "Loneliness, Spiritual Well-Being and the Quality of Life", in L. A., Peplau, D. Permon(Eds). *Loneliness: A Source-Book of Current Theory*. Research and Therapy(pp. 224-236). New York: John Wiley & Sone.

Westgate, C. E.(1996). "Spirituality wellness and depression", *Journal of Counseling & Development*, 75, 26-35.

찾아보기

〈인 명〉

〈내 용〉

✣ ㅇ ✣

✣ ㅈ ✣

저자 소개

■ 천 정 웅

미국 캔사스 대학교(The University of Kansas)에서 사회복지학 박사학위를 취득하였으며 한국 중앙대학교에서 정치학 박사학위를 받았다. 한국청소년정책연구원 기획조정실장, 한국청소년학회 사무총장, 미국 아이오와 대학교(University of Iowa) 방문학자, 미국 캔사스 대학교(University of Kansas), 사회정책분석연구원 Research Manager 등으로 일한 바 있다. 현재 대구가톨릭대학교 사회복지학과 교수로 재직하면서 국제다문화대학원장, 다문화연구소장, 다문화교육원장, 청소년복지연구소장 등을 맡고 있다. 또한, 대구가톨릭대학교 사회복지학과장, 대학원 사회복지학과장, 사회복지대학원 사회복지학과장 등을 역임한 바 있으며, 국제다문화대학원에서 국제이주와 사회통합, 이민정책론, 이민다문화가족복지론 등을 가르치고 있으며, 학부와 일반대학원 석・박사 과정에서 주로 청소년복지론, 청소년인권과 참여, 청소년활동론, 사회복지정책론, 사회복지행정론, 지역사회복지론, 국제사회복지론, 고급통계자료분석론, 질적연구방법론, 사회복지법제론 등을 담당하고 있다.

1980년대 중반 이후 30여 년간 청소년학, 사회복지 및 영성복지 등과 관련한 이론과 실천, 양적・질적 연구방법론 등에 관한 연구, 강의 및 저작활동에 진력해 오고 있다. 한국전통사상에 관해 특별한 관심을 갖고 있으며, 『적극적 관점의 청소년개발』, 『차세대 청소년학총론』, 『청소년인권과 참여』, 『청소년멘토링』, 『청소년복지론』, 『다문화청소년활동론』, 『지구환경레짐의 정치경제학』 등의 저서와 "청소년참여의 유형화 연구", "청소년정책의 발전적 특성연구" 등 다수의 국문 저서와 논문이 있다. 또한, "Best practices in community-based prevention for youth substance reduction", "Causal relationships between service outcomes and satisfaction, service utilization, and demographic characteristics: A path analysis" 등 단독 저자로서 SCI, SSCI 등재 영문저널에 게재된 영문 논문을 여러 편 갖고 있다.

2003년 미국에서 "세계청소년학 아카데미(World Academy for Youth Studies)"를 창립했으며 2006년에는 한국 청소년복지의 발전을 위한 "청소년학 월드포럼(World Forum on Youth Studies)"을 제안하여 격년마다 세계 주요 국가를 순회하면서 국제컨퍼런스를 개최하고 있다. 2015년 6월에는 대구가톨릭대학교에서 "Homo Nomad & Young People"을 대주제로 제4회 월드포럼 국제학술대회를 11개국의 참가자들과 함께 개최한 바 있다. 한국사회복지질적연구학회 편집위원장, 글로벌청소년학회 편집위원장, 한국청소년연구 편집위원 등을 역임했으며, 최근에는 글로벌청소년학회, 한국시민청소년학회, 국제사회복지학회, 영성과 사회복지학회 등에서 회장, 차기 회장으로 활동하고 있다.

■ 김 용 환

학부와 대학원에서 신학을 전공하고 대구대학교 재활과학대학원에서 재활심리학을 마치고 아동복지시설에서 아동・청소년 상담을 하였고 정신과병원에서 재활치료사로 활동하던 중에 인간의 심리사회적 부적응 문제를 다루기 위해서는 사회구조와 법을 알아야 한다는 생각에 사회복지 학사를 마치고 대구가톨릭대학교 박사과정에서 사회복지학을 전공하였다. 경력으로는 경남대학교 사회복지학과에서 강의전담교수를, 노인복지정책 개발과 실천활동을 하고 있는 경남복지정책연구원 원장, 창원문성대학교 전임교수로 근무하였으며 다문화 이주민들에 관심을 가지고 경남외국인노동자상담소 부이사장으로 활동하고 있다. 강의과목은 사회복지행정론, 사회복지실천론, 사회복지실천기술론, 정신건강론, 노인복지론, 사회복지법제론, 사회복지 프로그램 개발과 평가, 지역사회복지론 등을 가르쳤고 현재 마산대학교 간호학과에서 "심리학의 이해'와 "인간과 철학"을, 대구가톨릭대학교 사회복지대학원에서 "심리검사"와 "상담윤리" 등을 가르치고 있다. 연구 분야는 사회복지와 영성으로 세 권의 영성 관련 서적을 번역 출판하였으며, 논문으로는 "한국에서의 영성 관련 연구 동향 분석 및 학문적 함의"와 "영적 가계도 연구" 등이 있다. 저서로는 『장애인복지론』, 『노인케어론』, 『사회복지실천론』, 『사회복지실천기술론』, 『지역사회복지론』, 『사회복지사례관리론』, 『노인상담론』 등이 있다. 인간 치유에 관심을 가지고 심리치료 공부를 지속하고 있으며 상담전문가와 기독교상담심리치료사 자격이 있으며 영성(spirituality)과 전인적인 인간치유에 관심을 가지고 있다.

■ 김 승 돈

숭실대학교에서 사회사업 석사과정을 졸업했고, 대구가톨릭대학교 사회복지학과에서 박사과정을 수료했다. 현재는 대구가톨릭대학교 사회복지학과 및 평생교육원에서 학생들을 가르치고 있다. 주요 현장 실무 경력으로는 서울장애인종합복지관 사회재활부 부서장, 인천광역시장애인종합복지관 관장을 역임했다. 최근에는 국가인권위원회 장애인차별전문위원과 학부모교육정책모니터단 대구시억회장으로 활동했다. 또한 현재는 한국교류분석학회(Korea Association of TA)에서 임원으로 활동 중이다. 주요 관심 분야는 영성과 사회복지실천, 장애인복지에서의 가족지원, 교류분석을 활용한 상담, 인권 등이다. 동료들과 함께 한 주요 저서 및 번역서로는 『사회복지실천론』, 『사회복지실천기술론』, 『형제자매(장애인 가족의 특별한 관계)』, 『정신분석학, 문화, 정치의 측면에서 바라본 여성장애인』, 『영성과 사회복지』 등 다수가 있다.

■ 박 선 희

"사회복지전공 대학생의 다문화 역량에 관한 영성지능과 인권태도의 구조관계 분석"으로 대구가톨릭대학교에서 사회복지학 박사학위를 받았고, 대구가톨릭대학교에서 조사방법론, 논문연구방법론, 사회복지법제론, 다문화 글로컬 생활세계 등을 강의하였다. 현재 성덕대학교 노인재활복지상담과에 전임교수로 있다. 사회복지에서 영성을 활용한 실천과 접근을 중요하게 생각하고 탐색해 왔다. 다문화와 관련하여 사회통합, 다문화 수용성, 다문화 역량 등에 관심을 가지고 있으며 국제학술대회와 세미나에서 발표하였다. 대표 논문으로 "프랑스 청소년의 삶과 정책"(2013), "잠재성장모형을 활용한 청소년의 다문화수용성발달에 관한 종단연구"(2014), "청소년의 영적 안녕감이 사회성발달에 미치는 영향"(2014) 등이 있으며, 저서로 『다문화 글로컬 생활세계』(2015), 『지역사회복지론』(2016) 등이 있다.

■ 박 주 현

대구가톨릭대학교에서 사회복지를 전공하여 석사학위 취득 및 박사를 수료하였다. 현재 호산대학교에서 사회복지조사론, 사회복지행정론, 사회복지정책론, 사회복지실천론, 사회복지실천기술론, 사회복지법제론, 노인복지론, 아동복지론 등을 강의하고 있다. 대표 논문으로 "청소년 기업가정신과 창업교육의 국내외 동향 연구"(2014), "다문화가족지원센터에 종사하는 결혼이주여성들의 업무경험에 관한 질적 사례연구"(2015), "청소년 체험활동의 참여시간과 참여만족도와 공동체의식에 미치는 영향: 학교생활적응의 매개효과를 중심으로"(2015) 등이 있고, 다문화와 청소년복지에 관심을 가지고 연구하고 있으며, 국제학술대회와 세미나 등을 통해 발표하고 있다. 연구보고서는 한국청소년정책연구원에서 공동으로 연구한 "청소년기업가정신 함양 및 창업활성화 방안연구 I"(2014), "청소년이 행복한 지역사회 지표개발 및 조성사업 연구 III"(2015) 등이 있다. 저서로 『현대사회와 문화다양성 이해』(2015), 『다문화 글로컬 생활세계』(2015), 『지역사회복지론』(2016) 등이 있다.

▌차세대 사회복지개론▐

1판 1쇄 발행 2016년 3월 5일
1판 2쇄 발행 2019년 2월 10일

저 자 | 천정웅 · 김용환 · 김승돈 · 박선희 · 박주현
발 행 인 | 박철용
발 행 처 | 양서원
주 소 | 경기도 파주시 직지길 522 파주출판도시
전 화 | 031-955-8000(代)
팩 스 | 031-955-8005
홈페이지 | www.yswpub.co.kr
이 메 일 | yswpub@chol.com
출판등록 | 1987년 11월 24일 제 406-2003 037 호

ISBN 978-89-994-0531-0

정가 18,000원